新世纪高职高专实用规划教材　经管系列

国际贸易实务与案例

(第 2 版)

毕甫清　主　编

李　冰　莫晨宇　副主编

秦殿军　主　审

清华大学出版社

北　京

内 容 简 介

　　"国际贸易实务"课程是国际贸易专业的一门核心课程，也是经济类、管理类专业的一门主干课程。本书依据《2010 年国际贸易术语解释通则》、《跟单信用证统一惯例》(600 号出版物)、《中华人民共和国合同法》、《联合国国际货物销售合同公约》等最新的国际贸易惯例和有关法规，以国际货物买卖合同为中心，不仅全面阐述了国际货物交易的整个业务过程，还对国际贸易中涉及的其他贸易方式作了介绍。附录中还提供了相关的参考资料。

　　全书共 12 章，主要内容包括交易磋商与合同的签订，合同中的品名、品质、数量和包装条款，价格条款，合同中的装运条款，国际货物运输保险条款，货款支付条款，商品检验与索赔条款，不可抗力与仲裁条款，进出口合同的履行，违约及处理办法，其他贸易方式，以及国际贸易实务案例及评析等。

　　本书语言简明、通俗，内容深度适当，案例生动且具代表性，主要可用作高职高专国际贸易专业及经济、管理类专业的教材，也可作为外贸业务员、报关员、单证员考试的参考用书。

图书在版编目(CIP)数据

国际贸易实务与案例/毕甫清主编；李冰，莫晨宇副主编；秦殿军主审. --2 版. --北京：清华大学出版社，2012.1（2016.7 重印）
(新世纪高职高专实用规划教材　经管系列)
ISBN 978-7-302-27349-3

Ⅰ. ①国…　Ⅱ. ①毕…　②李…　③莫…　④秦…　Ⅲ. ①国际贸易—贸易实务—高等职业教育—教材　Ⅳ. ①F740.4

中国版本图书馆 CIP 数据核字(2011)第 234664 号

责任编辑：彭　欣　郑期彤
装帧设计：杨玉兰
责任校对：王　晖
责任印制：何　芊

出版发行：清华大学出版社
　　　网　　　址：http://www.tup.com.cn，http://www.wqbook.com
　　　地　　　址：北京清华大学学研大厦 A 座　　　邮　　编：100084
　　　社 总 机：010-62770175　　　　　　　　　邮　　购：010-62786544
　　　投稿与读者服务：010-62776969，c-service@tup.tsinghua.edu.cn
　　　质 量 反 馈：010-62772015，zhiliang@tup.tsinghua.edu.cn
印　刷　者：北京四季青印刷厂
装 订 者：三河市少明印务有限公司
经　　　销：全国新华书店
开　　　本：185mm×230mm　　　印　张：22.5　　　字　数：440 千字
版　　　次：2012 年 1 月第 2 版　　　印　次：2016 年 7 月第 6 次印刷
印　　　数：11001～13000
定　　　价：39.00 元

产品编号：040883-01

第 2 版前言

本书自出版以来，以其融系统、实用、新颖和前瞻于一体的特点得到广大用书单位师生的好评，先后印刷了 7 次。本书 2007 年 12 月被江苏省教育厅评为江苏省精品教材。

近年来，为了适应国际贸易形势的变化，国际商会对《跟单信用证统一惯例》进行了修订，修订工作于 2006 年 10 月在国际商会秋季会议上通过，修订后的惯例，即《跟单信用证统一惯例》(2007 年修订本)——《国际商会第 600 号出版物》于 2007 年 7 月 1 日开始实施；国际商会考虑到当今国际贸易无关税区的不断扩大，商业交易中电子信息使用的增加，货物运输中对安全问题的进一步关注以及运输方式的变化，对《国际贸易术语解释通则》也作了修订，修订后的《通则》，即《2010 年国际贸易术语解释通则》(International Rules for the Interpretation of Trade Terms 2010) 于 2010 年 9 月公布，并于 2011 年 1 月 1 日起生效。

为了能够在授课时反映这些国际贸易惯例的变化，在保持教材原有特色的基础上，我们对本书的第三章(价格条款)，第四章(合同中的装运条款)以及第六章(货款支付条款)进行了较大程度的修改，其他章节也做了相应的修改；同时，为了适应国际贸易形势及国际贸易惯例的变化，对教材中原有的国际贸易实务案例及评析做了更新及置换，使教材更富时代性，并力求内容更加充实。

参加本书编写及修订的有：南京工业职业技术学院毕甫清编写绪论，第一章，第三章，第四章，第十二章案例 1-1、1-2、3-1、3-2、4-1、4-2；洛阳理工学院李冰编写第六章，第七章，第九章，第十二章案例 6-1、6-2、7-1、7-2、9-1、9-2；广西经济管理干部学院莫晨宇编写第五章，第八章，第十章，第十二章案例 5-1、5-2、8-1、8-2、10-1、10-2；南京工业职业技术学院刘红编写第二章，第十一章第七节，第十二章案例 2-1、2-2、2-3；南京南光工贸有限公司彭雷编写第十一章第一至六节，第十二章案例 11-1。本书由毕甫清任主编，并负责统稿；李冰、莫晨宇任副主编；南京工业职业技术学院经济管理学院秦殿军教授任主审。

本书修订中参考了《国际贸易术语解释通则 2010》、《跟单信用证统一惯例》(2007 年修订本)——《国际商会第 600 号出版物》、《外贸业务理论与实务》以及其他大量国内外著作、教材和文献，再版得到了清华大学出版社的大力支持。在此对上述参考书的著、编、译有关人员和清华大学出版社一并表示感谢。

编　者

第 1 版前言

自我国 2001 年 12 月正式加入世界贸易组织后,对外贸易就进入了迅猛发展的阶段。2004 年,我国对外贸易总量首次超过 1 万亿美元,达到 11 547.4 亿美元,成为仅次于美国和德国的世界第三贸易大国;2005 年,我国对外贸易总量达到 14 221 亿美元,比上年增长了 23.2%。在此期间,我国外贸依存度也经历了一个迅速上升的时期。根据商务部、国家统计局等官方统计数据显示,2001 年,中国的外贸依存度为 44%,2002 年为 51%,2003 年上升至 60.2%,2004 年则是 70%,而截至 2005 年 10 月,我国的外贸依存度已经提升到 80%。以上数据表明:首先,我国参与全球经济一体化进程加速,中国经济与世界经济已经形成相互依赖的伙伴关系;其次,国外市场需求正在成为中国经济增长的一个重要动力。这是我国外贸发展的新里程碑,中国在国际贸易中的地位不断提升,令世人瞩目,从贸易大国走向贸易强国正成为中国经济发展的必然趋势。随着对外贸易经济的迅速发展,企业对外贸人才的需求也在急剧增长,据国家人事部预测,国际贸易专业人才将成为今后几年急需的人才。

为了适应我国"入世"以来国际贸易形势及国际贸易实务运作上的变化,必须培养与时俱进的、懂得国际贸易一般业务流程和具体操作方法的、了解国际贸易主要法律惯例和习惯做法的高等技术应用型人才。因此,我们组织相关院校国际贸易专业的骨干教师与具有丰富实践经验的外经贸人员共同编写了这本《国际贸易实务与案例》教材。本书内容围绕高职高专人才培养目标及高职高专教学模式改革的发展方向,全面地介绍了国际贸易实务合同磋商、签订及履行的基本知识,突出其系统性;注重国际贸易理论与国内外贸易实践的结合,增加了中外国际贸易案例分析的比重,并在每章后都附有自测题,有助于学生通过案例分析与自测题练习加深对内容的理解和掌握,突出了其实用性;从分析角度、引用资料、内容安排上充分反映了国际贸易理论发展及经济全球化的新成果,突出了其新颖性和前瞻性。

本书由南京工业职业技术学院毕甫清任主编,并负责统稿;由南京工业职业技术学院工商管理系秦殿军教授任主审;洛阳大学李冰、广西经济管理干部学院莫晨宇、南京工业职业技术学院刘红、江苏南光国际贸易公司彭雷参加了本书的编写。具体分工如下:毕甫清编写绪论,第一章,第三章,第四章,第十二章案例 1-1、1-2、3-1、3-2、4-1、4-2;李冰编写第六章,第七章,第九章,第十二章案例 6-1、6-2、7-1、7-2、9-1、9-2;莫晨宇编写第五章，第八章，第十章，第十二章案例 5-1、5-2、8-1、8-2、10-1、10-2；刘红编写第二章，第十一章第七节，第十二章案例 2-1、2-2、2-3；彭雷编写第十一章第一至六节，第十二章案例 11-1。

　　本书的出版得到了清华大学出版社的大力支持，编写过程中还得到了兄弟院校各级领导、同仁的大力支持与帮助，参考了大量的国内外著作、教材和文献，在此一并表示感谢。

　　由于编者水平有限，书中难免存在一些不足和缺陷，敬请各位读者提出宝贵意见，以便我们进一步改进和提高，并祝读者能从本书中受益。

编　者

目　　录

绪　　论

国际贸易包括货物贸易、技术贸易和服务贸易三大内容，其中货物贸易处于最重要的地位。一方面，货物贸易在进出口贸易中占有相当大的比重；另一方面，技术贸易与各种服务贸易的业务和做法，不少是从货物贸易的基本做法中脱胎出来的，有的还是直接沿袭货物贸易的基本做法。本书主要介绍国际货物买卖方面的基本理论、知识和技能。

一、国际贸易实务的研究对象、性质和特点

"国际贸易实务"，又称为"进出口贸易实务"或"进出口业务"，是经济贸易类专业的一门核心课程，是从事外经贸业务人员的必修课。该课程需要理论与实践紧密结合，涉及国际贸易理论与政策、国际贸易惯例与法律、国际保险与运输、国际金融、国际营销等学科的基本原理与基本知识的运用，专门研究国际间商品交换的具体过程，是一门具有涉外活动特点的实践性很强的综合性应用科学。

国际贸易虽与国内贸易并无实质性差异，但由于它是在国与国之间进行的，所以其交易环境、交易条件、贸易做法及所涉及的问题都远比国内贸易复杂，其特点主要表现在以下几方面。

第一，交易各方处在不同的国家和地区，由于各国的社会制度、法律体系及政策措施存在着差异，再加上各国的贸易习惯与习惯做法也不太一致，所以情况比国内贸易复杂。

第二，国际贸易的成交量通常比较大，交易的商品一般需要长距离运输，在此过程中可能会出现自然灾害、意外事故及外来风险，故买卖双方承担的风险较大。

第三，国际贸易易受国际政治、经济形势以及其他客观条件变化的影响，所以从事国际贸易比国内贸易难度大。

第四，在国际贸易中，市场面广，从业人员杂，加之交易双方相距遥远，一方对另一方的资信不太了解，故易产生种种欺诈行为，如稍有不慎，可能会蒙受巨大损失。

第五，国际贸易的每笔交易除买卖双方参与外，还需得到国内外运输、保险、商检、海关、金融机构等部门的配合与协作，或接受其监督与管理，若在一个部门或一个环节出问题，就会影响整笔交易，并易引起法律纠纷。

第六，国际贸易既是一项经济活动，也是涉外活动的一个方面。在对外交往中，不仅要考虑经济利益，而且还应注意配合国家的外交活动，认真贯彻我国的对外贸易方针政策，在履行合同和处理合同纠纷时，遵循平等、自愿、公平、诚实信用及合法原则，注意对外

保持良好的形象。

上述特点表明，从事对外贸易的工作人员，不仅必须掌握国际贸易的理论、政策、必要的国际贸易适用的法律及惯例，而且还必须具有较丰富的贸易实务知识以及分析、处理实际问题的能力。

二、国际货物贸易的程序及合同的条款

(一)国际货物贸易的程序

1. 出口贸易的程序

1) 交易磋商前的准备

出口交易前的准备工作主要包括以下几项。

(1) 国际市场的调查研究。

(2) 生产、货源可行性研究。

(3) 制订出口营销计划。

(4) 申办出口管理文件。

2) 商订出口合同

在做好上述准备工作之后，即可就出口交易的具体内容与对方进行实质性谈判——交易磋商。磋商的内容是买卖货物的各种交易条件。交易磋商过程主要包括询盘、发盘、还盘、接受等几个环节。当一方的发盘被另一方接受后，交易即告达成，合同就算成立。在实际业务中，为了明确责任，便于履行，通常还需当事人双方签一份有一定格式的书面合同。

3) 出口合同的履行

履行合同是出口交易的最后阶段，它关系到合同是否能圆满完成。如果是按 CIF 条件和信用证付款方式达成的交易，就卖方履行出口合同而言，主要包括下列环节的工作。

(1) 准备货物，按时、按质、按量交付约定的货物。

(2) 落实信用证，包括催证、审证和修改信用证等工作。

(3) 安排装运，及时办理运输保险，然后向海关办理出口报关手续。

(4) 货物装运后，缮制和备妥各种单据，及时向有关银行交单结汇，收取货款。

2. 进口贸易的程序

1) 交易前的准备

进口交易前的准备工作主要包括以下几项。

(1) 制订商品使用或经营计划。

(2) 制订商品进口计划。

(3) 市场调研、选择卖主。

(4) 申办进口管理文件。

2) 商订进口合同

进口贸易的交易磋商和合同签订的做法与出口贸易基本相似，但特别应做好比价工作。对于进口交易来说，比价是一个比较重要的环节，只有"货比三家"，才能最后达成使自己感到满意的交易。

3) 进口合同的履行

履行合同是进口交易的最后阶段，它关系到合同中所规定的买卖双方的义务是否能得到履行。如果按 FOB 条件和信用证付款方式成交，则买方履行合同的程序主要包括下列各环节的工作。

(1) 按合同规定向银行申请开立信用证。

(2) 及时租船订舱，将船名、航次、到装运港的时间等情况及时通知卖方，并催促卖方备货装船。

(3) 办理货运保险。

(4) 审核有关单据，付款赎单。

(5) 进口报关、接卸货物、进口报验、拨交等。

(二)合同条款

国际货物买卖合同是营业地在不同国家的当事人之间为买卖一定货物所达成的协议，是当事人双方各自履行约定义务的依据，也是一旦发生违约行为时，进行补救、处理争议的法律文件。因此，在国际货物买卖合同中，应就成交的商品的名称、品质、数量、包装、价格、保险、支付、检验、索赔、不可抗力和仲裁等交易条件做出明确具体的规定。由于这些交易条件的内涵及其在法律上的地位和作用互不相同，所以，了解各项合同条款的基本内容及其规定办法，有着重要的法律和实践意义。合同条款是本门课程的主要也是重点内容。

三、国际货物贸易的形式

国际货物贸易的基本形式是单边的进口、出口业务。随着国际经济关系的日益密切和国际贸易的进一步发展，出现了融货物、技术、劳务和资本移动为一体的新型的国际贸易方式，如经销、代理、寄售、展卖、拍卖、招标、对销贸易、商品期货贸易、对外加工装配业务等。

本书将详细介绍单边的逐笔货物进出口业务，并对目前货物贸易中的其他贸易方式的性质、特点、作用、基本做法及其适用的场合作一般介绍。

四、国际货物贸易适用的法规及惯例

国际货物贸易适用的法律，概括起来讲有以下三种。

(一)各国国内法

国内法是指由国家制定或认可并在本国主权管辖范围内生效的法律。在国际货物贸易中，由于交易双方所处国家不同，所以他们都分别要遵守各自所在国的国内法，但是由于不同的国家往往对同一问题的有关法律规定不相一致，因而一旦发生争议引起诉讼时，就会产生究竟应以何国法律处理争议的问题。为了解决这种"法律冲突"，通常采用在国内法中规定冲突规范的办法。我国合同法第 126 条规定："涉外合同的当事人可以选择处理合同争议所适用的法律，但法律另有规定者除外。涉外合同的当事人没有选择的，适用与合同有密切联系的国家的法律。"

(二)国际条约

国际条约是两个或两个以上主权国家为确定彼此的政治、经济、贸易、文化、军事等方面的权利和义务而缔结的诸如公约、协定、议定书等各种协议的总称。在国际货物贸易中，交易双方必须遵守国家对外缔结或参加的有关国际贸易、海运、陆运、空运、商标、工业产权、知识产权、仲裁等方面的协定或公约，如《联合国国际货物销售合同公约》(United Nations Convention on Contracts for the International Sale of Goods)和同各国签订的双边贸易协定与支付协定等。

(三)国际贸易惯例

国际贸易惯例是指在国际贸易的长期实践中逐渐形成的一些有较为明确和固定内容的贸易习惯和一般做法。国际贸易惯例不是法律，它对当事人没有普遍的强制性，只有当事人在合同中规定加以采用时，才对当事人有法律约束力。当买卖合同中做了与国际贸易惯例相抵触的规定，本着法律优先于惯例的原则，在履行合同和处理争议时，应以买卖合同的规定为准。在当前国际贸易中，影响很大和应用最广的国际贸易惯例有国际商会制定的《2010 年国际贸易术语解释通则》(《INCOTERMS2010》)、《跟单信用证统一惯例》(《UCP600》)和《托收统一规则》(《URC522》)。

五、本课程的教学方法

(一)以国际法规和惯例为指导原则

国际贸易是在国际市场中进行的贸易，与国内市场贸易相比，存在着不同的市场环境因素，会产生对相同的业务方法理解不同的问题。为了保证业务操作的公平性和公正性，进行业务操作时，必须以国际法规和惯例为基础。

(二)以理论和理性知识为基础

国际贸易的发展首先是从贸易实践开始的，而后经过了漫长的发展历程。在这个发展过程中，经济贸易理论以及符合人类思维发展规律的理性知识也随之逐渐发展起来。这些理论和理性知识已经成为国际贸易的基础和依托，直接或潜移默化地指导着国际贸易的操作，并贯穿于国际贸易的始终。因此，在教学过程中，应该注意理论知识作用的讲述。

(三)注意与其他学科领域的联系

国际贸易实务与很多学科都有较密切的联系，其操作过程会因为其他学科的发展而获得改进，也可能成为其他学科发展的重要载体。所以，在教学的过程中应注意与国际贸易理论、国际法规、电子商务、物流、金融、保险、国际市场营销等学科的紧密结合。

(四)要紧密结合贸易实践

国际贸易实务是一门实践性很强的应用学科，因此，在教学过程中应该紧密结合贸易操作实践。具体可以有以下实践途径。

(1) 要重视案例、实例分析以及平时的操作练习。

(2) 社会实践，到有关的公司、部门实习，例如，贸易公司、报关企业、装运码头、海关等，向业务人员学习有关理论与实践知识；也可以到国际贸易商品展览会去实习。

(3) 教学实训，根据教学的需要，利用教学软件进行贸易模拟操作实训，例如，贸易谈判、报关、国际贸易综合操作实训等。

绪论自测题

1. 国际贸易实务课程研究的对象是什么？你认为本课程是一门什么性质的课程？

2. 国际货物贸易适用法律和国际贸易惯例对从事国际贸易有何作用?

3. 国际贸易有哪些特点? 了解这些特点对从事国际贸易有何实际意义?

4. 进出口贸易的一般业务程序各包括哪些环节和内容?

5. 国际货物贸易的形式有哪些? 学会灵活运用和结合使用各种贸易方式有何意义?

6. 我们应该如何学好这门课程?

第一章　交易磋商与合同的签订

交易磋商(Business Negotiation)又称合同磋商(Contract Negotiation)，是买卖双方就买卖商品的有关条件进行协商以期达成交易的过程。在国际贸易中，买卖双方通过彼此磋商，就各项交易条件取得一致意见后，交易即告达成，买卖合同就算成立。因此交易磋商直接关系到交易双方能否顺利履行合同，关系到双方的经济利益，是进出口环节中最重要的环节之一。

通过本章的学习，要求学生了解交易磋商的准备工作、国际货物买卖合同磋商的主要内容及一般程序；掌握发盘和接受的相关规定；熟悉书面合同的内容和形式。

第一节　交易磋商的准备工作

一、出口交易前的准备

出口交易前的准备工作主要包括国际市场的调查研究，生产、货源可行性研究，制订出口营销计划，申办出口管理文件等内容。

(一)国际市场的调查研究

在对外洽商出口交易前，需要对国外目标市场进行选择，以便顺利进入市场，推动出口业务的不断发展。为了选择适当的目标市场，应首先做好调研工作。调研的内容如下。

1. 对进口国别、地区的调查研究

对进口国别、地区的调查研究主要包括：调查有关国家或地区的经济状况，对外政策，对我国的态度，进出口商品的结构、数量、金额，贸易对象国，贸易与外汇管制等有关对外经济往来的情况及其特点。

2. 对进口商品市场的调查研究

对进口商品市场的调查研究主要包括：调查目标进口国有关商品及相关商品的品种、花式、质量、包装、原材料、科学技术水平以及生产、消费、贸易、成本、价格、主要供给国别及其发展情况，以确定己方产品在该市场上所处的竞争地位，便于根据实际情况灵

活报价及确定其他交易条件。

3．对交易对象的调查研究

对交易对象的调查研究主要包括：调查已经或有可能经营我产品的客户的政治态度、资信情况、经营范围和经营能力等状况，以利于我外贸企业有区别地选择和利用客户。

(二)生产、货源可行性研究

生产可行性研究，是指生产企业根据对市场需求情况进行调查研究的结果，对本企业的技术力量、生产能力等情况所进行的分析研究。生产可行性研究主要包括两个内容：一是生产哪种产品最有利；二是生产出口产品尚需做哪些准备工作，如何组织技术力量，需采购哪些机器设备和原材料等。

货源可行性研究，是指专业外贸公司或需要别的企业提供产品配套出口的企业对所经营或所需要配套的产品供货情况进行的调查研究。货源调查研究的主要内容有产品的品质是否满足图纸、来样或其他形式的技术要求，企业是否能按时完成计划、及时供货等。

(三)制订出口营销计划

制订出口营销计划，是指企业在一系列调查研究的基础上，制订将产品出口到目标市场的实施计划。出口营销计划主要包括出口商品价格的制订、出口销售渠道的建立、促销手段的设计、销售服务的组织等。

(四)申办出口管理文件

申办出口管理文件，是国家保护国内资源、对出口秩序进行管理的重要方法之一。各企业在产品出口之前，应该向有关部门进行咨询。

二、进口交易前的准备

进口交易前的准备工作主要包括制订商品使用或经营计划，制订商品进口计划，市场调研、选择卖主，申办进口管理文件等。

(一)制订商品使用或经营计划

制订商品使用或经营计划直接涉及商品进口后的使用和经济效益问题，这个环节主要涉及进口商品的目的和商品的特点两个问题。对一般商品，经营计划要紧密结合市场的需求情况；对进口的机器设备等，使用计划应该由企业根据本厂的生产条件和进口机器设备的性能具体制订。

(二)制订商品进口计划

有了商品使用或经营计划，就可以进一步制订商品的进口计划，并按商品进口计划安排各项有关工作。

(三)市场调研、选择卖主

市场调研主要了解拟采购商品的供应国和主要生产者的供应情况，了解价格水平，根据不同商品的规格、技术条件，进行比较分析，选择适销对路、货源充足、技术水平高、价格优惠的市场采购。在此基础上，选择比较了解、有过交往的、资信情况较好的公司，尤其是一些较大型的跨国公司作为供货对象。

(四)申办进口管理文件

申办进口管理文件，是指按照政府的有关规定办理有关的进口手续，申领有关进口文件，以便进口通关时使用。国家对外管理部门根据不同时期的市场发展情况，会制定相关的进口管理办法，作为企业或有关管理部门进行进口操作的依据。各企业在产品进口之前，应该向有关部门进行咨询。

第二节　交易磋商的形式、内容和程序

一、交易磋商的形式

交易磋商在形式上可分为口头磋商和书面磋商两种。

(一)口头磋商

口头磋商主要是指在谈判桌上面对面的谈判，如参加各种交易会、洽谈会，以及贸易小组出访、邀请客户来我国洽谈交易等，此外，还包括通过国际长途电话进行的交易磋商。口头磋商方式由于是面对面的直接交流，可以缩短洽谈的时间，提高对问题的理解速度和透明度，从而可以加速磋商和提高达成交易的速度。

(二)书面磋商

书面磋商是指通过信函、电报、电传、传真和电子邮件等通信方式来洽谈交易。目前，较多企业使用传真及电子邮件磋商交易。随着现代通信技术的发展，书面洽谈越来越简便易行，而且费用与口头磋商相比要低廉一些，是日常业务的普遍做法。

二、交易磋商的内容

交易磋商的内容，涉及拟签订的买卖合同的各项条款，包括品名、品质、数量、包装、价格、装运、支付、保险以及商品检验、索赔、仲裁和不可抗力等。其中以前七项为主要内容或主要交易条件，因为买卖双方欲达成交易、订立合同，必须至少就这七项交易条件进行磋商并取得一致意见。至于其他交易条件，特别是检验、索赔、不可抗力和仲裁，虽非成立合同所不可缺少的内容，但是为了提高合同质量、防止和减少争议的发生以及便于解决可能发生的争议，买卖双方在交易磋商时也不应忽视。

然而，在实际业务中，并非每次交易都需要把所有条款全部列出来，逐条商讨。因为，普通的商品交易一般都使用固定格式的合同，而合同中的商检、索赔、仲裁、不可抗力等条款通常作为一般交易条件(General Terms and Conditions)已印在合同中，只要对方没有异议，就不必逐条重新协商，这些条件也就成为双方进行交易的基础。在许多老客户之间，有的事先已就"一般交易条件"达成协议，或者双方在长期的交易过程中已经形成一些习惯性的做法，或者双方已订有长期的贸易协议，在这种情况下，也不需要在每笔交易中对各项条款一一重新协商。这对于加速磋商的进程、缩短磋商的时间和节约费用支出，都是十分有益的。

三、交易磋商的一般程序

进出口交易磋商的一般程序可概括为询盘、发盘、还盘和接受四个环节。

(一)询盘

询盘(Enquiry)，是指交易的一方有意购买或出售某一种商品，向对方询问买卖该商品的有关交易条件。

询盘是为了试探对方对交易的诚意和了解其对交易条件的意向，其内容可以是只询问价格，也可询问其他交易条件。询盘可由买方发出，也可由卖方发出，可采用口头方式，也可采用书面方式。

询盘对于询盘人和被询盘人均无法律上的约束力，而且不是交易磋商的必经步骤。但是，它往往是一笔交易的起点，所以作为被询盘的一方，应对接到的询盘给予重视，并作及时和恰当的处理。

询盘实例：

请报 200 公吨中国松香 WW 级成本加运费至美国纽约最低价五月装运尽快电告。

Please quote the lowest price CFR New York for Chinese rosin WW grade 200 M/T May shipment cable promptly .

(二)发盘

发盘(Offer)，又称发价或报价，在法律上称为"要约"，是买卖双方中的一方(发盘人)，向对方(受盘人)提出各项交易条件，并且愿意按这些条件与受盘人达成交易、订立合同的一种表示。在实际业务中，发盘通常是一方在收到对方的询盘之后提出的，也可以是在没有对方询盘的情况下直接发出。

发盘多由卖方发出，这种发盘称作售货发盘(Selling Offer)，也可以由买方发出，称作购货发盘(Buying Offer)或递盘(Bid)。

发盘实例：

兹发盘 200 公吨中国松香 WW 级铁桶装每公吨 CFR 纽约 195 美元五月装运不可撤销即期信用证支付限本月 20 号复到。

Offer Chinese rosin WW grade iron drum 200 M/T USD 195 per M/T CFR New York May shipment irrevocable sight L/C reply here 20th .

1. 发盘的定义和构成发盘的必备条件

《联合国国际货物销售合同公约》(以下简称《公约》)第 14 条第 1 款对发盘的解释是："向一个或一个以上特定的人提出的订立合同的建议，如果十分确定并且表明发盘人在得到接受时承受约束的意旨，即构成发盘。一个建议如果写明货物并且明示或暗示地规定数量和价格或规定如何确定数量和价格，即为十分确定。"《公约》第 15 条第 1 款又规定："发价于送达被发价人时生效。"

根据上述解释，构成一项发盘，必须具备下列条件。

(1) 发盘应向一个或一个以上特定的人(Specific Persons)提出。所谓"特定的人"，是指在发盘中指明个人姓名或企业名称的受盘人。提出此项要求的目的在于，把发盘同普通商业广告、向国外客商寄发商品目录及价目单和其他宣传品的行为区分开来。

(2) 发盘内容十分确定：①应标明货物的名称；②应明示或暗示地规定货物的数量或规定确定数量的方法；③应明示或暗示地规定货物的价格或规定确定价格的方法。

凡包含上述三项基本因素的订约建议，即可构成一项发盘。如果发盘被对方接受，买卖合同即告成立。至于所缺少的其他内容，如货物的包装、品质、装运和支付条件，可在合同成立后，按双方已确立的习惯做法、惯例或《公约》第三部分有关买卖双方义务的规定,予以补充。

尽管如此,为了防止误解和可能发生的争议,在实际业务中,我们在对外发盘时,最好将品名、品质、数量、包装、价格、装运和支付条件等主要交易条件一一列明。

(3) 表明发盘人受其约束。这是指发盘人在发盘时向对方表示,在得到有效接受时双方即可按发盘的内容订立合同。这种表示,可以是明示也可以是暗示。明示的表示,发盘人可在发盘时明确说明或写明"发盘"、"发实盘"或明确规定发盘有效期等。暗示的表示,则应与其他有关情况结合起来考虑,包括双方磋商的情况,双方已确立的习惯做法、惯例和当事人随后的行为。

(4) 传达到受盘人。发盘只有在传达到受盘人时才生效。发盘人用信件或电报向受盘人发盘,如果该信件或电报在传递中遗失,以致受盘人未能收到,则该发盘无效。

2. 发盘的有效期

在国际货物买卖中,凡是发盘都有有效期,作为对方表示接受的时间限制,超过发盘规定的时限,发盘人即不受其约束。

发盘人对发盘有效期可作明确的规定,也可不作明确的规定。明确规定有效期并非是构成发盘的必要条件,如果发盘中没有明确规定有效期,受盘人应在合理时间内接受,否则无效。何谓"合理时间",需视交易的具体情况而定,一般按惯例处理。根据《公约》的规定,采用口头发盘时,除发盘人发盘时另有声明外,受盘人只能当场表示接受,方为有效。

采用函电成交时,常见的明确规定有效期的方法主要有以下几种。

(1) 规定最迟接受的期限。例如,限×月×日复到此地。

(2) 规定一段接受的期限。例如,发盘的有效期为 5 天。以这种方法规定有效期,存在发盘有效期计算的起讫问题。

此外,当发盘规定有效期时,还应考虑交易双方因营业地点不同而发生的时差问题。

3. 发盘的撤回

发盘的撤回,是指发盘人将尚未被受盘人收到的发盘予以取消的行为。按《公约》第 15 条第 2 款规定:"一项发盘,即使是不可撤销的,得予撤回,如果撤回通知于发价送达被发价人之前或同时送达被发价人。"这一规定是基于发盘到达受盘人之前对于发盘人没有产生约束力,所以,发盘人可以将其撤回。可见"撤回"的实质是阻止发盘的生效。

在业务实践中,发盘人如果发现发盘中内容有误或市场情况有变,可争取在发盘到达受盘人之前,立即以更快速的通信方式撤回该项发盘。需要注意的是,首先,现代通信方式快捷无比,电传、传真、电子邮件等,在发出的同时对方已收到,已没有余地撤回。因此,发盘之前要研究妥当,以免到时无法撤回,产生麻烦。其次,应估计到有时撤回通知未能如愿在发盘送达受盘人之前或同时送达受盘人，这时该发盘已生效，对发盘人已产生约束力，如果取消该发盘，就不是撤回的问题了。

4．发盘的撤销

发盘的撤销，是指发盘人将已经为受盘人收到的发盘予以取消的行为。

关于发盘能否撤销的问题，英美法与大陆法存在严重的分歧。英美法认为，在受盘人表示接受前，即使发盘中规定了有效期，发盘人也可以随时予以撤销，这显然对发盘人有利。而大陆法主张，发盘原则上对发盘人具有约束力，一项发盘一经送达受盘人，即生效后，就不得撤销，除非发盘人在发盘中注明不受约束。

为了调和上述两大法系在发盘可否撤销问题上的分歧，《公约》采取了折中的办法。《公约》第 16 条规定："在未成立合同之前，发盘得以撤销，如撤销通知于受盘人发出接受通知之前到达受盘人。但在下列情况下，发盘不得撤销：(a)发盘人表明接受期限或以其他方式表示发盘是不可撤销的；(b)受盘人有理由信赖该发盘是不可撤销的，而且已本着对该项发盘信赖行事。"

上述规定表明，发盘在一定条件下可以撤销，而在有些条件下又不得撤销。可撤销的条件是在受盘人发出接受通知之前将撤销的通知传达到受盘人。不可撤销的条件有：一是发盘规定了有效期，在有效期内不能撤销；如果没有明确规定有效期，但以其他方式表示发盘不可撤销，如在发盘中使用了"不可撤销"、"在未获贵公司答复前不另向其他人发盘"等字样，那么在合理时间内该项发盘不能撤销。二是受盘人有理由信赖该发盘是不可撤销的，并采取了一定的行动。如受盘人曾发出询盘，称某工程需要某设备，请发盘。在收到发盘后，本着对该发盘的信赖，与该工程联系洽谈，则这项发盘就不能撤销。

应该指出，内容完整、确定的发盘，能够撤销的是很少的。

5．发盘的失效

发盘的失效，是指发盘法律效力的消失。关于发盘失效的问题，《公约》第 17 条规定："一项发盘，即使是不可撤销的，于拒绝通知送达发盘人时终止。"这就是说，当受盘人不接受发盘的内容，并将拒绝的通知送到发盘人手中时，即使发盘的有效期尚未届满，原发盘也失去效力，发盘人不再受其约束。

此外，在业务实践中还有以下几种情况造成发盘的失效。

(1) 受盘人做出还盘。

(2) 发盘人依法撤销发盘。

(3) 发盘人规定的有效期届满。

(4) 人力不可抗拒的意外事故造成发盘的失效。

(5) 在发盘被接受前，当事人丧失行为能力、死亡或法人破产等。

6. 区分发盘和发盘的邀请

发盘是一项肯定的订约建议，它具备上述构成发盘的四项条件，特别是"发盘内容十分确定"和"表明发盘人受其约束"这两项条件。而发盘邀请则是一项不肯定的订约建议，它不具备构成发盘所必需的四项条件，特别是前述两项条件。虽然发盘的邀请也可向一个或一个以上的特定的人做出，并送达对方，但做出发盘邀请的一方不承担与对方订立合同的确定责任，即使对方立即无条件同意发盘邀请中所提出的全部条件。发盘邀请的内容不是"十分确定"，它所含的交易条件可能是不完整的，或者是不明确的，或者即使是完整和明确的，却不是终局的。此外，对发盘邀请不应规定有效期，否则，有可能被视作发盘处理。

(三)还盘

还盘(Counter Offer)，是指受盘人在接到发盘后，不同意或不完全同意发盘人在发盘中提出的条件，为了进一步磋商交易，对发盘提出修改意见。还盘可以用口头方式或者书面方式表达出来，可以是针对价格，也可以是针对品质、数量、装运和支付方式等重要交易条件提出修改意见。

还盘实例：

你10号电收悉，还盘每公吨185美元CFR纽约，26号复到。

Your cable 10th counter offer till 26th our time USD 185 per M/T CFR New York.

还盘的形式可有不同，有的明确使用"还盘"字样，有的则不使用，只是在内容中表示出对发盘的修改。

虽然从法律上讲，还盘并非交易磋商的必经环节，但是，在实际业务中，还盘的情况还是很多的，有时一项交易须经过还盘再还盘，甚至要经过数十次的讨价还价，才能做成。

需要注意的是，从法律意义上说，还盘是对发盘的一种拒绝，还盘一经做出，原发盘即失去效力，发盘人不再受其约束。一项还盘等于是受盘人向原发盘人提出的一项新的发盘。还盘做出后，还盘的一方与原发盘人在地位上便发生了变化，还盘者由原来的受盘人变成新盘的发盘人，而原发盘人则变成了新盘的受盘人。新受盘人有权针对还盘内容进行考虑，决定接受、拒绝还是再还盘。

既然还盘一经做出，原发盘的效力便终止，即使原发盘规定的有效期尚未届满，所以，如果还盘人在还盘后又反悔，要想重新接受原发盘，那只有在原发盘人表示同意后，合同才成立。当然，如果还盘方能成功地撤回还盘并在原发盘的有效期内表示接受，合同是成立的。

(四)接受

接受(Acceptance)，在法律上称"承诺"，是买方或卖方同意对方在发盘中提出的各项交易条件，并愿按这些条件与对方达成交易、订立合同的一种肯定表示。

一方的发盘经另一方接受，交易即告达成，合同即告订立，双方就应分别履行其所承担的合同义务。

接受实例：

你 18 号电我接受 200 公吨中国松香 WW 级铁桶装每公吨 185 美元 CFR 纽约五月装运不可撤销即期信用证付款。

Your cable 18th we accept Chinese rosin WW grade iron drum 200 M/T USD 185 per M/T CFR New York May shipment irrevocable sight L/C .

1. 接受的定义和构成接受的条件

《公约》第 18 条第 1 款对接受作了如下定义："被发价人声明或做出其他行为表示同意一项发价，即是接受。缄默或不行动本身不等于接受。"

构成一项有效的接受，必须具备以下条件。

1) 接受必须由受盘人做出

这一条件与发盘的第一个条件是相呼应的。发盘必须向特定的人发出，发盘的约束力是约束发盘人对特定的受盘人而不是对任何其他人承担义务，即表示发盘人愿意按发盘的条件与受盘人订立合同，但并不表示他愿意按这些条件与其他任何人订立合同。因此，接受也只能由受盘人做出才具有效力，其他任何人对发盘表示同意，不能导致合同成立，不能构成接受。

2) 接受必须表示出来

表示接受，必须以口头或书面的声明向发盘人明确表示出来，另外，还可以用行为表示接受。缄默或不行动，即不作任何方式的表示，不能构成接受。

根据《公约》规定，声明可以是书面的，还可以是口头的。一般说来，发盘人如果以口头发盘，受盘人即以口头接受；发盘人如果以书面形式发盘，受盘人即以书面形式来表示接受。

在业务实践中，受盘人还可以用其他行为表示接受。《公约》第 18 条第 3 款对此作了说明："如果根据该项发盘或依照当事人之间确立的习惯做法或惯例，受盘人可以做出某种行为，例如用以发运货物或支付价款有关的行为来表示同意，而无须向发盘人发出通知，则该接受于该行为做出时生效，但该行为必须在上一款规定的期间内。"根据这一规定，受盘人可以用以发货或付款有关的行为表示对发盘的接受，而不向发盘人发出接受通知。用这种行为表示的接受，也构成有效接受。

3) 接受必须在发盘的有效期内传达到发盘人

发盘中通常都规定有效期，接受必须在发盘的有效期内传达到发盘人。这一期限有双重意义：一方面它约束发盘人，使发盘人承担义务，在有效期内不能任意撤销或修改发盘的内容，过期则不再受其约束；另一方面，发盘人规定有效期，也是约束受盘人只有在有效期内做出接受，才有法律效力。

4) 接受必须与发盘相符

接受必须与发盘相符，凡有实质性的新增、限制或修改的接受，都不能视为有效接受，而应视为还盘。根据《公约》规定，有关货物价格、品质、数量、付款、交货时间和地点，当事人对另一方当事人的责任范围或解决争端等的附加或不同条件，均视为实质上变更发盘的条件。但是，有时受盘人在接受时顺便提出某些非实质性变更，如果不影响交易，应该看作是一项有效接受，不能当作还盘处理。除非发盘人不同意并及时提出异议，否则合同将按对原发盘添加或更改的交易条件达成。

2. 逾期接受

如果接受通知超过发盘规定的有效期限，或发盘未具体规定有效期限而超过合理时间才传达到发盘人，就成为一项逾期接受，或称迟到的接受。对于这种迟到的接受，发盘人不受其约束，不具有法律效力。但也有例外的情况，《公约》第21条第1款规定："逾期接受仍有接受的效力，如果发价人毫不迟延地用口头或书面将此种意见通知被发价人。"《公约》第21条第2款规定"如果载有逾期接受的信件或其他书面文件表明，它是在传递正常、能及时送达发价人的情况下寄发的，则该项逾期接受具有接受的效力，除非发价人毫不迟延地用口头或书面通知被发价人：他认为他的发盘已经失效。"按《公约》规定，如果发盘人于收到逾期接受后，毫不迟延地通知受盘人，确认其为有效，则该逾期接受仍有接受的效力。另一种情况是，一项逾期接受，从它使用的信件或其他书面文件表明，在传递正常的情况下，本应该能及时送达发盘人，但由于出现传递不正常的情况而造成延误，这种逾期接受仍可被认为是有效的，除非发盘人毫不迟延地用口头或书面形式通知受盘人，表示他的发盘已经失效。

3. 接受的生效和撤回

《公约》规定，接受于接受通知送达发盘人时生效。对口头发盘必须立即接受，但情况有别者不在此限。

在接受的撤回问题上，《公约》第22条规定："接受得予撤回，如果撤回通知于接受原应生效之前或同时送达发盘人。"由于接受送达发盘人时才产生法律效力，故撤回接受的通知，只要先于原接受通知或与原接受通知同时送达发盘人，则接受撤回。接受生效后，合同已经成立，接受是不能撤销的。

第三节　合同成立和书面合同的签订

一、合同有效成立的条件

在国际贸易中，买卖合同于何时成立是一个十分重要的问题。根据《公约》的规定，接受送达发盘人时生效，接受生效的时间，实际上就是合同成立的时间。但是，合同是否具有法律效力，还要视其是否具备了一定的条件，不具备法律效力的合同是不受法律保护的。因此，了解和掌握合同有效成立的条件非常重要。一般来说，一项有法律约束力的合同，需具备下列条件。

(一)当事人必须在自愿和真实的基础上达成协议

世界上绝大多数国家的法律都规定，当事人必须就合同条款达成协议，合同方告成立。如果当事人不能达成协议就不存在合同。《中华人民共和国合同法》第 3 条规定："合同当事人的法律地位平等，一方不得将自己的意志强加给另一方。"其第 4 条规定："当事人依法享有自愿订立合同的权利，任何单位和个人不得非法干预。"从这些规定中可见，协议必须建立在当事人自愿和真实的基础上。

(二)当事人必须具有订立合同的行为能力

这是指签订合同的双方或各方的法律能力而言。一般说，为了形成一项有效的、具有法律约束力的合同，合同双方或各方当事人必须具有合法的行为能力，并能理解合同条款。没有法律能力或法律能力有限，即没有行为能力或行为能力有限的人、未成年人、精神病人、神经不健全的人和喝醉酒的人等，都被视为没有签订合同能力的人，这些人签订的任何合同均是无效的。

(三)合同必须有对价和合法的约因

所谓对价(Consideration)，即指当事人为了取得合同利益所付出的代价。例如，在买卖合同中，买方得到卖方提交的货物必须支付货款，而卖方取得买方支付的货款必须交货，买方支付和卖方交货就是合同的"对价"。所谓约因(Cause)，即指当事人签订合同的直接目的。买卖合同只有在有"对价"或"约因"的情况下，才是有效的，无对价或无约因的合同，是得不到法律保障的。

(四)合同的标的和内容必须合法

几乎所有国家的法律都要求当事人所订立的合同必须合法，并规定凡是违反法律、违反公共秩序以及违反善良风俗或道德的合同，一律无效。《中华人民共和国合同法》第7条规定："当事人订立、履行合同，应当遵守法律、行政法规，尊重社会公德，不得扰乱社会秩序，损害社会公共利益。"

(五)合同必须符合法律规定的形式

世界上大多数国家，只对少数合同才要求必须按法律规定的特定形式订立，而对大多数合同一般不从法律上规定应当采取的形式。《公约》对国际货物买卖合同的形式，原则上不加以限制，无论采用书面方式还是口头方式，均不影响合同的效力。《公约》第11条规定："买卖合同无须以书面订立或证明，在形式方面不受任何其他条件的限制，买卖合同可以包括人证在内的任何方法证明。"

《中华人民共和国合同法》第10条规定："当事人订立合同，有书面形式、口头形式和其他形式。""法律、行政法规规定采用书面形式的，应当采用书面形式。当事人约定采用书面形式的，应当采用书面形式。"根据这项规定，我国对国际货物买卖合同的形式，原则上也不加以限制，但如果法律、行政法规规定及当事人约定须采用书面形式时，应当采用书面形式。

二、书面合同的签订

在国际贸易实践中，交易达成后，买卖双方往往还需签订一份正式的书面合同，将双方的权利、义务等明文规定下来。

(一)签订书面合同的意义

1. 作为合同成立的证据

依照各国法律的要求，凡是合同都必须能被证明，提供证据，以证明合同关系的存在。当双方在事后发生争议提交仲裁或诉讼时，仲裁庭和法庭也要先确定双方之间是否已建立了合同关系，将要求当事人对合同成立提供证据。对于用函电磋商达成的交易，证据显然不成问题。但是对于通过口头谈判达成的交易，书面合同的作用就特别重要了，如不用一定的书面形式加以确定，合同将由于不能被证明而难以得到法律的保护。因此，尽管有许多国家的法律中并不否认口头合同的效力，但在国际贸易中，一般多要求签订书面合同。这就是通常所说的"空口无凭、立字为据"。

2. 作为履行合同的依据

在国际贸易中，合同的履行涉及企业内部的许多部门和企业外部的许多机构，如运输公司、保险公司、银行等，过程也相当复杂。口头合同如不转变成书面合同，几乎无法履行。即使通过信件、电报、电传、电子邮件等达成交易，如不将分散于多份信函、电报、电传、电子邮件中的双方协议一致的条件集中归纳到一份书面合同上来，也将难以正确履行合同。因此，买卖双方不论通过口头还是书面磋商，在达成交易后，都要求将商定的交易条件、各自应享有的权利和承担的义务，全面清楚地在一个文件上用文字规定下来，作为履行合同的依据。

3. 有时是合同生效的条件

如果买卖双方磋商时，一方提出以最终签订书面合同为准，则在书面合同签订之前，合同不能生效。此时，签订合同是合同生效的条件。此外，按规定应采用由一国政府机构审批的合同，也就是有一定格式的书面合同。

(二)书面合同的形式

国际上对货物销售合同的书面形式没有特定的格式和限制，有正式的合同(Contract)、确认书(Confirmation)，也有协议(Agreement)、备忘录(Memorandum)等形式，此外，还有订单(Order)和委托订购单(Indent)等。

在我国外贸业务中，书面合同主要采用两种形式：一种是条款完备、内容较全面的正式合同，另一种是内容较简单的确认书。

1. 合同

业务中常用的合同主要有销售合同(Sales Contract)和购货合同(Purchase Contract)。合同的内容比较全面，除商品的名称、规格、包装、数量、单价、装运港和目的港、交货期、付款方式、运输标志、保险、商品检验等条款外，还有异议索赔、仲裁、不可抗力等条款。它的特点在于：内容比较全面，对双方的权利和义务以及发生争议后如何处理，均有详细的规定。签订这种形式的合同，对于明确双方的责任、避免争议的发生都是有利的。因此，对大宗商品或成交金额较大的交易，一般应采用这种合同形式。

2．确认书

确认书有销售确认书(Sales Confirmation)和购货确认书(Purchase Confirmation)两种。确认书属于一种简式合同，它的内容一般包括商品的名称、规格、包装、数量、单价、装运港和目的港、交货期、付款方式、运输标志、保险、商品检验等条款。对于异议索赔、仲裁、不可抗力等条款，一般都不予列入。这种格式的合同，适用于金额不大、批数较多的小土特产品和轻工产品，或者已订有代理、包销等长期协议的交易。

上述两种形式的合同，虽然在格式、条款项目和内容的繁简上有所不同，但在法律上具有同等的效力，对买卖双方均有约束力。

在外贸业务中，合同或确认书通常一式两份，由双方合法代表分别签字后各执一份，作为合同订立的证据和履行合同的依据。

(三)书面合同的内容

合同的基本内容由约首、本文和约尾三个部分组成。

1．约首

约首是合同的首部，包括合同的名称、编号、订约的日期、订约地点、买卖双方的名称及序言等内容。在规定这部分内容时，一般应注意：对于双方的名称，应用全名，不能用简称；地址要详细列明；合同的序言，表示双方订立合同的意愿和执行合同的保证，对双方具有约束力，因此在规定序言时也应慎重考虑。

2．本文

本文是合同的主要部分，具体列明各项交易条件或条款，如品名、品质规格、数量、单价、包装、交货时间与地点、运输与保险、支付方式以及检验、索赔、不可抗力和仲裁条款等。这些条款体现了双方当事人的权利和义务。

3．约尾

约尾是合同的尾部，包括合同使用的文字、效力、份数、附件的效力以及双方签字等。这也是合同不可缺少的重要组成部分。

(四) 签订书面合同应注意的问题

(1) 要注意合同各条款间的内在联系。

(2) 合同内容要体现国家对外贸易原则和有关方针政策。

(3) 合同条款要明确、完善和肯定。

书面合同范本如下。

正 本

(ORIGINAL)

南京市天天进出口有限公司

NANJING TIANTIAN IMPORT&EXPORT CO., LTD

中国江苏南京市文昌西路 58 号
NO. 58 WEST WENCHANG ROAD NANJING JIANGSU CHINA
电话(Tel)：(86)25-84575678 传真(Fax)：(86)25-84575678

销售合同　　　　　合同号　NO：_____

SALES CONTRACT　　　日期　DATE：_____

The Buyers：_____
Address：_____
电话 (Tel)：_____ 传真(Fax)：_____

双方同意按下列条款由卖方售出下列商品：

The Buyers agree to buy and the Sellers agree to sell the following goods on terms and conditions as set forth below:

(1)商品名称、规格及包装 Name of Commodity, Specifications and Packing	(2)数量 Quantity	(3)单价 Unit Price	(4)总值 Total Value
	(装运数量允许有　　%的增减) (Shipment Quantity　% more or less allowed)		

(5)装运期限：

Time of Shipment：

(6)装运口岸：

Port of loading：

(7)目的口岸：

Port of Destination：

(8)保险：由　　方负责，按本合同总值的 110%投保_____险。

Insurance：To be covered by the___ for 110% of the invoice value against_____.

(9)付款：凭保兑的、可转让的、可分割的即期有电报套汇条款/见票/出票____天期付款信用证，信用证以_____为受益人并允许分批装运和转船。该信用证必须在_____前开到卖方，信用证的有效期应为上述装船期后第 15 天，在中国_____到期，否则卖方有权取消本售货合约，不另行通知，并保留因此而发生的一切损失的索赔权。

Terms of Payment: By confirmed, transferable and divisible letter of credit in favour of _____payable at sight with TT reimbursement clause/___days'/sight/date allowing partial shipment and transshipment. The covering Letter of Credit must reach the Sellers before _____and is to remain valid in _____. China until the 15th day after the aforesaid time of shipment, failing which the Sellers reserve the right to cancel this Sales Contract without further notice and to claim from the Buyers for losses resulting therefore.

(10)商品检验：以中国_____所签发的品质/数量/重量/包装/卫生检验合格证书作为卖方的交货依据。

Inspection：The Inspection Certificate of Quality / Quantity / Weight / Packing / Sanitation issued by_____ of China shall be regarded as evidence of the Sellers' delivery.

(11)装运唛头：

Shipping Marks:

其他条款：

OTHER TERMS:

1. 异议：品质异议买方须于货到目的口岸之日起 30 天内提出索赔，数量异议买方须于货到目的口岸之日起 15 天内提出索赔，但均须提供经卖方同意的公证行的检验证明。如责任属于卖方，卖方于收到索赔后 20 天内答复买方并提出处理意见。

Discrepancy：In case of quality discrepancy, claim should be lodged by the Buyers within 30 days after the arrival of the goods at the port of destination, while for quantity discrepancy, claim should be lodged by the Buyers within 15 days after the arrival of the goods at the port of destination. In all cases, claims must be accompanied by Survey Reports of Recognized Public Surveyors agreed to by the Sellers. Should the responsibility of the subject under claim be found to rest on the part of the Sellers, the Sellers shall, within 20 days after receipt of the claim, send their reply to the Buyers together with suggestion for settlement.

2. 信用证内应明确规定卖方有权可多装或少装所注明的百分数，并按实际装运数量议付。(信用证之金额按本售货合约金额增减相应的百分数。)

The covering Letter of Credit shall stipulate the Seller's option of shipping the indicated percentage more or less than the quantity hereby contracted and be negotiated for the amount covering the value of quantity actually shipped. (The Buyers are requested to establish the L/C in amount with the indicated percentage over or below the total value of the order as per this Sales Contract.)

3. 信用证内容须严格符合本售货合约的规定，否则修改信用证的费用由买方负担，卖方并不负因修改信用证而延误装运的责任，并保留因此而发生的一切损失的索赔权。

The contents of the covering Letter of Credit shall be in strict conformity with the stipulations of the Sales Contract. In case of any variation there of necessitating amendment of the L/C, the Buyers shall bear the expenses for effecting the amendment. The Sellers shall not be held responsible for possible delay of shipment resulting from awaiting the amendment of the L/C and reserve the right to claim from the Buyers for the losses resulting therefore.

4. 除经约定保险归买方投保者外，由卖方向中国的保险公司投保。如买方需增加保险额及/或需加保其他险，可于装船前提出，经卖方同意后代为投保，其费用由买方负担。

Except in cases where the insurance is covered by the Buyers as arranged, insurance is to be covered by the Sellers with a Chinese insurance company. If insurance for additional amount and /or for other insurance terms is required by the Buyers, prior notice to this effect must reach the Sellers before shipment and is subject to the Sellers' agreement, and the extra insurance premium shall be for the Buyers' account.

5. 因人力不可抗拒事故使卖方不能在本售货合约规定期限内交货或不能交货，卖方不负责任，但是卖方必须立即以电报通知买方。如果买方提出要求，卖方应以挂号函向买方提供由中国国际贸易促进委员会或有关机构出具的证明，证明事故的存在。买方不能领到进口许可证，不能被认为系属人力不可抗拒范围。

The Sellers shall not be held responsible if they fail, owing to Force Majeure cause or causes, to make delivery within the time stipulated in this Sales Contract or cannot deliver the goods. However, the Sellers shall inform immediately the Buyers by cable. The Sellers shall deliver to the Buyers by registered letter, if it is requested by the Buyers, a certificate issued by the China Council for the Promotion of International Trade or by any competent authorities, attesting the existence of the said cause or causes. The Buyers' failure to obtain the relative Import Licence is not to be treated as Force Majeure.

6. 仲裁：凡因执行本合约或有关本合约所发生的一切争执，双方应以友好方式协商解决；如果协商不能解决，应提交中国国际经济贸易仲裁委员会，根据该会的仲裁规则进行仲裁。仲裁裁决是终局的，对双方都有约束力。

Arbitration：All disputes arising in connection with this Sales Contract or the execution thereof shall be settled by way of amicable negotiation. In case no settlement can be reached, the case at issue shall then be submitted for arbitration to the China International Economic and Trade Arbitration Commission in accordance with the provisions of the said Commission. The award by the said Commission shall be deemed as final and binding upon both parties.

卖方(Sellers):   买方(Buyers):

本章自测题

一、填空题

1. 交易磋商的步骤包括_____、_____、_____和_____四个环节，其中_____和_____是两个必不可少的过程。

2. 发盘又称_____或_____，在法律上称为_____。

3. 发盘必须具备的条件为：_____、_____、_____、_____。

4. 发盘内容至少应包括三个基本要素：明示_____、明示或暗示_____及明示或暗示_____。

5. 还盘的法律后果是对原发盘的_____，原发盘即告_____，原发盘人_____受其约束。

6. 一项有效接受必须具备的条件为：接受必须由_____、必须是_____、必须_____及_____。

7. 发盘有效期的规定方法有：规定_____的期限和规定_____的期限。

8. 在我国外贸业务中，合同或确认书通常一式_____份，由双方_____分别签字后_____一份。

9. 合同的内容通常包括_____、_____和_____三部分，其中_____是主体。

10. 发盘的失效条件为_____、_____、_____、_____、_____、_____等。

二、选择题

1. 英国某买方向我轻工业出口公司来电："拟购美加净牙膏大号 1000 支请电告最低价格最快交货期。"此来电属交易磋商的_____环节。

    A. 发盘   B. 询盘   C. 还盘   D. 接受

2. 根据我国法律，_____不是一项具有法律约束力的合同。

    A. 通过欺骗对方签订的合同

    B. 采取胁迫手段订立的合同

    C. 我某公司与外商以口头形式订立的合同

    D. 走私物品的买卖合同

3. 国外某买主向我出口公司来电"接受你方 12 日发盘请降价 5%"，此来电属_____环节。

    A. 发盘   B. 询盘   C. 还盘   D. 接受

4. 在_____情况下属于发盘的失效。

    A. 发盘有效期满   B. 还盘   C. 受盘人拒绝发盘   D. 撤回

5. 根据《公约》的规定，合同成立的时间是_____。

    A. 接受生效的时间   B. 交易双方签订书面合同的时间

    C. 在合同获得国家批准时   D. 当发盘送达受盘人时

6. 某项发盘于某月 12 日送达受盘人，但在此前的 11 日，发盘人发传真通知受盘人发盘无效，此行为属于_____。

A.　发盘的撤回　　　　　　　　　　B.　发盘的修改

C.　一项新发盘　　　　　　　　　　D.　发盘的撤销

7.　根据《公约》规定，受盘人对_____等内容提出添加或更改，均作为实质性变更发盘条件。

A　价格　　　　B.　付款　　　　C.　品质　　　　D.　数量

8.　根据我国《合同法》的规定，除非另有约定，当事人订立合同的形式可以采用_____。

A.　口头形式　　　　　　　　　　B.　书面形式

C.　其他形式　　　　　　　　　　D.　沉默形式

9.　根据《公约》规定，发盘内容必须十分确定，所谓十分确定，是指在发盘中应包括的要素有_____。

A.　货物的名称

B.　货物数量或规定数量的方法

C.　货物的价格或规定确定价格的方法

D.　交货时间和地点

10.　根据《公约》规定，在_____情况下发盘失效。

A.　受盘人做出还盘

B.　发盘人在发盘规定的有效期内撤销原发盘

C.　发盘有效期届满

D.　发盘被接受前，原发盘人破产

三、判断并改错题

1.　在交易磋商过程中，发盘是由卖方做出的行为，接受是由买方做出的行为。(　　　)

2.　买方来电表示接受发盘，但要求将 D/P 即期改为 D/P 远期，卖方缄默，此时合同成立。　　　　　　　　　　　　　　　　　　　　　　　　　　　　(　　　)

3.　根据《公约》规定，构成一项有效发盘，必须明确规定买卖货物的品质、数量、包装、价格、货款的支付、交货的时间和地点等六项主要交易条件。(　　　)

4.　一项有效的发盘，一旦被受盘人无条件地全部接受，合同即告成立。(　　　)

5.　询盘又称询价，即向交易另一方询问价格。　　　　　　　　　　(　　　)

6.　《联合国国际货物销售合同公约》规定发盘生效的时间为发盘送达受盘人时。

(　　　)

四、简答题

1.　交易磋商一般要经过哪些环节？它们的含义如何？要订立一项合同，哪些磋商环节是不可缺少的？为什么？

2. 何谓发盘？何谓接受？构成发盘和接受应分别具备哪些条件？

3. 发盘何时生效？发盘在什么情况下可以撤回或撤销？

4. 逾期接受的法律效力如何？《公约》对此有何规定？

5. 合同有效成立的条件是什么？

6. 买卖双方就各项交易条件达成协议后，为什么还要签订具有一定格式的书面合同？

五、案例分析题

1. 我某外贸企业向国外询购某商品，不久接到外商 3 月 20 日发盘，有效期至 3 月 26 日。我方于 3 月 22 日复电："如能把单价降低 5 美元，可以接受。"对方没有反应。后因用货部门要货心切，又鉴于该商品行市看涨，我方随即于 3 月 25 日又去电表示，同意对方 3 月 20 日发盘所提的各项条件。试分析，此项交易是否达成？理由何在？

2. 我出口企业根据某法商询盘，发盘销售某货物，限对方 5 日复到有效。法商于 4 日发电报表示接受。由于电报局投递延误，该电报通知于 6 日上午才送达我公司。此时，我方鉴于市价上升，当即回电拒绝。但法商认为接受通知迟到不是他的责任，坚持合同有效成立，而我方则不同意达成交易，于是提交仲裁。你认为仲裁庭应如何裁决？假如我方在接电后未予拒绝，应如何裁决？

第二章　合同中的品名、品质、数量和包装条款

合同中的品名、品质、数量和包装条款是国际货物销售合同中的主要条款，它是交易双方磋商和合同订立的主要内容之一，也是交易双方履行合同的依据。

通过学习本章内容，要求学生了解合同中品名和品质条款的基本内容、商品数量条款的基本内容、商品包装条款的基本内容以及《联合国国际货物销售合同公约》和《跟单信用证统一惯例》(国际商会 600 号出版物)对此的相关规定；掌握运输包装标志、中性包装和定牌生产的含义及基本知识；能够正确签订合同中的品名、品质、数量和包装条款。

第一节　合同中的品名、品质条款

一、品名条款

(一)品名的含义和列明品名条款的意义

品名，即商品的名称，是指某种商品区别于其他商品的一种称呼或概念。在国际贸易中，交易双方在洽谈交易和订立货物买卖合同的过程中，往往看不到成交的标的物，一般只是凭商品的名称或/及对商品的描述来成交的。因此，在销售合同中就必须要列明商品的名称。

(二)合同中的品名条款

1. 基本内容

品名条款的规定是买卖双方首先要考虑的问题。合同中品名条款比较简单，通常是在"商品名称(Name of Commodity)"或"品名"的标题下，列明买卖双方要成交的商品；也可不加标题，仅在合同的开头部分列明双方同意成交某种商品的文句。

2. 注意事项

买卖双方在规定此条款时，应认真谨慎，注意下列事项。

1) 必须明确、具体，避免空洞笼统

在规定商品的名称时，应能确切反映商品的主要特点。在有些情况下，还必须列明商品的规格、等级、型号和产地等，即列明商品的品质条款。

2) 尽可能使用国际通用的名称

对不同的商品，有关国家的海关关税和进出口限制规定不尽相同，有些商品有多个名称，因而存在着同一商品因名称不同而交付不同的关税、班轮运费、仓储费等情况，因此，应尽可能使用国际通用的名称，以减少不必要的费用和手续。

3) 与 H.S 编码相适应

中国于 1992 年 1 月 1 日起正式采用了由海关合作理事会制定的《商品名称及编码的协调制度》(The Harmonized Commodity Description and Coding System，H.S)，并据此编写了《中华人民共和国海关进出口税则》和《中华人民共和国海关统计商品目录》。目前，几乎所有的发达国家及大部分发展中国家都采用了《商品名称及编码的协调制度》，各国的海关统计及普惠制待遇等都按 H.S 编码操作。因此，我国在采用商品名称时应与 H.S 编码规定的商品名称相适应。

二、品质条款

(一)品质条款的含义和意义

1. 品质条款的含义

商品的品质(Quality of Goods)是指商品的内在素质和外观形态的综合。前者包括商品的物理性能、机械性能、化学成分和生物特性等自然属性，一般需要专业工具分析测试方可得到，如机械类产品的精密度、纺织品回潮率、化工商品的凝固点等；后者包括商品的外形、色泽、款式或透明度等，一般是指只要通过人们的感官就能直接感觉到的商品外在特征，如商品的结构、款式、造型等。

2. 列明品质条款的意义

合同中的品质条款是构成商品说明的重要组成部分，是买卖双方交接货物的依据。《联合国国际货物销售合同公约》规定，卖方交付货物，必须符合约定的质量。如卖方交货不符合约定的品质条件，买方有权根据违约的程度主张损害赔偿，要求修理、交付替代货物以至拒收货物和宣告合同无效。可见，卖方如果违反合同品质条款的规定，将处于被动地位。

(二)商品品质的表示方法

在国际货物买卖中，商品种类繁多，特点各异，故商品品质的表示方法也多种多样。归纳起来，主要分为两大类：一类是凭实物表示，另一类是凭文字说明表示。

1. 凭实物表示法

凭实物表示商品品质又可分为看货买卖和凭样品买卖两种方法。

1) 看货买卖

看货买卖是买卖双方履行合同时的品质标准以买方所看到的商品的实际品质为准进行交易，通常是先由买方或其代理人到卖方场所验看货物，达成共识后进行交易。当买卖双方采用看货成交时，买方或代理人通常先到卖方存放货物的场所验看货物，一旦达成交易，卖方就应按对方验看过的商品品质标准交货。只要卖方交付的货物与买方验看过的货物相符，买方就不得对品质提出异议。

在国际贸易中，由于交易双方远隔两地，交易洽谈主要以函电的方式进行，所以采用看货成交的可能性非常有限。看货买卖这种做法，多用于寄售、拍卖和展卖的业务中。

2) 凭样品买卖(Sale by Sample)

样品通常是从一批商品中抽出来的或由生产、使用部门设计、加工出来的，足以反映和代表整批商品品质的少量实物。凡以样品表示商品品质并以此作为交货依据的，称为"凭样品买卖"。

在国际贸易中，按照样品提供者的不同，凭样品买卖可分为下列几种。

(1) 凭买方样品(Buyer's Sample)买卖。凭买方样品买卖是指由买方提供样品并作为交货的品质依据。其买卖合同一般订明："品质标准以买方样品为依据。"

(2) 凭卖方样品(Seller's Sample)买卖。凭卖方样品买卖是指由卖方提供样品并作为交货的品质依据。其买卖合同一般订明："品质标准以卖方样品为依据。"

(3) 凭对等样品(Counter Sample)买卖。在国际货物买卖中，卖方对以买方样品成交的合同往往持谨慎态度，为避免日后的交货品质与买方样品不符而招致纠纷，卖方可根据买方提供的样品，加工复制出一个类似的样品交买方确认，这种经确认后的样品，称为"对等样品(Counter Sample)"或"回样(Return Sample)"，也有称之为"确认样品(Confirming Sample)"。对等样品实质上是把"凭买方样品买卖"转变为"凭卖方样品买卖"。

无论凭何种样品买卖，卖方所交货物品质必须与样品完全一致，这是凭样品买卖的基本要求，否则就会招致买方的拒收或索赔等纠纷。如果卖方没有完全把握做到交货品质与样品品质完全一致，则应尽量在合同条款中规定一些弹性条款，如"品质与样品大致相同"，或"品质与样品相似"。

此外，以介绍商品为目的而寄出的样品，最好标明"仅供参考(for Reference Only)"字样，以免与标准样品混淆。

2．凭文字说明表示法

凭文字说明表示商品品质，是指用文字、图表、图片等方式来说明成交商品的品质。具体表示品质的方法可分为以下几种。

1) 凭规格买卖(Sale by Specification)

商品规格是指一些足以反映商品品质的主要指标，如化学成分、含量、纯度、性能、尺寸、容量、长短、色泽等。商品不同，用以说明商品品质的指标也不同。买卖双方用商品的规格确定品质的方法，称为凭规格买卖。这种方法比较方便、准确，在国际贸易业务中应用较广。

2) 凭等级买卖(Sale by Grade)

商品的等级是指同一类商品按规格上的差异，分为品质优劣各不相同的若干等级。凭等级买卖时，由于不同等级的商品具有不同的规格，为了便于履行合同和避免争议，在品质条款列明等级的同时，最好规定每一等级的具体规格。这对简化手续、促进成交和体现按质论价等方面，都有一定的作用。例如，出口的钨砂，根据其三氧化钨和锡含量的不同可分为特级、一级和二级。

3) 凭标准买卖(Sale by Standard)

商品的标准是指政府机关或商业团体统一制定和公布的标准化了的品质指标。根据制定者的不同，商品的标准分为企业标准、商业团体标准、国家标准、区域标准和国际标准。由于各国制定的标准经常进行修改，因此在援引标准时，必须标明采用标准的版本和年份。例如，利福平，符合1993年版英国药典。

4) 凭说明书和图样买卖(Sale by Descriptions and Illustrations)

在国际贸易中，有些机、电、仪等技术密集型产品，因其结构和性能复杂，很难用几个简单的指标来说明品质的全貌，通常以说明书并附以图样、照片、设计图纸、分析表及各种数据来说明具体性能和结构特点。按此方式进行的交易，称为凭说明书和图样买卖。

5) 凭商标或品牌买卖(Sales by Trade Mark or Brand Name)

商标(Trade Mark)是指生产者或商号用来识别所生产或出售的商品的标志，往往由一个或几个具有特色的单词、字母、数字、图形或图片等组成。品牌(Brand Name)是指工商企业给制造或销售的商品所冠的名称。商标或品牌自身实际上是一种品质象征，只适用于一些品质稳定的加工产品。人们在交易中可以只凭商标或品牌进行买卖，无须对品质提出详细要求，因为商标或品牌本身实际上就是一种品质象征。例如，日本索尼彩电、中国海尔冰箱等，仅凭商标就能确定其品质标准。

6)　凭产地名称买卖(Sales by Name of Origin)

凭产地名称买卖是指以商品的产地名称作为买卖双方确定交易商品的品质条款。在国际货物买卖中，有些产品，因产区的自然条件、传统加工工艺等因素的影响，在品质方面具有其他产区的产品所不具有的独特风格和特色，对于这类产品，一般可用产地名称来表示品质。例如，云南白药、四川榨菜、北京烤鸭等。

此外，对于某些品质变化较大而难以等级化或标准化的农副产品，有时采用"良好平均品质"(Fair Average Quality，FAQ)这一术语来表示其品质。"良好平均品质"是指一定时期内某地出口货物的平均品质水平，一般是指中等货，也称大路货。例如，某种农产品的某个生产年度的中等货或某一季度、某一装船月份在装运地发运同一种商品的"平均品质"。由于这种方法表示的品质含糊，因此，在标明大路货的同时，通常还需约定具体规格作为品质依据，例如：

中国花生仁(China Groundnut)"FAQ"　2005

水分最高(Moisture Max.)8%

不完善粒最高(Imperfect Grains Max.)3%

含油量最低(Oil Content Min.)50%

上好可销品质(Good Merchantable Quality，GMQ)，一般是指卖方所交货物应为"品质上好，合乎商销"。这种买卖条件多用于无法利用样品或无国际公认标准可循的货物买卖，如木材、冷冻鱼虾等商品交易。这种"标准"的涵义更为含糊不清，我国一般不采用。

(三)品质机动幅度和品质增减价条款

1. 品质机动幅度

表示商品品质的方法不同，合同中品质条款的内容也各不相同。在凭样品买卖时，交易双方为了避免争议和履行合同，在合同条款中常规定弹性条款，即品质机动幅度，如"品质与样品大致相同"、"品质与样品相似"或其他类似条款。常见的品质机动幅度表示方法可归纳如下。

(1) 规定一定的范围，即规定卖方所交商品的品质允许有一定的差异范围。例如，漂布，幅阔 35/36 英寸。

(2) 规定一定的极限，即对所交货物的品质规格，规定上下极限，即最多、最少、最高、最低为多少等。例如，花生含水量最大为 13%，含油量最小为 46%。

(3) 规定上下差异，即对所交货物的品质规定在一定指标上下浮动的范围。例如，鸭绒的含绒量为 85%，允许上下浮动 1%。

在品质机动幅度范围内的货物，买方无权拒收，一般也不另行计算增减价。但有些货物，经买卖双方协商同意，也可在合同中规定按交货的实际品质加价或减价，即为品质增减价条款。

2. 品质公差

品质公差是指工业制成品在加工过程中所产生的国际上公认的误差。在品质公差范围内，被认为是符合品质条款要求的货物，买方无权拒收，也不得要求调整价格，这项要求主要适用于工业制成品。

(四)签订品质条款的注意事项

(1) 正确运用各种表示品质的方法。采用何种表示品质的方法，应视商品的特点而定。一般来说，凡能用一种方法表示品质的，不宜同时用两种或两种以上的方法来表示。

(2) 科学制定品质条款。确定出口商品的品质条款时，应防止品质条件偏低或偏高，品质要求过高，难以加工生产，容易造成生产方违约；也应防止品质要求过低，否则，容易影响成交价格和交易的达成。

(3) 对某些凭说明书买卖的性能复杂的机电产品，特别是技术性强、金额大的产品，应订立品质保证条款和技术服务条款。明确卖方在交货后一定时期内，保证其出售的商品品质符合说明书上规定的指标，否则，买方有权提出索赔，卖方有义务消除缺陷或更换有缺陷的商品或材料，并承担由此引起的各项费用。

(4) 品质条款的内容和文字，要做到简单、具体、明确，既能分清责任又能方便检验，应避免使用"大约"、"左右"、"合理误差"等笼统字眼。

品名、品质条款示例如下。

例一：芝麻   Sesame seeds

水分(最高) 8%   Moisture (max.) 8%

杂质(最高) 6%   Admixture (max.) 6%

含油量(最低) 50%   Oil Content (min.) 50%

(如实际装运货物的含油量每增减 1%，价格应相应增减 1.5%；水分每增减 1%，则价格相应减增 1%。)

(Should the oil content of the goods actually shipped be 1% higher or lower, the price will be accordingly increased or decreased by 1.5%; Should the moisture of the goods actually shipped be 1% higher or lower, the price will be accordingly decreased or increased by 1%.)

例二：灰鸭绒，含绒量 90%，允许 1%增减。

Grey Duck's Down with 90% down content, 1% more or less allowed.

第二节　合同中的数量条款

一、数量条款的含义和意义

(一)数量条款的含义

数量条款是指买卖双方对交易商品以一定的度量衡单位表示的商品的重量、数量、长度、面积、体积、容积等进行磋商，达成共识并签订合同中的款项。

(二)列明数量条款的意义

数量条款是不可缺少的合同主要条款之一。在国际贸易中，买卖双方必须确定合同中的数量条件，否则，不能构成合同。《联合国国际货物销售合同公约》规定，按约定的数量交付货物是卖方的一项基本义务。如果卖方交货数量大于约定的数量，买方可以拒收多交的部分，也可以收取多交部分中的一部分或全部，但应按合同价格付款。如果卖方交货数量少于约定的数量，卖方应在规定的交货期届满前补交，但不得使买方遭受不合理的不便或承担不合理的开支，即使如此，买方也可保留要求损害赔偿的权利。可见，我们必须正确掌握合同中的数量条款，这对买卖双方履行合同意义重大。

二、计量单位和计重方法

(一)计量单位

国际贸易中使用的计量单位很多，不同的度量衡制度有不同的计量单位，而究竟采用何种计量单位，主要取决于商品的种类、特点和各国的商业习惯。在国际贸易中，通常有公制(Metric System)、英制(British System)、美制(U.S. System)和国际标准计量组织在公制基础上颁布的国际单位制(International System of Units，SI)四种度量衡制度。

度量衡制度的不同导致同一计量单位所表示的数量也不同。例如，公制规定的每公吨等于 1000 公斤，英制规定每长吨为 1016 公斤，美制规定每短吨为 907 公斤；同样是容积单位的蒲式耳，英制与美制规定的大小也不同。根据我国《计量法》规定，我国采用国际单位制计量单位，国际单位制计量单位和国家选定的其他计量单位为国家法定计量单位。自 1991 年 1 月起，除个别特殊领域外，我国已不再允许使用非法定的计量单位。

从国际贸易的实际情况来看，经常采用的计量方法和计量单位有六类，见表2-1。

表2-1　常见的计量方法和计量单位

计量方法	计量单位	主要适用的商品
按重量计量	公吨(metric ton)、长吨(long ton)、短吨(short ton)、公斤(kilogram)、磅(pound)、盎司(ounce)、克(gram)、克拉(carat)	农副产品、矿产品、初级产品(黄金、白银等贵重商品，通常采用克或盎司来计量；而钻石类的商品，则采用克拉来计量)
按数量计量	件(piece)、双(pair)、套(set)、打(dozen)、卷(roll)、令(ream)、罗(gross)、袋(bag)、包(bale)、部(unit)、箱(case)、张(plate)	大多数工业制成品
按长度计量	米(meter)、英尺(foot)、码(yard)、英寸(inch)	金属绳索、丝绸、布匹等
按面积计量	平方米(square meter)、平方英尺(square foot)、平方码(square yard)	玻璃、木板、地毯、皮革等
按体积计量	立方米(cubic meter)、立方英尺(cubic foot)、立方码(cubic yard)	木材、天然气、化学气体等
按容积计量	蒲式耳(bushel)、公升(liter)、加仑(gallon)	各种谷物和液体商品

(二)计算重量的方法

在国际贸易中，按重量计量的商品很多。根据一般的商业习惯，计算重量的方法主要有以下几种。

1. 按毛重计算

毛重(Gross Weight)是指商品本身的重量加包装物的重量。这种计重办法一般适用于粮食、大豆、饲料等低值商品。

2. 按净重计算

净重(Net Weight)是指商品本身的重量，即毛重减去包装物后的商品实际重量。在国际贸易中，大部分商品都是按净重计算的，不过有些价值较低的农产品或其他商品，有时也采用"以毛作净(Gross for Net)"的办法计重，即以毛重当作净重计价。例如，蚕豆100公吨，单层麻袋包装，以毛作净。

在国际贸易实际操作中，如果销售合同没有规定商品计重的方法，根据惯例，应按照净重计算。以净重计算，则必须从毛重中减去包装物的重量(皮重)。国际贸易中计算皮重的方法主要有以下几种。

1) 按实际皮重计算

实际皮重(Actual/Real Tare)是指包装物的实际重量，它是对商品的包装物逐件称量后所得的总和。

2) 按平均皮重计算

平均皮重(Average Tare)主要适用于商品的包装整齐划一，重量相差不大的商品。此方法是从整批货物中抽出一定件数的包装物，称其重量，计算每件的平均重量，然后用计算出的平均重量乘以包装物的件数，得到包装物的总重量。这种方法使用比较普遍，习惯上也称为标准皮重。

3) 按习惯皮重计算

习惯皮重(Customary Tare)中的商品包装材料和规格比较定型，皮重已为市场所公认，买卖双方只需按照公认的包装物重量计算整批商品的皮重。

4) 按约定皮重计算

在约定皮重(Computed Tare)方法下，商品包装物的重量是以买卖双方约定的皮重计算。

在实际业务中，究竟采用哪种方法，主要取决于商品包装的特点、交易数量的多少以及买卖双方的交易习惯。但无论采用何种方法，买卖双方都应该在合同中明确规定，以免日后产生不必要的纠纷。

3．按公量计算

公量(Conditioned Weight)是指在计算货物重量时，用科学方法抽去商品中的水分，再加上标准含水量所求得的重量。棉花、羊毛、生丝等吸湿性比较强，所含水分受客观环境影响较大，其重量很不稳定，为了准确推算这类商品的重量，国际上通常采用按公量计算。其计算公式如下。

$$公量=商品干净重+公定含水量$$
$$=商品干净重×(1+公定回潮率)$$
$$=商品净重×(1+公定回潮率)/(1+实际回潮率)$$

4．按理论重量计算

对于按固定规格生产和买卖的商品，只要其规格一致，每件商品的重量应该是相同的，所以一般可以用件数乘以每件的重量推算出总重量，即为理论重量(Theoretical Weight)。但是，这种计重方法是建立在每件货物重量相同的基础上，在实际业务中，只能作为计重时的参考。

5．按法定重量和实物净重计算

有些国家的海关法规定，在征收从量税时，商品的重量是以法定重量(Legal Weight)计算的。法定重量是指商品重量加上直接接触商品的包装物料，即商品重量加上销售包装的重量。法定重量减去销售包装重量后的商品重量，即为实物净重(Net Net Weight)。

三、合同中数量条款的内容

(一)数量条款的基本内容

销售合同中的数量条款，主要包括商品的数量和计量单位，按重量成交的商品，还要订明计算重量的方法。

对于一些成交数量大的散装商品，如粮食、矿砂、化肥和黄豆等，由于商品的自身特点或自然条件，包装方式或装运工具受限，卖方往往难以准确按合同规定的数量交货。为了顺利完成合同，避免纠纷，买卖双方在签订数量条款时通常还要加订数量机动幅度条款或溢短装条款。

(二)数量机动幅度

在实际业务中，销售合同的数量机动幅度条款的订立方法主要有以下几种。

(1) 合同中未明确规定数量机动幅度，但在数量前加"约"、"大约"或类似的词语，用于信用证金额或信用证所列的数量或单价时，按照国际商会《跟单信用证统一惯例》，应解释为信用证金额或数量或单价有不超过10%的增减幅度。

(2) 合同中未明确规定数量机动幅度时，《跟单信用证统一惯例》还规定："除非信用证规定所列的货物数量不得增减，在支取金额不超过信用证金额的条件下，货物数量允许有5%的增减幅度，但数量以包装单位或个数计数时，此增减幅度不适用。"

(3) 买卖双方在合同中明确规定数量机动幅度，即使用溢短装条款(More or Less Clause)。溢短装条款的主要内容有：溢短装的百分比、溢短装的选择权、溢短装部分的作价。

数量机动幅度的选择权可以在卖方，也可以在买方，一般来说，通常由卖方决定，但在买方派船装运的情况下，也可由买方或船方决定。对于溢短装部分的货物，一般按合同价格计算货款。但对于价格波动频繁、幅度较大的商品，为防止行使数量机动幅度选择权的一方利用此条款获取额外利益，可采用按装船时或货到时的市价计算；也可在数量机动幅度条款中加订"此项机动幅度只是为了在船舶实际装载需要时，才能适用"。

数量条款示例如下。

例一：中国大米 2000 公吨，5%溢短装由卖方决定。

CHINESE RICE 2000 M/T, 5% more or less at Seller's option.

例二：美葵 2000 公吨，以毛作净。卖方可溢短装 5%，增减部分按合同价格计算。

AMERICAN SUNFLOWER SEEDS, gross for net , 5% more or less at Seller's option at contract price.

第三节　合同中的包装条款

一、商品包装的意义

商品包装是商品生产的继续。凡需要包装的商品，只有通过包装后，才算完成生产过程。商品的包装也是实现商品价值和增值的必要手段之一。适当的包装，不仅便于运输、装卸、搬运、储存、保管、清点、陈列和携带，而且不易丢失或被盗，为各方面提供了便利。

在国际货物买卖中，包装还是说明货物的重要组成部分，包装条件是买卖合同的一项主要条件。《联合国国际货物销售合同公约》规定，"卖方交付的货物必须按照合同所规定的方式装箱或包装"，如果合同没有规定包装方式，"货物按照同类货物通用的方式装箱或包装，如果没有此种通用方式，则按照足以保全和保护货物的方式装箱或包装"，否则，视为与合同不符。

二、商品包装的种类

根据包装在流通过程中所起作用的不同以及国际贸易中的习惯做法，可以将包装分为销售包装和运输包装两种类型。

(一)销售包装

销售包装(Sale Packing)又称内包装、小包装，是直接接触商品并随商品进入零售网点和消费者直接见面的包装。这类包装除必须具有保护商品的功能外，还应具有美化、宣传商品，便于商品销售和使用等功能。因此，进口方对销售包装的用料、造型结构、装潢画面和文字说明等方面，都有较高的要求。

1. 销售包装的装潢画面和文字说明

销售包装上的装潢画面，主要应能突出商品特点，同时也力求美观大方，富有艺术吸引力。装潢画面的图形和色彩，应符合有关国家的民族习惯和爱好。

销售包装上的文字说明包括商标、品牌、品名、产地、数量、规格、成分、用途和使用方法等。文字说明必须简明扼要,与装潢画面和谐统一,以达到宣传、促销的作用,同时还应注意有关国家标签管理条例的规定。

2．条形码

商品销售包装上的条形码(Bar Code)是由一组带有数字的黑白及粗细间隔不等的平行条纹所组成,这是利用光电扫描阅读设备为计算机输入数据的特殊的代码语言。它可由光电扫描器来读出信息,其中包括品名、品种、数量、生产日期、生产厂商及产地等,并据此在数据库中查询单价,进行货款结算,这既方便了顾客又提高了结算效率。目前国际上通用的条形码有两种:一种是由美国、加拿大组织的统一编码委员会编制,其使用的物品标识符号为 UPC 码;另一种是由欧共体 12 国成立的欧洲物品编码协会编制,该组织后改名为国际物品编码协会(International Article Number Association),使用的物品标识符号为EAN 码。

为了适应国际市场的需要和扩大出口,1988 年 12 月我国建立了"中国物品编码中心",负责推广条形码技术,并对其进行统一管理。1991 年 4 月我国正式加入国际物品编码协会,该协会分配给我国的国别号为"690"、"691"、"692"(不包括港、澳、台地区)。凡标有上述国别号条形码的,即表示是中国生产的商品。

(二)运输包装

运输包装(Package for Transport)又称外包装、大包装,其主要作用在于保护商品、方便运输和防止出现货损货差。

1．运输包装的种类

由于商品的特性、形状、运输方式不同,因此决定了运输包装的方式和造型多种多样,用料和质地也各不相同。买卖双方究竟采用何种运输包装,应在合同中具体订明。实际业务中,常见的包装分类标准和种类如表 2-2 所示。

表 2-2　包装的分类标准和种类

分类标准	种　类
按包装方式分	单件运输包装、集合运输包装
按包装造型分	箱、袋、包、桶、捆等
按包装材料分	纸制、金属、木制、塑料、竹、柳、草制品、玻璃制品、陶包装
按包装质地分	软包装、半硬包装、硬包装
按包装程度分	全部包装、局部包装

在国际贸易中，买卖双方究竟采用哪种运输包装，应根据商品的特点、形状、运输方式和自然条件等因素综合决定。在实际业务中，集合运输包装是一种很常见的包装方式，它是指将若干单件包装的商品组合在一起，将其装在一个大包装内的包装方式，主要分为集装包、集装袋、集装箱和托盘几种。目前，集装箱运输已经成了国际普遍采用的一种运输包装方式，尤其是在海洋运输中广泛运用，如图 2-1 所示。经常使用的集装箱有两种：20英尺和 40 英尺集装箱，即 8'×8'×20'和 8'×8'×40' 两种规格。

图 2-1 集装箱

2．运输包装的标志

商品的外包装上一般要刷包装标志，其作用是方便货物运输、装卸、仓储、检验，将货物安全、迅速地送达收货人。运输包装的标志按其用途可分为运输标志(Shipping Mark)、指示性标志(Indicative Mark)和警告性标志(Warning Mark)。

1) 运输标志

运输标志又称唛头，通常是由一个简单的几何图形和一些字母、数字及简单的文字组成。主要内容包括：①目的地的名称或代号；②收、发货人的代号；③件号、批号。此外，还有原产地、合同号、许可证和体积与重量等内容。由于在实际业务中，买卖双方都根据自身需要来刷运输标志，内容差异较大，联合国欧洲经济委员会为了统一运输标志，简化国际贸易程序，制定了一套标准的运输标志，包括以下几项内容：①收货人或买方名称的英文缩写字母或简称；②参考号，如运单号、订单号或发货票号；③目的地；④件号。例如：

ABC——收货人代号

99/CNO.12345—参考号(订单号)

NEW YORK——目的地

1/50——件号(顺序号和总件数)

需要注意的是，标准的运输标志不使用几何图形或其他图形。这是为了便于刷制运输标志，节省时间和费用，以便于使用电子通信手段传递信息。

2) 指示性标志

指示性标志是一种操作注意标志(如图 2-2 所示)，指人们在装卸、运输和保管过程中需要注意的事项，通常都是以简单醒目的图形和文字在包装上标出，故有人称之为注意标志。

在文字使用上,最好采用出口国和进口国的文字。

| 小心轻放 | 禁用手钩 | 向 上 | 怕 热 |
| 远离放射源及热源 | 由此吊起 | 怕 湿 | 禁止翻滚 |

图 2-2　指示性标志

3)　警告性标志

警告性标志又称危险货物包装标志(如图 2-3 所示),凡在运输包装内装有爆炸品、易燃物品、有毒物品、腐蚀物品、氧化剂和放射性物资等危险货物,都必须在运输包装上标打用于各种危险品的标志,这主要是为了使装卸、运输和保管人员按货物特性采取相应的防护措施。我国出口危险货物的运输包装上,要标打我国和国际海运所规定的两套危险品标志。

图 2-3　警告性标志

三、中性包装和定牌生产

(一)中性包装

中性包装(Neutral Packing)是指既不标明生产国别、地名和厂商名称，也不标明原商标或品牌的包装。也就是说，在出口商品包装的内外，都没有原产地和厂商的标记。

在国际贸易中，中性包装是为了打破某些国家或地区的歧视和限制以及适应转口销售的需要，是出口国家厂商扩大出口的一种促进销售的手段。中性包装是国际贸易常见的做法，在买方的要求下，可酌情采用。

中性包装包括无牌中性包装和定牌中性包装两种。无牌中性包装是指包装上既无产地和生产厂商的名称，又无商标、品牌；定牌中性包装是指包装上无产地和生产厂商的名称，但有买方指定的商标、品牌。

(二)定牌

定牌是指卖方按买方要求在其出售的商品或包装上标明买方指定的商标或牌号，这种做法也叫定牌生产。

采用定牌，主要是为了利用买方(包括生产厂商、大百货公司、超级市场和专业商店)的经营能力和他们的企业商誉或名牌声誉，以提高商品售价和扩大销售数量。在国际贸易中，定牌商品有的在其定牌商标下标明产地，有的则不标明产地和生产厂商。目前，我国大多数定牌生产的出口产品，都打上"中国制造"字样。

四、合同中的包装条款

包装条款一般包括包装材料、包装方式、包装规格、包装标志和包装费用的负担等内容。包装条款的具体内容由买卖双方在签订合同时确定，要尽量做到明确具体，避免使用"海运包装"、"习惯包装"等模糊术语。

包装条款的示例如下。

例一：纸箱装，每箱 12 听，每听净重 500 克。

In cartons, per carton containing 12 tins of 500 g. net each.

例二：涤纶袋包装。50 磅装一袋，4 袋装一木箱。木箱用金属作衬里。包装费用由买方承担。

To be packed in poly bags, 50 pounds in a bag, 4bags in a wooden case which is lined with metal. The cost of packing is for buyer's account.

本章自测题

一、填空题

1.　商品的品质是指商品的_____和_____的综合。

2.　国际贸易中常用的表示品质的方法主要有_____和_____。

3.　良好平均品质(FAQ)是指_____货。我国出口的农副产品中使用的 FAQ 是相对_____而言的，除了在合同中标明 FAQ 外，还应定有_____。

4.　《联合国国际货物销售合同公约》规定，买方可以_____，也可以_____全部多交货物或部分多交货物。

5.　目前国际贸易中常用的度量衡有_____制、_____制、_____制和_____制。

6.　在国际贸易中，对以重量计量的商品，大多按_____计价，这是最常见的计量方法。

7.　按一些国家海关的规定，在征收从量税时，商品的重量是以_____重量计算。

8.　按《跟单信用证统一惯例》600 号出版物规定，"约"字应理解为允许有关数量、金额或单价不超过_____的增减幅度。

9.　通常在合同中规定，交货数量允许有一定范围的机动幅度，并明确机动部分由谁选择和作价原则。这种条款称为_____条款。

10.　运输包装的标志，按其作用不同可分为_____标志、_____标志和_____标志三种。

11.　国际上通用的包装条形码有两种：一种是由_____编制的，其使用的物品标识符号为_____码；另一种是由_____编制的，其使用的物品标识符号为_____。

12.　定牌中性包装是指_____方采用_____方制定的商标或牌号进行生产。

二、选择题

1.　卖方根据买方来样复制样品，寄送买方并经其确认的样品，被称为_____。

　　A.　复样　　　　　　B.　回样　　　　　C.　原样　　　　　D.　确认样

　　E.　对等样品

2.　在国际贸易中，造型上有特殊要求或具有色香味方面特征的商品适合于_____。

　　A.　凭样品买卖　　　　　　　　　　B.　凭规格买卖

　　C.　凭等级买卖　　　　　　　　　　D.　凭产地名称买卖

3.　若合同规定了品质公差条款，则在公差范围内，买方_____。

　　A.　不得拒收货物　　　　　　　　　B.　可以拒收货物

　　C.　可以要求调整价格　　　　　　　D.　可以拒收货物也可以要求调整价格

4.　大路货是指_____。

    A.　适于商销   B.　上好可销品质

    C.　质量劣等   D.　良好平均品质

5.　在国际贸易中，对以重量计量的商品计价，使用最多的计量方法是_____。

    A.　毛重   B.　净重   C.　公量   D.　以毛作净

6.　凭样品买卖时，如果合同中无其他规定，那么卖方所交货物_____。

    A.　可以与样品大致相同

    B.　必须与样品完全一致

    C.　允许有合理公差

    D.　允许在包装规格上有一定幅度的差异

7.　凭商标或牌号买卖，一般只适用于_____。

    A.　一些品质稳定的工业制成品

    B.　经过科学加工的初级产品

    C.　机器、电器和仪表等技术密集产品

    D.　造型上有特殊要求的商品

8.　"以毛作净"实际上就是_____。

    A.　以净重作为毛重作为计价的基础   B.　按毛重计算重量作为计价的基础

    C.　按理论重量作为计价的基础   D.　按法定重量作为计价的基础

9.　在国际贸易中，大宗农副产品、矿产品以及一部分工业制成品习惯的计量方法是_____。

    A.　按面积计算   B.　按长度计算

    C.　按重量计算   D.　按容积计算

10.　在国际贸易中，木材、天然气和化学气体习惯的计量方法是_____。

    A.　按重量计算   B.　按面积计算

    C.　按体积计算   D.　按容积计算

11.　在国际贸易中，酒类、汽油等液体商品习惯的计量方法是_____。

    A.　按重量计算   B.　按面积计算

    C.　按体积计算   D.　按容积计算

12.　国外来证规定，交货数量为 10 000 公吨散装货，未表明可否溢短装，不准分批装运，根据《UCP600》的规定，卖方发货的_____。

    A.　数量和总金额均可增减10%   B.　数量和总金额均可增减5%

    C.　数量可增减5%，总金额不可超过 D.　总金额可增减5%，数量不可超过

13.　溢短装数量的计价方法包括_____。

A． 按合同价格结算

B． 按装船日的行市计算

C． 按货物到目的地时的世界市场价格计算

D． 由仲裁机构解决

E． 由卖方自行决定

14． 按照国际惯例，如果合同中没有相关规定，则运输标志一般由_____提供。

A． 开证行　　　　B． 卖方　　　　C． 买方　　　　D． 船方

15． 国际标准化组织推荐的标准运输标志，应该包括_____。

A． 收货人名称的缩写或简称　　　B． 参考号(订单号、发票号)

C． 目的地　　　　　　　　　　　D． 件号或箱号

E． 产地标志

16． 定牌中性包装是指_____。

A． 在商品本身及其包装上使用买方指定的商标/牌号，但不标明产地

B． 在商品本身及其包装上使用买方指定的商标/牌号，也标明产地

C． 在商品本身及其包装上不使用买方指定的商标/牌号，也不标明产地

D． 在商品本身及其包装上不使用买方指定的商标/牌号，但标明产地

17． 运输包装和销售包装的分类，是按_____。

A． 包装的目的来划分的　　　　　B． 包装的形式来划分的

C． 包装所使用的材料来划分的　　D． 包装在流通过程中的作用来划分的

18． 条码标志主要用于商品的_____上。

A． 销售包装　　　　　　　　　　B． 运输包装

C． 销售包装和运输包装　　　　　D． 任何包装

19． 目前在国际贸易中 Metric Ton 表示_____。

A． 按长吨计算　　　　　　　　　B． 按短吨计算

C． 按公吨计算　　　　　　　　　D． 按吨计算

20． 一般情况下，我国出口货物的运输包装上打印_____。

A． 我国规定的危险品标志　　　　B． 英国规定的危险品标志

C． 美国规定的危险品标志　　　　D． 国际海运规定的危险品标志

E． 欧共体规定的危险品标志

三、判断并改错题

1． 如果交易双方既凭样品又凭规格成交，要求卖方交货品质只要符合其中任何一种即可。　　　　　　　　　　　　　　　　　　　　　　　　　　　（　　）

2.　采用凭样品成交时，为了争取国外客户，应选择质量最好的样品给对方，以达成交易。　　　　　　　　　　　　　　　　　　　　　　　　　　（　　）

3.　根据《联合国国际货物销售合同公约》的规定，如果卖方所交货物多于合同规定的数量，买方可拒收全部货物。　　　　　　　　　　　　　　　　（　　）

4.　某外商来电要我方提供大豆，按含油量 18%、含水量 14%、不完善粒 7%、杂质 1%的规格订立合同。对此，在一般条件下，我方可以接受。　　（　　）

5.　对棉花、生丝等商品一般采用公量计算其重量。　　　　　　　（　　）

6.　国际上通用的条形码有两类：UPC 和 EAN。美国出口商品上的标识符号为 EAN。　　　　　　　　　　　　　　　　　　　　　　　　　　　（　　）

7.　按照重量计量的包装货，如果买卖合同中没有明确规定是按照毛重计量还是按照净重计量，则按照惯例，应该按照毛重计量。　　　　　　　　　　（　　）

8.　为了适应国际市场需要，我们出口日用工业品时，应该尽量争取按照买方样品达成交易。　　　　　　　　　　　　　　　　　　　　　　　　　　（　　）

9.　包装由卖方决定，买方不得要求使用特殊包装。　　　　　　　（　　）

10.　采用定牌出口商品时，除非买卖双方另有规定，一般都应在商品包装上注明“中国制造”字样。　　　　　　　　　　　　　　　　　　　　　　　（　　）

四、简答题

1.　简述凭样品买卖的基本类型。在国际贸易中，我国企业应尽可能采用哪种样品成交？

2.　简述“品质公差”和“品质机动幅度”的区别，并说明各适用于哪些产品。

3.　简述“以毛作净”的含义，并说明哪些产品适用于此类交易。

4.　简述“良好平均品质”的含义，并说明它的确定方法。

5.　简述《联合国国际货物销售合同公约》对数量机动幅度的规定。

6.　什么是运输标志？请设计一个标准的运输标志。

7.　根据包装在国际货物流通中的作用来划分，包装可以划分为几类？每类包装的作用是什么？

8.　条形码的使用对国际贸易有何促进作用。

五、案例分析题

1.　我某出口公司向外商出口一批苹果。合同及对方开来的信用证上均写的是三级品，但卖方交货时才发现三级苹果库存告罄，于是该出口公司改以二级品交货，并在发票上加注“二级苹果仍按三级计价不另收费”。请问：卖方的这种做法是否妥当？为什么？

2.　我国某出口公司与某国进口商按每公吨 500 美元的 FOB 价格在大连成交某农产品

200公吨，合同规定包装条件为每袋25千克，双线新麻袋装，信用证付款方式。该公司凭证装运出口并办妥了结汇手续。事后对方来电，称该公司所交货物扣除皮重后实际到货不足200公吨，要求按净重计算价格，并退回因短量多收的货款。我公司则以合同未规定按净重计价为由拒绝退款。请分析该公司的做法是否可行，并说明理由。

3. 某公司向国外出口一批仪器，合同规定由买方提供唛头，但截止买方提供时间届满为止，仍未见其通知设计情况，而该公司货已备好。请问该公司应如何处理此事？

4. 某外商欲购买我国某公司的"葵花牌"手袋，但要求不用原商标而改为"跳鱼"牌，并且不注明"中国制造"字样。请问这属于定牌中性包装吗？我方是否可以接受这一要求？应该注意什么问题？

六、计算并分析题

1. 今出口羊毛10公吨，标准回潮率为11%，实际回潮率则从10公吨货物中抽取部分样品进行测算。假设抽取10千克，用科学方法去掉10千克羊毛中的水分，若净剩8千克干羊毛，请求其公量。

2. 如果卖方按每箱120美元的价格出售苹果1000箱，合同规定数量允许有5%的增减，由卖方决定。试问：①这是一个什么条款？②最多可装多少箱？最少可装多少箱？③如实际装运1090箱，买方该如何做？

第三章 价 格 条 款

在国际贸易中，价格是买卖双方交易磋商的主要内容，是交易双方最为关心的一个重要问题。因此，讨价还价往往成为交易磋商的焦点，价格条款便成为买卖合同中的核心条款。商品的价格，通常指的是商品的单价。在国际贸易中，商品单价的规定远较国内贸易的商品单价的规定复杂。它除了需规定单位价格金额外，还需标明计量数量单位、计价货币名称和国际贸易中惯用的贸易术语。

通过本章的学习，要求学生了解国际贸易术语的含义和作用、有关贸易术语的国际贸易惯例、国际贸易商品作价方法、商品单价的构成部分；理解《2010 通则》11 种贸易术语的含义；掌握六种主要贸易术语、佣金和折扣的运用与计算方法、出口商品成本核算的方法、不同计价货币的报价换算和常用贸易术语的报价换算、价格条款的制定。

第一节 贸易术语概述

在国际贸易中，买卖双方相距遥远，其所交易的商品一般需要长途运输，加之各国法律制度和习惯做法不同，就使得明确交易双方的权利和义务成为一个非常重要的问题。买卖双方往往要采用某种专门的贸易术语来概括地表示各自承担的义务。

一、贸易术语的含义和作用

国际贸易具有线长、面广、环节多、风险大的特点。货物从启运地到目的地，需要办理进出口清关手续，安排运输与保险，支付各种税捐和运杂费用；货物在装卸、运输过程中还可能遭受各种自然灾害和意外事故等风险。有关上述手续由谁办理，费用由谁负担，卖方在什么地方以什么方式交货，货物发生损坏或灭失的风险何时由卖方转移给买方等，交易双方在洽商交易、订立合同时必须加以明确。贸易术语正是为了解决这些问题，在实践中产生和发展起来的。

每种贸易术语都有其特定的含义，采用某种专门的贸易术语，主要是为了确定交货条件，即明确买卖双方在交接货物方面彼此承担的责任、费用和风险。不同的贸易术语，表明买卖双方各自承担不同的责任、费用和风险，而责任、费用和风险的大小，又影响成交商品的价格。一般地说，凡使用出口国国内交货的各种贸易术语，卖方承担的责任、费用和风险比较小，所以商品的售价就低。反过来，凡使用进口国国内交货的贸易术语，卖方承担的责任、费用和风险则比较大，其货价自然也要高得多。所以，贸易术语直接关系到商品的价格构成，这也是许多人将贸易术语称为价格术语的原因。

综上所述，贸易术语是用来表示商品的价格构成，说明交货地点，确定风险、责任、费用划分等问题的专门用语。

贸易术语是国际贸易发展到一定历史阶段的产物，它的出现又推动了国际贸易的发展。贸易术语的出现和广泛应用，对于简化交易手续、缩短洽商时间和节省费用开支，都发挥了重要的作用。

二、有关贸易术语的国际贸易惯例

在国际贸易业务中，由于各国的法律制度、贸易惯例和习惯做法不同，因此，国际上对各种贸易术语的解释与运用互有差异，从而容易引起纠纷。为了避免各国在贸易术语的解释上出现分歧和引起争议，一些国际组织和商业团体分别就某些贸易术语做出了统一的解释和规定，这些解释和规定为较多国家的法律界和工商界所熟悉、承认和接受，于是就成为有关贸易术语的国际贸易惯例。所以，国际贸易惯例是指在国际贸易中具有普遍意义的一些习惯性的做法和规定，它是在长期的国际贸易实践中形成的。

国际贸易惯例的适用是以当事人的意思自治为基础的。一方面，这些惯例不是各国的共同立法，它对买卖双方没有强制性，如果买卖双方在合同中做出与惯例完全相反的约定，只要这些约定是合法的，将得到有关国家法律的承认和保护，并不因约定与惯例相抵触而失效。另一方面，如果买卖双方在合同中明确表示采用某项惯例时，则这项惯例对双方将有约束力，有关双方当事人的责任划分，应按照该项惯例办理。这里值得注意的是，如果双方在合同中既未排除，也未注明该合同适用某项惯例，在合同执行中发生争议时，受理争议案的司法和仲裁机构往往会引用某一国际贸易惯例进行判决或裁决。所以，国际贸易惯例虽然不具有强制性，但它对国际贸易实践的指导作用却不容忽视。

目前，在国际上有较大影响的有关贸易术语的国际贸易惯例有三种，现分述如下。

1.《1932年华沙—牛津规则》

1928年国际法协会曾在波兰华沙开会，制定了有关 CIF 买卖合同统一规则，共计 22条，称为《1928年华沙规则》。此后，在 1930年的纽约会议、1931年的巴黎会议和 1932年的牛津会议上，又相继修改此规则，现行的规则有 21条，称之为《1932年华沙—牛津规则》(Warsaw-Oxford Rules 1932)。这一规则主要说明 CIF 买卖合同的性质和特点，并具体规定了采用 CIF 贸易术语时，有关买卖双方责任的划分，解释的内容比较详细。《华沙—牛津规则》在总则中说明，这一规则供交易双方自愿采用，凡明示采用《华沙—牛津规则》者，合同当事人的权利和义务均应援引本规定办理。经双方当事人明示协议，可以对本规则的任何一条进行变更、修改或增添。如果本规则与合同发生矛盾，应以合同为准。凡合同中没有规定的事项，应按本规则的规定办理。

2. 《1941 年美国对外贸易定义修订本》

《美国对外贸易定义》是由美国九个商业团体制定的。它最早于 1919 年在纽约制定，原称为《美国出口报价及其缩写条例》。鉴于贸易和经营做法的演变，在 1940 年举行的美国第 27 届全国对外贸易会议上对原有定义进行了修改。1941 年 7 月 30 日，美国商会、美国进口商全国理事会和全国对外贸易理事会所组成的联合委员会正式通过并采用了此项定义，并由全国对外贸易理事会发行。此项定义定名为《1941 年美国对外贸易定义修订本》(Revised American Foreign Trade Definitions 1941)。

该定义所解释的贸易术语共有六种，分别为：Ex Point of Origin(产地交货)、Free on Board(在运输工具上交货)、Free Along Side(在运输工具旁交货)、Cost and Freight(成本加运费)、Cost, Insurance and Freight(成本、保险费加运费)、Ex Dock(目的港码头交货)。

《1941 年美国对外贸易定义修订本》是国际贸易中具有一定影响的国际贸易惯例，它不仅在美国使用，而且也为加拿大和一些拉丁美洲国家所采用。由于它对贸易术语的解释，特别是对第 2 种和第 3 种的解释与《INCOTERMS》有明显的差别，所以，在同这些国家进行交易时应加以注意。

3. 《2010 年国际贸易术语解释通则》

《国际贸易术语解释通则》(International Rules for the Interpretation of Trade Terms)是国际商会为了统一对各种贸易术语的解释而制定的，它的英文缩写形式为 INCOTERMS，中文简称《通则》。最早的《通则》产生于 1936 年，后来为适应国际贸易业务发展的需要，国际商会先后多次对其部分内容进行了修改和补充。现行的《2010 年国际贸易术语解释通则》(International Rules for the Interpretation of Trade Terms 2010)是在《2000 年国际贸易术语解释通则》的基础上修订的，于 2010 年 9 月正式面世，并于 2011 年 1 月 1 日起生效。

《2010 年国际贸易术语解释通则》考虑了无关税区的不断扩大、商业交易中电子信息使用的增加、货物运输中对安全问题的进一步关注以及运输方式的变化。《2010 年国际贸易术语解释通则》更新并整合与"交货"相关的规则，将术语总数由原来的 13 条减至 11 条，并对所有规则做出更加简洁、明确的陈述。

《2010 通则》将 11 个术语分为特征鲜明的两大类。第一类为适用于任何运输方式或多种运输方式的术语，有 EXW、FCA、CPT、CIP、DAT(取代《2000 通则》中的 DEQ 术语，且扩展至适用于一切运输方式)、DAP(整合了《2000 通则》中的 DAF、DES 及 DDU 三个术语)和 DDP 七个。不论其选用何种运输方式，也不论它是否使用一种或多种运输方式，甚至没有海运时也可使用这些术语。但是，重要的是要记住，当船舶用于部分运输时，也可以使用这些术语。第二类为适用于海运及内河水运的术语，有 FAS、FOB、CFR 和 CIF 四个。此类术语中的交货地点和将货物交至买方的地点都是港口，在后三个术语中省略了一直来以"船舷"作为交货点的表述，取而代之的是货物置于"船上"时构成交货。这样的规定更符合当今商业现实，且能避免那种已经过时的风险在一条假想垂直线上摇摆不定的情形出现。表 3-1 反映了《2010 通则》的术语分类方法。

表 3-1　《2010 通则》术语分类方法

适用于任何运输方式或多种运输方式的术语	(1) EXW　Ex Wors(insert named place of delivery) 　工厂交货(插入指定交货地点) (2) FCA　Free Carrier(insert named place of delivery) 　货交承运人(插入指定交货地点) (3) CPT　Carriage Paid to(insert named place of destination) 　运费付至(插入指定目的地) (4) CIP　Carriage and Insurance Paid to (insert named place of destination) 　运费、保险费付至(插入指定目的地) (5) DAT　Delivered at Terminal(insert named terminal at port or place of destination) 　运输终端交货(插入指定目的港或目的地的运输终端) (6) DAP　Delivered at Place(insert named place of destination) 　目的地交货(插入指定目的地) (7) DDP　Delivered Duty Paid(insert named place of destination) 　完税后交货(插入指定目的地)
适用于海运及内河水运的术语	(1) FAS　Free Alonside Ship(insert named place of shipment) 　船边交货(插入指定装运港) (2) FOB　Free on Board(insert named place of shipment) 　船上交货(插入指定装运港) (3) CFR　Cost and Freight(insert named port of destination) 　成本加运费(插入指定目的港) (4) CIF　Cost Insurance and Freight((insert named port of destination) 　成本、保险费加运费(插入指定目的港)

《2010 通则》所有术语下当事人各自的义务均用 10 个项目列出，以资对照，具体情况见表 3-2。

表 3-2 《2010 通则》所有术语下当事人各自义务对应排列

A 卖方义务	B 买方义务
A1 卖方一般义务	B1 买方一般义务
A2 许可证、授权、安检通关和其他手续	B2 许可证、授权、安检通关和其他手续
A3 运输合同和保险合同	B3 运输合同和保险合同
A4 交货	B4 收取货物
A5 风险转移	B5 风险转移
A6 费用划分	B6 费用划分
A7 通知买方	B7 通知卖方
A8 交货凭证	B8 交货凭证
A9 查对——包装——标记	B9 货物检验
A10 协助提供信息及相关费用	B10 协助提供信息及相关费用

在有关贸易术语的国际贸易惯例中，《通则》是包括内容最多、使用范围最广和影响最大的一种。

第二节 《2010 通则》中六种主要的贸易术语

国际贸易中使用最多的仍是 FOB、CFR 和 CIF，即装运港交货的三种贸易术语。现今，随着集装箱运输和国际多式联合运输的进一步普及，适应这一发展需要的 FCA、CPT 和 CIP，即货交承运人的三种贸易术语也显得越来越重要。因此，在本节中将上述六种术语作为主要国际贸易术语提出来，加以介绍。

一、适用于海运及内河水运方式的三种常用贸易术语

(一)船上交货(插入指定装运港)

"船上交货(插入指定装运港) Free on Board (insert named port of shipment)"，英文缩写 FOB，是指卖方以在指定装运港将货物装上买方指定的船上或通过取得已交付至船上货物的方式交货。货物灭失或损坏的风险在货物交到船上时转移，同时买方承担自那时起的一切费用。

卖方应将货物在船上交货或者取得已在船上交货的货物。这里使用的"取得"一词适用于商品贸易中常见的交易链中的多层销售。

FOB 不适用于货物在上船前已交承运人的情况，例如用集装箱运输的货物通常是在集装箱码头交货。在此类情况下，应当使用 FCA 术语。

FOB 术语要求卖方办理货物出口清关手续。该术语仅适用于海运或内河运输。

1. 买卖双方的义务

按《2010 通则》对 FOB 的解释，买卖双方各自承担的主要义务如下。

1) 卖方的主要义务

(1) 必须在约定的日期或期限内，在指定的装运港，按照该港习惯方式，将符合合同的货物交至买方指定的船只上，或以取得已经在船上交付的货物的方式交货，并给予买方充分的通知。

(2) 必须自担风险和费用，取得所需的出口许可或其他官方授权，办理出口货物所需的一切海关手续。

(3) 承担货物在装运港装上船前与货物相关的一切费用和风险。

(4) 负责提供商业发票和证明货物已交至船上的通常证据，以及合同要求的其他与合同相符的证据。在双方约定或符合惯例的情况下，任何单证可以是同等作用的电子记录或程序。

(5) 应买方要求并由其承担风险和费用，卖方必须及时向买方提供或协助其取得相关货物进口和/或将货物运输到最终目的地所需要的任何文件和信息，包括安全相关信息。

2) 买方的主要义务

(1) 负责租船或订舱，支付运费，并给予卖方关于船名、装船点和要求交货时间的充分通知。

(2) 承担货物在装运港装上船时起发生的一切费用和风险。

(3) 必须自担风险和费用，取得进口许可或其他官方授权，办理货物进口和从他国过境运输所需的一切海关手续。

(4) 接受卖方提供的与合同相符的有关交货凭证，按照买卖合同约定支付价款。

(5) 买方必须及时告知卖方任何安全信息要求。应卖方要求并由其承担风险和费用，买方必须及时向卖方提供或协助其取得货物运输和出口及从他国过境运输所需要的任何文件和信息，包括安全相关信息。

2. 应注意的问题

在具体业务中使用 FOB 术语时，还应注意以下几个方面的问题。

1) FOB 交货点确定的问题

交货点是指货物灭失与损坏的风险从卖方转移至买方的点。《2010 通则》中 FOB 以"将货物置于买方指定的船舶之上"作为划分买卖双方所承担的风险和费用责任的界限。这里的风险是反映货物灭失或损坏的风险，而费用是指正常运费以外的费用。它改变了一直来以"船舷"为界作为交货点的表述，即《2010 通则》FOB 合同的交货点已延伸至"船上"。

2)　船货衔接问题

在 FOB 术语下，由买方负责租船订舱，由卖方负责将货物装上船，在实际业务中，这一分工使得船货衔接的问题需要引起注意。

一方面，船方与货方的衔接是否顺利将直接决定交货义务的完成是否顺利。如果买方安排的船只按时到达装运港，卖方因货未备妥而未能及时装运，则卖方承担由此造成的空舱费(Dead Freight)或滞期费(Demurrage)；如果买方延迟派船，使卖方不能在合同规定的装运期内将货物装船，由此引发的卖方仓储、保险等费用支出的增加，及因迟收货款而造成的利息损失，由买方负责。所以，在使用 FOB 术语时，买卖双方在订约后，应该加强联系，密切配合，防止船货脱节。

另一方面，由于买卖双方分处不同的国家，买方在进口国进行租船订舱，再要求所订船只按照合同要求驶达装货港，这种做法称为卸货地订舱。在 FOB 术语下，如果买卖双方成交货物的数量不大，只需要部分舱位即可完成运输任务，卸货地订舱无疑会增加双方的衔接环节。在这种情况下，卖方往往按买卖双方之间明示或默示的协议，代买方办理各项装运手续，包括以卖方自己的名义订舱及取得提单。除非另有协议或根据行业习惯，买方应负责偿付卖方由于代办上述手续而产生的费用，而卖方订不到舱位的风险也由买方负担。

3)　个别国家对 FOB 术语的不同解释

美国、加拿大和一些拉丁美洲的国家较多采用《1941 年美国对外贸易定义修订本》对 FOB 的解释。《1941 年美国对外贸易定义修订本》对 FOB 有 6 种解释，其中仅第五种"FOB Vessel"同《通则》的解释基本相似，但关于风险划分界限的规定也不完全一样。因此，与美洲国家的商人进行交易时，要注意这两种惯例规定的区别。

(二)成本加运费(插入指定目的港)

"成本加运费(插入指定目的港) Cost and Freight (insert named port of destination)"，英文缩写 CFR，是指卖方在船上交货或以取得已经这样交付的货物方式交货。货物灭失或损坏的风险在货物交到船上时转移。卖方必须签订运输合同，并支付必要的成本和运费，将货物运至指定目的港。

由于风险转移和费用转移的地点不同，该术语有两个关键点。虽然合同通常都会指定目的港，但不一定都会指定装运港，而装运港是风险转移至买方的地方。如果装运港对买方具有特殊意义，特别建议双方在合同中尽可能准确地指定装运港。

由于卖方要承担将货物运至目的地具体地点的费用，建议双方应尽可能确切地在指定目的港内明确该点。建议卖方取得完全符合该选择的运输合同。

CFR 不适用于货物在上船前已交给承运人的情况，例如用集装箱运输的货物通常是在集装箱码头交货。在此类情况下，应当使用 CPT 术语。

CFR 术语要求卖方办理货物出口清关手续。该术语仅适用于海运或内河运输。

1. 买卖双方的义务

按《2010 通则》对 CFR 的解释，买卖双方各自承担的主要义务如下。

1) 卖方的主要义务

(1) 必须签订或取得运输合同，支付运费，经由通常航线，由通常用来运输该类商品的船舶运输。

(2) 必须在装运港，在约定的日期或期限内，按照该港的习惯方式，将符合合同的货物交至运往指定目的港的船上，或者以取得已装船货物的方式交货，并及时通知买方。

(3) 承担货物在装运港装上船前发生的一切费用和风险。

(4) 必须自担风险和费用，取得出口许可或其他官方授权，办理货物出口所需的一切海关手续。

(5) 负责提供商业发票和货物运往约定目的港的通常运输凭证，以及合同要求的其他与合同相符的证据。在双方约定或符合惯例的情况下，任何单证可以是同等作用的电子记录或程序。

(6) 应买方要求并由其承担风险和费用，卖方必须及时向买方提供或协助其取得相关货物进口和/或将货物运输到最终目的地所需要的任何文件和信息，包括安全相关信息。

2) 买方的主要义务

(1) 接受卖方提供的与合同相符的有关运输凭证，按照合同约定支付价款。

(2) 承担货物在装运港装上船起的一切费用和风险。

(3) 必须自担风险和费用，取得进口许可或其他官方授权，办理货物进口及从他国过境运输所需的一切海关手续。

(4) 买方必须及时告知卖方任何安全信息要求。应卖方要求并由其承担风险和费用，买方必须及时向卖方提供或协助其取得货物运输和出口及从他国过境运输所需要的任何文件和信息，包括安全相关信息。

2. 应注意的问题

使用 CFR 术语时应注意以下几个问题。

1) 关于装船通知的问题

按 CFR 术语成交，由卖方安排运输，由买方办理货运保险，如果卖方不及时发出装船通知，则买方就无法及时办理货运保险，甚至有可能出现漏保货运险的情况。因此，卖方装船后务必及时向买方发出装船通知，否则，卖方应承担货物在运输途中的风险损失。

2)　卸货费用的负担问题

根据《2010 通则》规定，CFR 术语由买方承担包括驳运费和码头费在内的卸货费，但如果卖方按照运输合同在目的港交付点发生了卸货费用，则除非双方事先另有约定，卖方无权向买方要求补偿该项费用。

3)　采用 CFR 术语进口应慎重

按 CFR 术语成交，鉴于由外商安排装运，由我方负责保险，故应选择资信好的国外客户成交，并对船舶提出适当的要求，以防外商与船方勾结，出具假提单，租用不适航的船舶，或伪造品质证书与产地证明，使我方蒙受不应有的损失。

(三)成本、保险费加运费(插入指定目的港)

"成本、保险费加运费(插入指定目的港) Cost Insurance and Freight (insert named port of destination)"，英文缩写 CIF，是指卖方在船上交货或以取得已经这样交付的货物方式交货。货物灭失或损坏的风险在货物交到船上时转移。卖方必须签订运输合同，并支付必要的成本和运费。卖方还要为买方在运输途中货物的灭失或损坏风险办理保险。

由于风险转移和费用转移的地点不同，该术语有两个关键点。虽然合同通常都会指定目的港，但不一定都会指定装运港，而装运港是风险转移至买方的地方。如果装运港对买方具有特殊意义，特别建议双方在合同中尽可能准确地指定装运港。

由于卖方要承担将货物运至目的地具体地点的费用，建议双方应尽可能确切地在指定目的港内明确该点。建议卖方取得完全符合该选择的运输合同。

CIF 不适用于货物在上船前已交给承运人的情况，例如用集装箱运输的货物通常是在集装箱码头交货。在此类情况下，应当使用 CIP 术语。

CIF 术语要求卖方办理货物出口清关手续。该术语仅适用于海运和内河运输。

1. 买卖双方的义务

按《2010 通则》对 CIF 的解释，买卖双方各自承担的主要义务如下。

1)　卖方的主要义务

(1) 必须签订或取得运输合同，支付运费，经由通常航线，由通常用来运输该类商品的船舶运输。

(2) 必须在装运港，在约定的日期或期限内，按照该港的习惯方式，将符合合同的货物交至运往指定目的港的船上，或者以取得已装船货物的方式交货，并及时通知买方。

(3) 承担货物在装运港装上船之前发生的一切费用和风险。

(4) 必须自付费用取得货物保险。

(5) 必须自担风险和费用，取得出口许可或其他官方授权，办理货物出口所需的一切海关手续。

（6）负责提供商业发票、货物运往约定目的港的通常运输凭证和保险单证，以及合同要求的其他与合同相符的证据。在双方约定或符合惯例的情况下，任何单证可以是同等作用的电子记录或程序。

（7）应买方要求并由其承担风险和费用，卖方必须及时向买方提供或协助其取得相关货物进口和/或将货物运输到最终目的地所需要的任何文件和信息，包括安全相关信息。

2）买方的主要义务

（1）接受卖方提供的与合同相符的有关运输凭证，按照合同约定支付价款。

（2）承担货物在装运港装上船起的一切费用和风险。

（3）必须自担风险和费用，取得进口许可或其他官方授权，办理货物进口及从他国过境运输所需的一切海关手续。

（4）买方必须及时告知卖方任何安全信息要求。应卖方要求并由其承担风险和费用，买方必须及时向卖方提供或协助其取得货物运输和出口及从他国过境运输所需的任何文件和信息，包括安全相关信息。

2. 应注意的问题

在我国出口贸易中，按 CIF 条件成交的较为普遍，为了正确运用 CIF 术语，应特别注意下列事项。

1）关于风险与保险问题

按 CIF 条件成交，卖方应负责订立保险合同，按约定的险别和金额投保货物运输险，支付保险费，提交保险单。但卖方为买方利益所进行的这种保险，纯属代办性质，货物在运输途中的灭失及损坏的风险还由买方负担。如发生承保范围内的损失，买方凭保险单直接向保险公司索赔，能否得到赔偿，卖方概不负责。

如果在买卖合同的保险条款中规定了投保险别、保险金额等，卖方应按合同规定办理投保。如果双方没有约定具体险别，按一般国际贸易惯例，卖方只需要投保最低险别。如果买方要求加保战争险及其他险别，在保险费由买方负担的前提下，卖方应予加保。

2）卸货费用的负担问题

根据《2010 通则》规定，CIF 术语由买方承担包括驳运费和码头费在内的卸货费，但如果卖方按照运输合同在目的港交付点发生了卸货费用，则除非双方事先另有约定，卖方无权向买方要求补偿该项费用。

3）必须做好单证工作

从交货方式上看，CIF 是一种典型的象征性交货，即卖方只要按期在约定地点完成装运，并向买方提交合同规定的包括物权凭证在内的有关单据，就算完成了交货义务，而无须保证到货。可见，在象征性交货方式下，卖方是凭单交货，买方是凭单付款。只要卖方如期向买方提交了合同规定的全套合格单据，即使货物在运输途中损坏或灭失，买方也必须履行付款义务。反之，如果卖方提交的单据不符合要求，即使货物完好无损地运达目的地，买方仍有权拒付货款。CIF 交易实际上是一种单据买卖。由此可见，做好单据工作在 CIF 交易中具有特别重要的意义。当然，CIF 是单据买卖的说法，并不意味着可以因此而减轻卖方交货方面的责任。如果卖方提交的货物不符合要求，买方即使已经付清货款，仍然可以根据合同的规定向卖方提出索赔。

二、适用于任何运输方式或多种运输方式的三种主要贸易术语

(一)货交承运人(插入指定交货地点)

"货交承运人(插入指定交货地点) Free Carrier (insert named place of delivery)"，英文缩写 FCA，是指卖方在卖方所在地或其他指定地点将货物交给买方指定的承运人或其他人。由于风险在交货地点转移至买方，特别建议双方尽可能清楚地写明指定交货地内的交付点。

如果双方希望在卖方所在地交货，则应当将卖方所在地址明确为指定交货地点。如果双方希望在其他地点交货，则必须确定特定的交货地点。

FCA 要求卖方办理出口清关手续。该术语适用于任何运输方式或多种运输方式。

1. 买卖双方的义务

根据《2010 通则》对 FCA 的解释，买卖双方各自承担的主要义务如下。

1) 卖方的主要义务

(1) 必须在指定的交货地点，在约定的交货日期或期限内，将货物交付给买方指定的承运人或其他人，并给予买方货物已交付的充分通知。

(2) 必须自担风险和费用，取得出口许可或其他官方授权，办理货物出口所需的一切海关手续。

(3) 承担货物交给承运人以前发生的一切费用和风险。

(4) 负责提供商业发票和证明货物已交给承运人的通常单据，以及合同要求的其他与合同相符的证据。在双方约定或符合惯例的情况下，任何单证可以是同等作用的电子记录或程序。

(5) 应买方要求并由其承担风险和费用，卖方必须及时向买方提供或协助其取得相关货物进口和/或将货物运输到最终目的地所需要的任何文件和信息，包括安全相关信息。

2) 买方的主要义务

(1) 必须自付费用订立自指定的地点运输货物的合同，并给予卖方关于承运人名称、

运输方式、具体交货点和交货日期或期限的充分通知。

(2) 承担货物交给承运人后发生的一切费用和风险。

(3) 必须自担风险和费用，取得进口许可或其他官方授权，办理货物进口和从他国过境运输所需的一切海关手续。

(4) 接受卖方提供的有关交货凭证，按照合同规定受领货物并支付价款。

(5) 买方必须及时告知卖方任何安全信息要求。应卖方要求并由其承担风险和费用，买方必须及时向卖方提供或协助其取得货物运输和出口及从他国过境运输所需要的任何文件和信息，包括安全相关信息。

2. 应注意的问题

在具体业务中，使用 FCA 术语时，应注意以下几个问题。

1) "承运人"的含义问题

在《2010 通则》术语中，承运人是签约承担运输责任的一方。

2) 关于运输

按《2010 通则》规定，FCA 术语由买方负责指定承运人，订立自装运地至目的地的运输合同。但《2010 通则》同时又规定，如卖方被要求协助与承运人订立合同时，只要买方承担风险和费用，卖方可以办理，也可以拒绝。如果拒绝，卖方应立即通知买方，以便买方另作安排。

3) 关于交货

为了便于买卖双方分清责任，履行合同，《2010 通则》中对 FCA 条件下卖方何时完成交货的问题，做出了以下具体规定和解释。

(1) 若指定的地点是卖方所在地，则当货物被装上买方指定的承运人或代表买方的其他人提供的运输工具时，交货即告完成。

(2) 在任何其他情况下，则当货物虽仍处于卖方的运输工具上，但已准备卸载，并已交由承运人或买方指定的其他人处置时，交货即告完成。

若在指定的地点没有约定具体交货点，且有几个具体交货点可供选择时，卖方可以在指定的地点选择最合适其目的的交货点。

若由于买方的责任使卖方无法按时交货，则自约定的交货日期或交货期限届满之日起，买方承担货物损坏或灭失的一切风险。

4) FCA 与 FOB 的差异

从 FCA 和 FOB 两个贸易术语买卖双方的义务等情况中可以看出，这两个术语非常相似，所不同的是：首先，适用的运输方式不同，FCA 适用于各种运输方式，而 FOB 只适用于水上运输方式；其次，风险划分界限不同，FCA 风险划分以货交承运人为界，而 FOB 以装运港装上船为界。除此之外，卖方承担的责任、费用以及需提交的单据等方面也有区别。

(二)运费付至(插入指定目的地)

"运费付至(插入指定目的地) Carriage Paid to (insert named place of destination)"，英文缩写 CPT，是指卖方将货物在双方约定地点交给卖方指定的承运人或其他人。卖方必须签订运输合同并支付将货物运至指定目的地所需的费用。

CPT 术语要求卖方办理出口清关手续。该术语可适用于任何运输方式，也可适用于多种运输方式。

1. 买卖双方的义务

根据《2010 通则》对 CPT 的解释，买卖双方各自承担的主要义务如下。

1) 卖方的主要义务

(1) 必须签订或取得运输合同，并支付至目的地的运费。

(2) 在合同规定的时间、地点，将合同规定的货物置于承运人控制之下，并及时通知买方。

(3) 承担货交承运人以前发生的一切费用和风险。

(4) 必须自负风险和费用，取得出口许可或其他官方授权，办理货物出口和交货前从他国过境运输所需的一切海关手续。

(5) 负责提供商业发票和货物运往约定目的地的通常运输凭证，以及合同要求的其他与合同相符的证据。在双方约定或符合惯例的情况下，任何单证可以是同等作用的电子记录或程序。

(6) 应买方要求并由其承担风险和费用，卖方必须及时向买方提供或协助其取得相关货物进口和/或将货物运输到最终目的地所需要的任何文件和信息，包括安全相关信息。

2) 买方的主要义务

(1) 必须自负风险和费用，取得进口许可或其他官方授权，办理货物进口和从他国过境运输所需的一切海关手续。

(2) 承担货交承运人以后发生的一切费用和风险。

(3) 接受卖方提供的有关运输凭证，按照合同规定受领货物并支付价款。

(4) 买方必须及时告知卖方任何安全信息要求。应卖方要求并由其承担风险和费用，买方必须及时向卖方提供或协助其取得货物运输和出口及从他国过境运输所需要的任何文件和信息，包括安全相关信息。

2. 应注意的问题

在采用 CPT 术语时，需要注意以下问题。

1) 风险划分的界限

CPT 的字面意思是运费付至指定目的地。然而卖方承担的风险并没有延伸到指定目的地，卖方只承担货物交给承运人控制之前的风险，货物自交货地点运至目的地的运输途中的风险则由买方承担。在多式联运情况下，涉及两个以上的承运人，卖方承担的风险自货物交给第一承运人控制时即转移给买方。

2) 装运通知

卖方要在货交承运人后及时通知买方以便买方投保，否则，卖方应承担货物在运输途中的风险损失。

3) CPT 与 CFR 的差异

CPT 术语所规定的买卖双方的义务与 CFR 术语所规定的基本相似，所不同的是：首先，适用范围不同，CPT 适用于包括多式联运在内的任何运输方式，而 CFR 仅适用于水上运输方式；其次，风险转移点不同，CPT 以货交承运人为界，而 CFR 则以装运港装上船为界。此外，卖方承担的责任、费用以及需提交的单据也有所不同。

(三)运费和保险费付至(插入指定目的地)

"运费和保险费付至(插入指定目的地) Carriage and Insurance Paid to (insert named place of destination)"，英文缩写 CIP，是指卖方将货物在双方约定地点交给其指定的承运人或其他人。卖方必须签订运输合同并支付将货物运至指定目的地所需的费用。卖方还必须为买方在运输途中货物灭失或损坏风险签订保险合同。

由于风险转移和费用转移的地点不同，该术语有两个关键点。特别建议双方尽可能确切地在合同中明确交货地点，以及指定目的地。如果运输到约定目的地涉及多个承运人，且双方不能就特定的交货点达成一致时，可以推定：当卖方在某个完全由其选择，且买方不能控制的点将货物交付给第一承运人时，风险转移至买方。

CIP 术语要求卖方办理货物出口清关手续。该术语可适用于任何运输方式，也可适用于多种运输方式。

1. 买卖双方的义务

根据《2010 通则》对 CIP 的解释，买卖双方各自承担的主要义务如下。

1) 卖方的主要义务

(1) 必须签订或取得运输合同，并支付至目的地的运费。

(2) 在合同规定的时间、地点，将合同规定的货物置于承运人控制之下，并及时通知买方。

(3) 承担货交承运人以前发生的一切费用和风险。

(4) 必须自付费用取得货物保险。

(5) 必须自负风险和费用，取得出口许可或其他官方授权，办理货物出口和交货前从他国过境运输所需的一切海关手续。

(6) 负责提供商业发票、货物运往约定目的地的通常运输凭证和保险单证，以及合同要求的其他与合同相符的证据。在双方约定或符合惯例的情况下，任何单证可以是同等作用的电子记录或程序。

(7) 应买方要求并由其承担风险和费用，卖方必须及时向买方提供或协助其取得相关货物进口和/或将货物运输到最终目的地所需要的任何文件和信息，包括安全相关信息。

2) 买方的主要义务

(1) 必须自负风险和费用，取得进口许可或其他官方授权，办理货物进口和从他国过境运输所需的一切海关手续。

(2) 承担货交承运人以后发生的一切费用和风险。

(3) 接受卖方提供的有关运输凭证，按照合同规定受领货物并支付价款。

(4) 买方必须及时告知卖方任何安全信息要求。应卖方要求并由其承担风险和费用，买方必须及时向卖方提供或协助其取得货物运输和出口及从他国过境运输所需要的任何文件和信息，包括安全相关信息。

2. 应注意的问题

在采用 CIP 术语时，需要注意以下问题。

1) 关于风险和保险的问题

在 CIP 术语下，卖方要负责办理货物在运输途中的保险并支付保险费，但货物从交付承运人起产生的风险却由买方负担。所以，卖方的投保属代办性质。一般情况下，卖方应按双方约定的险别投保。如果没有约定险别，则由卖方按贸易惯例投保最低的险别。卖方一般无义务加保战争、罢工、暴乱及民变等险。但是，如果买方有要求，并且由买方承担额外费用的情况下，卖方也可予以办理。

2) 应合理确定价格

按价格构成看，CIP 价是在 FCA 价的基础上加运费和保险费，或在 CPT 价的基础上加保险费，因此，卖方对外报价时，要认真核算运费和保险费，并要预计运价和各种险别保险费率的变动趋势等情况，以免价格报得太低，造成损失。

3) 应了解 CIP 与 CIF 的区别

CIP 与 CIF 的价格构成中都包括了通常的运费和约定的保险费，所以按这两种术语成交，卖方都要负责安排运输和保险并支付有关的运费和保险费。另外，CIP 合同和 CIF 合同均属装运合同，卖方只需保证按时交货，并不保证按时到货。

它们的不同之处是：首先，适用范围不同，CIP 适用于包括多式联运在内的任何运输方式，而 CIF 仅适用于水上运输方式；其次，风险转移点不同，CIP 以货交承运人为界，而 CIF 则以装运港装上船为界；再次，保险险种不同，CIF 卖方负责办理水上运输险，而 CIP 卖方要根据采用的运输方式而投保相应的海运、陆运、邮包运输等险种。此外，卖方承担的责任、费用以及需提交的单据也有所不同。

第三节　其他五种贸易术语

除前述六种主要贸易术语外，《2010通则》还对其他五种贸易术语做了解释。这些术语在实际业务中较少采用，现作简要介绍如下。

(一)工厂交货(插入指定交货地点)

"工厂交货(插入指定交货地点) Ex Works (insert named place of delivery)"，英文缩写 EXW，是指当卖方在其所在地或其他指定地点(如工厂、车间或仓库等)将货物交由买方处置时，即完成交货。卖方既不需要办理出口清关手续，也不需要将货物装上任何前来接收货物的运输工具。

特别建议双方在指定交货地范围内尽可能明确具体的交货地点，因为在货物到达交货地点之前的所有费用和风险都由卖方承担。买方则需要承担自此指定交货地的约定地点收取货物所产生的全部费用和风险。

EXW 术语代表卖方最低义务，适用于任何运输方式，也可适用于多种运输方式，使用时需注意以下问题。

(1) 卖方对买方没有装货的义务，即使实际上卖方也许更方便这样做。如果卖方装货，也是由买方承担相关风险和费用。

(2) 以 EXW 为基础购买出口产品的买方需要注意，卖方只有在买方要求时，才有义务协助办理出口，即卖方无义务安排出口通关。因此，在买方不能直接或间接地办理出口清关手续时，不建议使用该术语。

(3) 买方仅有限度地承担向卖方提供货物出口相关信息的责任。但是，卖方则可能出于缴税或申报等目的，需要这方面的信息。

(二)船边交货(插入指定装运港)

"船边交货(插入指定装运港)Free Alongside Ship (insert named port of shipment)"，英文缩写 FAS，是指当卖方在指定的装运港将货物交到买方指定的船边(如置于码头或驳船上)时，即为交货。货物灭失或损坏的风险在货物交到船边时发生转移，同时买方承担自那时起的一切费用。

由于卖方承担在特定地点交货前的风险和费用，而且这些费用和相关作业费可能因各港口惯例不同而变化，因此特别建议双方尽可能清楚地约定指定装运港内的装货点。

卖方应将货物运至船边或取得已经这样交运的货物。此处使用的"取得"一词适用于商品贸易中常见的交易链中的多层销售(链式销售)。

当货物装在集装箱里时，卖方通常将货物在集装箱码头移交给承运人，而非交到船边。这时，FAS 术语不适合，而应当使用 FCA 术语。

在按 FAS 术语成交时，卖方要提供商业发票，提供已交货的通常证据(如码头收据)。在买方要求并由其承担费用和风险的情况下，卖方必须协助买方取得运输凭证。

FAS 术语要求卖方办理出口清关手续。该术语适用于任何运输方式，也可适用于多种运输方式。

(三)运输终端交货(插入指定目的港或目的地的运输终端)

"运输终端交货(插入指定目的港或目的地的运输终端) Delivered at Terminal(insert named terminal at port or place of destination) "， 英文缩写 DAT，是指当卖方在指定港口或目的地指定运输终端将货物从抵达的载货运输工具上卸下，交由买方处置时，即为交货。"运输终端"意味着任何地点，而不论该地点是否有遮盖，例如码头、仓库、集装箱堆积场或公路、铁路、空运货站。卖方承担将货物送至指定港口或目的地的运输终端并将其卸下的一切风险。

由于卖方承担在特定地点交货前的风险，特别建议双方尽可能确切地约定运输终端，或如果可能的话，在约定港口或目的地的运输终端内的特定的点。建议卖方取得完全符合该选择的运输合同。

此外，如果双方希望由卖方承担由运输终端至另一地点间运送和受理货物的风险和费用，则应当使用 DAP 或 DDP。

DAT 术语要求卖方办理出口清关手续。该术语适用于任何运输方式，也可适用于多种运输方式。

(四)目的地交货(插入指定目的地)

"目的地交货(插入指定目的地) Delivered at place(insert named place of destination) "，英文缩写 DAP，是指当卖方在指定目的地将仍处于抵达的运输工具之上，且已做好卸载准备的货物交由买方处置时，即为交货。卖方承担将货物运送到指定地点的一切风险。

由于卖方承担在特定地点交货前的风险，特别建议双方尽可能清楚地约定指定目的地内的交货点。建议卖方取得完全符合该选择的运输合同。如果卖方按照运输合同在目的地发生了卸货费用，除非双方另有约定，卖方无权向买方要求偿付。

DAP 要求卖方办理出口清关手续。如果双方希望卖方办理进口清关、支付所有进口关税，并办理所有进口手续，则应当使用 DDP 术语。

DAP 适用于任何运输方式，也可适用于多种运输方式。

(五)完税后交货(插入指定目的地)

"完税后交货(插入指定目的地)Delivered Duty Paid(insert named place of destination)"，英文缩写 DDP，是指当卖方在指定目的地将仍处于抵达的运输工具上，但已完成进口清关，且已做好卸载准备的货物交由买方处置时，即为交货。卖方承担将货物运至目的地的一切风险和费用，并且有义务完成货物出口和进口清关，支付所有出口和进口的关税和办理所有海关手续。

DDP 代表卖方的最大责任。

由于卖方承担在特定地点交货前的风险和费用，特别建议双方尽可能清楚地约定在指定目的地内的交货点。建议卖方取得完全符合该选择的运输合同。如果卖方按照运输合同在目的地发生了卸货费用，除非双方另有约定，卖方无权向买方索要偿付。

如果卖方不能直接或间接地完成进口清关，则不能使用 DDP，应使用 DAP。

DDP 适用于任何运输方式，也可适用于多种运输方式。

以下将 11 种贸易术语作一归纳对比，见表 3-3。

表 3-3　　11 种贸易术语对比

贸易术语	交货地点	风险转移界限	出口报关责任、费用由谁负担	进口报关责任、费用由谁负担	适用的运输方式
EXW	商品产地、所在地	货交买方处置时	买方	买方	任何方式
FCA	出口国内地、港口	货交承运人处置时	卖方	买方	任何方式
FAS	装运港口	货交船边后	卖方	买方	水上运输
FOB	装运港口	货物装到装运港船上	卖方	买方	水上运输
CFR	装运港口	货物装到装运港船上	卖方	买方	水上运输
CIF	装运港口	货物装到装运港船上	卖方	买方	水上运输
CPT	出口国内地、港口	货交承运人处置时	卖方	买方	任何方式
CIP	出口国内地、港口	货交承运人处置时	卖方	买方	任何方式
DAT	目的港或目的地	买方在运输终端收货后	卖方	买方	任何方式
DAP	目的港或目的地	买方在运输工具上收货后	卖方	买方	任何方式
DDP	进口国内	买方在指定地点收货后	卖方	卖方	任何方式

第四节 贸易术语的选用

一、与贸易术语有关的其他问题

(一)贸易术语与合同性质的关系

贸易术语是确定买卖合同性质的一个重要因素。一般来说，采用何种贸易术语成交，则买卖合同的性质也相应可以确定。因此，业务中通常以贸易术语的名称来为买卖合同命名。如采用 DAP 术语成交的合同称作 DAP 合同，采用 CIF 术语成交的合同称作 CIF 合同等。

然而，贸易术语并不是决定合同性质的唯一因素。例如，买卖双方在签订合同时使用了装运性质的贸易术语 CIF，但同时又约定"以货物完好到达目的港作为支付货款的前提条件"。如果，货物在运输途中遇险，买方就可以拒绝支付货款。因为按上述条件成交的已不是装运合同，而是到达合同。在上例中，支付条件是确定合同性质的决定因素。由此可见，确定买卖合同的性质，不能单纯看采用何种贸易术语，还应看买卖合同中的其他条件是怎样规定的。

(二)风险提前转移问题

一般来讲，卖方承担的风险是在双方约定的交货地点的特定界限，如 FAS 在船边，FOB 装上船，随着交货义务的完成而转移。也就是说，卖方交货后，货物损坏或灭失的风险，以及负担与货物有关的费用的义务便从卖方转移到买方。通常情况下，买方不承担交货之前所发生的货物损坏或灭失的风险以及相关的费用。但是，各种贸易术语下都规定，如果买方没有按约定受领货物或没有给予卖方完成交货义务的必要通知，例如交货时间或交货地点的通知，那么，风险和费用的转移可以提前到交货之前。

风险的提前转移有一个前提条件，那就是货物必须已正式划归到合同项下，即清楚地划出或以其他方式确定为该合同项下的货物。否则，风险就不能提前转移。

(三)包装和检验问题

国际贸易中的大多数商品需要一定的包装，为了切实起到保护商品的作用，避免事后发生争议，《2010 通则》在每一术语的卖方义务第九条(A9)中都规定："除非在特定贸易中，某类货物的销售不需要包装，卖方必须自付费用包装货物。除非买方在签订合同前已通知卖方特殊要求，卖方可以适合该货物运输的方式对货物进行包装。包装应作适当标记。"

关于货物的检验问题，《2010 通则》在每一术语的买方义务第九条(B9)中也规定"买方必须支付任何强制性装船前检验费用"，因为这是为了买方的利益而进行的。但如果是出口国的有关机构强制进行的检验，那么除在 EXW 条件下仍由买方承担检验费用外，在其他术语下，则由卖方负担。

二、贸易术语的选用

不同的贸易术语，具有不同的含义，并为各国贸易界人士所理解。因此，正确地使用贸易术语是从事国际贸易者必须掌握的知识。《2010 通则》中有 11 种贸易术语，其中以 FOB、CFR 和 CIF 三种贸易术语最为常用，这是因为在使用上述三种贸易术语时，卖方装船后将货运单据交给买方即作为完成交货任务，这样的象征性交货对买卖双方都比较方便。当今，随着运输方式的变化，集装箱运输和多式联运的广泛运用，选用 FCA、CPT 和 CIP 等贸易术语的外贸合同也逐渐增多。随着我国对外贸易的发展和贸易方式的进一步灵活，对于其他贸易术语，也可视不同交易的具体情况适当地选择使用。

在实际的外贸业务中，贸易术语的选用应结合以下几方面的情况具体考虑。

(一)增加外汇收入，发展服务贸易

在进出口业务中，应该争取承担较多的义务。以主要贸易术语为例，在出口业务中，应争取选用 CIF、CIP、CFR、CPT 术语；反之，在进口业务中，应争取选用 FOB、FCA 术语。这样做有利于增加人民币在国内的支付比例，有利于国家增加外汇收入，发展国家远洋运输、保险等服务贸易业务。此外，还可以通过办理货物的运输、保险等服务业务，提高企业的资信和知名度，为发展良好的客户关系打下坚实的基础。

(二)注意运输方式的适用

每种贸易术语，都有其最适用的运输方式。例如 FOB、CFR 和 CIF 术语只适用于水运，而 FCA、CPT 和 CIP 术语可适用于任何运输方式。原则上可以用后三种分别代替前三种，但是，由于前三种是专门为水运设计的，有较强的针对性和详细的规定，因此，对于直接通过海洋和内河运输货物的业务，还是首选 FOB、CFR 和 CIF 术语为好。

(三)注意与对方国的贸易关系和贸易条件

贸易双方国家的关系和环境有时对业务操作的影响很大。如果两国的关系较好，商品的互补性好，贸易往来较频繁，且一方可以进入另一方国内办理进出口通关手续，则可选

用 EXW 和 DDP 等术语。对于边贸业务，可以选用 DAP 术语。

(四)以业务发展为宗旨，灵活选用贸易术语

选用贸易术语，应该根据业务和贸易伙伴的实际情况，灵活掌握贸易术语的选用原则。例如，进口方想要进口大宗商品时，为了在运价和保险费上获得优惠，往往要求选用 FOB 术语。为了发展对外贸易，在对方资信好的情况下，出口方应该同意采用 FOB 术语。

另外，还要考虑运输条件、货源情况、运费因素、运输途中的风险等，灵活选用贸易术语。

第五节 价格的掌握

在进出口业务中，正确掌握进出口商品的价格，合理采用各种作价方法，选用适当的计价货币，适当运用与价格有关的佣金和折扣，加强出口业务核算，对体现对外政策、完成进出口任务和提高外贸效益都具有十分重要的意义。

一、进出口商品的作价原则

进出口商品的作价原则是：在贯彻平等互利的原则下，根据国际市场的价格水平，结合国别(地区)政策，并按照我们的购销意图确定适当的价格。

进出口作价除了应遵循以上基本的作价原则外，还要考虑影响价格的各种具体因素，如考虑商品的质量和档次、运输距离、交货地点和交货条件、季节性需求的变化、成交数量、支付条件和汇率变动的风险等。此外，交货期的远近、市场销售习惯和消费者的爱好、产品所处生命周期的不同阶段等均对价格的确定有不同程度的影响，我们必须通盘考虑和正确掌握。

二、作价方法

我国进出口合同，一般采用固定作价，即在双方协商一致的基础上，明确地规定具体价格，事后无论发生什么情况均按确定的价格结算应付货款，这也是国际上通常的做法。但在实际业务中，有时也采用非固定价格作价办法。

(一)固定作价

在合同中规定固定价格，具有明确、具体、肯定和便于成本核算的特点。不过，由于

国际商品市场行情的多变性，价格涨落不定。因此，在国际货物买卖合同中规定固定价格，就意味着买卖双方要承担从订约到交货以至转售时价格变动的风险。为了减少价格风险，在采用固定价格时，首先，必须对影响商品供需的各种因素进行细致的研究，并在此基础上对价格的前景做出判断，以此作为决定合同价格的依据；其次，对客户的资信进行了解和研究，慎重选择订约的对象。

(二)非固定作价

某些货物因其国际市场价格变动频繁，幅度较大，或交货期较远，买卖双方对市场趋势难以预测，但又确有订约的意旨，在这种情况下采用非固定作价有一定好处。这表现在：有助于暂时解决双方在价格方面的分歧，先就其他条款达成协议，早日签约；解除客户对价格风险的顾虑，使之敢于签订交货期长的合同；对进出口双方，虽不能完全排除价格风险，但对出口方来说，可以不失时机地做成生意，对进口方来说，可以保证一定的转售利润。但采用非固定价格，有时不可避免地会给合同带来较大的不稳定性，甚至可能使合同失去法律效力。

非固定作价大体上可分为下述几种。

1．具体价格留待以后确定

(1) 在价格条款中明确规定定价时间和定价方法。例如，"在装船前 20 天，参照国际市场价格水平，协商议定正式价格"；或"按提单日期的国际市场价格水平计算"。

(2) 只规定作价时间。例如，"由双方在 20××年×月×日协商确定价格"。这种方式一般只应用于双方有长期交往，已形成比较固定的交易习惯的合同。

2．暂定价格

为避免价格风险，买卖双方在洽谈某些市价变化较大的货物远期交易时，可先在合同中规定一个初步价格，作为开立信用证和初步付款的依据，待日后交货期前的一定时间，再由双方按照当时市价商定最后价格，最后价格确定后再进行最后清算，多退少补。例如，"单价暂定 CIF 伦敦每件 5000 英镑，作价方法：以××交易所 3 个月期货，按装船月份平均价加 6 英镑计算，买方按本合同规定的暂定价开立信用证"。

3．部分固定、部分非固定价格

在大宗交易和分批交货的情况下，买卖双方为了避免承担远期交货部分的价格变动风险，可采用部分固定、部分非固定价格的做法。即双方只约定近期交货部分货物的价格，而远期交货部分的货价在交货前一定期限内再协商确定。

(三)价格调整条款

某些生产周期长的大型机械、成套设备，从合同订立到履行需要较长时间，而货物价格可能要受到工资、原材料价格变动的影响。为了避免双方承受过大的价格风险，交易双方，尤其是卖方往往要求在合同中订立价格调整条款。价格调整条款的做法，是在合同中规定一个初步价格，交货时或交货前一定时间，按工资、原材料价格变动的指数作相应调整，以确定最后价格。

三、计价货币的选择

计价货币(Money of Account)，是双方当事人用来计算债权债务的货币。在买卖合同中，也就是用来计算价格的货币。

支付货币(Money of Payment)，是双方当事人约定用来清偿债务的货币。在买卖合同中，也就是双方约定的可以用来偿付按计价货币表示的货款的等值货币。

如果合同中的价格是用一种双方约定的货币(如美元)表示的，没有规定用其他货币支付，那么该约定的货币既是计价货币，又是支付货币。如果在计价货币之外，还规定了用其他货币(如日元)支付，那么，该货币(日元)就是支付货币。在这种情况下，用什么汇率把美元折成等值的日元就是一个重要的问题。按照国际上的一般做法，如果合同没有相反的规定，通常是按付款日美元和日元的汇价，把美元表示的价款折成等值的日元进行支付。

在国际货物买卖合同中，价格通常表现为一定量的特定货币，一般不再规定支付货币。根据国际贸易的特点，用来计价的货币，可以是出口国的货币，也可以是进口国的货币，还可以是第三国的货币，由买卖双方协商确定。在当前国际金融市场普遍实行浮动汇率制的情况下，买卖双方都将承担一定的汇率变动风险。因此，如何选择合同的计价货币就具有重大的经济意义，是买卖双方在确定价格时必须注意的问题。

除双方国家订有贸易协定和支付协定，而交易本身又属于上述协定的交易，必须按规定的货币进行清算外，一般进出口合同都应采用可兑换的、国际上通用的或双方同意的货币进行计价和支付。但是，各种货币的硬软程度并不相同，发展趋势也不一致。因此，具体到某一笔交易，应尽可能争取把发展趋势对我有利的货币作为计价货币。在出口业务中，一般应争取用硬币作为计价货币，即币值比较稳定且趋势上浮的货币。相反，在进口业务中，则应争取多使用汇价比较疲软且趋势下浮的货币，即所谓的软币作为计价货币。但是，在实际业务中，最终以什么货币作为计价货币，还应视双方的交易习惯、经营意图以及价格而定。如果为达成交易而不得不采用对我方不利的货币计价时，为了减少外汇风险应采取的方法如下：一是根据该种货币今后可能的变化幅度，适当提高出口价格或降低进口价格；二是在可能的条件下，争取订立外汇保值条款。

我国的人民币已实现在经常项目下的可自由兑换，因此，亦可作为对外结算的货币。

四、佣金和折扣

佣金(Commission)和折扣(Discount, Allowance)是价格的构成因素之一。价格中包含佣金或折扣，直接影响实际价格的高低，也关系到买卖双方以及有关第三方的经济收入。因此，正确地运用佣金和折扣，可以起到灵活掌握价格、加强在市场上的竞争力以及扩大交易的作用。

(一)佣金

1．佣金的含义

佣金是代理人或经纪人为委托人进行交易而收取的报酬。在货物买卖中，往往表现为出口商付给销售代理人、进口商付给购买代理人的酬金。凡在合同价格条款中明确规定佣金的百分比的，叫做"明佣"。如不标明佣金的百分比，甚至连"佣金"字样也不标示出来，有关佣金的问题由有关当事人另行约定，这种暗中约定佣金的做法，叫做"暗佣"。

2．佣金的规定办法

在商品价格中包括佣金时，通常以文字说明，例如，"每公吨 200 英镑 CIF 伦敦包括 2% 佣金(￡200 per M/T CIF London including 2% commission)"；也可以在贸易术语后加注英文字母 "C" 和佣金率来表示，如，"每公吨 200 英镑 CIF C 2%伦敦(￡200 per M/T CIF C 2% London)"。商品价格中的佣金，除用百分比表示外，也可以用绝对数来表示。例如，"每公吨付佣金 4 英镑"。佣金率一般掌握在 3%～5%之间，不宜太高。

3．佣金的计算与支付方法

在国际贸易中，佣金的计算方法是不一致的。这主要体现在以佣金率的方法规定佣金时，计算佣金的基数怎样确定。计算佣金的方法，最常见的是以合同价格(发票金额)作为基数直接乘以佣金率，得出佣金额；也可规定按 FOB 价计付佣金，按此方法，无论以任何贸易术语成交，均以 FOB 价为基数乘以佣金率计付佣金。计算佣金的公式如下。

$$佣金额=含佣价×佣金率$$
$$净价=含佣价-佣金额=含佣价(1-佣金率)$$

假如已知净价，则含佣价的计算公式为

$$含佣价 = \frac{净价}{1-佣金率}$$

佣金的支付一般有两种做法：一种是由中间代理商直接从货价中扣除佣金；另一种是在卖方收清货款后，再按事先约定的佣金率另付中间商。

(二)折扣

1. 折扣的含义

折扣也称折让，就是卖方在原标准定价的基础上，按一定比例，给予买方在价格上的减让。从性质上看，它是一种优惠。对外贸易业务所使用的折扣种类较多，除了一般折扣外，还有为扩大销售而使用的数量折扣、为实现某种目的而给予的特别折扣以及年终折扣等。凡在价格中明确规定折扣率的，叫做"明扣"；凡交易双方就折扣问题已达成协议，而在价格条款中不明示折扣率的，叫做"暗扣"。暗扣属于不公平竞争，公职人员或资方雇佣人员拿暗扣，应属贪污受贿行为。

2. 折扣的规定办法

在国际贸易中，折扣通常在规定价格条款时，用文字表示出来。例如，"每公吨 300 美元 FOB 上海折扣 2%(USD 300 per metric ton FOB Shanghai including 2% discount)。"也可这样表示："每公吨 300 美元 FOB 上海减折扣 2%(USD 300 per metric ton FOB Shanghai less 2% discount)。"此外，折扣也可以用绝对数来表示，如"每公吨折扣 6 美元"。

3. 折扣的计算与支付方法

折扣通常以成交额或发票金额为基础计算，即原价乘以折扣率。折扣率一般根据不同商品、不同市场和不同交易对象酌情确定。其计算方法如下。

折扣额=含折扣价×折扣率

净价=含折扣价−折扣额

折扣一般是在买方支付货款时预先扣除。但有时在"暗扣"的情况下，折扣金额不直接从货价中扣除，而按暗中达成的协议，另行支付给买方。

五、出口业务核算

(一)对外报价核算

商品的价格主要取决于成本和费用，在此基础上出口商还应确定一个合理的利润率，成本、费用和利润相加即构成商品的成交价格。

下面以出口报价为例，介绍出口成交价格的构成部分和报价的具体计算公式。

1．成本

对外贸企业而言，成本是指其从生产厂家进货的成本扣除出口退税收入后的实际采购成本。

$$实际采购成本=出口商品的购货成本(含增值税)-出口退税收入$$

$$出口退税收入=\frac{出口商品购货成本(含增值税)}{1+增值税率}\times退税率$$

2．费用

费用，是指出口商品所发生的一切国内、国外费用。

国内费用包括商品的加工整理费用、包装费用、保管费用、国内运输费用、装船费用、认证费用、银行费用、预计损耗、邮电费、经营管理费等，通常由各企业按进货成本的5%～10%不等的定额费率自行核定。

国外费用是指国外运费、国外保险费以及国外佣金三种费用。

3．利润

利润部分通常是由企业自定利润率，可按以下三种方法计算。

(1) 以采购成本为基数：利润=采购成本×预期利润率

(2) 以出口成本为基数：利润=出口成本×预期利润率

(3) 以成交价格为基数：利润=出口成交价格×预期利润率

实践中，通常以出口成交价格为利润计算基数，由此可得到出口成交价格的计算公式为

$$出口成交价格=\frac{实际采购成本+费用}{1-预期利润率}$$

以下为三种常用贸易术语下具体的核算公式。

$$FOB价=\frac{实际采购成本+国内费用}{1-预期利润率}$$

$$CFR价=\frac{实际采购成本+国内费用+国外运费}{1-预期利润率}$$

$$CIF价=\frac{实际采购成本+国内费用+国外运费}{1-投保加成×保险费率-预期利润率}$$

(二)出口成本核算

为了实现企业的经济效益，改善经营管理，应加强对出口商品的成本核算，核算指标

主要有出口商品盈亏率、出口商品换汇成本和外汇增值率三种。现分述如下。

1．出口商品盈亏率的核算

出口销售人民币净收入扣除出口总成本，即为出口盈亏额。出口盈亏率是指出口盈亏额与出口总成本的比例，用百分比表示。它是衡量出口盈亏程度的重要指标，计算公式如下。

$$出口商品盈亏率 = \frac{出口销售人民币净收入 - 出口总成本}{出口总成本} \times 100\%$$

式中，出口总成本是指出口商品的进货成本加上出口前的一切费用和税金。出口销售人民币净收入是指出口商品的 FOB 价按外汇牌价折成人民币。

2．出口商品换汇成本的核算

出口商品换汇成本是指该商品出口净收入一美元所需要的人民币的总成本，或者说，用多少人民币换回一美元。出口商品换汇成本如高于银行外汇牌价，则出口为亏损；反之，则说明出口有盈利。其计算公式如下。

$$出口商品换汇成本 = \frac{出口总成本(人民币)}{出口销售外汇(美元)净收入}$$

3．外汇增值率的核算

外汇增值率是指外汇增值额与原料外汇成本的比率。通过计算可以看出成品出口外汇的增值情况，从而确定出口成品是否有利。其计算公式如下。

$$外汇增值率 = \frac{成品出口外汇净收入 - 原料外汇成本}{原料外汇成本} \times 100\%$$

如果原料是国产的，其外汇成本可按该原料的 FOB 出口价计算；如果原料是进口的，其外汇成本按该原料的 CIF 价计算。

六、价格换算的方法

不同的贸易术语表示其价格构成因素不同，因此，在对外洽谈时，如果一方按某一术语报价，而对方要求改报其他术语表示的价格，就涉及到价格的换算问题。现将最常用的 FOB、CFR 和 CIF 三种贸易术语的价格换算方法及公式介绍如下。

(一)净价之间的换算

净价(Net Price)，是指不包含佣金或折扣的价格。

1. 以 FOB 价格换算为其他价格

(1) CFR 价=FOB 价+运费

(2) $CIF 价 = \dfrac{FOB 价 + 运费}{1 - 投保加成 \times 保险费率}$

2. 以 CFR 价换算为其他价格

(1) FOB 价=CFR 价−运费

(2) $CIF 价 = \dfrac{CFR 价}{1 - 投保加成 \times 保险费率}$

3. 以 CIF 价换算为其他价格

(1) FOB 价=CIF 价×(1−投保加成×保险费率)−运费

(2) CFR 价=CIF 价−保险费=CIF 价×(1−投保加成×保险费率)

(二)净价与含佣价之间的换算

1. 以 FOBC 价换算为其他净价

(1) FOB 净价=FOB 含佣价×(1−佣金率)

(2) CFR 净价=FOB 含佣价×(1−佣金率)+运费

(3) $CIF 净价 = \dfrac{FOB 含佣价 \times (1 - 佣金率) + 运费}{1 - 投保加成 \times 保险费率}$

2. 以 CFRC 换算为其他净价

(1) FOB 净价=CFR 含佣价×(1−佣金率)−运费

(2) CFR 净价=CFR 含佣价×(1−佣金率)

(3) $CIF 净价 = \dfrac{CFR 含佣价 \times (1 - 佣金率)}{1 - 投保加成 \times 保险费率}$

3. 以 CIFC 价换算为其他净价

(1) FOB 净价=CIF 含佣价×(1−投保加成×保险费率)×(1−佣金率)−运费

(2) CFR 净价=CIF 含佣价×(1−投保加成×保险费率)×(1−佣金率)

(3) CIF 净价=CIF 含佣价×(1−佣金率)

注：以上"投保加成"与"保险费率"的概念参见第五章"国际货物运输保险条款"。

第六节　买卖合同中的价格条款

一、价格条款的内容

合同中的价格条款，一般包括商品的单价和总值两项基本内容。

单价通常由四个部分组成，即计量单位、单位价格金额、计价货币和贸易术语。例如，每公吨 CFR 伦敦 500 美元(USD500 Per M/T CFR London)。

总值也称总价，是单价与数量的乘积，也就是说一笔交易的货款总金额。例如，总值：40 000 美元(Total Value：Say US Dollars Forty Thousand Only)。

二、规定价格条款应注意的事项

(1) 合理地确定商品的单价，防止偏高或偏低。

(2) 根据经营意图和实际情况，在权衡利弊的基础上选用适当的贸易术语。

(3) 争取选择有利的计价货币，必要时可加订保值条款。

(4) 灵活运用各种不同的作价方法，避免承担价格变动的风险。

(5) 参照国际贸易的习惯做法，注意佣金和折扣的合理运用。

(6) 如交货品质、交货数量有机动幅度或包装费另行计价时，应一并订明机动部分作价和包装费用计价的具体方法。

(7) 单价中的计量单位、计价货币和港口名称必须书写清楚，以利合同的履行。

本章自测题

一、填空题

1. 国际贸易中有关贸易术语的国际贸易惯例有_____、_____、_____。

2. 贸易术语按《INCOTERMS 2010》分为两大类：一类是_____，另一类是_____。

3. FOB 术语由_____承担运输义务。

4. 贸易术语是指在国际贸易中用来表示商品的_____构成，说明货物交接过程中有关_____、_____和_____划分问题的专门用语。

5. FOB、CIF、CFR 贸易术语的风险划分是以＿＿＿＿＿＿为界；FCA、CPT、CIP 贸易术语的风险划分是以＿＿＿＿＿＿＿＿为转移的。

6. EXW 术语表示由＿＿＿＿＿＿方办理出口通关手续；FAS 术语表示由＿＿＿＿＿＿方办理出口通关手续。

7. 凭单交货和凭单付款是＿＿＿＿＿＿术语下交易的一大特点。

8. 按《1941 年美国对外贸易定义修订本》的规定，如果买方要求在纽约港的船上交货，则 FOB 成交的贸易术语应该表示为＿＿＿＿＿＿＿＿。

9. 以 DAT 成交，在运输终端的卸货费用及风险由＿＿＿＿＿＿＿＿承担。

10. CIF 术语成交的合同属于＿＿＿＿＿＿合同，卖方只保证按时＿＿＿＿＿＿＿＿，并不保证货物按时＿＿＿＿＿＿；而按 DAP 成交，其合同属于＿＿＿＿＿＿合同，卖方要保证货物在规定的时间内＿＿＿＿＿＿＿＿。

11. 在 DDP 条件下，卖方＿＿＿＿＿＿订立保险合同的义务。

二、选择题

1. 贸易术语在国际贸易中的主要作用是＿＿＿＿＿。
   - A. 简化交易手续
   - B. 明确交易双方的责任
   - C. 缩短磋商时间
   - D. 节省费用开支

2. 按照《2010 通则》的解释，采用 FOB 条件成交，买卖双方风险划分的界限是＿＿＿＿＿。
   - A. 运输工具上
   - B. 装运港船边
   - C. 装运港船舷
   - D. 装运港船上

3. 根据《2010 通则》的解释，按 CFR 术语成交，卖方无义务＿＿＿＿＿。
   - A. 提交货运单据
   - B. 租船订舱
   - C. 办理货运保险
   - D. 取得出口许可证

4. 按照《2010 通则》的解释，采用 CIF 条件成交时，货物装船时从吊钩脱落掉入海里造成的损失应由＿＿＿＿＿。
   - A. 卖方负担
   - B. 买方负担
   - C. 承运人负担
   - D. 买卖双方共同负担

5. 按照《2010 通则》的解释，CIF 与 CFR 的主要区别在于＿＿＿＿＿。
   - A. 办理租船订舱的责任方不同
   - B. 办理货运保险的责任方不同
   - C. 风险划分的界限不同
   - D. 办理出口手续的责任方不同

6. 我国某公司向德国出口货物 3000 公吨，一般应采用＿＿＿＿＿贸易术语为好。
   - A. FOB 汉堡
   - B. FOB 青岛
   - C. FOB 北京机场
   - D. CIF 汉堡

7. 在实际业务中，FOB 条件下，买方常委托卖方代为租船、订舱，其费用由买方负担，如到期订不到舱，租不到船，_____。

    A. 卖方不承担责任，其风险由买方承担

    B. 卖方承担责任，其风险也由卖方承担

    C. 买卖双方共同承担责任、风险

    D. 双方均不承担责任，合同停止履行

8. 根据《2010 通则》的解释，FOB 条件和 CFR 条件下卖方均应负担_____。

    A. 提交商业发票及海运提单　　　　B. 租船订舱并支付运费

    C. 货物于装运港装上船以前的一切风险　　D. 办理出口通关手续

9. 按照《2010 通则》的解释，FOB、CFR 与 CIF 的共同之处表现在_____。

    A. 均适合水上运输方式　　　　　　B. 风险转移均为装运港装上船

    C. 买卖双方责任划分基本相同　　　D. 交货地点均为装运港

10. 出口价格条款的正确写法是_____。

    A. 每件 3.50 元 CIF 香港　　　　　B. 每件 3.50 美元 CIF

    C. 每件 3.50 元 CIFC 伦敦　　　　　D. 每件 3.50 美元 CIFC 2%伦敦

三、判断并改错题

1. 如果买卖双方在合同中做出与国际惯例完全相反的约定，只要这些约定是合法的，将得到有关国家法律的承认和保护，并不因与惯例相抵触而失效。　　　　　（　　）

2. FOB 贸易条件，按国际惯例的解释都是由卖方负责申请领取出口许可证和支付出口税。　　　　　　　　　　　　　　　　　　　　　　　　　　　　　　（　　）

3. 以下的价格表示法是否正确：DM75.00CIF Hamburg。　　　　　　　（　　）

4. 按 FOB、CFR、CIF 三种贸易术语成交，货物在装运港装上船时，风险即告转移。因此，当货物到达目的港后，买方如果发现到货品质、数量和/或包装有任何与合同规定不符的情况，卖方就不负责任。　　　　　　　　　　　　　　　　　　　（　　）

5. 在 FOB 条件下，卖方可以接受买方委托，代办租船订舱手续。　　　（　　）

6. 在合同中明确规定使用固定价格之后，均按合同确定的价格结算货款，任何一方不得擅自变更原价格。　　　　　　　　　　　　　　　　　　　　　　　（　　）

7. 凡是价格中不含佣金的称为净价。　　　　　　　　　　　　　　　（　　）

8. 价格条款包括计量单位、单位价格金额、计价货币和贸易术语。　　（　　）

9. 佣金和折扣都是在收到全部货款之后再支付的。　　　　　　　　　（　　）

10. 计价货币可以采用进口国或出口国的货币，也可以采用第三国货币。（　　）

四、简答题

1. 什么是《INCOTERMS 2010》？

2. 什么叫贸易术语？为什么在国际贸易中要使用贸易术语？

3. 试完整写出国际贸易中主要六种贸易术语的中、英文全称和英文简写。简述其买卖双方的主要义务。

4. 在何种情况下可采用 FCA、CPT 和 CIP 三种贸易术语？它们分别与 FOB、CFR 和 CIF 有何异同点？

5. 将 CIF 术语称作到岸价有何不妥？理由是什么？

6. 试述 DAP 和 DAT 术语的内涵。

7. 试简述 FAS 术语与 FOB 术语的联系与区别。

8. 作价办法有哪几种？各有何利弊？

9. 何谓佣金？何谓折扣？在进出口贸易中，应如何正确运用佣金和折扣？

10. 在进出口贸易中为什么要正确选择计价货币？

11. 进出口合同中的价格条款包括哪些内容？规定此条款时应注意什么问题？

五、案例分析题

1. 我某外贸企业向国外一新客户订购一批初级产品，按 CFR 中国某港口、即期信用证付款条件达成交易，合同规定由卖方以程租船方式将货物运交我方。我开证银行也凭国外议付行提交的符合信用证规定的单据付了款。但装运船只一直未到达目的港，后经多方查询，发现承运人原是一家小公司，而且在船舶起航后不久已宣告倒闭，承运船舶是一条旧船，船、货均告失踪，此系卖方与船方互相勾结进行诈骗，导致我方蒙受重大损失。试分析，我方应从中吸取哪些教训？

2. 我某出口企业与某外商按 CIF 某港口、即期信用证方式付款的条件达成交易，出口合同和收到的信用证均规定不准转运。我方在信用证有效期内将货物装上直驶目的港的班轮，并以直运提单办理了议付，国外开证行也凭议付行提交的直运提单付了款。承运船只驶离我国途经某港时，船公司为接载其他货物，擅自将我方托运的货物卸下，换装其他船舶继续运往目的港。由于中途耽搁，加上换装的船舶设备陈旧，使抵达目的港的时间比正常直运船的抵达时间晚了两个多月，影响了买方对货物的使用。为此，买方向我出口企业提出索赔，理由是我方提交的是直运提单，而实际上是转船运输，是弄虚作假行为。我方有关业务员认为，合同用的是"到岸价格"，船舶的舱位是我方租订的，船方擅自转船的风险理应由我方承担，因此按对方要求进行了理赔。问我方这样做是否正确？为什么？

3. 某口岸出口公司按 CIF London 向英商出售一批核桃仁，由于该商品季节性较强，双方在合同中规定：买方须于 9 月底前将信用证开到，卖方保证运货船只不得迟于 12 月 2

日驶抵目的港。如货轮迟于 12 月 2 日抵达目的港，买方有权取消合同。如货款已收，卖方须将货款退还买方。问这一合同的性质是否还属于 CIF 合同？

4.　我外贸 E 公司以 FOB 中国口岸价与香港 W 公司成交一批钢材，港商即转手以 CFR 釜山价售给韩国 H 公司。港商来证价格为 FOB 中国口岸，要求货运釜山，并在提单中标明"Freight Prepaid"(运费预付)。试分析港商为什么这样做？我们应如何处理？

六、计算题

1.　某出口公司与西欧某中间商达成一笔交易，合同规定我方出口某商品 25 000 千克，每千克 15 美元，CFR C 2%汉堡。海运运费为每千克 0.15 美元。出口收汇后出口公司向国外中间商汇付佣金。计算：①该出口公司向中国银行购买支付佣金的美元共需多少元人民币？②该出口公司的外汇净收入为多少美元？(100 美元 = 650 元人民币)

2.　我方向西欧某客商推销某商品，发盘价格为每公吨 1150 英镑 CFR 西欧某港口，对方复电要求改按 FOB 中国口岸定价，并给予 2%的佣金。经查自中国口岸至西欧某港口的运费为每公吨 170 英镑，我方如要保持外汇收入不变，改按买方要求条件报价，应为何价？

3.　我某外贸公司出售一批货物至伦敦，出口总价为 7 万美元 CIFC 5%伦敦，从中国口岸到伦敦的运费和保险费占 6%。这批货物的国内购进价为人民币 351 000 元(含增值税 17%)，该外贸公司的费用定额率为 5%，退税率为 9%，结汇时银行外汇买入价为 1 美元折合人民币 6.50 元。试计算这笔出口交易的换汇成本和盈亏率。

第四章　合同中的装运条款

　　国际货物运输是国际商品贸易过程中的重要环节之一，随着经济全球化的发展，对外贸易运输将成为国际贸易价值链中越来越重要的环节。对外贸易运输业务涉及运输方式、装运时间、装运港、目的港以及运输单据等项内容，是对外贸易业务中一项时间性强、线路长、环节多、涉及面广的复杂工作。有关业务人员必须熟悉和掌握有关国际货物运输的基本知识，才能使合同中的装运条款订得完整、合理，做到出口货物的安全及时交付和进口货物接运任务的顺利完成。

　　通过本章的学习，要求学生了解运输方式的种类、特点，运输单据的种类、含义和内容；掌握装运条款的内容与规定；重点掌握海运提单的性质、种类和内容；学会计算海运方式下的班轮运费，学会订立合同中的装运条款。

第一节　国际货物运输的方式

　　国际贸易使用的运输方式有海洋运输、陆上运输、航空运输、邮政运输、管道运输和国际多式联合运输等多种。具体使用哪一种运输方式，由买卖双方根据载货量、经济性、迅速性、安全性、方便性等要素，以满足某一方面要素为主，统筹兼顾其他要素，权衡利弊，在磋商交易时约定。

一、海洋运输

　　海洋运输(Ocean Transport)是国际贸易中使用最为广泛的一种运输方式。目前，海运量在国际货物运输总量中占 80%以上。海洋运输之所以被如此广泛采用，是因为它与其他国际货物运输方式相比，主要有通过能力大、运量大、运费低等优点。但它也存在一些不足之处，如运输受气候和自然条件的影响较大，航期不易准确，风险较大，速度也相对较慢等。海洋运输按经营方式的不同，可分为班轮运输和租船运输两种。

(一)班轮运输

　　班轮运输(Liner Transport)，又称定期船运输，是指船舶在固定航线上和固定港口之间按事先公布的船期表和运费率往返航行，从事货运业务的一种运输方式。

1．班轮运输的特点

班轮运输的特点如下。

(1)　"四固定"：即固定航线、固定港口、固定船期和相对固定的运费率。

(2)　"一负责"：即货物由班轮公司负责配载和装卸，运费内已包括装卸费用，班轮公司和托运人双方不计滞期费和速遣费。

(3)　班轮公司和货主双方的权利、义务和责任豁免均以班轮公司签发的提单条款作为依据。

(4)　班轮承运货物比较灵活，不论数量是多是少，只要有舱位，都接受装运。货运质量较有保证。

2．班轮运费

班轮运费包括基本运费和附加费两部分。

1)　基本运费

基本运费，是指货物在预定航线的各基本港口之间进行运输所规定的运价，它是构成全程运费的主要部分。基本运费的计收标准，通常按不同商品分为下列几种。

(1)　按货物的毛重计收，即以重量吨(Weight Ton)计收，在运价表中以"W"表示。

(2)　按货物的体积计收，即以尺码吨(Measurement Ton)计收，在运价表中以"M"表示。

(3)　按毛重或体积计收，由船公司选择其中收费较高的作为计费吨，在运价表中以"W/M"表示。按重量吨或尺码吨计收运费的单位统称运费吨(Freight Ton)。

(4)　按货物的价格计收，又称从价运费，在运价表中以"A.V."或"Ad Val"表示。一般按货物 FOB 价值的一定百分比收取。

(5)　按重量吨或尺码吨或从价运费计收，即选择较高的一种作为计算运费的标准。在运价表中以"W/M or A.V."表示。

(6)　按货物重量吨或尺码吨从高计收后，再另加收一定百分比的从价运费。在运价表中以"W/M Plus A.V."表示。

(7)　按货物的件数计收，如车按辆数，活牲畜按头数。

(8)　由船、货双方议定，在运价表中注有"Open"字样。临时议定运价的办法，适用于运量较大、货价较低、装卸方便且快速的诸如粮食、矿石等货物的运输。临时议定的运费率一般比较低。

此外，班轮公司对同一包装、同一票货物或同一提单内出现混装情况时，计收运费的原则是就高不就低。具体收取办法是：不同商品混装在同一包装内，全部运费一般按其中收费较高者收取；同一票货物，如包装不同，其计费标准和等级也不同，如托运人未按不同包装分别列明毛重和体积，则全票货物均按收费较高者计收运费；同一提单内有两种以上的货名，如托运人未分别列明不同货物的毛重和体积，则全部货物均按收费较高者计收运费。

2) 附加费

班轮运费中的附加费，是指针对某些特定情况或需作特殊处理的货物在基本运费之外加收的费用。附加费名目很多，主要有以下几种。

(1) 燃油附加费(Bunker Surcharge)：由于燃油价格上涨，船舶开支增加而向货主加收的费用。

(2) 货币贬值附加费(Devaluation Surcharge)：在货币贬值时，船方为了实际收入不减少，按基本运价的一定百分比加收的附加费。

(3) 转船附加费(Transshipment Surcharge)：凡运往非基本港的货物，需转船运往目的港，船方收取的附加费。

(4) 直航附加费(Direct Additional)：当运往非基本港的货物达到一定的货量，船公司可安排直航该港而不转船时所加收的附加费。

(5) 超重附加费(Heavy Lift Additional)、超长附加费(Long Length Additional)和超大附加费(Surcharge of Bulky Cargo)：当一件货物的毛重或长度或体积超过运价表规定的数值时，船方加收的附加费。

(6) 港口附加费(Port Additional or Port Surcharge)：有些港口由于设备条件差或装卸效率低以及其他原因，船公司加收的附加费。

(7) 港口拥挤附加费(Port Congestion Surcharge)：有些港口由于拥挤，船舶停泊时间增加而加收的附加费。

(8) 选港附加费(Additional on Optional Discharge Port)：货方托运时尚不能确定具体卸货港，要求在预先提出的两个或两个以上港口中选择一港卸货，船方加收的附加费。

(9) 变更卸货港附加费(Alteration of Destination Charge)：货主要求改变货物原来规定的目的港，在有关当局(如海关)准许、船方又同意的情况下所加收的附加费。

(10) 绕航附加费(Deviation Surcharge)：由于正常航道受阻不能通行，船舶必须绕道才能将货物运至目的港时，船方所加收的附加费。

3. 班轮运费的计算

1) 运费计算步骤

(1) 选择相关的运价本。

(2) 根据货物名称，在货物分级表中查到运费计算标准(Basis)和等级(Class)。

(3) 在等级费率表的基本费率部分，找到相应的航线、启运港及目的港，按等级查到基本运价。

(4)　再从附加费部分查出所有应收(付)的附加费项目和数额(或百分比)及货币种类。

(5)　根据基本运价和附加费算出实际运价。

2)　运费计算公式为

$$F = F_b + \sum S = fQ + fQ \times (S_1 + S_2 + \cdots + S_n) = fQ(1 + S_1 + S_2 + \cdots + S_n)$$

式中，F 为运费总额；F_b 为基本运费；S 为某一项附加费；f 为基本费率；Q 为计费吨；S_1、S_2、$\cdots$、S_n 为各项附加费占基本运费的百分比。

(二)租船运输

1．租船运输的特点

租船运输又称不定期船运输(Tramp)，它和班轮运输不同，没有预订的船期表，没有固定的航线，停靠港口也不固定，无固定的运费费率。船舶的营运是根据船舶所有人与需要船舶运输的货主双方事先签订的租船合同来安排的。租船运输具有如下基本特点。

(1)　租船运输是根据租船合同组织运输的，租船合同条款由船东和租方共同商定。

(2)　船东与租方一般通过各自或共同的租船经纪人洽谈成交租船业务。

(3)　不定航线，不定船期，船东对于船舶的航线、航行时间和载货种类等按照租船人的要求来确定，提供相应的船舶，经租船人同意进行调度安排。

(4)　租金率或运费率根据租船市场行情来确定。

(5)　船舶营运中有关费用的支出，取决于不同的租船方式，由船东和租方分担，并在合同条款中订明。

租船运输适宜大宗货物运输。

2．租船运输的方式

1)　定程租船

定程租船(Voyage Charter)又称程租船或航次租船，是指由船舶所有人负责提供一艘船舶在指定的港口之间进行一个航次或几个航次运输指定货物的租船。航次租船是租船市场上最活跃，且对运费水平的波动最为敏感的一种租船方式。在国际现货市场上成交的绝大多数货物(主要包括液体散货和干散货两大类)都是通过航次租船方式运输的。

航次租船的"租期"取决于航次运输任务是否完成，由于航次租船并不规定完成一个航次或几个航次所需的时间，因此船舶所有人对完成一个航次所需的时间是最为关心的，他特别希望缩短船舶在港停泊时间，所以在签订租船合同时，承租双方还需约定船舶的装卸速度以及装卸时间的计算办法，并相应地规定延滞费和速遣费率的标准和计算方法。

航次租船的特点主要表现在以下几个方面。

(1)　船舶的营运调度由船舶所有人负责，船舶的燃料费、物料费、修理费、港口费、淡水费等营运费用也由船舶所有人负担。

(2) 船舶所有人负责配备船员,负担船员的工资、伙食费。

(3) 航次租船的"租金"通常称为运费,运费按货物的数量及双方商定的费率计收,也有按航次包租总金额计算的。

(4) 在租船合同中需要订明货物的装、卸费用由谁负担。有四种情况,即船方管装和卸、船方不管装管卸、船方管装不管卸、船方不管装不管卸。

2) 定期租船

定期租船(Time Charter)又称期租船,是指由船舶所有人按照租船合同的约定,将一艘特定的船舶在约定的期间,交给承租人使用的租船方式。这种租船方式不以完成航次数为依据,而以约定使用的一段时间为限。在这个期限内,承租人可以利用船舶的运载能力来安排运输货物;也可以用以从事班轮运输,以补充暂时的运力不足;还可以以航次租船方式承揽第三者的货物,以取得运费收入。此外,承租人还可以在租期内将船舶转租,以谋取租金差额的收益。关于租期的长短,完全由船舶所有人和承租人根据实际需要洽商而定。

定期租船的主要特点如下。

(1) 船长由船舶所有人任命,船员也由船舶所有人配备,并负担他们的工资和伙食费。但船长应听从承租人的指挥,否则承租人有权要求船舶所有人予以撤换。

(2) 船舶的营运调度由承租人负责,并负担船舶的燃料费、港口费、货物装卸费、运河通行费等与营运有关的费用,而船舶所有人则负担船舶的折旧费、维修保养费、船用物料费、润滑油费、船舶保险费等船舶维持费。

(3) 租金按船舶的载重吨、租期长短及商定的租金率计算。

(4) 租船合同中订有关于交船和还船,以及停租的规定。

(5) 较长期的定期租船合同中常订有"自动递增条款(Escalation Clause)",以保护船舶所有人在租期中因部分费用上涨而使船舶所有人的盈利减少或发生亏损。

3) 光船租船

光船租船(Bareboat Charter)又称船壳租船,是指在租期内船舶所有人只提供一艘空船给承租人使用,而配备船员、供应给养、船舶的营运管理以及一切固定或变动的营运费用都由承租人负担。这种租船不具有承揽运输性质,它只相当于一种财产租赁。

光船租船的特点如下。

(1) 船舶所有人只提供一艘空船。

(2) 全部船员由承租人配备并听从承租人的指挥。

(3) 承租人负责船舶的经营及营运调度工作,并承担在租期内的时间损失,即承租人不能"停租"。

(4) 除船舶的资本费用外,承租人承担船舶的全部固定的及变动的费用。

(5)　租金按船舶的装载能力、租期及商定的租金率计算。

二、铁路运输

铁路运输(Rail Transport)具有运行速度快、运载量较大、受气候影响小、准确性和连续性强等优点。在国际贸易中，铁路运输在国际货运中的地位仅次于海洋运输。在我国对外贸易运输中，铁路运输约占 10%的比重。铁路运输可分为国际铁路货物联运和国内铁路货物运输两部分。

(一)国际铁路货物联运

国际铁路货物联运，是指使用一份统一的货物联运单据，由铁路负责经过两国或两国以上的铁路全程运输，并由一国铁路向另一国铁路移交货物时，不需要发货人和收货人参加的货物运输。

国际铁路货物联运通常是依据有关的国际条约进行的。欧洲国家的铁路联运工作开始较早，1890 年欧洲各国在瑞士首都伯尔尼举行的各国铁路代表大会上制定了《国际铁路货物运输规则》，1893 年 1 月 1 日起实行。1938 年又进行修改，改称《国际铁路货物运输公约》，简称《国际货约》，参加国有德国、奥地利、比利时、丹麦、西班牙、芬兰、法兰西、希腊、意大利、列支敦士登、卢森堡、挪威、荷兰、葡萄牙、英国、瑞典、瑞士、土耳其、南斯拉夫等国家。另外，保加利亚、匈牙利、波兰、罗马尼亚、捷克斯洛伐克等《国际货协》成员国也相继加入了《国际货约》，这就为国际间的铁路联运提供了极为便利的条件。1951 年 4 月 1 日起，我国同前苏联开办铁路联运，同年 11 月，前苏联和东欧各国签订了《国际铁路货物联运协定》，简称《国际货协》。从 1954 年 1 月 1 日起，我国同朝鲜、蒙古先后参加了上述协定。随后于 1956 年 5 月 1 日，越南也参加了国际铁路联运。至此，欧亚大陆有 12 个国家参加了该协定。

目前，我国对朝鲜、独联体国家的大部分进出口货物以及东欧一些国家的小部分进出口货物，都是采用国际铁路联运的方式运送的。按《国际货协》的规定，从参加《国际货协》的国家向未参加《国际货协》的国家间的铁路货物运送，是由发货人在发货站用国际货协运单办理至参加《国际货协》的最后一个过境国的出口境站，由该站站长办理转发至未参加《国际货协》国家的最后到达站。反向运输亦可。

(二)国内铁路货物运输

国内铁路货物运输，是指仅在本国范围内按《国内铁路货物运输规程》的规定办理的货物运输。我国出口货物经铁路运至港口装船及进口货物卸船后经铁路运往全国各地，均属国内铁路运输的范畴。

供应港、澳地区的物资经铁路运往香港、九龙，也属于国内铁路运输的范围，不过，这种运输同一般经铁路运到港口装船出口有所区别。它的做法是，首先要发货人按照《国内铁路运输规程》的规定，把货物从始发站托运到深圳北站，交由设在深圳北站的外贸机构接货(不卸车)，然后由设在深圳的外贸机构通过原车过轨办法再转港段铁路运交买方；运往澳门的货物，先将出口货物运至广州南站再转船运至目的地。采用此种特殊的运输方式时，因国内铁路运单不能作为对外结汇的凭证，故由各地外贸运输公司以承运人的身份签发货物承运收据作为向银行办理结算货款的凭证。

三、航空运输

航空运输(Air Transport)是一种现代化的运输方式，由于具有运输速度快、货运质量高，且不受地面条件的限制等优点，所以发展迅速，运量逐步增大，在国际贸易运输中的地位日益提高。它最适宜运送急需物资、鲜活商品、精密仪器和贵重物品等。

采用航空货运需要办理一定的货运手续，但航空公司一般只负责空中运输，即从一个机场运至另一机场的运输，而货物在始发机场交给航空公司之前的揽货、接货、报关、订舱以及在目的地机场从航空公司手中接货或运货上门等业务，则是由航空货运公司办理的，航空货运公司可以是货主的代理，也可以是航空公司的代理，也可两者兼之。

中国对外贸易运输总公司既是中国民航的代理，也是各进出口公司的货运代理，它负责办理货运出口货物的报关、托运等工作，同时还为空运进口货物代办报关、提货和办理中转运输等工作。

航空货物的运输方式可分为班机、包机、集中托运和航空货物快运等方式。

(一)班机运输

班机是指定期开航的定航线、始发站、目的站和途经站的飞机。通常班机是使用客货混合型飞机。一些大的航空公司也有开辟定期全货机航班的。班机适用于运送急需物品、贵重商品、鲜活商品以及节令性商品。

(二)包机运输

包机是指包租整架飞机或由几个发货人(或航空货运代理公司)联合包租一架飞机来运送货物。因此，包机又分为整包机和部分包机两种形式，前者适用于大宗货物的运送，后者适用于货物较多，但又不够装满整架飞机的货物运输。其运费比班机要低。

(三)集中托运

集中托运,是指航空货运公司把若干单独发运的货物组成一整批货物,用一份总运单(附每一货主的分运单)整批发运到预定目的地,由航空货运公司在那里的代理人收货、报关并分拨给实际收货人。集中托运的运价比国际空运协会公布的班机运价低 7%~10%,因此,它在国际航空运输中使用比较普遍。

(四)航空货物快运

航空货物快运也称为航空快件服务或速递服务,是由专门经营该项业务的航空货运代理公司派专人用最快的速度在货主—机场—用户之间运送货物的运输方式。这种方式有快速上门服务、信息跟踪、收费灵活、服务全面等优点,特别适合于急需的药品、医疗器械、货样及单证等的传递。

航空运输货物的运价是指从启运机场运至目的机场的运价,不包括其他额外费用(如提货、仓储费等)。运价一般是按重量(公斤)或体积重量(6000 立方厘米折合一公斤)计算的,而以两者中高者为准。空运货物是按一般货物、特种货物和货物的等级规定运价标准。

四、公路、内河和邮包运输

(一)公路运输

公路运输(Road Transportation)不仅可以直接运进或运出对外贸易货物,而且也是车站、港口和机场集散进出口货物的重要手段。公路运输具有机动灵活、速度快和方便等特点,尤其在实现"门到门"运输中,更离不开公路运输,但公路运输也存在载货量有限、运输成本高、容易造成货损事故等不足之处。

(二)内河运输

内河运输(Inland Water Transportation)是连接内陆腹地与沿海地区的纽带,在运输和集散进出口货物中起着重要的作用。我国拥有四通八达的内河航运网,我国长江、珠江等主要河流中的一些港口已对外开放,我国同一些邻国还有国际河流相通连,这就为我国进出口货物通过河流运输和集散货物提供了十分有利的条件。

(三)邮包运输

邮包运输(Parcel Post Transport)是一种较简便的运输方式。世界各国的邮政业务均由国家办理，均兼办邮包货物运输业务。各国通过签订协定和公约，形成全球性的邮政运输网，使邮包货物的传递畅通无阻。邮包运输包括普通邮包和航空邮包两种。国际邮包运输，对邮包的重量和体积均有限制，如每包裹重量不得超过 20 公斤，长度不得超过 1 公尺。因此，邮包运输只适用于重量轻、体积小的货物。

五、集装箱运输、国际多式联运和大陆桥运输

(一)集装箱运输

集装箱运输(Container Transport)，是以集装箱作为运输单位进行货物运输的一种现代化先进的运输方式，它可适用于海洋运输、铁路运输及国际多式联运等。

海上集装箱运输开始于 1956 年 4 月，美国海陆运输公司将一艘油轮进行改装，在甲板上设置了一个集装箱平台，在纽约至休斯敦航线上作首次集装箱运输，试航三个月，获得了巨大的经济效益，装卸速度提高了两倍，节省了装卸费用，加速了货运周转，得到货主的好评。从此以后，该方式引起了世界各国的广泛关注，很多国家纷纷仿效，集装箱运输因此得到了迅速发展。与传统海运相比，它具有下列优点。

(1) 提高了装卸效率，加速了船舶的周转。

(2) 有利于提高运输质量，减少货损货差。

(3) 节省各项费用，降低货运成本。

(4) 简化货运手续，便利货物运输。

(5) 把传统单一运输串联成为连贯的成组运输，从而促进了国际多式联运的发展。

集装箱海运运费是由船舶运费和一些有关的杂费所组成。目前，有下列两种计费方法。

(1) 按件杂货基本费率加附加费。这是按照传统的按件杂货计算方法，以每运费吨为计算单位，再加收一定的附加费。

(2) 按包箱费率计费。这是以每个集装箱为计费单位。包箱费率视船公司和航线等不同而有所不同。

(二)国际多式联运

国际多式联运(International Combined Transport)，是按照多式联运合同，以至少两种不同的运输方式，由多式联运经营人将货物从一国境内接管货物的地点运至另一国境内指定交付货物的地点。

1．国际多式联运的特征

根据以上定义，国际多式联运应具备以下特征。

(1) 要有一个多式联运合同，明确规定多式联运经营人和托运人之间的权利、义务、责任、豁免的合同关系和多式联运的性质。

(2) 必须使用一份全程多式联运单据，即证明多式联运经营人已接管货物并负责按照合同条款交付货物所签发的单据。

(3) 必须是至少两种不同运输方式的连贯运输。这是确定一票货运是否属于多式联运的最重要的特征。

(4) 必须是国际间的货物运输。

(5) 必须有一个多式联运经营人，对全程的运输负总的责任。

(6) 必须对货主实行全程单一运费费率，其中包括全程各段运费的总和、经营管理费用和合理的利润。

2．国际多式联运的优点

国际多式联运集中了各种运输方式的特长，能够达到优化运输的效果，其优点如下。

1) 责任统一，手续简便

发货人只办一次托运，签订一个运输合同，付一次运费，取得一份多式联运提单，出了运输责任上的问题，只找一个承运人解决。

2) 运输时间短，货运质量高

由于多式联运是集装箱运输，又是一气呵成的连贯运输，所以，中途无须拆箱倒载，货物安全，货运速度加快。

3) 节省运杂费，减少利息支出

由于多式联运大都为"门到门"运输，从而减少了中间环节，节省了运杂费，特别是在内地发货，装上火车就可凭多式联运经营人签发的多式联运单据向银行议付结汇，一般可提前 7～10 天，从而减少利息支出。

4) 降低运输成本，加速货运周转

多式联运使各种单一的运输方式有机结合起来，不仅缩短运输时间，降低运输成本，而且加速了货运周转速度。

(三)大陆桥运输

大陆桥运输(Land Bridge Transport)，是指以横贯大陆上的铁路、公路运输系统作为中间桥梁，把大陆两端的海洋连接起来形成的海陆联运的连贯运输。目前世界上的大陆桥有如下三条。

1．北美大陆桥

北美大陆桥运输包括美国大陆桥运输和加拿大大陆桥运输。美国大陆桥有两条运输线路：一条是从西部太平洋沿岸至东部大西洋沿岸的铁路和公路运输线，另一条是从西部太平洋沿岸至东南部墨西哥湾沿岸的铁路和公路运输线。加拿大大陆桥与美国大陆桥相似，由船公司把货物海运至温哥华，经铁路运到蒙特利尔或哈利法克斯，再与大西洋海运相接。北美大陆桥是世界上历史最悠久、影响最大、服务范围最广的陆桥运输线。

2．西伯利亚大陆桥

西伯利亚大陆桥又称亚欧大陆桥，是利用俄罗斯西伯利亚铁路作为陆地桥梁，将太平洋远东地区与波罗的海和黑海沿岸以及西欧大西洋口岸连起来。西伯利亚大陆桥是目前世界上最长的一条陆桥运输线，全长约13 000公里。我国通过该陆桥向西欧、北欧和伊朗运输货物，不仅可使运距缩短1/3或1/2，运输时间也可节省1/2。此外，在一般情况下，运输费用还可节省20%～30%左右。由于西伯利亚大陆桥所具有的优势，它的声望与日俱增，吸引了不少远东、东南亚以及大洋洲地区到欧洲的运输，使西伯利亚大陆桥有了迅速发展。

3．新亚欧大陆桥

1990年9月12日，我国北疆铁路与原苏联土西铁路顺利接轨，形成了继西伯利亚大陆桥之后，又一条横贯亚欧大陆的更为便捷的铁路通道，即新亚欧大陆桥。这条大陆桥东起我国的连云港、日照等沿海港口城市，西行出域穿越哈萨克斯坦等中亚地区，经俄罗斯、白俄罗斯、乌克兰、波兰、德国等欧洲国家，抵达大西洋东岸荷兰的鹿特丹、比利时的安特卫普等欧洲口岸，全程长达10 800公里。1992年12月1日，新亚欧大陆桥过境集装箱运输业务开通。据估算，使用新亚欧大陆桥将货物自我国运至欧洲，每一20英尺标准集装箱较海运节省运费最多达600美元，还可减少50%的运输时间，比第一条亚欧大陆桥运距缩短2000～2500公里，节省运输时间5天，节省运费10%以上。

第二节　国际货物运输单据

运输单据是指出口商将货物交给承运人办理装运时，由承运人签发给出口商的证明文件，它是交接货物、处理索赔与理赔以及向银行结算货款或进行议付的重要单据。其中包括由轮船公司或其代理人签发的海运提单、由铁道部门签发的国际货协运单、由航空公司或其代理人签发的航空运单、由邮局签发的邮包收据、由多式联运经营人签发的多式联运单据等，现将主要运输单据简述如下。

一、海运提单

海运提单(Bill of Lading, 或 B/L)简称提单，是指由船长或船公司或其代理人签发的，证明已收到特定货物，允诺将货物运至指定的目的地，并交付给收货人的凭证。海运提单也是收货人在目的港向船公司或其代理提取货物的凭证。

(一)海运提单的性质和作用

1. 货物收据

提单是承运人或其代理人签发的货物收据(Receipt for the Goods)，证明承运人已收到或接管提单上所列的货物。

2. 运输契约的证明

提单是承运人与托运人之间订立的运输契约的证明(Evidence of the Contract of Carriage)。双方的权利和义务都列明在提单之内，它是双方执行合同的依据。

3. 货物所有权的凭证

提单是一种货物所有权的凭证(Document of Title)，其合法持有人可在货轮到达目的港之前在国际市场上进行转让，也可凭提单向银行办理抵押贷款以及货轮到达目的港后向轮船公司提取货物。

(二)提单的格式和内容

每个船公司都有自己的提单格式，但主要内容基本相同，包括提单正面的记载事项和背面印就的运输条款。提单格式见表 4-1。

1. 提单正面的内容

(1) 提单的号码(B/L NO._____)。
(2) 提单的名称：必须注明"提单"(Marine/Ocean Bill of Lading)字样。
(3) 托运人(Shipper)的名称和营业所。
(4) 收货人(Consignee)的名称。
(5) 被通知人(Notify Party)。
(6) 海运船只(Ocean Vessel)。
(7) 装货港(Port of Loading)。

表 4-1 提单格式

Shipper	B/L NO.
	中国远洋运输(集团)总公司
	CHINA OCEAN SHIPPING (GROUP)CO .
Consignee	Combined Transport BILL OF LADING

Notify Party

Pre-carriage by   Place of Receipt

Ocean Vessel   Voy No   Port of Loading

Port of Discharge	Place of Delivery	Final Destination

Marks & Nos Container Seal no.	No.of Containers or P'kgs	Kind of Packages；Description of Goods	Gross Weight	Measurement

TOTAL NUMBER OF CONTAINERS

OR PACKAGES(IN WORDS)

Freight & Charges	Revenue Tons	Rate	Per	Prepaid	Collect
Ex Rate	Prepaid at	Payable at		Place and Date of Issue	
	Total Prepaid	No. of Original B(S)/L		Signed for the Carrier	

LADEN ON BOARD THE VESSEL

DATE _____ BY   (TERMS PLEASE FIND ON BACK OF ORIGINAL B/L)

(8)　卸货港(Port of Discharge)。

(9)　交货地点(Place of Delivery)。

(10)　收货地点(Place of Receipt)。

(11)　标志和号码(Marks and Nos)。

(12)　包装种类和件数，货名(Number and Kind of Packages；Description of Goods)。

(13)　毛重和尺码(Gross Weight and Measurement)。

(14)　运费和其他费用(Freight and Charges)。

(15)　运费支付地点(Freight Payable at)。

(16)　签单地点和日期(Place and Date of Issue)。

(17)　正本提单份数(Number of Original B(s)/L)。

(18)　代表承运人签字(Signed for or on Behalf or the Carrier)。

2．提单背面的条款

在班轮提单背面，通常都有印就的运输条款，这些条款是作为确定承运人与托运人之间、承运人与收货人及提单持有人之间的权利和义务的主要依据。为了使提单背面条款能够照顾到船、货双方的利益，缓解船、货双方的矛盾，国际有关组织曾先后签署了有关提单的国际公约，以统一提单背面条款。其中包括以下几容。

(1)　1924 年签署的《关于统一提单的若干法律规则的国际公约》，简称《海牙规则》。

(2)　1968 年签署的《布鲁塞尔议定书》，简称《维斯比规则》。

(3)　1978 年签署的《联合国海上货物运输公约》，简称《汉堡规则》。

由于上述三项公约签署的历史背景不同，内容不一，各国对这些公约所持的态度也不相同，因此，各国船公司签发的提单背面条款也有一定差异。

(三)海运提单的种类

1．按货物是否装船分类

1)　已装船提单

已装船提单(On Board B/L or Shipped B/L)，是指承运人已将货物全部装上指定船舶后签发的提单。提单上必须注明装运货物船舶的名称，明确表示货物已装船，并写明装运日期(即签发提单的日期)，同时还应由船长或其代理人签字。在目前出口业务中所见到的信用证，除了集装箱运输使用运输单据以外，都要求提供已装船提单。《UPC600》第 20 条款 II 项规定，当信用证要求海运提单作为运输单据时，银行将接受表明货物已在信用证规定的装运港装载上具名船只的提单。

2) 备运提单

备运提单(Received for Shipment),是指承运人收到托运货物等待装运期间应托运人的要求而签发的提单。买方一般不愿意接受备运提单;在信用证业务中,银行一般也不予接受。不过,当这种提单经承运人加注"已装船"字样,注明船名和装运日期并签署后,就成为"已装船提单"。

2. 按货物的外表状况有无不良批注分类

1) 清洁提单

清洁提单(Clean B/L),是指货物装船时表面状况良好,一般未添加表示货物或其包装不良的批注,或虽然有批注,但不影响结汇的提单。清洁提单是买方收到完好货物的保证,也是提单转让时必备的条件。

2) 不清洁提单

不清洁提单(Unclean B/L),是指承运人在提单上加注货物表面或包装状况有不良或存在缺陷等批注的提单。例如,提单上批注"包装不固"、"包装残旧沾污"、"5 件破损"、"短装 10 箱"等词句后,便成为不清洁提单。根据《UPC600》第 27 条的规定,银行只接受清洁提单。

3. 按运输过程中是否需转运分类

1) 直达运输提单

直达运输提单(Direct B/L)亦称直航提单,是指货物从装运港装船后中途不经换船而直接驶达目的港卸货所签发的提单。如来证规定货物不准许转船,卖方必须取得承运人签发的直达提单,银行才接受办理议付货款。

2) 转船提单

转船提单(Transshipment B/L),是指从装运港装货的轮船,不直接驶往目的港,而需在中途港换转另外船舶所签发的提单。转船提单需注明"在××港转船"或"须经转船"字样。根据《UCP600》第 20 条的规定,只要同一提单包括运输全程,则提单可以注明货物将被转运或可被转运。银行可以接受注明将要发生或可能发生转运的提单。即使信用证禁止转运,只要提单上证实有关货物已由集装箱、拖车或子母船运输,银行仍可接受注明将要发生或可能发生转运的提单。

3) 联运提单

联运提单(Through B/L),是指由海运和其他运输方式联合运输时,第一程海运承运人签发的包括全程的提单。这种提单用于海陆联运、海河联运或海空联运。应当指出,签发联运提单的承运人一般都在提单中规定只承担他负责运输的一段航程内的货损责任。

4．按船舶经营性质分类

1)　班轮提单

班轮提单(Liner B/L)，是指由班轮公司承运货物后签发的提单，提单上列有详细的运输条款。

2)　租船提单

租船提单(Charter Party B/L)，是指船方根据租船合同签发的提单，提单上注有"一切条件、条款和免责事项按照×年×月×日的租船合同"或"根据××租船合同出立"字样。这种提单受租船合同条款的约束。银行或买方在接受这种提单时，通常要求卖方提供租船合同的副本。

5．按提单的格式分类

1)　全式提单

全式提单(Long Form B/L)也称繁式提单，是一种在提单背面列有承运人和托运人权利、义务等详细条款的提单。

2)　略式提单

略式提单(Short Form B/L)也称简式提单，是指仅载明全式提单正面的必要项目，而略去背面条款的提单。租船提单属于略式提单。

6．按提单抬头的不同分类

1)　记名提单

记名提单(Straight B/L)，是指在提单上的"收货人"一栏内具体填写某人或某企业名称，只能由该特定收货人提货的提单。由于这种提单不能通过背书转让给第三人，不能流通，故其在国际贸易中很少使用。

2)　不记名提单

不记名提单(Bearer B/L)亦称空白提单，是指在"收货人"栏内，不填写任何收货人，或仅填写"持有者"(Bearer)字样的提单。这种提单的转让，不需任何背书手续，提单的持有者仅凭提单即可要求承运人交货。这种提单对买卖双方的风险较大，在国际贸易中很少使用。

3)　指示提单

指示提单(Order B/L)，是指在提单"收货人"一栏不注明限定某具体收货人提货，而是载明"指示(Order)"、"凭发货人指示(Order of Shipper)"、"凭××银行指示(Order of ××Bank)"等字样。这种提单可经过背书转让，故其在国际贸易中广为使用。指示提单背书的方法有两种：一种是记名背书，除背书人在提单的背面签字盖章外，还需列明被背书人名称；一种是空白背书，是指背书人在提单的背面签字盖章，无须列明被背书人名称。目前，在实际业务中使用最多的是"凭指示"并经空白背书的提单，一般称其为"空白抬头、空白背书"提单。

7. 其他种类的提单

1) 预借提单

预借提单(Advanced B/L)，是指信用证规定的装船日期已到期或接近到期，而货主因故未能及时备妥货物装船或因船期延误影响货物装船，在这种情况下托运人要求承运人先行签发装船提单，以便结汇。承运人应避免签发这种提单。

2) 倒签提单

倒签提单(Antedated B/L)，是指货物的实际装船日期迟于信用证规定，如仍按实际装船日期签署提单，势必影响结汇，为使签发提单日期与信用证规定日期相符，承运人应托运人的要求，在提单上仍按信用证所规定的装船日期填写。

3) 舱面提单

舱面提单(On Deck B/L)，是指承运货物装在甲板上所签发的提单。这种提单应注明"在舱面(On Deck)"的字样。

4) 过期提单

过期提单(Stale B/L)，是指晚于货物到达目的港日期或错过规定的交单日期的提单。前者使得收货人不能及时凭单提货，将造成码头费用、仓租等损失，而且要承担货物遭受火灾、丢失、雨淋等风险。故而在信用证业务中，除近洋运输外，银行不接受这种过期提单。后者是指卖方超过提单签发日期21天后才交银行议付的提单，属无效提单。

二、海运单

海运单(Sea Waybill-SWB)，又称运单(Waybill-W/B)，是一种证明国际海上货物运输合同和货物由承运人接管或者装船，以及承运人保证将货物交给单证所载明的收货人的一种不可流通(Non-negotiable)的单证。

海运单与提单一样，都是承运人向托运人签发的运输单证，二者在形式和缮制的内容上基本相似，但作为两种独立存在的单证，又存在着许多差别。

1. 凭证的效力不同

一般海运单上都明确印有"Non Negotiable"，这表明海运单是不可转让的单证，法律不承认它的物权凭证效力；提单则不然，除记名提单外，提单可以作为物权凭证自由转让，提单的转让可以产生货物所有权转移的法律效力，任何真实的提单持有人都可向承运人主张货权。

2．交付货物的方式不同

提单的合法持有人和承运人凭提单提货和交货；海运单上的收货人并不出示海运单，仅凭提货通知或其身份证明提货，而承运人凭收货人出示适当身份证明交付货物。

3．海运单作为运输合同的证明与提单存在区别

提单是承托双方运输合约的证明，提单规定了承托双方的权利和义务，当提单从托运人手中转让至收货人手中时，这些针对托运人的权利和义务也转移至收货人，因此收货人可依据其持有的提单向承运人主张权利；在使用海运单的情况下，收货人在提货时可以不凭海运单，而且很可能自始至终都不持有海运单，因而，收货人只能依据托运人在海运单中加入"对抗合同当事人原则条款"向承运人主张权利。

4．海运单与提单中记载内容的证据效力不同

提单运输中，强调提单记载的绝对证据效力实属必要；但在海运单运输中，不需要强调海运单记载的绝对证据效力。

在国际贸易中，常以提单作为结汇及货物交付的凭证。由于提单的操作比较复杂，尤其作为押汇票据在银行间流转的时间较长，而在运输和装卸速度大为提高的今天，常常出现船舶已到达目的港，收货人却尚未收到提单，因而不能及时凭正本提单提货的情况，在短途运输中这种现象更明显。此外，在海运欺诈比较猖獗的今天，一些行骗者往往利用提单流转过程作案。因此，传统的提单已不能完全适应现代海运的需要，海运单正是在这种形势下产生的，它能适应现代海上运输的要求，承运人可以向货主提供更简易、迅速的服务，并使承运人与货方都享受到由此带来的利益，也适应了国际贸易 EDI 化，因而得到越来越广泛的应用。

三、铁路运输单据

铁路运输分为国际铁路联运和通往港澳的国内铁路运输，分别使用国际铁路货物联运单和承运货物收据。

(一)国际货协运单

国际货协运单，是参加国际货协各成员国之间办理铁路联运时所使用的运输单据。它是承运人向托运人出具的货物收据，具有合同性质。当发货人向始发站提交全部货物，并付清应由发货人支付的一切费用后，始发站在运单及其副本上加盖注明日期的印章证明货

物已被接受承运，契约生效。铁路运单随同货物自始发站送至终到站，在终到站由收货人付清应由收货人负担的费用后，连同货物由终到站铁路交给收货人。运单副本由始发站铁路签发给发货人作为货物已经交付的凭证和凭此向银行办理结算的主要单据。由于收货人向铁路提取货物时，无须提交运单，因此铁路运单并非物权凭证，也不能通过背书进行转让和作为抵押品向银行融资。

(二)承运货物收据

承运货物收据(Cargo Receipt)，是中国对外贸易运输公司向托运人签发的承诺将货物经铁路运送到我国香港和澳门地区的运输单据。我国国际铁路货物运输有一部分业务是通过深圳至香港、广州南站至澳门或再转运至第三国，并委托中国外运总公司承运。货物装车后，该公司即向托运人签发"承运货物收据"，供托运人办理结汇。承运货物收据既是承运人向托运人签发的货物收据，也是承运人与托运人之间运输契约的证明和物权凭证。

四、航空运单

航空运单(Airway Bill)，是由承运的航空公司或其代理人签发的货运单据。它是承运人与托运人之间签订的运输契约，也是承运人或其代理人签发的货物收据。航空运单不仅应有承运人或其代理人签字，还必须有托运人签字。航空运单与铁路运单一样，不是物权凭证，不能凭以提取货物，必须作成记名抬头，不能背书转让。收货人凭航空公司的到货通知单和有关证明提货。

五、邮包收据

邮包收据(Parcel Post Receipt)，是邮政当局在收妥邮寄物品后出具的运输凭证。它是邮寄物品的收据、运输契约的证明，也是收件人凭以提取邮件的凭证，当邮包发生损坏时，它还可以作为索赔和理赔的依据。但邮包收据不是物权凭证。

六、多式联合运输单据

多式联合运输单据(Multimodal Transport Document)，是在货物全程运输过程中需至少采用两种以上运输方式的条件下，多式联运经营人在接管货物后签发的货运单据。多式联运单据可分为流通形式和不可流通形式两种。流通形式多式联运单据是指联运中至少有一程是海运的联运单据，并可凭此作为提货依据。流通形式多式联运单据的性质与海运提单一样，具有物权凭证、货物收据和运输契约证明的性质。在单据作成指示抬头时，经有效背书后可以转让。不可流通形式多式联运单据是货物收据、运输契约证明，但是单据不能背书转让，不是物权凭证。多式联合运输单据的格式及栏目内容与海运联运提单基本相似，但联运提单限于在由海运与其他运输方式所组成的联合运输时使用，多式联运单据既可用于海运与其他方式的联运，也可用于不包括海运的其他运输方式的联运；联运提单由船公司签发，多式联运单据由多式联运承运人签发；联运提单签发人只对自己执行的一段运输负责，而多式联运提单的签发人对全程运输负责。

第三节 合同中的装运条款

我国大部分进出口货物是通过海洋运输，而且对外签订的进出口合同大部分属 FOB、CIF 和 CFR 合同，按这类合同规定的装运条款，主要包括装运期、装运港、目的港、是否允许分批装运与转运、装运通知以及装卸时间、装卸率、滞期费、速遣费等内容。

一、装运期

(一)装运期的含义及其重要性

装运期(Time of Shipment)是指卖方在起运地点装运货物的期限，它与交货期(Time of Delivery)是含义不同的两个概念。在使用 FOB、CFR、CIF、FCA、CPT 和 CIP 的条件下，卖方只要把合同规定的货物在装运港(地)履行交货手续，取得装运单据，并将其交给买方，即算完成交货义务。因此，按照上述贸易术语订立的合同，交货和装运的概念是一致的。但如果采用 "D" 组贸易术语，交货和装运则是完全不同的两个概念。

装运期是买卖合同中的主要条件，如装运合同当事人一方违反此项条件，另一方则有权要求赔偿其损失，甚至可以撤销合同。因此，在进出口业务中，订好买卖合同中的装运期条款，使装运期规定合理和切实可行，以保证按时完成约定的装运任务，有着十分重要的意义。

(二)装运时间的规定方法

1. 规定具体的装运期限

可以规定最迟装运期限，如 "5 月 30 日前装运(Shipment before May 30th)"；规定在某月装运，如 "3 月份装运(Shipment during March)"；也可以规定跨月装运，如 "3/4/5 月份装运(Shipment during March/April/May)"。这种规定装运时间的方法比较明确具体,在国际贸易合同中应用比较广泛。

2. 规定收到信用证后一定时间内装运

对外汇管制较严的国家或地区,或成交商品的规格、花色在别的市场难以销售的,或对买方资信不够了解的,可以采用这种规定。

采用此种规定时,通常将装运时间规定为收到信用证后的25~45天。另外,还要注意同时约定买方最迟的开证日期,避免因买方延迟开证而使卖方延误装运期。例如,"收到信用证后30天内装运,买方必须在5月15日之前将有关信用证开到卖方(Shipment within 30 days after receipt of L/C, the relevant L/C must reach the seller not later than May 15th)"。

3. 规定收到信汇、电汇、票汇后一定时间内装运

在卖方已经备齐货随时可以发运的情况下,可以采用此种规定。例如,"收到信汇(电汇、票汇)后25天内装运(Shipment within 25 days after receipt of M/T(T/T、D/D))"。

4. 采用装运术语

采用装运术语,如"立即装运(Shipment Immediately)"、"尽快装运(Shipment as soon as possible)"等术语,往往是在卖方备有现货、买方要货比较急的情况下使用。国际上对这类术语没有统一解释,因此,除非买卖双方已有共识外,应避免使用。

关于装运时间的规定,应注意货源情况、运输情况、季节状况、市场情况和商品本身的情况等问题,必须恰当可行,力求做到明确合理,符合实际,以便于合同的履行。

二、装运港(地)的规定

装运港(Port of Shipping)是指货物起始装运的港口。装运港(地)一般由出口方提出,经进口方同意后确定。装运港(地)可规定一个,如"装运港:上海(Port of Shipment:Shanghai)";也可规定两个或两个以上,如"装运港:新港/上海(Port of Shipment:Xingang /Shanghai)";还可以规定选择港,如"装运港:新港/上海,任选(Port of Shipment:Xingang /Shanghai Optional)"。规定装运港(地)时应当做到以下几点。

(1) 选择与货源集中地靠近的装运港(地)。

(2) 对有重名的港口应注明国别或地区。

(3) 选择交通方便、费用低、存储方便的装运港(地)。

(4) 如果交货量较大或交货地点不在一处,应选择两个或两个以上的装运港(地),或规定一个航区,以方便装货。

(5) 不能接受与我国没有贸易往来的一些国家的港口作为装运港。

三、目的港(地)的规定

目的港(Port of Destination)是货物最后卸货的港口。目的港(地)由进口方提出，经出口方同意后确定。目的港(地)可规定一个，如"目的港：伦敦(Port of Destination：London)"；也可规定两个或两个以上，如"目的港：伦敦/汉堡/鹿特丹(Port of Destination：London/Hamburg/Rotterdam)"；还可以规定选择港，如"目的港：伦敦/汉堡/鹿特丹，任选(Port of Destination：London/Hamburg/Rotterdam Optional)"。规定目的港(地)时应当做到以下几点。

(1) 对于航次较少或无直达航线的港口，应指明允许转运。

(2) 对有重名的港口应注明国别或地区。

(3) 不要轻易接受"欧洲主要港口"、"非洲主要港口"作为目的港。

(4) 对于采用选择港(地)，所选港口不得超过三个，而且都应是同一条航线上的基本港口。

(5) 不接受与我国没有贸易往来的国家的港口作为目的港。

(6) 不接受不安全的目的港(地)，如疫区或战区。对于季节性港口，应避开冰冻期、雨季、季风等季节。

四、分批装运和转运

(一)分批装运

分批装运(Partial Shipment)，是指一个合同项下的货物分若干期或若干次装运。凡数量较大，或受运输、市场销售、资金等条件的限制的运输，都可在买卖合同中规定分批装运条款。根据国际商会《跟单信用证统一惯例 600》规定，"表明使用同一运输工具并经由同次航程运输的数套运输单据在同一次提交时，只要显示相同目的地，将不视为部分发运，即使运输单据上标明的发运日期不同或装卸港、接管地或发送地点不同"。该惯例还规定："如信用证规定在指定的时间段内分期发运，任何一期未按信用证规定期限发运时，信用证对该期及以后各期均告失效。"对这类条款受益人应严格遵守，必须按信用证规定的时间装运货物。

根据《跟单信用证统一惯例 600》规定："允许分批装运。"为了避免在履行合同时引起争议，若双方同意分批装运，应将批次和每批装运的具体时间与数量订明。例如，"3 月～6 月份四批每月平均装运(Shipment during March/June in four equal monthly lots)"。

(二)转运

转运(Transshipment)，是指货物从装运港(地)到目的港(地)的运输过程中，从一种运输工具卸下，再装上同一运输方式的另一运输工具；或在不同运输方式情况下，从一种方式的运输工具卸下，再装上另一种方式的运输工具的行为。对于无直达船、无固定船期或航次较少的目的港，通常需要将货物转运。

根据《跟单信用证统一惯例 600》规定："只要同一运输单据包括运输全程，则运输单据可以注明货物将被转运或可被转运。即使信用证禁止转运，银行也将接受注明转运将发生或可能发生的运输单据。"为了明确责任和便于安排装运，交易双方是否同意转运以及有关转运的办法和转运费的负担等问题，都应在买卖合同中具体订明。例如，"允许转船(Transshipment to be allowed)"。

五、装运通知

装运通知(Shipping Advice)，是在采用租船运送进出口货物的情况下，为明确买卖双方的责任，促使买卖双方互相配合，共同做好船货衔接工作而做出的通知。如在 FOB 条件下，买方应按约定的时间将船名、船期等通知卖方，卖方装船后应及时通知买方以便保险；在CIF(或 CFR)条件下，卖方于货物装船后通知买方，以便买方办理保险(CFR 条件下)、接货和办理进口手续。

六、滞期、速遣条款

在程租船运输情况下，装卸货物时间的长短影响到船舶的使用周期和在港费用，直接关系到船方利益，因而在程租船合同中，需规定装卸货时间，并规定奖惩措施，以督促租船人实现快装快卸。

(一)装卸时间的规定

装卸时间的规定，通常有以下几种。

(1) 日或连续日：是指时间连续满 24 小时就算一日或连续日，也就是日历天数。

(2) 工作日：是指按港口习惯，属于正常工作的日子。

(3) 好天气工作日：是指既是工作日，又是适宜装卸的天气才计算为装卸时间。

(4) 累计 24 小时好天气工作日：这是指在好天气情况下，不论港口习惯作业为几个小时，均以累计作业 24 小时作为一个工作日。

(5) 连续 24 小时好天气工作日：这是指在好天气的情况下，时钟连续走 24 小时算一个工作日，中间因坏天气影响作业的时间应予扣除。

当前，国际上采用第 5 种规定的较为普遍，我国一般也采用此种规定办法。

(二)装卸率

装卸率，是指每日装卸货物的数量。装卸率应根据港口习惯的正常装卸速度，以实事求是的原则，适当规定。

(三)滞期费和速遣费

滞期费(Demurrage)，是指在合同规定的装卸时间内，租船人未能完成装卸作业，给船方造成经济损失，为了补偿船方由此而产生的损失，应由租船人向船东支付一定的罚金。速遣费(Dispatch Money)，是指租船人在合同规定的时间内提前完成了装卸，给船方节约了船期，从而降低了费用成本，增加了收益，船方对此给予租船人一定金额的奖励。在实际业务中，速遣费通常为滞期费的一半。滞期费和速遣费通常约定为每天若干金额，不足一天，按比例计算。

七、OCP 条款

"OCP"是英文"Overland Common Points"的缩写，意为"内陆地区"。它是以美国落基山脉为界，其以东地区为内陆地区。凡海运到美国西海岸港口再以陆路运往内陆地区的货物，如提单上标明按 OCP 条款运输，可享受比直达西海岸港口运费费率较低的优惠，陆运的运费率也可降低 5%左右，相反方向的运送也相同。这种优惠只适用于货物的最终目的地在 OCP 地区，必须经美国西海岸港口中转且在提单上标明 OCP 字样。

装运条款实例：

4 月底或以前装运，宁波至伦敦，允许分批装运和转船。

Shipment on or before April 30th from Ningpo to London, allowing partial shipments and transshipment.

本章自测题

一、填空题

1. 国际贸易运输方式有：_____运输、_____运输、_____运输、_____运输、_____运输、_____运输等，其中使用最多的是_____运输。

2. 海洋运输中的船舶按其经营方式不同可分为_____和_____两种。_____运输适合于大宗货物的运输。

3. W/M or A.V.表示_____收取运费。

4. 班轮运费包括_____费和_____费两部分，其附加费主要包括_____附加费、_____附加费、_____附加费、_____附加费、_____附加费、_____附加费、_____附加费、_____附加费、_____附加费、_____附加费等。

5. 合同中装运条款的内容主要包括_____、_____、_____、_____、_____和_____等。

6. 滞期费是由_____一方交纳给_____方的延误船期的罚款。

7. 《跟单信用证统一惯例600》规定，_____分批装运。

8. 《跟单信用证统一惯例600》规定："如信用证规定在指定的时间段内分期发运，任何一期未按信用证规定期限发运时，信用证对该期及以后各期_____。"

9. OCP地区是指以_____山脉为界，其以_____地区。从远东向美国OCP地区出口货物，如按OCP运输条款达成交易，出口商可享受较低的_____，进口商在内陆运输中也可享受_____。

10. 海运提单的性质和作用为：提单是货物的_____，是货物所有权的_____和运输契约的_____。

11. 提单按收货人的抬头可分为_____提单、_____提单和_____提单，其中指示提单又可分为_____指示提单和_____指示提单，要转让必须经_____形式。

12. 大陆桥运输是指使用横跨大陆的_____作为桥梁，将大陆两端的_____连接起来的一种现代化的运输方式。目前，国际贸易中常用的大陆桥有_____条，它们是_____大陆桥、_____大陆桥和_____大陆桥。

二、选择题

1. 班轮运输的运费应该包括_____。
   A. 装卸费，不计滞期费、速遣费　　B. 装卸费，但计滞期费、速遣费
   C. 卸货费和应计滞期费，不计速遣费　D. 卸货费和应计速遣费，不计滞期费

2. 当贸易术语采用CIF时，海运提单对运费的表示应为_____。
   A. Freight　Prepaid
   B. Freight　Collect
   C. Freight　Unpaid

3. 国际多式联合运输是以至少两种不同的运输方式将货物从一国境内接受货物的地点运至另一国境内指定交付货物的地点的运输，它由_____。

A. 一个联运经营人负责货物的全程运输，运费按全程费率一次计收

B. 一个联运经营人负责货物的全程运输，运费按不同运输方式分别计收

C. 多种运输方式，分别经营，分别计费

4. 班轮运输的特点是_____。

A. 定线、定港、定期和相对稳定的运费费率

B. 由船方负责对货物的装卸，运费中包括装卸费，不规定滞期、速遣费

C. 承运货物的品种、数量较为灵活

D. 双方权利、义务及责任豁免以船公司签发的提单的有关规定为依据

5. 装运期的规定办法通常有_____。

A. 明确规定具体装运期限　　　　　B. 规定在收到信用证后若干天内装运

C. 规定在某一天装运完毕　　　　　D. 笼统规定近期装运

6. 提单按对货物表面状况有无不良批注，可分为_____。

A. 清洁提单　　B. 不清洁提单　　C. 记名提单　　D. 不记名提单

7. 在进出口业务中，能够作为物权凭证的运输单据有_____。

A. 铁路联运单据　　　　　　　　　B. 海运提单

C. 航空运单　　　　　　　　　　　D. 邮包收据

8. 必须经背书才能进行转让的提单是_____。

A. 记名提单　　B. 不记名提单　　C. 指示提单　　D. 海运单

三、判断并改错题

1. 如果合同中规定装运期为"2010年7/8月份装运"，那么我出口公司必须于7月、8月两个月内，每月各装一批。（　　）

2. 凡装在同一航次、同一条船上的货物，即使装运时间和装运地点不同，也不作分批装运。（　　）

3. 记名提单比不记名提单风险大，故很少使用。（　　）

4. 国际铁路货物联运的提单正本，可以作为发货人据以结算货款的凭证。（　　）

5. 按惯例，速遣费通常为滞期费的两倍。（　　）

6. 根据《跟单信用证统一惯例》的规定，如果信用证中没有明确规定是否允许转船，应理解为允许。（　　）

7. 记名提单和指示提单同样可以背书转让。（　　）

8. 在航空运输中，收货人提货凭航空公司的提货通知单。（　　）

四、简答题

1. 在国际业务中，应如何选择运输方式？
2. 何谓班轮运输和租船运输？试分别简述其特点。
3. 班轮提单的性质和作用表现在哪些方面？
4. 为什么在程租船的方式下要规定滞期、速遣条款？
5. 海运单与提单有哪些区别？
6. 多式联运单据与海运中的联运单据有什么区别？

五、案例分析题

1. 我国对澳大利亚出口 1000 公吨大豆，国外开来信用证规定：不允许分批装运。结果我们在规定的期限内分别在大连、新港各装 500 公吨于同一航次的同一船上，提单也注明了不同的装运地和不同的装船日期。请问：这是否违约？银行是否会接受议付？

2. 某公司向坦桑尼亚出口一批商品，信用证中注明目的港为"TANGA"，但没有注明是否允许转运。该公司后来才发现，没有到达该港口的直达船。请问：是否需要申请修改信用证？

六、计算题

1. 上海运往肯尼亚蒙巴萨港口"门锁"一批计 500 箱，每箱体积为 20 厘米×30 厘米×40 厘米，毛重为 25 千克。当时燃油附加费为 30%，肯尼亚蒙巴萨港口拥挤附加费为 10%。门锁属于小五金类，计收标准是 W/M，等级为 10 级，基本运费为每运费吨 440 港元，请计算应付运费多少？

2. 某公司出口箱装货物一批，报价为每箱 55 美元 CFR 利物浦，英国商人要求改报 FOB 价。已知，该批货物体积每箱长 45 厘米、宽 40 厘米、高 25 厘米，每箱毛重 35 千克，商品计费标准为 W/M，每运费吨基本运费率为 120 美元，并加收燃油附加费 20%，货币贬值附加费 10%。我方应报价多少？

第五章 国际货物运输保险条款

国际货物运输保险是国际货物买卖合同的重要条款之一。近年来，各国对外贸易发展日趋迅猛，货物运输保险以其能给予货物在运输途中的保障功能及发生损失时给予的赔偿功能，成为国际贸易价值链中的重要环节。国际货物运输保险涉及保险的险别、承保范围、除外责任、承保责任起止期限及保险单据等内容。相关从业者应熟练掌握有关国际货物运输保险的基本知识，努力将合同中的保险条款订立得完整、合理，切实起到保障的作用。

本章要求学生了解国际货物运输保障的风险、损失、费用及相关概念；掌握我国货物运输保险及英国伦敦保险协会海运货物保险的基本内容和相关保险实务；能熟练订立货物贸易合同中的保险条款，并运用本章知识分析相关案例。

第一节 国际货物运输保险的范围

买卖货物在国际贸易运输途中，无论使用海运、陆运、空运或者邮包运输等方式，都有可能由于各种原因遭遇不同风险，从而带来不同的损失。要减少损失，不但在履约过程中应加倍小心，而且应视具体情况向保险公司投保，确保发生损失时能够得到赔偿。但保险公司并非对所有风险都负责承保，更不会对一切损失都予以补偿。风险和损失的有关内容国际上都有明确规定。下面，我们以货物在海洋运输途中可能遭遇的风险与损失为例，说明国际货物运输保险的范围(包括风险、损失及费用)。

一、风险

海洋货物运输途中的风险多种多样，综合来看，有海上风险和外来风险两种。

(一)海上风险

海上风险(Perils of Sea)是指货物在海洋运输途中发生的或者因为与海上运输有关的原因造成的风险，一般包括自然灾害和意外事故。根据国际保险界解释，这些风险的内容大致如下。

1. 自然灾害

所谓自然灾害(Natural Calamities)，是指由于恶劣气候、洪水、雷电、地震、海啸以及火山爆发等人力不可抗拒的自然原因造成的灾害。

(1) 恶劣气候(Heavy Weather)，一般是指海上飓风、大浪等引起船只颠簸、倾斜而造成船体、机器设备的损坏，或者由此而引起的船上所载货物相互挤压、碰触所导致的货物破碎、渗漏、凹瘪等损失。

(2) 洪水(Flood)，是指因江河泛滥、山洪暴发、湖水上岸及倒灌，或暴雨积水而导致被保险货物遭受浸泡、淹没、冲散等损失。

(3) 雷电(Lightning)，是指被保险货物在海上或陆上运输过程中，由于雷电所直接造成的损害，或由于雷电引起的火灾而造成的损失。

(4) 海啸(Tsunami)，是指由于海底地震或风暴而造成的海面巨大涨落，从而导致被保险货物遭受损害或灭失。

(5) 地震(Earthquake)，是指直接或可归因于陆上地震而导致被保险货物的损失。

(6) 火山爆发(Volcanic Eruption)，是指由火山爆发喷发出的岩浆、火山灰造成被保险货物的损失。

2. 意外事故

所谓海上意外事故(Fortuitous Accidents)，仅指运输工具遭受搁浅、触礁、沉没、碰撞以及失踪、失火、爆炸等事故。

(1) 搁浅(Grounding)，是指由于意外的或异常的原因，导致船舶与水底障碍物紧密接触，并且持续一定时间失去行动自由的状态。

(2) 触礁(Stranding)，是指船体在航行中触及海中岩礁或其他障碍物，但仍能继续前进的一种意外事故。

(3) 沉没(Sunk)，是指船体因海水进入而失去浮力，导致船体全部沉入水中；或者船体虽未全部沉入水中，但已大大超过船舶吃水线，而无法继续航行的状态。

(4) 碰撞(Collision)，是指载货船舶同水以外的其他物体，如码头、船舶、灯塔、流冰等发生猛烈的接触；还包括陆上运输工具同外界物体的碰撞。

(5) 失踪(Missing)，船舶在航行中失去联络，音讯全无，达到一定时间(六个月)，仍无消息。

(6) 失火(Fire)，是指由于意外、偶然发生的燃烧失去控制，蔓延扩展而造成船舶、货物的损失。

(7) 爆炸(Explosion)，船舶锅炉爆炸或船上货物因气候影响产生化学作用引起爆炸等事故。

(二)外来风险

外来风险(Extraneous Risk)是指由于海上风险以外的其他外来原因造成的风险，包括下列三种情况。

1. 一般外来风险

所谓一般外来风险，是指由于偷窃、渗漏、沾污、受潮受热、破碎、串味、钩损、短量、短少和提货不着、生锈、淡水雨淋等一般外来原因引起的风险。

2. 特别外来风险

所谓特别外来风险，是指交货不到、黄曲霉素、舱面货物损失、进口关税、拒收等特别外来原因引起的风险。

3. 特殊外来风险

所谓特殊外来风险，是指由于国家政策法规、行政法令及政治、军事等特殊外来原因造成的风险，如罢工、战争等。

二、损失

损失有海上损失和外来风险损失两种。

(一)海上损失

海上损失(Loss of Sea)简称海损，是指被保险货物在海洋运输途中因遭受海上风险而直接造成的损坏或灭失。依照保险惯例解释，即使是与海陆连接的陆运过程中所发生的损坏或灭失，也属于海损。根据受损程度不同，可将海损分为全部损失和部分损失。

1. 全部损失

全部损失(Total Loss)简称全损，是指运输途中整批货物或不可分割的一批货物全部灭失或损坏。其可分为实际全损和推定全损两种。

1)　实际全损

所谓实际全损(Actual Total Loss)，是指保险标的物在运输途中全部灭失。构成实际全损的情况有：一是保险标的物完全灭失，如：货船遇海难后沉入海底，货物完全灭失；二是保险标的物物权完全丧失已无法挽回；三是保险标的物已丧失原有商业价值或用途，如黄豆受潮发霉或长芽后已失去原有价值；四是载货船舶失踪(一般为4～6个月无消息)。

2) 推定全损

所谓推定全损(Constructive Total Loss),是指保险标的物因实际全损不可避免而被放弃,或者为了避免实际全损而花费的费用将超过保险标的物本身的价值。构成推定全损的情况有:一是保险标的物受损后的修理费用超过货物修复后的价值;二是保险标的物受损后经整理并继续运往目的港的费用,超过其抵港的价值;三是救助即将实际全损的保险标的物所需的施救费用,超过被救货物的价值;四是因保险责任范围内事故的发生,致使被保险人失去保险标的物所有权,收回的费用超过货物的价值。

发生推定全损时,被保险人可要求按部分损失赔付,也可向保险人发出委付通知并经保险人同意后,按推定全损赔付。委付(Abandonment)是指发生推定全损时,被保险人将保险标的物的一切权利(含所有权)转让给保险人,同时要求保险人按实际全损赔偿的行为。

2. 部分损失

部分损失(Partial Loss)简称分损,是指保险标的物部分损坏或灭失。其可分为共同海损和单独海损两种。

1) 共同海损

所谓共同海损(General Average),是指在海洋运输途中,船舶、货物或其他财产遭遇自然灾害或意外事故,为解除船、货的共同危险,船长采取有意且合理的救助措施所造成的特殊牺牲和合理费用。共同海损具有下列特点:一是船、货和其他财产应在同一航程中且面临共同的危险;二是危险必须是真实的,而非主观臆断的,但不一定紧迫;三是采取措施时明知采取该措施会直接导致船、货或其他财产损失,或导致某些额外费用,但仍主动采取该措施,即是有意采取的;四是采取的措施必须是合理而有效的,即要符合航海习惯,并以最小牺牲或费用换取船、货和其他财产的安全;五是损失是特殊的,支出是额外的,因为它是为共同利益所做出的牺牲,也是正常运输中不可能发生的。在发生共同海损后,凡属共同海损范围内的所有牺牲和费用,均由获救受益方(船方、货方和运费收入方)根据获救价值按比例分摊。

2) 单独海损

所谓单独海损(Particular Average),是指运输途中发生的承保风险直接导致的船舶或货物所有人单方面利益的损失。其损失由受损方自行承担。

单独海损与共同海损的区别在于:一是损失的构成不同,单独海损由货物本身的损失构成,共同海损则由货物损失及各类救助或相关费用构成;二是造成海损的原因不同,单独海损是承保风险直接引发的船、货的损失,共同海损则是为解除或减轻共同风险,人为造成的、有意义的损失;三是承担损失的责任不同,发生单独海损,损失由受损方自行承担,发生共同海损时,损失则由受益各方按受益大小的比例分摊。

(二)外来风险损失

外来风险损失(Loss of Extraneous Risk)是指除海上风险造成损失以外的损失。它可分为一般外来风险损失、特别外来风险损失和特殊外来风险损失。它们分别是由一般外来风险、特别外来风险和特殊外来风险所导致的损失。

三、海上费用

海上费用是指因海上风险造成的保险人承保的费用损失。它包括施救费用和救助费用。

(一)施救费用

施救费用(Sue and Labour Charges)是指保险标的物在遭受承保责任范围内的灾害事故时，被保险人或其代理人、受让人、雇用人员为了避免或减小损失，抢救或保护被保险货物时所支付的合理费用。该费用由保险公司负责赔偿。

(二)救助费用

救助费用(Salvage Charges)是指保险标的物在遭受承保责任范围内的灾害事故时，由保险人和被保险人以外的第三者采取了有效的救助措施，由被救方付给救助人的一种报酬。通常，保险人对这种费用也负责赔偿。

第二节　我国货物运输保险

在保险业务中，保险险别是承保人对风险和损失的承保责任范围，也是承保人责任义务大小及被保险人交纳保险费的依据，它是通过不同的保险条款规定的。中国人民保险公司制定的系列保险条款对海运、陆运、邮包运输等方式下的保险都作了相应的规范，总称为《中国保险条款》(China Insurance Clauses，CIC)。下面具体说明。

一、我国海洋运输货物保险

现行的《海洋货物运输保险条款》(Ocean Marine Cargo Clauses)对海运保险作了较明确的规定，是其他货物运输保险的基础，它将保险险别分为基本险别和附加险别两种。

(一)基本险别

基本险别是指可以单独投保和承保的险别，也称为主险别。中国人民保险公司规定的基本险别包括平安险、水渍险和一切险。

1. 平安险

平安险(Free from Particular Average，FPA)在我国保险行业中沿用已久，通常适用于大宗、低价值的无包装货物。其英文原意是"单独海损不负责赔偿"。现在投保平安险时，保险公司虽仍对由于自然灾害造成的单独海损不赔偿，但赔偿意外事故造成的单独海损，及发生意外事故前后又因自然灾害造成的单独海损。它已远远超出只赔全损的限制，具体责任范围主要如下。

(1) 被保险货物在海运途中因恶劣气候、地震、洪水、雷电、海啸等自然灾害造成整批货物的全部损失(含实际全损和推定全损)，如用驳船载货时，每一驳船货物视为一整批。

(2) 因运输工具遭遇沉没、互撞、搁浅、触礁、与流冰或其他物体碰撞及失火、失踪、爆炸等意外事故所造成的货物全部或部分损失。

(3) 运输工具已发生沉没、焚毁、搁浅、触礁等意外事故，货物在此前后又遭遇恶劣气候、海啸、雷电等自然灾害所造成的部分损失。

(4) 被保险货物在装卸或转船时因一件或数件甚至整批落海所造成的全部或部分损失。

(5) 被保险人在保险标的物遭受承保责任内的风险时，采取抢救、防止或减少货损的措施所支付的合理、额外费用，但以不超过保险标的物的保险金额为限。

(6) 运输工具遭遇自然灾害或意外事故后，在中途港或避难港因卸货、存仓和运送货物所产生的特殊费用。

(7) 共同海损的牺牲、分摊和救助费用。

(8) 运输契约中如订有"船舶互撞责任"条款，按规定应由货方赔偿船方的损失。

2. 水渍险

水渍险(With Particular Average，WPA)的英文原意是"负责单独海损"，责任范围除了包括上述"平安险"的各项责任外，还负责被保险货物由于恶劣气候、海啸、地震、雷电、洪水等自然灾害所造成的部分损失，其责任大于平安险。

3. 一切险

一切险(All Risks，AR)除包括上述水渍险的各项责任外，还负责保险标的物在运输途中因一般外来风险所致的全部或部分损失，其责任大于平安险和水渍险。

(二)附加险别

附加险别是基本险别责任的补充和扩大,它不能单独投保,必须在投保一种基本险的基础上加保一种或数种附加险别。附加险别有一般附加险、特别附加险和特殊附加险。

1. 一般附加险

一般附加险(General Additional Risk)对应一般外来风险,包括以下 11 种。

1) 偷窃提货不着险(Theft Pilferage and Non-Delivery,TPND)

在保险有效期内,保险货物被偷走或窃走,以及货物运抵目的地以后,整件未交的损失,由保险公司负责赔偿。

2) 淡水雨淋险(Fresh Water Rain Damage,FWRD)

货物在运输途中,由于淡水所造成的损失,保险公司都负责赔偿。淡水包括雨水,雪溶、船上淡水舱、水管漏水以及船汗等。

3) 短量险(Risk of Shortage)

短量险负责保险货物数量短少和重量的损失。对有包装货物的短少,必须有外包装发生异常的现象,如破口、裂袋、扯缝等,以区别是原来的短量还是外来原因造成的短量。对散装的货物,则往往以装船重量和卸船重量之间的差额作为计算短量的依据,但不包括正常的途耗。

4) 混杂、沾污险(Risk of Intermixture ＆ Contamination)

保险货物在运输途中,混进了杂质造成的损失。

5) 渗漏险(Risk of Leakage)

流质、半流质的液体物质和油类物质,在运输过程中因为容器损坏而引起的渗漏损失。用液体贮藏的物质,如湿肠衣、酱菜等因为液体渗漏而使肠衣、酱菜等发生腐烂、变质等损失,均由保险公司负赔偿责任。

6) 碰损、破碎险(Risk of Clash ＆ Breakage)

碰损主要是对金属、木质等货物来说的。例如,搪瓷、钢精器皿、机器、漆木器等,在运输途中,因为受到震动、颠簸、挤压等造成货物本身的凹瘪、脱瓷、脱漆、划痕等损失。破碎则主要是对易碎性物质来说的。例如,陶器、瓷器、玻璃器皿、大理石等在运输途中由于装卸粗鲁、运输工具的震颤等造成货物本身的破裂、断碎等损失。

7) 串味险(Taint of Odor Risk)

保险货物因为受到其他物品的气味影响所造成的串味损失由保险公司承担。

8) 受热、受潮险(Heating ＆ Sweating Risks)

保险货物因受潮、受热而引起的损失均属于保险责任。

9) 钩损险(Hook Damage)

保险货物在装卸过程中因为使用手钩、吊钩等工具所造成的损失。

10) 包装破裂险(Breakage of Packing Risk)

保险货物因包装破裂造成物资的短少、沾污等损失。此外，对于因保险运输过程中续运安全需要而产生的修补包装、调换包装所支付的费用，也予负责赔偿。

11) 锈损险(Risks of Rust)

锈损险负责保险货物在运输过程中因为生锈造成的损失。

2. 特别附加险

特别附加险(Special Additional Risk)对应特别外来风险，包括交货不到险(Failure to Deliver Risk)、黄曲霉素险(Aflatoxin Risk)、进口关税险(Import Duty Risk)、舱面险(On Deck Risk)、拒收险(Rejection Risk)、卖方利益险(Seller's Contingent Risk)、出口货物到香港九龙或澳门存仓火险责任扩展条款(Fire Risk Extension Clause for Storage of Cargo of Destination HongKong Including Kowloon，or Macao，FREC)等七种。

3. 特殊附加险

特殊附加险对应特殊外来风险，包括战争险(War Risk)和罢工险(Strikes Risk)两种。其中战争险承担下列风险：因战争、类似战争行为和敌对行为、武装冲突或海盗行为，以及由此导致的扣留、扣押、拘留等造成的损失；各种常规武器(包括鱼雷、水雷等)造成的损失，以及上述原因引起的共同海损牺牲、分摊和救助费用。罢工险承担：由于罢工者、被迫停工工人或参加工潮、暴动、民众斗争的人员的行动，或任何人的恶意行为对保险货物所造成的直接损失，以及上述行动或行为所引起的共同海损牺牲、分摊和救助费用。

上述附加险别不能独立承保，它附属于基本险别之下。只有在投保了基本险别以后，投保人才被允许加保一种或数种附加险。如投保"一切险"，则包含一般附加险在内。

(三)专门险别

我国的海洋运输货物专门险别包括：海洋运输冷藏货物保险(Ocean Marine Insurance Frozen Products)和海洋运输散装桐油保险(Ocean Marine Insurance Woodoil Bulk)。海洋运输冷藏货物保险包括冷藏险和冷藏一切险。冷藏险除负责水渍险承保的责任外，还负责赔偿由于冷藏机器停止工作连续达 24 小时以上造成的被保险货物的腐败或损失。冷藏一切险除包括冷藏险的各项责任外，还负责赔偿被保险货物在运输途中由于外来原因所致的腐败或损失。海洋运输散装桐油保险则是保险公司承保不论任何原因所致被保险桐油短少、渗漏、沾污或变质的损失。

现将所有风险、损失、险别归纳如表 5-1 所示。

表 5-1　保险范围及险别一览表

风险种类	风险内容	损失种类				险 别
海上风险	自然灾害(如恶劣气候、海啸、洪水、雷电等)	海上风险损失	损失程度	部分损失		基本险别	平安险
				全部损失	实际全损		水渍险
	意外事故(如触礁、沉没、搁浅、互撞、失火、爆炸等)		损失性质		推定全损		一切险
				共同海损			
				单独海损			
外来风险	一般原因(如雨淋、短量、短少和提货不着、锈损、偷窃、渗漏、破碎、受潮、钩损、串味、碰损等)	外来风险损失	一般外来原因引起			附加险别	一般附加险
	特别原因(如黄曲霉素、拒收、交货不到、存仓着火等)		特别外来原因引起				特别附加险
	特殊原因(如战争、罢工等)		特殊外来原因引起				特殊附加险
—	冷藏机器停止工作连续达 24 小时以上	—					海洋运输冷藏货物保险
—	不论任何原因所致的被保险桐油短少、渗漏、沾污						海洋运输散装桐油保险

(四)除外责任

除外责任是保险公司明确规定不负责承保的损失和费用，它能规范保险人、被保险人和发货人的责任义务。

1. 海运货物基本险的除外责任

海运货物基本险的除外责任包括：被保险人的故意行为或过失造成的损失；属发货人责任引起的损失；保险责任开始前被保险货物已存在的品质不良或数量短差造成的损失；被保险货物的自然损耗、本质缺陷及市价跌落、运输延迟引起的损失。

2. 海洋运输冷藏货物保险的除外责任

海洋运输冷藏货物保险的除外责任包括：上述海洋运输货物保险的除外责任；被保险货物在运输途中，因未存放在有冷藏设备的仓库或运输工具中，或辅助运输工具没有隔温设备造成腐败的损失；在保险责任开始时因未保持良好状态，包括整理加工和包扎不妥，冷冻上的不合规定及骨头变质所引起的货物腐败和损失。

3．战争险的除外责任

战争险的除外责任是指由于敌对行为使用原子武器或热核武器所造成的被保险货物的损失和费用。

4．罢工险的除外责任

罢工险的除外责任是指由于罢工所引起的间接损失。

(五)承保责任的起止期限

1．基本险的承保责任的起止期限

1) "仓至仓条款"

我国《海洋货物运输保险条款》中规定，正常运输情况下，基本险承保责任的起止期限适用国际保险业惯例"仓至仓条款(Warehouse to Warehouse Clause，W/W Clause)"。其规定是：保险责任自被保险货物运离保险单所载明的起运地仓库或储存处所开始生效，包括正常运输过程中的海上、陆上、内河和驳船运输在内，至该项货物到达保险单所载明目的地收货人的最后仓库或储存处所或被保险人用作分配、分派或非正常运输的其他储存处所为止。如未抵达上述地点，则以被保险货物在最后卸载港全部卸离海轮后 60 天为止。如在 60 天内被保险货物需转到非保单所载明的目的地时，则该项货物开始转运时，保险责任终止。

2) 非正常运输情况下基本险责任起止期限的规定

如发生保险人无法控制的运输延迟、航程变更、被迫卸货等意外情况，被保险人在及时通知保险人及加付保费的前提下，可按"扩展责任条款(Extended Cover Clause)"处理，扩展保险期。

2．战争险、罢工险等的责任起止期限

1) 战争险的责任起止期限

按照国际惯例，战争险的责任起止期限以"水面危险"为限。其规定是：保险责任自被保险货物装上保险单所列的起运港的海轮或驳船时开始，至卸离保险单所列的目的港的海轮为止。最长期限以海轮或驳船到达目的港的当日午夜起算满 15 天为限。如果货物中途转船，不论货物在当地卸载与否，保险责任则以海轮到达目的港或卸货地点的当日午夜起算 15 天为止，直到货物再装上续运海轮时方有效。

2) 罢工险的责任起止期限

罢工险的责任起止期限也采用"仓至仓条款"，如货物运输已投保战争险，加保罢工险一般无须加缴保险费。

3. 冷藏货物保险、散装桐油保险的责任起止期限

这两项保险的责任起讫与海洋运输货物三种基本险的责任起讫基本相同，也按"仓至仓条款"负责。但须注意两点：一是在冷藏货物保险中，如货物到达目的港 30 天内卸离海轮，存入冷藏库，保险公司将继续负责 10 天，如果货物卸离海轮后不存入冷藏库，保险责任至卸离海轮时终止；二是在散装桐油保险中，如被保险的散装桐油运抵目的港不及时卸载，则自海轮抵达目的港时起算满 15 天，保险责任终止。

二、我国其他运输方式的货物保险

其他运输方式的货物保险主要包括陆上货物运输保险、航空运输货物保险和邮包保险。

(一)陆上货物运输保险

根据中国人民保险公司制定的《陆上货物运输保险条款》(Overland Transportation Cargo Insurance Clauses)，陆上运输货物保险的基本险分为陆运险和陆运一切险。

1. 陆运险与陆运一切险

1)　陆运险的责任范围

保险公司对陆运险(Overland Transportation Risks)的承保范围大致相当于海运险中的"水渍险"。其责任范围主要包括以下情况：被保险货物在运输途中遭受雷电、洪水、暴风、地震等自然灾害造成的全损或部分损失；因陆上运输工具或驳船受碰撞、倾覆、出轨或在驳运过程中因驳运工具遭受沉没、碰撞、搁浅、触礁，或遭到崖崩、失火、隧道坍塌、爆炸等意外事故所造成的货物全损或部分损失；被保险人对遭受承保责任内的货物遇险采取抢救或减小货损的措施而支出的合理费用，但以不超过该批被救货物的保险金额为限。

2)　陆运一切险的责任范围

保险公司对陆运一切险(Overland Transportation all Risks)的承保范围大致相当于海运险中的"一切险"。也就是说，除包括上列陆运险的责任外，陆运一切险还负责被保险货物在运输途中由于一般外来风险造成的全损和部分损失，即包括了一般附加险。

3)　陆上运输货物保险的除外责任

陆上运输货物保险的除外责任与海洋运输保险条款中基本险的除外责任相同。

4)　保险责任的起止期限

陆运险的责任起止期限与海洋运输货物保险的"仓至仓条款"基本相同，负责自被保险货物运离保险单所载明的起运地仓库或储存处所开始运输时生效，包括正常运输过程中的陆上和与其有关的水上驳运在内，至该货物运达保险单所载目的地收货人的最后仓库或

储存处所或被保险人用作分配、分派的其他储存处所为止。如未运抵上述仓库或储存处所，则以被保险货物运抵最后卸载的车站满 60 天为止。本保险索赔时效，从被保险货物在最后目的地车站全部卸离车辆后计算，最多不超过两年。

2. 陆上运输冷藏货物险条款

陆上运输冷藏货物险的主要责任范围一是包括陆运险列举的各项损失；二是专门负责被保险货物在运输途中由于冷藏机器或隔温设备的损坏或车厢内储存冰块的溶化所造成的解冻溶化以致腐烂的损失。因战争、罢工或运输延误造成的被保险冷藏货物的腐烂或损失；保险责任开始前被保险货物未保持良好状态(如整理加工或包扎不妥、冷冻不合规定、骨头变质)而引起的腐烂或损失不负责赔偿。

本保险责任自被保险货物运离保险单所载明的启运地的冷藏仓库装入运输工具开始运输时生效，直至到达保险单所载明的目的地收货人仓库为止。最长保险责任以被保险货物到达目的地车站后 10 天为限。

3. 陆上运输货物战争险条款

陆上运输货物战争险条款包括：直接由于战争、类似战争及敌对行为、武装冲突所致的损失；各种常规武器，如地雷、炸弹所致的损失。因敌对行为使用原子武器或热核武器所致的损失和费用；由于执政者、当权者或其他武装集团的拘留、扣押引起的承保航程的丧失和挫折而提出的索赔要求不予负责。

本保险责任自被保险货物装上保险单所载起运地的火车时开始，到卸离保险单所载目的地的火车时为止。如果被保险货物不卸离火车，则最长期限以火车到达目的地的当日午夜起满 48 小时为止；如中途转车，不论货物在当地卸载与否，保险责任以火车到达中途站的当日午夜起满 10 天为止，如货物在上述期限内重新装车续运，本保险恢复有效。如运送契约在保险单所载目的地以外的地点终止，则该地视为目的地，货物卸离该地火车时终止责任。

陆上运输货物保险的附加险，除战争险外，还可加保罢工险。

(二)航空运输货物保险

根据中国人民保险公司制定的《航空货物运输保险条款》(Air Transportation Cargo Insurance Clauses)，航空运输货物保险责任以飞机为主体加以规范，分为航空运输险和航空运输一切险。

1. 航空运输险和航空运输一切险

1) 航空运输险

保险公司对航空运输险(Air Transportation Risks)的承保范围大致相当于海运险中的"水

渍险"。其责任范围主要包括：被保险货物在运输途中遭受火灾、爆炸、雷电或因飞机遭受恶劣气候等危难事故而被抛弃，或由于飞机遭受倾覆、坠落、碰撞或失踪等意外事故所造成的全损和部分损失；被保险人对保险标的物遭受承保责任范围内的风险采取抢救或减小货损的措施而支出的合理费用，但以不超过该批被救货物的保险金额为限。

2) 航空运输一切险

保险公司对航空运输一切险(Air Transportation all Risks)的承保范围大致相当于海运险中的"一切险"。也就是说，除上述航空运输险的责任外，本保险还负责保险标的物由于外来原因所致的全损和部分损失，即包括了一般附加险。

3) 除外责任

航空运输货物保险的除外责任与海洋运输保险条款中基本险的除外责任相同。

4) 保险责任的起止期限

航空运输货物保险的责任起止期限与海洋运输货物保险的"仓至仓条款"基本相同，但与海洋运输"仓至仓条款"所不同的是：如未运抵保险单所载明的收件人仓库或储存处所，则以被保险货物在最后卸载地卸离飞机后满 30 天为止。如在上述 30 天内被保险货物需转送到非保险单所载明的目的地时，则以该货物开始转运时终止。

5) 索赔期限

航空运输货物保险的索赔期限从被保险货物在最后卸载地卸离飞机后起计算，最多不超过两年。

2. 航空运输货物战争险条款

航空运输货物战争险条款包括：直接由于战争、类似战争及敌对行为、武装冲突所致的损失；各种常规武器，如地雷、炸弹所致的损失；因特殊附加险中引起的拘留、扣留、禁制、捕获、扣押所造成的损失。因敌对行为使用原子武器或热核武器所致的损失和费用；由于执政者、当权者或其他武装集团的拘留、扣押引起的承保航程的丧失和挫折而提出的索赔要求不予负责。

该保险责任自被保险货物装上保险单所载起运地的飞机时开始，到卸离保险单所载目的地的飞机时为止。如果被保险货物不卸离飞机，则最长期限以飞机到达目的地的当日午夜起满 15 天为止；如中途转运，保险责任以飞机到达转运地的当日午夜起满 15 天为止，待货物在上述期限内重新装机续运，本保险恢复有效。

航空运输货物保险的附加险，除战争险外，还可加保罢工险。

(三)邮包保险

根据中国人民保险公司制定的《邮包保险条款》(Parcel Post Insurance Clauses)，其承保通过邮政局邮包寄送的货物在邮递过程中发生风险事故所导致的损失。不论通过海洋、陆上或航空运输，或者经过两种或两种以上的运输工具运送，凡是以邮包方式将货物运抵目的地所投保的险别均属邮包保险。它分为邮包险(Parcel Post Risks)和邮包一切险(Parcel Post all Risks)，另外还附加邮包战争险，并可加保罢工险。

其责任起止期限为自被保险邮包离开保险单所载起运地寄件人的处所运往邮局时开始，至该邮包运抵本保险单所载目的地邮局，自邮局签发到货通知书当日午夜起满15天终止。但是在此期限内邮包一经交至收件人的处所时，保险责任即行终止。

第三节 英国伦敦保险协会海运货物保险

在国际保险市场上，许多国家和地区的保险公司在国际货物运输保险中都采用英国伦敦保险协会制定的《协会货物险条款》(Institute Cargo Clauses，ICC)，或者在制定本国保险条款时参考或采用了上述条款，因此我们对其必须了解。

一、《协会货物险条款》的种类

《协会货物险条款》最早制定于1912年，修订工作于1982年1月1日完成，并于1983年4月1日起正式实行。它包括六种险别：协会货物(A)险条款、协会货物(B)险条款、协会货物(C)险条款、协会战争险条款(货物)、协会罢工险条款(货物)和恶意损害险条款。

在上述六种险别条款中，除(A)、(B)、(C)三种险别可以单独投保外，战争险和罢工险在需要时，也可在征得保险公司同意的基础上，作为独立的险别投保。除恶意损害险外，其余五种险别均可划分为八个部分：承保范围、除外责任、保险期限、索赔、保险利益、减少损失、防止延迟和法律惯例。

二、协会货物保险条款的承保风险与除外责任

(一)协会货物(A)险条款

协会货物(A)险条款(Institute Cargo Clauses(A)，ICC(A))的承保责任范围较广，相当于中国人民保险公司所规定的一切险，采用"一切风险减除外责任"的方式，即除了不负责除外责任项下所列的风险导致的损失外，其他风险导致的损失均予负责。(A)险的除外责任有下列四类。

1. 一般除外责任

所谓一般除外责任，是指下列几种情况：被保险人故意违法行为造成的损失或费用；直接因延迟引起的损失或费用；保险标的自然渗漏、重量或容量的自然损耗或自然磨损；因船舶所有人、经理人、租船人经营破产或不履行债务造成的损失或费用；因包装或准备不足或不当造成的损失或费用；因使用任何原子武器或热核武器造成的损失或费用；因保险标的内在缺陷或特征造成的损失或费用。

2. 不适航、不适货除外责任

所谓不适航、不适货除外责任，是指被保险人或其受雇人在保险标的物装船时已知船舶不适航，以及船舶、集装箱、运输工具等不适货。

3. 战争除外责任

所谓战争除外责任，是指因内战、战争、敌对行为等造成的损失或费用；因拘留、捕获、扣留等(海盗除外)造成的损失或费用；因鱼雷、漂流水雷等造成的损失或费用。

4. 罢工除外责任

所谓罢工除外责任，是指因罢工或被迫停工造成的损失或费用；因罢工者、被迫停工工人等造成的损失或费用；任何恐怖主义者或出于政治动机而行动的人导致的损失或费用。

(二)协会货物(B)险条款

协会货物(B)险条款(Institute Cargo Clauses(B)，ICC(B))的承保责任范围相当于中国人民保险公司所规定的水渍险。它采用"列明风险"的方式，即把应承担的风险逐一列举，凡属承保责任范围内的损失，无论是全损还是部分损失，保险人均按损失程度给予赔偿。以下列出了 ICC(B)险承保的风险和除外责任。

1. 承保的风险

灭失和损害的原因在于：爆炸、火灾；在避难港卸货；火山爆发、地震、雷电；共同海损牺牲；船舶或驳船搁浅、触礁、沉没或倾覆；陆上运输工具倾覆或出轨；船舶、驳船或运输工具同水外的任何外界物体碰撞；海水、湖水或河水进入船舶、驳船、运输工具、集装箱、大型海运箱或储存处所；抛货；浪击落海；货物在装卸时落海或跌落，造成整件全损。

2. 除外责任

ICC(B)险与 ICC(A)险的除外责任大体相同，仅有两点区别：一是在(A)险中恶意损害险被列为承保风险，而在(B)险中保险人对此风险不负赔偿责任；二是在(A)险中"海盗行为"

属于承保范围内的责任，而在(B)险中该风险属于除外责任。

(三)协会货物(C)险条款

协会货物(C)险条款(Institute Cargo Clauses(C)，ICC(C))的承保风险要小于 ICC(A)险和 ICC(B)险，它采用"列明风险"的方式，不承保自然灾害及非重大意外事故的风险，仅承保重大意外的风险。下面是 ICC(C)险承保的风险和除外责任。

1. 承保的风险

灭失和损害的原因在于：爆炸、火灾；在避难港卸货；共同海损牺牲；船舶或驳船搁浅、触礁、沉没或倾覆；陆上运输工具倾覆或出轨；船舶、驳船或运输工具同除水以外的任何外界物体碰撞；抛货。

2. 除外责任

ICC(C)险的除外责任与 ICC(B)险完全相同，在此不再赘述。

为便于比较，现将 ICC(A)、ICC(B)、ICC(C)三种险别条款中保险人承保的风险列出，如表 5-2 所示。

表 5-2　英国伦敦保险协会货物条款(ICC(A)、ICC(B)、ICC(C)险)

条款内容	是否承保		
责任范围	A	B	C
火灾、爆炸	√	√	√
船舶、驳船的触礁、搁浅、沉没、倾覆	√	√	√
陆上运输工具的倾覆或出轨	√	√	√
船舶、驳船或运输工具同除水以外的任何外界物体碰撞	√	√	√
在避难港卸货	√	√	√
共同海损牺牲	√	√	√
抛货	√	√	√
地震、火山爆发或雷电	√	√	×
浪击落海	√	√	×
海水、湖水或河水进入船舶、驳船、运输工具、集装箱、大型海运箱或储存处所	√	√	×
货物在船舶或驳船装卸时落海或摔落，造成整件的全损	√	√	×
由于被保险人以外的其他人(如船长、船员等)的故意违法行为所造成的损失或费用	√	×	×
海盗行为	√	×	×
下列"除外责任"以外的一切风险	√	×	×

续表

条款内容	是否承保		
除外责任	A	B	C
被保险人故意的违法行为所造成的损失和费用	×	×	×
货物自然渗漏、重量或容量的自然损耗或自然磨损	×	×	×
包装或准备不足或不当造成的损失或费用	×	×	×
保险标的物的内在缺陷或特性造成的损失或费用	×	×	×
直接由于迟延引起的损失或费用	×	×	×
由于船舶所有人、经理人、租船人或经营人破产或不履行债务所造成的损失和费用	×	×	×
由于使用任何原子武器或热核武器等造成的损失和费用	×	×	×
船舶不适航，船舶、装运工具、集装箱等不适货	×	×	×
战争险	×	×	×
罢工险	×	×	×

说明："√"代表承保风险，"×"代表免责或不承保风险。

(四)协会战争险条款(货物)

协会战争险条款(货物)(Institute War Clauses-Cargo)主要承保保险标的物因下列原因造成的损失：革命、叛乱、战争、内战、造反或由此引起的内乱，交战国或针对交战国的所有敌对行为；拘留、扣留、捕获、禁制或扣押，以及这些行动的后果或企图；遗弃的鱼雷、水雷、炸弹或其他遗弃的战争武器。

(五)协会罢工险条款(货物)

协会罢工险条款(货物)(Institute Strikes Clauses-Cargo)主要承保保险标的物的下列损失：罢工、被迫停工、工潮、暴动或兵变及其参与者造成的损失和费用；任何恐怖主义者或任何人因政治目的采取行动造成的损失和费用。

(六)恶意损害险条款

恶意损害险条款(Malicious Damage Clauses)是除上述五种主要险别外的附加险别，承保的是被保险人以外的其他人的故意破坏行为导致保险标的物的灭失或损害。该风险仅在ICC(A)险中被列为承保责任，而在ICC(B)险和ICC(C)险中均属于除外责任。因此，如被保险人需要对此风险取得保障，在其投保ICC(B)险或ICC(C)险时，就应另行加保"恶意损害险"。

三、英国伦敦保险协会海运货物保险的保险期限

英国伦敦保险协会海运货物保险条款和海运货物战争险条款对保险期限的规定，与我国海运货物保险和海运货物战争险条款对保险期限的规定基本相同。

第四节　保险实务与合同中的保险条款

一、保险实务

(一)准备工作

1. 确定投保责任的归属

投保责任的归属是与国际贸易买卖合同中的贸易术语相联系的。一般情况下，采用 CIF、CIP 条件成交时，由卖方向当地保险公司办理投保业务；而以 FOB、CFR、FCA、CPT 为条件成交时，投保责任则由买方负责。

2. 进行保险条款的选择

保险条款不同，承担的责任也会有所区别。目前，我国对外出口合同采用 CIF 及 CIP 条件成交时，通常按照中国人民保险公司制定的有关货物运输保险条款来办理投保，即按中国人民保险公司 1981 年 1 月 1 日订立的海洋运输货物保险条款办理。有时国外客户要求采用英国伦敦保险协会条款时，一般也可接受。

3. 明确保险险别

不同的保险险别承保的责任范围不同，货物受损后得到的赔偿不同，保险费率也不同。所以在选择保险险别时，要考虑能获得足够的经济保障，也要考虑节省开支，做到该保的不漏，不该保的不保。选择保险险别时应首先分析和预测运输过程中可能会遇到哪些风险、会造成哪些损失，接着考虑货物的种类、特点和性质，运输工具、运输路线及起止港口的情况，国际政治经济形势的变化等，再据此决定投保的险别。

(二)确定保险合同

1. 订立保险合同

投保人首先应向保险公司索取空白投保单，据实填写有关项目，并附相关单据(如信用

证、贸易合同等)一并交保险公司，保险公司核对无误后，即可订立正式保险合同。

以海上保险合同为例，根据《中华人民共和国保险法》和《中华人民共和国海商法》的有关规定，海上保险合同至少应包含：保险人名称和住所；投保人、被保险人名称和住所；保险标的(如船舶、货物、船舶营运收入、货物预期利润、船员工资和其他报酬、对第三者的责任、由于发生保险事故可能受到损失的其他财产和产生的责任、费用)；保险价值和保险金额；保险责任(如损害赔偿、责任赔偿、施救费用、救助费用、诉讼费用、保险金给付等)和除外责任；保险期间(一般以航次或月、年为期间。以航次为期间的称为航次保险，以月、年为期间的称为定期保险)；保险费及其支付办法；保险金赔偿及给付办法；违约责任和争议处理；合同订立的时间等内容。

投保单是保险合同的依据，也是保险人承担保险责任的依据，如有不实，会在货物受损后直接影响被保险人的利益。因此，填写投保单时需注意：要遵循最大诚信原则；投保单上的投保险别应与贸易合同及信用证规定的险别相同；如填写内容有遗漏、错误或变更，投保人应及时申请修改。

2. 修改保险单

保险公司出具保险单后，投保人如需更改航程、险别、运输工具、保险期限及保险金额等内容，须向保险公司提出修改申请。保险公司如接受该申请，则应立即出具批单，作为保险单的组成部分随附在保险单上，并按修改内容承担保险责任。

保险样单如表 5-3 所示。

表 5-3　保险样单

海洋货物运输保险单

发票号次　　　　　　　第一正本　　　　　　　保险单号次
INVOICE NO.　　　　THE FIRST ORIGINAL　　　POLICY NO.

中 国 人 民 保 险 公 司 (以 下 简 称 本 公 司)
This Policy of Insurance witnesses that People's Insurance Company of China(hereinafter called"the
根据
Company")at the request of_____
(以 下 简 称 被 保 险 人) 的 要 求 。 由 被 保 险 人 向 本 公 司 缴 付 约 定
(hereinafter called the "Insured")and in consideration of the agreed premium being paid to the Company
的 保 险 费 ， 按 照 本 保 险 单 承 保 险 别 和 背 面 所 载 条 款 与 下 列
by the Insured，undertakes to insure the undermentioned goods in transportation subject to the conditions
特 殊 条 款 承 保 下 述 货 物 运 输 保 险 ， 特 立 本 保 险 单 。
of this Policy as per the Clauses printed overleaf and other special clauses attached hereon.

标记 Marks ＆ Nos.	包装及数量 Quantity	保险货物项目 Description Of Goods	保险金额 Amount Insured

总保险金额：
Total Amount Insured:_____

保 费	费率	装载运输工具
Premium _____	Rate_____	Per Conveyance S.S._____
开航日期	自	至
Sig on or abt._____	From_____	To_____

承保险别

Conditions

所 保 货 物 ，如 遇 出 险 ，本 公 司 凭 第 一 正 本 保 险 单 及 其 有 关 证 件 给
Claims，if any，payable on Surrender of the first original of the Policy together with other relevant
付 赔 款。所 保 货 物，如 发 生 本 保 险 单 项 下 负 责 赔 偿 的 损 失 或 事
documents. In the event of accident whereby loss or damage may result in a claim under this Policy
故，应 立 即 通 知 本 公 司 下 述 代 理 人 查 勘。
immediate notice applying for survey must be given to the Company's Agent as mentioned hereunder.

中国人民保险公司××分公司
THE PEOPLE'S INSURANCE CO. OF CHINA ××BRANCH

赔款偿付地点

Claim Payable At _____

日期

DATE _____

(三)保险金额的确定及保险费的缴纳

1. 确定保险金额

保险金额(Insured Amount)又称投保金额，是被保险人对保险标的物的实际投保金额，是保险公司对被保险人负担的最高损失补偿及计收保险费的基础。在国际贸易的习惯做法中，货物的保险金额一般以 CIF 或 CIP 的发票价值加成 10%投保，即以发票金额的 110%作为保险金额，增加的 10%称为保险加成率，也就是买方进行这笔交易所付的费用和预期利润。由于受各种因素的影响，买方也有可能要求加成超过 10%，一般卖方可接受，但增加的费用应由买方负责；如果买方要求加成超过 30%，则要事先征得保险公司同意后方可接受。

保险金额的计算公式如下。

保险金额=CIF 价(或 CIP 价)×(1+投保加成率)

2. 计算并缴纳保险费

投保人填交投保单后，按约定方式缴纳保险费(Premium)是保险合同生效的前提条件。保险费是根据保险费率按保险金额计算的，其计算公式为

保险费=保险金额×保险费率

保险费率(Premium Rate)是保险公司在一定时期、不同种类的货物的损失率和赔付率的基础上，按不同运输工具、目的地、货物和险别确定的。

(四)获取保险单证

保险单证是保险人与被保险人之间订立的有关权利和义务关系的契约,是保险公司和投保人之间订立保险合同的证明文件,也是保险公司对投保人的承保证明,当发生风险及损失时,它还是被保险人向保险公司索赔和保险公司理赔的依据。目前我国进出口业务中使用的保险单据有以下几种。

1. 保险单

保险单(Insurance Policy)是一种正规的保险合同,是完整独立的保险文件,也是目前使用最广泛的保险单据之一。保险单背面印有货物运输保险条款(一般标明承保的基本险别条款之内容),还列有保险公司的责任及保险人与被保险人各自的权利、义务等内容,俗称大保单或正式保单。

2. 保险凭证

保险凭证(Insurance Certificate)是表明保险公司已接受保险的一种证明文件,它简化了保险单对双方权利义务条款的叙述。它包括保险单的基本内容,具有与保险单同等的法律效力,但不附有保险条款全文,俗称小保单。

3. 联合凭证

联合凭证(Combined Certificate)是比保险凭证更简单的保险单据。保险公司仅将承保险别、保险金额及保险编号加注在进出口公司开具的出口货物发票上,其他内容则以发票为准,并正式签章作为已保险的凭据。联合凭证又称为承保证明(Risk Note)。它仅在中资银行和华商中使用,适用于出口到港澳地区的业务。

4. 预约保险单

预约保险单(Open Policy)是进出口贸易中,被保险人与保险人之间订立的总合同,它承保一定时间内发运的一切货物,保险期限可以是定期,也可以是长期。如订约方要取消保险,须事先通知对方。订立这种合同既可以简化保险手续,又可以使货物一经装运立即取得保障。它在我国仅用于以 FOB 或 CFR 条件进口的货物和出口展卖的货品。

5. 保险声明

预约保险单项下的货物一经确定装船,被保险人应立即将该批货物的名称、数量、保险金额、船名、起止港口、航次、开航日期等通知保险人,该通知即为保险声明书(Insurance Declaration),银行可将其当作一项单据予以接受。

6. 批单

保险单开立后，如需变更内容，须由保险公司另出凭证注明更改或补充的内容，该证明称为批单。批单应粘在保险单上并加盖骑缝章，是保险单不可分割的一部分。

除以上银行均接受的保险单证外，还有一种暂保单(Cover Note)，除非信用证特别要求，银行一般不接受，它是由保险经纪人(Insurance Broker)即投保人的代理人出具的非正式保单。

(五)保险索赔

保险索赔(Insurance Claim)，是指当被保险货物遭受承保范围内的损失时，被保险人依据保险合同向保险人要求赔偿的行为。

1. 提出索赔申请

如出口货物遭受损失，一般由进口方向保险单所载明的国外理赔代理人发出损失通知，申请检验，并提出索赔申请。进口方向我国外理赔代理人提出索赔时，要提供以下单证：保险单或保险凭证正本；运输契约；发票；装箱单；向承运人等第三者责任方请求补偿的函电或其他单证，以及证明被保险人已履行应办的追偿手续等文件；由国外保险代理人或第三者公证机构出具的检验报告；海事报告；货损货差证明；索赔清单等。

如进口货物遭受损失，一般由进口方向保险公司提出索赔申请。进口方向保险公司提出索赔时，要提供以下单证：进口发票；提单或进出口货物到货通知书、运单；在最后目的地卸货记录及磅码单；订货合同(若损失涉及发货人责任)，如有发货人保函和船方批注，应一并提交；卸货港口理货签证(若损失涉及船方责任)，如有船方批注，应一并提交；国家商检部门的鉴定证明(如涉及发货人或船方责任)；责任方出具的货运记录(商务记录)及联检报告(若损失涉及港口装卸及内陆、内河或铁路运输方责任)。

2. 审定责任，给付赔款

被保险人在办妥有关索赔手续、提供齐全的单证后，可等待保险公司审定责任，给付赔款。我国的保险公司在处理该问题时，有两种方式：直接赔付给收货单位；集中赔付给有关外贸公司，再由外贸公司与各订货单位结算。

二、合同中的保险条款

(1) 以 FOB、CFR(或 FCA、CPT)条件成交的出口合同，保险由买方办理，合同中只需规定：

保险：由买方办理。

Insurance: To be covered by the Buyer.

若买方委托卖方代办则应订明：

保险由买方委托卖方按发票金额的百分之×代为投××险，保险费由买方负担。

Insurance is to be covered by the Seller that the Buyer entrust for ×% of invoice value against ×× Risks，Premium is paid by the Buyer.

(2) 以 CIF(或 CIP)成交的出口合同，保险由卖方办理，合同中须规定投保人、保险金额、保险条款等内容。例：

由卖方按发票金额的 110%投保一切险和战争险，按中国人民保险公司 1981 年 1 月 1 日订立的海洋运输货物保险条款办理。

Insurance is to be covered by the Seller for 110% of invoice value against All Risks and War Risk as per Ocean Marine Cargo Clause of the People's Insurance Company of China dated Jan.1,1981.

本章自测题

一、填空题

1. 为使搁浅或触礁的船舶脱离险境而求救于第三者，由此支付额外费用的损失属于_____。

2. 全部损失可分为_____和_____两类。

3. 陆运险和陆运一切险相当于海运中的_____、_____。

4. 我国海洋运输保险条款中基本险承保责任起止期限适用国际惯例中的_____条款。

5. 目前进出口业务中使用的保险单据有：_____、_____、_____、_____和_____。

6. 海上风险一般包括_____和_____两种。

7. 在定值保险中，保险金额都高于合同的 CIF 价值，国际上习惯按 CIF 价值的_____投保。

8. 通常，保险金额的计算公式是_____。

9. 英国伦敦保险协会制定的《协会货物险条款》包括的险别有：_____、_____、_____、_____和_____。

10. 我公司以 CIF 条件与外商达成一笔出口交易，按《2010 通则》规定，如果外商对保险险别无要求，则我方应投保_____。

二、选择题

1. 被保险货物在海运途中因遭受海上风险所直接造成的损失是_____。
   A. 海上损失   B. 海上费用   C. 实际全损   D. 共同海损
2. 为防止运输途中货物被窃，应该投保_____。
   A. 一切险、偷窃险   B. 平安险、偷窃险
   C. 水渍险   D. 平安险、一切险、水渍险
3. 我国海洋运输保险的附加险别主要包括_____。
   A. 平安险、甲板险
   B. 一般附加险、特殊附加险、特别附加险
   C. 一般附加险、特殊附加险
   D. 特殊附加险、特别附加险
4. 下列不属于平安险的承保范围的是_____。
   A. 因自然灾害造成的全部损失   B. 因意外事故造成的全部损失
   C. 因自然灾害造成的部分损失   D. 因意外事故造成的部分损失
5. 陶瓷制品极易破碎，投保时可在平安险或水渍险的基础上加保_____附加险。
   A. 受热受潮险   B. 破碎险
   C. 渗漏险   D. 串味险
6. 生丝、亚麻受潮后易引起霉变，应在平安险或水渍险的基础上加保_____附加险。
   A. 受热受潮险   B. 破碎险   C. 渗漏险   D. 串味险
7. 战争险实行只承担"水面危险"，即从货物装上海轮或驳船时开始至卸离海轮或驳船时为止，如果不卸，则以货物到达目的港之日起_____天为限。
   A. 60   B. 12   C. 10   D. 15
8. 承保范围大致相当于海运险中的水渍险的是_____。
   A. 陆运险   B. 航空运输险
   C. 陆运一切险   D. 航空运输一切险
9. 战争与罢工险属于_____。
   A. 水渍险   B. 平安险   C. 一般附加险   D. 特殊附加险
10. 海上保险业务中的意外事故包括_____。
    A. 运输工具的搁浅、触礁   B. 货物的自然损耗或变质
    C. 载货轮船沉没   D. 载货轮船失火

三、判断并改错题

1. 海上保险业务的自然灾害，仅局限于发生在海上的自然灾害。（ ）

2. 在海洋运输货物保险业务中，"仓至仓条款"规定，对于驳船运输造成的损失，保险公司不承担责任。（ ）

3. 在国际贸易货物运输保险业务中，如向保险公司投保一切险，则在运输途中由于任何外来原因造成的全损或部分损失均可向保险公司索赔。（ ）

4. 家电制品托运出口时，被保险人在投保一切险后，还应加保破碎险。（ ）

5. 海运保险单的转让，可以无须事前征得保险人的同意，经被保险人背书后而自由转让。（ ）

6. 保险标的物运达目的地后，如果收货人提货后立即转运货物，则保险公司的保险责任要到达转运后的目的地仓库时中止。（ ）

7. 海运提单、保险单及检验单据应于同时签发。（ ）

8. 投保平安险后，只要是由于自然灾害导致的损失，不论是实际全损还是推定全损，保险公司都要按保险金额全部赔偿。（ ）

9. 保险单开立后，如需更改，应由保险公司出具批单，以批单代替保险单。（ ）

10. 英国伦敦保险协会制定的《协会货物条款》中的 A 险、B 险和 C 险的承保范围，与中国人民保险公司制定的《海洋货物运输保险条款》的内容一致。（ ）

四、简答题

1. 在海洋运输货物保险中，保险公司分别承保哪几类风险、损失与费用？

2. 全部损失有哪两类？是如何规定的？

3. 什么是共同海损？什么是单独海损？两者的区别主要表现在哪里？

4. CIC 规定的平安险、水渍险、一切险各自承保的责任范围是什么？在什么样的情况下要加保附加险？

5. 合同中的保险条款主要包括哪些内容？

6. 英国伦敦保险协会的 ICC 条款有哪些险别？哪些可以单独投保？

五、案例分析题

1. 越南某公司以 CIF 条件出口一批无烟煤，装运前按合同规定投保水渍险，货物装妥后顺利开航。船舶起航后不久在海上遭受暴风雨，海水入舱致使部分无烟煤遭到水渍，损失价值达 5000 美元。问该损失应由谁承担？为什么？

2. 我某外贸公司从澳大利亚进口一批优质羊毛，采用 CIF 上海条件成交，支付方式为即期信用证，投保中国人民保险公司《海洋货物运输保险条款》的一切险。众所周知，羊毛、生丝及皮革制品对湿度的要求较高，但生产厂家在生产工序上为节省时间与费用，降低了对湿度的限制。生产完后，正常包装正常运输到目的港。在目的港检验结果表明，全部货物湿、霉，损失达 10 万美元。问：①保险公司对此是否负责赔偿？为什么？②进口商对受损货物是否支付货款？为什么？③应吸取什么教训？

3. 我国某公司引进一套意大利印花设备，以 CIF 上海条件成交，合同中保险条款一项只简单规定"保险由卖方负责"，卖方按英国伦敦保险协会的协会货物(C)险条款购买了保险。到货后，我国公司发现一部件出现变形影响其正常使用，于是向外商要求索赔，外商答复设备出厂有质量合格检验证书，非他们的责任。后经商检局检验认为是运输途中遭受震动、挤压造成的，我国公司即向保险代理索赔。问：保险公司是否应赔偿？为什么？

六、计算并分析题

1. 我国以 CIF 伦敦 USD 50/kg，出口某商品 1000 吨，出口前，由我方向中国人民保险公司投保水渍险，并加保受潮受热险及淡水雨淋险，保险费率分别为 0.6%、0.3%和 0.3%，按发票金额 110%投保。该批货物的保险金额和保险费各是多少？

2. 我国外贸公司以 CFR 新加坡每公吨 350 美元出售农产品(加一成投保一切险，保险费率为 1%)，该批货物的保险金额和保险费各是多少？如货物在从卖方仓库运往码头的途中，被暴风雨淋湿了 10%的货物。事后卖方以保险单含有"仓至仓条款"为由，要求保险公司赔偿，问：保险公司是否拒赔？为什么？

3. 某商品对伦敦的出口价格为 CFR 价每公吨 32 英镑，如果客户要求报 CIF 价格，并按发票的 120%投保水渍险和战争险(水渍险费率为 0.3%，战争险费率为 0.05%)，应报价多少？

第六章　货款支付条款

货款支付条款是国际贸易合同中的重要条款。支付时要选用适当的支付工具和支付形式。国际贸易中的支付工具主要是票据，分为汇票、本票和支票，其中汇票最为常见。常见的支付方式有汇付、托收和信用证，其中信用证的使用最为广泛。

通过本章的学习，要求学生掌握汇票和信用证的使用，理解信用证的特点，了解本票、支票和其他支付方式，能够较为熟练地阅读和制定支付条款。

第一节　支　付　工　具

在国际贸易货款收付时，很少使用现金结算，大多采用非现金结算，即采用票据作为支付工具。票据主要有汇票、支票和本票，其中以使用汇票为主。

一、汇票

(一)汇票的定义

汇票(Bill of Exchange, Draft)是最重要、最常用的一种支付工具。对于汇票的定义，各国有不同的解释。我国《票据法》第 19 条对汇票下了如下定义："汇票是出票人签发的，委托付款人在见票时或者在指定日期无条件支付确定的金额给收款人或者持票人的票据。"

在国际上，英国的票据法为各国广泛引用或参照，其定义为："汇票是由一人签发给另一人的无条件书面命令，要求受票人见票时或于未来某一规定的或可以确定的时间，将一定金额的款项支付给某一特定的人或其指定人，或持票人。"

汇票样式如图 6-1 所示。

(二)汇票的主要内容

各国票据法对汇票内容的规定不尽相同，基本内容如下。

(1) 应载明"汇票"字样。

(2) 无条件支付命令。

(3) 一定金额。

(4) 付款期限。

(5) 付款地点。

(6) 受票人(Drawee)，又称付款人(Payer)，即接受支付命令付款的人。在进出口业务中，受票人通常是进口人或其指定的银行。

(7) 受款人(Payee)，即受领汇票所规定金额的人。在进出口业务中，通常是指出口人或其指定的银行。

(8) 出票日期。

(9) 出票地点。

(10) 出票人签字。

Bill of Exchange

No._____(发票号码)

Drawn under(出票依据)_____L/C No._____ Dated _____

Payable with interest@_____%_____(付款利息)

Exchange for USD 1397.00(汇票金额)Beijing, China 06/10/2005(时间地点)

At(见票)_____ sight of this FIRST of Exchange (Second of Exchange being unpaid)
(付一不付二)

Pay to the order of _____(收款人)   the sum of(金额)

US DOLLARS ONE THOUSAND THREE HUNDRED NINETY SEVEN ONLY

To(致付款人)_____

_____(出票人)

(Signature)(签字)

图6-1　汇票样式

根据我国《票据法》第22条的规定，汇票必须记载下列事项。

(1) 标明"汇票"字样。

(2) 无条件支付委托。

(3) 确定的金额。

(4) 付款人的名称。

(5) 收款人的名称。

(6) 出票日期。

(7) 出票人签章。

上述基本内容，一般为汇票的主要项目，但并不是汇票的全部内容。按照各国票据法的规定，汇票的这些项目必须齐全，否则受票人有权拒付。

(三)汇票的种类

1．按照出票人不同划分

按照出票人不同，汇票可划分为以下几类。

(1)　银行汇票(Banker's Draft)，是指出票人是银行，受票人也是银行的汇票。

(2)　商业汇票(Commercial Draft)，是指出票人是商号或个人，付款人可以是商号、个人，也可以是银行的汇票。

2．按照有无商业单据的跟随划分

按照有无商业单据的跟随，汇票可分为以下几类。

(1)　光票(Clean Bill)，是指不附带商业单据的汇票。银行汇票多是光票。

(2)　跟单汇票(Documentary Bill)，是指附带有商业单据的汇票。商业汇票一般为跟单汇票。

3．按照付款时间的不同划分

按照付款时间的不同，汇票可分为以下几类。

(1)　即期汇票(Sight Bill，Demand Draft)，是指在提示或见票时立即付款的汇票。当即期汇票的持票人向付款人提示时，付款人应立即付款。

(2)　远期汇票(Time Bill，Usance Bill)，是指汇票上规定的付款人于某个指定的日期或将来某个可以确定的日期进行付款的汇票。

远期汇票的付款时间，有以下几种规定方法。

①　见票后若干天付款(At ××× days after sight)。

②　出票后若干天付款(At ××× days after date)。

③　提单签发后若干天付款(At ××× days after date of Bill of Lading)。

④　指定日期付款(Fixed date)。

在上述四种规定方法中，以第一种用得最多，第三种次之，采用第二种和第四种的比较少见。

(四)汇票的使用

汇票的使用包括出票、提示、承兑、付款、背书、拒付等环节。即期汇票只有出票、提示和付款三个环节。远期汇票必须经过承兑。如需流通转让，一般要经过背书。汇票遭到拒付时，还要涉及拒付证书和行使追索权等法律权利。

1．出票

出票(Issue)是指出票人签发汇票并将其交给收款人的行为。它包括两个内容：一是出票

人在汇票上填写付款人、付款金额、收款人等项目并签字,二是出票人将汇票交给收款人。

出票时,对收款人一般有以下三种写法。

1) 限制性抬头

例如,"仅付甲公司(Pay A Co. only)"或"付××公司,不准流通(Pay××Co. not negotiable)"。这种抬头的汇票不能流通转让,只限该公司收取票款。

2) 指示性抬头

例如,"付××公司或指定人(Pay××Co. or order 或 Pay to the order of××Co.)"。这种抬头的汇票,除该公司可以收取票款外,也可以经过背书转让给第三者。

3) 持票人或来人抬头

例如,"付给来人(Pay Bearer)"。这种抬头的汇票,无须由持票人背书,仅凭交付汇票即可转让。

2. 提示

提示(Presentation)是指收款人或持票人将汇票交给付款人要求付款或承兑的行为。如果提交的是即期汇票,付款人见票后应立即付款;如果提交的是远期汇票,付款人见票后应该办理承兑汇票的手续,等汇票到期时再进行付款。

3. 承兑

承兑(Acceptance)是指付款人对远期汇票表示承担到期付款责任的行为。付款人在汇票上写明"承兑(Accepted)"字样,并注明承兑日期,由承兑人签字后交还持票人。我国《票据法》第44条规定:"付款人承兑汇票后,应当承担到期付款的责任。"因此,汇票经过承兑后,承兑人就代替出票人成为汇票的主债务人。

4. 付款

付款(Payment)是汇票的承兑人或付款人向汇票的持票人支付票面金额的行为。汇票一经付款,汇票上的债权债务关系即告解除,汇票也随之退出流通领域。

汇票到期后,由付款人或承兑人向持票人支付款项,并要求持票人在汇票背面签名作为收款凭证,在汇票上注明"付讫"字样收回汇票,还可以要求持票人另外开立收据。

5. 背书

背书(Endorsement)是指汇票的持有人在汇票背面或粘单上签上自己的名字,有时还写上受让人(被背书人 Endorsee)的名字,然后把汇票交给受让人的行为。完成背书手续后,汇票的收款权利就由背书人(Endorser)转让给被背书人。

对于受让人来说,所有在他以前的背书人以及原出票人都是他的"前手";而对出让人来说，所有在他以后的受让人都是他的"后手"。前手对后手负有担保汇票必然会被承兑或付款的责任。

持票人如果需要在汇票到期前取得票款，可以经过背书将汇票转让给银行或其他金融机构，银行在按票面金额扣除一定利息和手续费后将余额支付给持票人，这叫做"贴现(Discount)"。

6. 拒付

持票人提示汇票要求承兑时，遭到拒绝承兑，或持票人提示汇票要求付款时，遭到拒绝付款，均称为拒付(Dishonor)，也称退票。除了拒绝承兑和拒绝付款外，付款人拒不见票、死亡或宣告破产，以致付款事实上已不可能时，也称拒付。

汇票一被拒付，持票人随之产生追索权(Right to Recourse)，即有权向背书人和出票人等前手请求偿还汇票金额及费用。有时，汇票的出票人或背书人为了不受追索，出票时或背书时加注"不受追索(Without Recourse)"字样，但这样的汇票很难在市场上流通。

按照有些国家的法律，持票人为了行使追索权应及时做出拒付证书(Protest)。拒付证书是由付款地的法定公证人或其他依法有权做出证书的机构，如法院，做出的证明拒付事实的文件，是持票人凭以向其"前手"进行追索的法律依据。如果拒付的汇票已经承兑，出票人可凭拒付证书向法院起诉，要求承兑汇票的承兑人付款。

二、本票

(一)本票的定义

根据我国《票据法》第 73 条规定，本票(Promissory Note)是出票人签发的，承诺自己在见票时无条件支付确定的金额给收款人或持票人的票据。

本票的参考样式如图 6-2 所示。

```
                    PROMISSORY   NOTE

$10000                        New York, 6th May, 2005(出票日期地点)

On the 10th June, 2005 fixed by the Promissory Note        We promise to pay

(收款人)_____ the sum of (金额)

US DOLLARS TEN THOUSAND ONLY


                                          _____(出票人)

                                          (Signature)(签字)
```

图 6-2　本票样式

(二)本票的种类

按照出票人的不同，本票可以分为一般本票和银行本票两种。一般本票的出票人是工商企业或个人，因此又称商业本票；银行本票的出票人是银行。一般本票按照付款时间分为即期和远期两种。即期本票就是见票即付的本票，而远期本票则是承诺于未来某一规定的或可以确定的日期支付票款的本票。我国《票据法》第 79 条规定，我国只允许开立自出票日起，付款期限不超过 2 个月的银行本票。

(三)本票与汇票的区别

本票与汇票的区别如下。

(1)　本票的票面有两个当事人，即出票人和收款人；而汇票则有三个当事人，即出票人、付款人和收款人。

(2)　本票的出票人即是付款人，远期本票无须办理承兑手续；而远期汇票则要办理承兑手续。

(3)　本票的出票人在任何情况下都是绝对的主债务人，一旦拒付，持票人可以立即要求法院裁定，命令出票人付款；而汇票在承兑前出票人是主债务人，在承兑后，承兑人是主债务人。

三、支票

(一)支票的定义

我国《票据法》第 82 条规定，支票(Cheque，Check)是出票人签发的，委托办理支票存款业务的银行或者其他金融机构在见票时支付确定金额给收款人或持票人的票据。简而言之，支票是以银行为付款人的即期汇票。

(二)支票的种类

1. 根据收款人的抬头不同，支票可以分为记名支票和不记名支票

记名支票要在支票的收款人一栏中写明收款人的名称，取款时必须由收款人签名后才能支取，记名支票可以背书转让。不记名支票在支票上不写明收款人的姓名，任何人只要持有这种支票，都可以向银行要求付款，取款时也无须在支票背面签名盖章。

2. 根据对付款有无特殊限制，支票可以分为普通支票和划线支票

普通支票是对付款无特殊限制的支票。普通支票的持票人可以持票向付款银行提取现款，也可以通过其往来银行转账收取款项。划线支票是指由出票人或持票人在普通支票上划上两条平行线的支票。划线支票的持票人只能委托银行转账收款，不能直接提取现金。

3. 根据其信用保证，支票可以分为保付支票和空头支票

保付支票是指由付款银行加注"保付(Certified to Pay)"字样的支票，这种支票在向银行进行提示时，银行会无条件地保证付款。支票经保付后身价提高，有利于流通。空头支票是指出票人签发的支票金额，因为超过其银行账户中的实际金额，会遭到银行拒绝支付的支票。

支票的参考样式如图 6-3 所示。

```
┌─────────────────────────────────────────────────────────────┐
│  THE BANK OF SAIBAN(账户行)              13652(支票号码)      │
│                                                               │
│                          Saiban, 3th, May 2005(出票时间地点)  │
│                                                               │
│  Pay against this check to the order of(收款人)_____     │
│                                          the sum of(金额)      │
│  US DOLLARS FIVE THOUSAND ONLY        $5000.00                │
│                                                               │
│                                    _____(出票人)         │
│                                                               │
│                                    (Signature)(签字)          │
└─────────────────────────────────────────────────────────────┘
```

图 6-3 支票样式

第二节 汇付支付方式

一、汇付的定义

汇付(Remittance)又称汇款，是最简单的国际贸易结算方式，指付款人主动通过银行把款项支付给收款人。

二、汇付方式的当事人

(一)汇款人

汇款人(Remitter)即汇出款项的人，在进出口交易中，汇款人通常是进口人。

(二)收款人

收款人(Payee，Beneficiary)即收取款项的人，在进出口交易中通常是出口人。

(三)汇出行

汇出行(Remitting Bank)即受汇款人的委托汇出款项的银行，通常是进口地的银行。

(四)汇入行

汇入行(Paying Bank)即受汇出行委托解付汇款的银行，通常是出口地的银行。

汇款人在委托汇出行办理汇款时，要出具汇款申请书。此项申请书是汇款人和汇出行之间的一种契约。汇出行接受申请后就有义务按照汇款申请书的指示通知汇入行。汇出行与汇入行之间，事先订有代理合同，在代理合同规定的范围内，汇入行对汇出行承担解付汇款的义务。

三、汇付的种类及业务流程

根据银行发送支付指令方式的不同，汇付可以分为电汇、信汇和票汇三种。电汇/信汇业务流程图如图 6-4 所示。

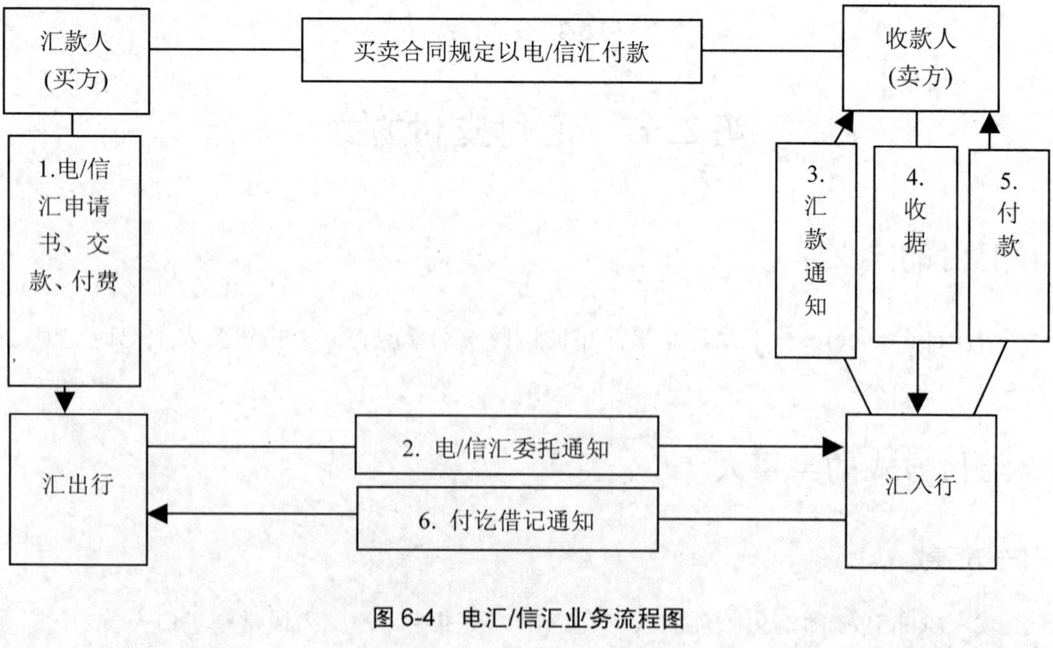

图 6-4　电汇/信汇业务流程图

(一)电汇

电汇(Telegraphic Transfer，T/T)是由汇款人委托汇出行用电报、电传、环球银行间金融电信网络(SWIFT)等电信手段发出付款委托通知书给汇入行，指示它解付款项给指定的收款人。

(二)信汇

信汇(Mail Transfer，M/T)是汇出行应汇款人的申请，将信汇委托书用航空邮件的方式寄给汇入行，授权解付一定金额给收款人。

(三)票汇

票汇(Remittance by Banker's Demand Draft，D/D)是指汇出行应汇款人的申请，开立以汇入行为付款人的银行即期汇票，列明收款人名称、金额等，交由汇款人自行交给收款人，凭汇票向付款行取款。票汇的业务流程图如图6-5所示。

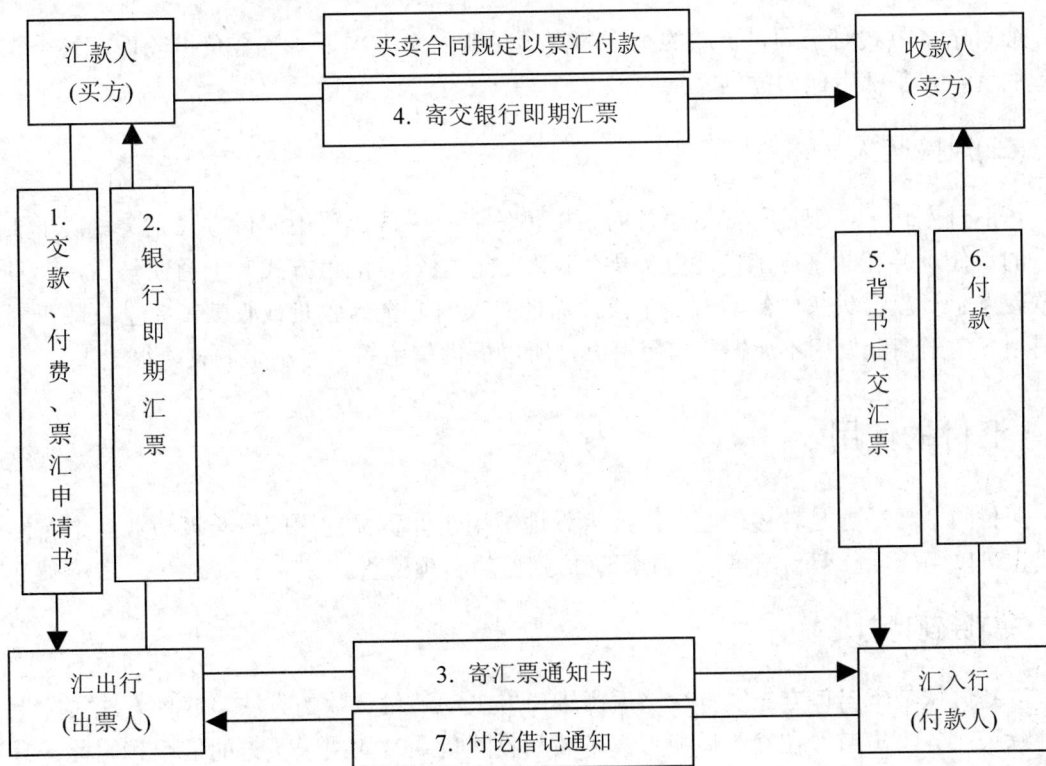

图 6-5 票汇的业务流程图

电汇的特点是收款人可迅速收到汇款，但费用较高。信汇的特点是费用较低，但收款人收到汇款的时间较长。随着电讯事业的发展，信汇的使用已日趋减少。与电汇和信汇相比，票汇有很大的灵活性。票汇的汇入行无须通知收款人取款，而由收款人持票登门取款；只要汇票收款人抬头允许，经收款人背书，汇票可以转让流通，而电汇和信汇的收款人则不能将收款权转让。

四、汇付的特点

(一)手续简便，费用少

汇付结算方式的手续是最简单的，收款人不需要准备货运单据，银行也只负责转移资金，不垫款、不承担风险，因此手续费很低。在交易双方互相信任的情况下，或是跨国公司的各子公司之间的结算，可以采用汇付方式。

(二)资金负担不平衡

汇付结算方式对于预付货款的买方和货到付款的卖方来说，资金负担较重，整个交易过程的资金几乎都由他们提供。

(三)风险较大

在汇付方式下，银行只提供服务而不提供信用，因此，使用汇付方式完全取决于买卖双方的信任，并在此基础上向对方提供信用和进行融资。汇付方式属于商业信用，一旦付了款或发了货就会失去制约对方的手段，而能否及时安全地收货或收款，完全依赖于对方的信用。由于商业信用不如银行信用可靠，所以提供信用的一方承担的风险很大。

五、汇付的使用

汇付的主要功能是转移资金，因此大量地被用于非贸易的国际资金调拨业务中。汇付方式也可以用于国际贸易结算，通常用于货到付款和预付货款。

(一)货到付款

货到付款是指出口方先发货，然后由进口方主动汇付货款的方法。这种方法实际上是一种赊账业务，出口方在发货后能否按时顺利收回货款，取决于买方的信用。因此，只有在买方的信用可靠的情况下，出口方才宜采用此种方式。

(二)预付货款

预付货款是指进口方先将部分或全部货款支付给出口方，然后出口方发货的方式。目前国际贸易中预付全部货款的情况非常少见，一般是预付合同金额的一小部分，作为进口方支付全部货款的担保，称为"订金"。这种方式对于出口方来说可以预先得到一笔资金，但对于进口方来说，却要过早地垫出资金，承担出口方延迟交货和不交货的风险。因此，这种方式一般在小额交易中采用。

第三节　托收支付方式

在国际贸易结算中，汇付方式最简单，但风险很大。信用证方式的风险虽然大大降低，但手续复杂，且占用进口商的资金。而托收方式既在一定程度上降低了风险，手续又比信用证方式简单，所以它已成目前国际贸易中一种常见和重要的结算方式。

一、托收的定义

托收(Collection)是出口商开立汇票连同相关的货运单据一并交给所在地银行，委托其通过国外的分支机构或代理行向进口商收取款项的一种结算方式。

二、《托收统一规则》

在国际贸易中，各国银行办理托收业务时，往往由于当事人各方对权利、义务和责任的解释不同，各个银行的具体做法也有差异，因而会导致争议和纠纷。国际商会为了调和各有关当事人之间的矛盾，以利国际贸易和金融活动的开展，早在1958年就草拟了《商业单据托收统一规则》，并建议各国银行采用该规则。后几经修订，于1995年公布了新的《托收统一规则》，简称《URC522》，并于1996年1月1日生效。新规则已被许多国家的银行采纳，并据以处理托收业务中各方的纠纷和争议。我国银行在办理托收业务时也遵循该规则。

三、托收方式的当事人

(一)委托人

委托人(Principal)是指委托银行办理托收业务的客户，通常是出口人。

(二)托收行

托收行(Remitting Bank)是指接受委托人的委托，办理委托业务的银行，一般是出口地的银行。

(三)代收行

代收行(Collecting Bank)是指接受托收行的委托向付款人收取票款的进口地银行。代收行通常是托收行的国外分支机构或代理行。

(四)提示行

提示行(Presenting Bank)是指向付款人做出提示的银行。提示行可以是代收行委托与付款人有往来账户关系的银行，也可以由代收行自己兼任。

(五)付款人

付款人(Drawee)是根据托收指示，向其做出提示的人。若使用汇票，即为汇票的受票人，也就是付款人，通常是进口人，即债务人。

四、托收的种类及业务流程

托收按照交付货运单据的条件不同，分为付款交单和承兑交单两种。其中付款交单按照付款时间的不同，又可分为即期付款交单和远期付款交单。

(一)即期付款交单

即期付款交单(Documents Against Payment at Sight，D/P at Sight)是指出口商发运货物后，开立即期汇票连同全套货运单据交银行托收。当代收行向进口商提示汇票和单据时，进口商应立即付款，代收行在收到货款后将单据交付进口商。即期付款交单流程图如图6-6所示。

说明：

(1) 出口人发货后填写托收申请书，开立即期汇票，连同货运单据交托收行委托收货款。

(2) 托收行根据托收申请书缮制托收委托书，连同汇票、货运单据交进口地代收行。

(3) 代收行按照委托书的指示向进口人做付款提示(或由提示行进行提示)。

(4) 进口人审单无误后付款。

(5) 代收行交单。

(6) 代收行办理转账并通知托收行款已收妥。

(7) 托收行向出口人交款。

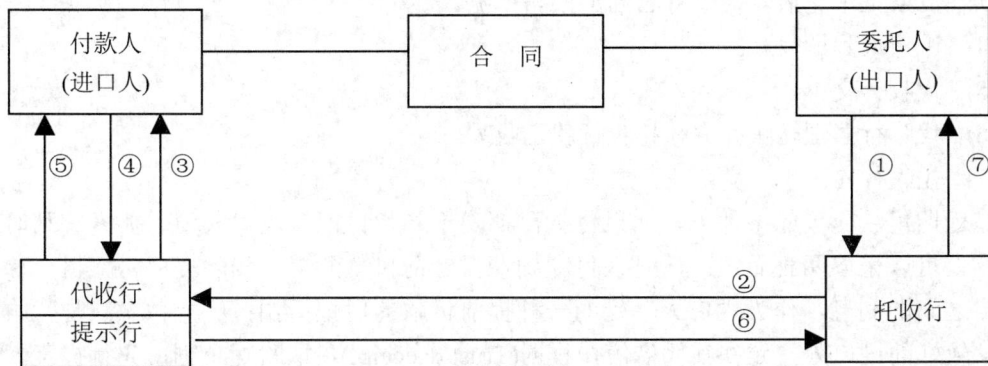

图 6-6 即期付款交单流程图

(二)远期付款交单

远期付款交单(Documents against Payment after sight,D/P after sight)是指出口商发运货物后，开具远期汇票连同全套货运单据交银行托收，代收行收到单据后，立即向进口商提示远期汇票和单据，进口商予以签字承兑，代收行收回汇票和单据，待汇票到期时再次向进口商提示要求付款，在收到货款后将单据交付给进口商。远期付款交单流程图如图 6-7 所示。

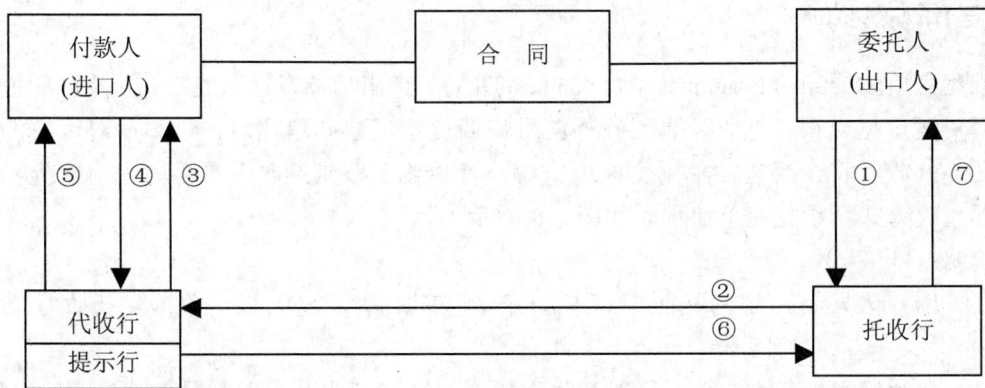

图 6-7 远期付款交单流程图

说明:

(1) 出口人发货后填写托收申请书，开立远期汇票，连同货运单据交托收行委托收货款。

(2) 托收行根据托收申请书缮制托收委托书，连同汇票、货运单据交进口地代收行。

(3) 代收行按照委托书的指示向进口人作承兑提示(或由提示行进行提示)，进口人经审单无误在汇票上承兑后，代收行收回汇票与单据。

(4) 进口人到期付款。

(5) 代收行交单。

(6) 代收行办理转账并通知托收行款已收妥。

(7) 托收行向出口人交款。

在远期付款交单的条件下，如果付款日期晚于到货日期，进口人为了抓紧有利时机转售货物，可以采取两种做法：一是在付款到期日之前付款赎单，扣除提前付款日至原付款到期日之间的利息，作为进口人享受的一种提前付款的现金折扣；另一种做法是代收行对于资信较好的进口人，允许其凭借信托收据(Trust Receipt)借取货运单据，先行提货，于汇票到期时再付清货款。

所谓信托收据，就是进口人借单时提供的一种书面信用担保文件，用来表示愿意以代收行的委托人身份代为提货、报关、存仓、保险或出售，并承认货物所有权仍属银行。货物售出后所得的货款，应于汇票到期时交银行。这是代收行自己向进口人提供的信用便利，与出口人无关。因此，如代收行借出单据后，到期不能收回货款，则应由代收行负责。但如系出口人指示代收行借单，即所谓远期付款交单凭信托收据借单(D/P·T/R)方式，即进口人承兑汇票后凭信托收据先行借单提货，日后如进口人到期拒付的风险，应由出口人自己承担。

(三)承兑交单

承兑交单(Documents against Acceptance，D/A)是指出口商发运货物后，开具远期汇票连同全套货运单据交银行托收，当代收行向进口商提示汇票和单据时，进口商对远期汇票进行承兑，代收行将全套货运单据交付进口商，待承兑汇票到期时银行再向进口商提示要求付款的托收方式。承兑交单流程图如图6-8所示。

说明：

(1) 出口人发货后填写托收申请书，开立远期汇票，连同货运单据交托收行委托收货款。

(2) 托收行根据托收申请书缮制托收委托书，连同汇票、货运单据交进口地代收行。

(3) 代收行按照委托书的指示向进口人作承兑提示(或由提示行进行提示)，进口人在汇票上承兑，代收行在收回汇票的同时，将货运单据交给进口人。

(4) 进口人到期付款。

(5) 代收行办理转账并通知托收行款已收妥。

(6) 托收行向出口人交款。

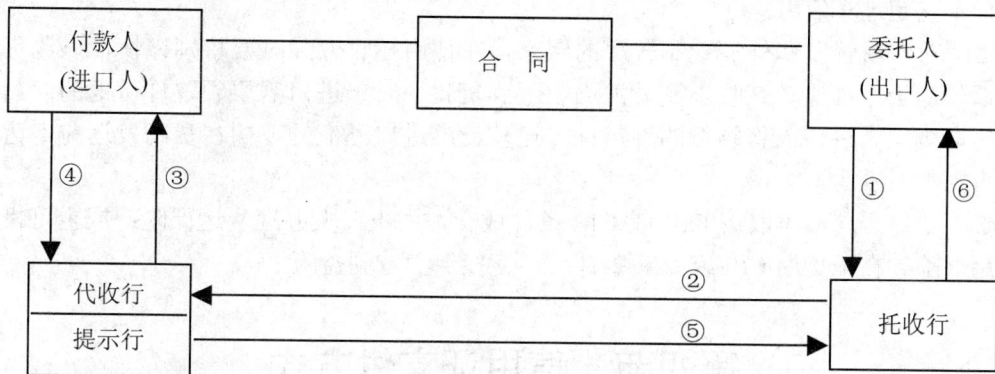

图6-8　承兑交单流程图

承兑交单在进口人承兑汇票后，即可取得货运单据，并凭以提货，这对出口人来说，已交出了物权凭证，其收款的保证只能取决于进口人的信用，一旦进口人到期不付款，出口人就有可能蒙受货物与货款两空的损失。所以，这种方式的风险很大，我国对外贸易中很少使用。

五、托收的性质与作用

在托收方式中，银行只按照委托人的指示行事，既不保证付款人必然付款，也不检查审核货运单据是否齐全，是否符合买卖合同。当发生进口人拒绝付款赎单的情况时，除非事先取得托收行同意，代收行也不代为提货、办理进口手续和存仓保管。所以，托收方式与汇付方式一样，也属于商业信用。出口人委托银行收取的货款能否收到，全靠进口人的信用。因此，出口人要承担一定的风险。特别是在承兑交单情况下，卖方有可能遭受钱货两空的损失。但是，托收方式对于进口人来说却是极为有利的，他不需要预垫资金，还可以减少费用支出，获得资金融通。所以，托收方式能调动进口人的积极性，提高商品在国际市场上的竞争力，从而使出口人达到扩大销售的目的。在国际贸易中，它常常被作为一种非价格竞争手段。

六、使用托收方式时的注意事项

由于托收方式对出口商而言风险较大，同时又是出口商吸引进口商成交的手段之一，在我国出口贸易中使用得较为广泛，为确保安全收款，在使用时应注意以下问题。

(1) 认真考察进口人的资信情况和经营作风，并根据进口人的具体情况妥善掌握成交金额，不宜超过其信用程度。

(2) 对贸易管制和外汇管制较严的国家，在使用托收方式时要特别谨慎，以免货到目的地后，由于不准进口或收不到外汇而收不到货款。对于进口需要领取许可证的商品，在成交时应规定，进口人将领得的许可证或已获批准进口外汇的证明在货物发运前寄达出口人，否则不予发运。

(3) 出口合同应争取按 CIF 或 CIP 条件成交，由出口人办理货运保险；或也可投保出口信用保险。在不采用 CIF 或 CIP 条件时，应投保卖方利益险。

第四节　信用证支付方式

汇付和托收是商业信用，银行虽然参与其中，但只提供传递资金和票据的服务，并不承担风险。随着国际贸易的发展，这两种建立在商业信用基础上的支付方式已不能适应实践的需要，需要信用等级更高的银行为买卖双方提供信用担保和资金融通。信用证方式在一定程度上解决了进出口商之间互不信任的矛盾，又为双方提供了资金融通，所以信用证自出现后在国际贸易中得到了广泛应用，虽然近些年来受到了其他更灵活的结算方式的冲击，但仍然是国际贸易中重要的结算方式。

一、信用证的定义

根据国际商会《跟单信用证统一惯例》(简称《UCP600》)的解释，信用证(Letter of Credit, L/C)是指一项不可撤销的安排，无论其名称或描述如何，该项安排构成开证行对相符交单予以承付的确定承诺。其中涉及两个相关的概念，具体如下。

相符交单(Complying Presentation)：是指与信用证条款、本惯例的相关适用条款以及国际标准银行实务一致的交单。

承付(Honour)：是指如果信用证为即期付款信用证，则即期付款；如果信用证为延期付款信用证，则承诺延期付款并在承诺到期日付款；如果信用证为承兑信用证，则承兑受益人开出的汇票并在汇票到期日付款。

二、《跟单信用证统一惯例》

信用证自出现以来得到了广泛使用，成为国际贸易中通用的支付方式。但是，由于对跟单信用证有关当事人的权利、责任、付款的定义和术语在国际上缺乏统一的解释和公认的准则,各国银行根据各自的习惯和利益自行规定办事,因此,信用证各有关当事人之间的争议和纠纷经常发生。特别是在爆发经济危机、市场不景气的时候,进口商和开证行往往挑剔单据上某些内容不符要求,借口提出异议,拖延甚至拒绝付款,以致引起司法诉讼。国际商会为了减少因解释不同而引起的争端,调和各有关当事人之间的矛盾,于 1930 年拟定了《商业跟单信用证统一惯例》(Uniform Customs and Practice for Commercial Documentary Credits),并于 1933 年正式公布,建议各国银行采用。随着国际贸易实践的发展,国际商会对该惯例进行了数次修订,最后一次修订于 2006 年 10 月在国际商会秋季会议上通过。修订后的惯例即《国际商会 600 号出版物》(UCP600),于 2007 年 7 月 1 日开始实施。

《跟单信用证统一惯例》虽然不是法律,但影响力巨大,已被世界上 170 多个国家和地区的银行采纳,成为国际上处理信用证业务的标准。开证行在信用证上一般都注明:"本证根据国际商会《跟单信用证统一惯例》(2007 年修订本),即《国际商会 600 号出版物》(UCP600)开立。"

三、信用证方式的当事人

(一)开证申请人

开证申请人(Applicant)又称"开证人",意指发出开立信用证申请的一方,一般为进口商。

(二)开证行

开证行(Opening Bank,Issuing Bank),意指应申请人要求或代表其自身开立信用证的银行,一般为进口地的银行。

(三)受益人

受益人(Beneficiary),意指信用证中受益的一方,即信用证中所指定的有权使用信用证、提供符合信用证规定的单据、向开证行或付款行要求支付货款的人,一般为出口商。

(四)通知行

通知行(Advising Bank,Notifying Bank),意指应开证行要求通知信用证的银行,一般是出口地的银行。

(五)付款行

付款行(Paying Bank，Drawee Bank)，是指信用证上规定的付款人，在大多数情况下，付款行就是开证行。但付款行也可以是受开证行委托代为付款的另一家银行。

(六)议付行

议付行(Negotiating Bank)，是指买入受益人按信用证规定提交的单据、贴现汇票的银行。议付行一般是出口商所在地的银行。

除了以上基本当事人外，根据实际需要，信用证业务还可能涉及的当事人有保兑行、承兑行和转让行等。

四、信用证的主要内容和开立形式

信用证没有统一的内容和格式，但主要内容大致相同。

(一)信用证的主要内容

1. 对信用证本身的说明

对信用证本身的说明包括：信用证的种类、性质、信用证号码、开证日期、有效期和到期地点、交单期限等。

2. 对汇票的说明

在信用证项下，如使用汇票，要明确汇票的出票人、受票人、受款人、汇票金额、汇票期限和主要条款等。

3. 对装运货物的说明

在信用证中，应列明货物的名称、规格、数量、单价等，且这些内容应与买卖合同的规定相一致。

4. 对运输事项的说明

在信用证中，应列明装运港、目的港、装运期限以及可否分批装运、转运等项内容。

5. 对单据的说明

在信用证中，应列明所需的各种单据，如商业发票、运输单据、保险单据及其他单据。

6．其他事项

(1) 开证行对议付行的指示条款。

(2) 开证行保证付款的文句。

(3) 开证行的名称及地址。

(4) 其他特殊条款。

(二)信用证的开立形式

1．信开本

信开本(to Open by Airmail)是指开证行采用印就的信函格式的信用证，开证后以空邮寄送给通知行。这种形式现在已很少使用。

2．电开本

电开本(to Open by Cable)是指开证行使用电报、电传、传真、SWIFT 等各种电讯方法将信用证条款传达给通知行。电开本又可以分为以下几种。

1) 简电本

简电本(Brief Cable)，即开证行只是通知已经开证，将信用证的主要内容，如信用证号码、受益人名称和地址、开证人名称、金额、货物名称、数量、价格、装运期及信用证有效期等预先通告通知行，详细条款将另航寄通知行。由于简电本内容简单，在法律上是无效的，不足以作为交单议付的依据。简电本有时注明"详情后告"等类似词语，如果有这种措辞，该简电本通知只能作为参考，不是有效的信用证文件，开证行应立即寄送有效的信用证文件给通知行。

2) 全电本

全电本(Full Cable)，即开证行以电信方式开证，把信用证全部条款传达给通知行。全电开证本身是一个内容完整的信用证，因此是交单议付的依据。

3) SWIFT 信用证

SWIFT 是"全球银行金融电讯协会"的简称。该组织于 1973 年在比利时的布鲁塞尔成立，专门从事传递各国之间的非公开性的国际间的金融电信业务，其中包括外汇买卖、证券交易、办理信用证项下的汇票业务和托收等，同时还兼理国际间的账务清算和银行间的资金调拨。目前，已有 1000 多家分属不同国家和地区的银行参加该协会并采用该协会电信业务的信息网络系统，使用时必须依照 SWIFT 使用手册规定的标准，否则会被自动拒绝。凡依据 SWIFT 网络系统设计的特殊格式，通过 SWIFT 网络系统传递的信用证的信息，即通过 SWIFT 开立或通知的信用证为 SWIFT 信用证，又称为"环银电协信用证"。

采用 SWIFT 信用证，必须使用 SWIFT 手册规定的代号，而且必须遵循国际商会制定的《跟单信用证统一惯例》。在信用证中可以省去银行的承诺条款，但不能免去银行所应承担的义务。目前，开立 SWIFT 信用证的格式代号为 MT700 和 MT701，修改信用证的格式代号为 MT707。SWIFT 信用证具有标准化、固定化和统一格式的特性，且传递速度快，成本也较低，所以现在已被西北欧、美洲和亚洲等国家和地区的银行广泛使用。我国银行在开立和收到的信用证中，SWIFT 信用证也占很大比重。

五、信用证的业务流程

信用证的种类不同，具体做法也不完全相同，下面以即期信用证为例介绍信用证的业务流程。信用证业务流程图如图 6-9 所示。

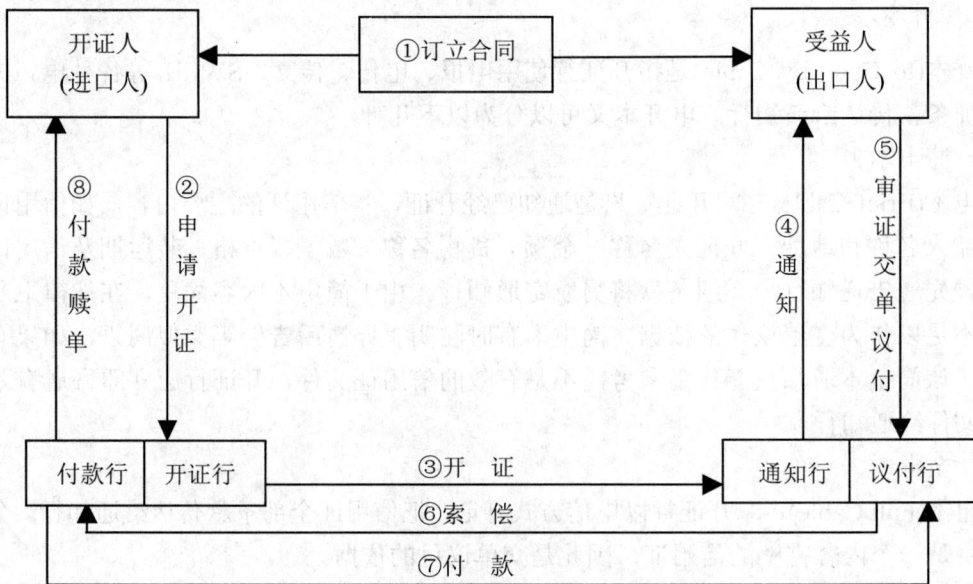

图 6-9　信用证业务流程图

说明：
(1) 进出口商订立买卖合同，明确规定买方以信用证方式支付货款。
(2) 开证人，即进口人，向开证行申请开立信用证。申请开证时要递交开证申请书。
(3) 开证行按申请书的要求向指定的受益人开立信用证，并将其传递给通知行。
(4) 通知行收到信用证后，经核对开证行的签字与密押无误，将其转交给受益人。
(5) 受益人收到信用证，审核信用证条款与买卖合同条款一致后发货，制作并取得信用证规定的全部单据，连同所开立的汇票，提交议付行议付。议付是议付行购进受益人开立的汇票及所附单据。

(6) 议付行办理议付后，凭汇票和单据向开证行或其指定的付款行请求偿付。

(7) 开证行或其指定的付款行向议付行付款。

(8) 开证行付款后向开证人提示单据，开证人审核单据无误后，向开证行付款。

六、信用证的特点

(一)信用证是一种银行信用

信用证支付方式是一种银行信用方式，由开证行以自己的信用做出付款的保证。在信用证付款的条件下，银行处于第一付款人的地位，只要受益人提交的单据与信用证规定一致，开证行就必须承担付款责任。即使开证申请人不付款，开证行也不能要求受益人退还已支付的款项。

(二)信用证是独立于合同之外的一种自足文件

虽然信用证的开立是以贸易合同为基础的，但一经开出，信用证便成为独立于贸易合同之外的独立契约，不受贸易合同的约束，不是贸易合同的附属合同，贸易合同的修改、变更、失效都不影响信用证的效力。开证行和参与信用证业务的其他银行只按信用证的规定行事，银行只对信用证负责，对贸易合同没有审查和监督执行的义务。

(三)信用证项下付款是一种单据的买卖

信用证业务是一种纯粹的单据业务。银行虽有义务"合理小心地审核一切单据"，但这种审核，只是确定单据表面上是否符合信用证条款，开证行只根据表面上符合信用证条款的单据付款，因此，银行对任何单据的形式、完整性、准确性、真实性以及伪造或法律效力，或单据上规定的或附加的一般和/或特殊条件概不负责。只要"单证一致"、"单单一致"，银行就要承担付款责任。

七、信用证的种类

(一)根据信用证是否随附货运单据，可分为跟单信用证和光票信用证

(1) 跟单信用证(Documentary L/C)是指开证行凭跟单汇票或仅凭单据付款的信用证。在国际贸易中所使用的信用证绝大多数是跟单信用证。

(2) 光票信用证(Clean L/C)是指开证行仅凭不附单据的汇票付款的信用证。在采用信用

证方式预付货款时，通常是光票信用证。

(二)根据有无另一家银行加以保证兑付，可分为保兑信用证和不保兑信用证

(1) 保兑信用证(Confirmed L/C)是指另一家银行，即保兑行(Confirming Bank)对开证行所开信用证加以保证兑付的信用证。当受益人提交的单据符合信用证规定时，保兑行负有向受益人付款的责任。这种信用证由开证行与保兑行两家银行对受益人负责，两者都负第一性的付款责任，对出口人的安全收汇是有利的。

(2) 不保兑信用证(Unconfirmed L/C)是指开证行开出的信用证没有另一家银行保兑。当开证行资信良好和成交金额不大时，一般都使用不保兑信用证。

(三)根据付款方式，可分为付款信用证、承兑信用证和议付信用证

(1) 付款信用证(Payment L/C)是指开证行或其指定的付款行仅凭单据付款的信用证。这种信用证一般不要求受益人开具汇票，分为以下两种。

① 即期付款信用证(Sight Payment L/C)，指信用证上注明"即期付款兑现"的信用证，银行收到合格单据后立即付款。

② 延期付款信用证(Deferred Payment L/C)，指信用证上注明"延期付款兑现"的信用证，银行收到合格单据若干天后付款。由于没有汇票进行承兑，付款行一般会提供一份延期付款承诺书以保证到期向受益人付款。

(2) 承兑信用证(Acceptance L/C)是指开证行或其指定的付款行在收到符合信用证规定的远期汇票和单据时，先在汇票上履行承兑手续，等汇票到期日再付款的信用证。受益人也可以将承兑后的汇票进行贴现，扣除利息和相关费用后，提前支取款项。承兑信用证根据贴现融资方式不同分为以下两种。

① 卖方远期信用证(Seller's Usance L/C)，又称"真远期信用证"，指受益人(出口商)进行贴现时由自己承担贴现利息和费用。

② 买方远期信用证(Buyer's Usance L/C)，又称"假远期信用证"，指由申请人(进口商)承担受益人贴现时的利息和费用，银行在承兑汇票后立即按票面金额向受益人支付款项。这是一种即期支付的远期信用证，所以称为"假"远期。

(3) 议付信用证(Negotiation L/C)是指开证行在信用证中规定，允许受益人向某一指定银行或任何银行交单议付的信用证。议付信用证按是否限定议付银行，又可分为公开议付信用证和限制议付信用证。前者是指任何银行均可办理议付；后者是指仅由开证行指定的一家银行办理议付。

(四)根据受益人对信用证的权利可否转让，分为可转让信用证和不可转让信用证

(1)　可转让信用证(Transferable L/C)是指第一受益人有权将信用证的全部或部分金额转让给第二受益人使用的信用证。按《UCP600》第 38 条规定，只有明确注明"可转让"的信用证才能转让。可转让信用证只能转让一次，但允许第二受益人将信用证转让给第一受益人。可转让信用证的第一受益人一般是与进口商签订合同的中间商，第二受益人往往是实际供货人。

(2)　不可转让信用证(Non-transferable L/C)是指受益人不能将信用证的权利转让给他人的信用证。凡信用证中未注明"可转让"的，就是不可转让信用证。

(五)循环信用证

循环信用证(Revolving L/C)是指受益人在一定时间内使用信用证规定金额后，能够重新恢复信用证原金额并再度使用，周而复始，直至达到该信用证规定次数或累计总金额用完为止的信用证。循环信用证一般用于成交量大，可定期分批均匀供货，分批付款的长期合同。循环信用证的优点在于，进口方可以不必多次开证，从而节省开证费用，同时也可简化出口方的审证、改证等手续，有利于合同的履行。

循环信用证通常有以下三种方式。

(1)　自动循环。信用证金额被使用后，无须开证行的通知，可以自动恢复至原金额继续使用。

(2)　半自动循环。信用证金额被使用后，开证行在规定的期限内未发出不能恢复原金额的通知，即可自动恢复原金额继续使用。

(3)　非自动循环。信用证金额被使用后，必须经过开证行的通知，才能恢复原金额继续使用。

(六)对开信用证

对开信用证(Counter L/C)是指交易的双方各自以对方为受益人开出的信用证。其特点是第一张信用证的受益人是第二张信用证的开证申请人；第一张信用证的开证申请人是第二张信用证的受益人。两张信用证的金额相等或大体相等，两证可同时互开，也可先后开立。对开信用证多用于易货交易或来料加工和补偿贸易。

(七)对背信用证

对背信用证(Back to Back L/C)又称转开信用证,是指受益人要求原证的通知行或其他银

行以原证为基础，另开一张内容相似的新信用证。对背信用证的开立通常是中间商转售他人货物，从中图利，或两国不能直接办理进出口贸易时，通过第三者以此种方法来沟通贸易。

对背信用证与可转让信用证的主要区别在于：可转让信用证只有一份信用证，开证行同时对第一和第二受益人承担付款责任；而对背信用证有两张信用证，第二张信用证以第一张信用证为开证依据，并独立于第一张信用证。

(八)预支信用证

预支信用证(Anticipatory L/C)是指允许受益人在货物装运交单前预支货款的信用证，有全部预支和部分预支两种。如果开证人在开立大额预支信用证时担心受益人预支后不履行供货义务，可在预支条款中加列受益人须提供银行保函或备用信用证，以保证受益人不履约时退还已预支的款项。为引人注目，这种预支货款的条款，在以往常用红字打出，因此俗称"红条款信用证(Red Clause L/C)"。

SWIFT 信用证范本
A Documentary Credit

Sequence of Total	27:	1/1
Form of Doc. Credit	40A:	TRANSFERABLE
Doc. Credit Number	20:	ILCT507553
Date of Issue	31C:	080529
Expiry	31D:	Date 080701 Place CHINA
Applicant	50:	ABC CO.
		30, MIDDLE NECK ROAD, GREAT NECK, N. Y.
Beneficiary	59:	GUANGDONG TEXTILES I. AND E. CORP.
		68 XIAO BEI ROAD, GUANGZHOU, CHINA
Amount	32B:	Currency USD Amount 80000.00
Pos. /Neg. Tol. (%)	39A:	02/02
Available with/by	41D:	ANY BANK IN CHINA BY NEGOTIATION
Drafts at…	42C:	SIGHT
Drawee	42D:	JPMORGAN CHASE BANK
Partial Shipments	43P:	ALLOWED
Transhipment	43T:	ALLOWED
Loading in Charge	44A:	GUANGZHOU CHINA
For Transport to…	44B:	NEW YORK
Latest Date of Ship.	44C:	080610
Description of Goods	45B:	

LADIES JEANS ASSORTED STYLE AND COLOR ABOUT 800 DOZENS
PRICE TERMS: FOB GUANGZHOU

Documents required	46A:	

+ COMMERCIAL INVOICE AND 4 COPIES.
+ CUSTOMS INVOICE AND 3 COPIES.
+ PACKING LIST AND 3 COPIES.
+ CERTIFICATE OF ORIGIN AND 3 COPIES.
+ FULL SET CLEAN BILLS OF LADING PLUS 2 NON—NEGOTIABLE COPIES CONSIGNED TO ORDER OF JPMORGAN CHASE BANK MARKED NOTIFY ABC CO. AND FREIGHT COLLECT EVIDENCING CONTAINERIZED SHIPMENT.
+ BENEFICIARY'S CERTIFICATE CERTIFYING THAT COMMERCIAL INVOICE, PACKING LIST, ORIGINAL EXPORT LICENCE AND CUSTOMS INVOICE HAVE BEEN DESPATCHED BY COURIER DIRECT TO ABC CO.

Additional Condition 47A:

AN ADDITIONAL FEE OF USD 50.00 OR EQUIVALENT WILL BE DEDUCTED FROM THE PROCEEDS PAID UNDER ANY DRAWING WHERE DOCUMENTS PRESENTED ARE FOUND NOT TO BE IN STRICT CONFORMITY WITH THE TERMS OF THIS CREDIT.

THIS LETTER OF CREDIT IS TRANSFERABLE BY BANK OF CHINA, CHINA.

ANY TRANSFER(S) EFFECTED BY THE TRANSFERRING BANK MUST BE ADVISED TO US STATING 1. NAME OF TRANSFEREE(S) 2. THE AMOUNT OF THE TRANSFER(S) AND 3. WHETHER OR NOT THE FIRST BENEFICIARY HAS ELECTED TO SUBSTITUTE THEIR DRAFT(S) AND/OR INVOICE FOR THOSE OF THE TRANSFEREE(S). IF WE DO NOT RECEIVE SUCH NOTICE UPON PRESENTATION OF THE DRAWING DOCUMENTS AND IF THE DRAWER IS NOT THE ORIGINAL BENEFICIARY, WE WILL CONSIDER THE DRAWING AS DISCREPANT AND MAY IN OUR SOLE JUDGEMENT APPROACH THE APPLICANT FOR A WAIVER OF THE DISCREPANCY(IES)

THIS TELETRANSMISSION IS THE OPERATIVE INSTRUMENT AND SUBJECT TO U.C.P. 2007 REVISION ICC PUBLICATION NO. 600 AND ENGAGES US IN ACCORDANCE WITH THE TERMS THEREOF.

PRESENTATION PERIOD 48:

DOCUMENTS MUST BE PRESENTED NOT LATER THAN 15 DAYS AFTER THE DATE OF SHIPMENT, BUT WITHIN THE VALIDITY OF THE CREDIT.

DETAILS OF CHARGES 71B: ALL BANKING CHARGES OUTSIDE USA FOR BENEFICIARY ACCOUNT

Confirmation 49: WITHOUT

Instructions 78:

PLEASE REFER TO OUR DOCUMENTARY CREDIT NUMBER ON ALL COMMUNICATIONS WITH US

第五节 银行保函与备用信用证

在国际经济交往中，交易双方往往会相互不信任，为了顺利达成交易和履行合同，促使国际经贸活动正常进行，就需要银行充当保证人，为当事人提供担保。银行保函和备用信用证都是银行开立的保证文件，都属银行信用。它们不仅适用于货物买卖，也适用于承包工程项目、融资等一切有关国际经济合作的业务。

一、银行保函

(一)银行保函的定义

保函(Letter of Guarantee，L/G)又称保证书，是指银行或其他金融机构(保证人)应申请人的请求，向第三方(受益人)开立的一种书面信用担保凭证，保证在申请人未能按双方协议履行其责任或义务时，由保证人代其履行一定金额、一定期限范围内的某种支付责任或经济赔偿责任。

(二)银行保函的当事人

1. 委托人

委托人(Principal)又称"申请人"、"被保证人"，是要求银行开立保函的人。

2. 受益人

受益人(Beneficiary)是凭银行保函要求银行承担经济赔偿责任的人。

3. 保证人

保证人(Guarantor)又称"担保人"，是开立保函的银行或其他金融机构。

银行保函除了以上三个基本当事人外，有时还可能有转递行、保兑行和转开行等当事人。转递行是根据保证银行的请求将保函转递给受益人的银行；保兑行是在保函上加具保兑的银行；转开行是接受保证银行的请求，向受益人开出保函的银行。

(三)银行保函的主要内容

银行保函没有统一的格式，按照《URDG458》的要求一般都规定以下基本内容。

1. 有关当事人

保函中应详列主要当事人，即申请人、受益人和担保人的名称和地址。

2. 开立保函的依据

保函开立的依据是基础合同，应列明合同或标书等协议的号码和日期。

3. 担保金额

担保金额是保函内容的核心，每份保函都必须明确规定一个确定的金额。担保人仅依据保函所规定的金额向受益人负责，其责任不超过保函所规定的金额。

4. 要求付款的条件

担保人在收到索赔书或保函中规定的其他文件后，认为这些文件表面上与保函条款一致时，支付保函中规定的款项。如果这些文件表面上不符合保函条款要求，或文件之间表面上不一致时，担保人可以拒绝接受这些文件。保函项下的任何付款要求均应以书面做出，保函规定的其他文件也应是书面的。

5. 保函失效日期或失效事件

在保函中应规定保函失效日期。如未规定，当保函退还给担保人，或受益人书面声明解除担保人的责任，则认为该保函已被取消。

6. 保函适用的法律与司法

保函适用的法律是担保人营业所在地的法律，如果担保人有数处营业场所，其适用法律为开出保函的分支机构所在地的法律。

(四)银行保函的种类

银行保函根据不同用途可分为多种，主要有以下几种。

1. 投标保函

投标保函是银行或其他金融机构(保证人)应投标人(委托人)的申请向招标人(受益人)发出的保证书，保证投标人在开标前不中途撤销投标或片面修改投标条件，中标后不拒绝签约，不拒绝交付履约保证金，否则，银行负责赔偿招标人一定金额的损失。

2. 履约保函

用于国际货物买卖中的履约保函可分为进口保函和出口保函两种。

(1) 进口保函是指保证人(银行)应进口商的申请开给出口商(受益人)的保证书，其内容规定如果出口商按合同交货，进口商一定按合同条款付款，如未能按期付款，由银行负责付款。

(2) 出口保函是指保证人(银行)应出口商的申请开给进口商(受益人)的保证书，其内容规定如果出口商未按合同规定交货，由银行负责赔偿进口商的损失。

3. 还款保函

还款保函又称预付款保函或定金保函，是指保证人应合同一方当事人的申请，向合同另一方当事人开立的保函。保函规定，如申请人不履行他与受益人订立的合同，不将受益人预付或支付的款项退还给受益人，保证人向受益人退还或支付款项。

二、备用信用证

(一)备用信用证的含义

备用信用证(Stand by L/C)是指开证行根据申请人的请求，向受益人保证，在申请人未能履行规定的义务时，承担有条件的偿付责任的特殊信用证。备用信用证实质上起到了银行保函的作用。如果开证申请人按期履行合同，受益人就无须要求开证行在备用信用证项下支付任何货款或赔款，所以称作"备用"信用证。

(二)备用信用证与跟单信用证的区别

1. 使用的前提条件不同

在跟单信用证中，受益人只要履行信用证所规定的条件，即可向开证行要求付款；而在备用信用证中，受益人只有在开证申请人未履行义务时，才能行使信用证规定的权利。如果开证申请人履行了约定的义务，备用信用证就成为"备而不用"的文件。

2. 使用的范围不同

跟单信用证一般只适用于货物的买卖；而备用信用证除此之外还可以适用于货物贸易以外的多种交易形式，如投标业务、借贷业务、赊销交易等。

3. 付款的依据不同

跟单信用证一般以交来的符合信用证规定的、代表货物物权的货运单据为付款依据；而备用信用证一般以受益人出具的、说明开证申请人未能履约的证明文件为付款依据。

第六节　国际保理业务简介

汇付、托收和信用证是传统的国际贸易结算方式。汇付和托收属于商业信用，对进口商有利，而出口商承担较大的收款风险。信用证是银行信用，出口商收款较有保证，但对进口商不利，进口商要申请开证，还要交纳一定的押金，加重了进口商的资金负担。当今国际市场竞争激烈，大多数商品都是买方市场，出口商为了吸引进口商成交有时不得不使用汇付和托收方式，同时又希望安全收汇。国际保理正是为适应这种需要而产生的国际贸易结算方式。

一、国际保理的定义

国际保理(International Factoring)又称国际保付代理或承购应收账款。出口商以商业信用方式出卖商品，在货物装船后，将发票等有关单据卖断给银行或保理公司，收进全部或大部分货款，取得资金融通。银行或保理公司买进出口商的单据，为出口商提供信用销售控制、销售分户账管理、债款回收以及坏账担保等各项服务。这项业务具有较强的灵活性和适应性，出口商可根据本公司的实际情况要求银行或保理公司提供全部服务项目或仅提供某一项或某几项服务。

二、国际保理业务的内容

(一)贸易融资

保理业务最大的优点就是可以提供无追索权贸易融资，而且手续简便。出口商在发货后将发票通知保理公司就可以立即获得 80%发票金额的无追索权预付款融资，这样就基本解决了信用销售的资金占用问题。

(二)债款回收

保理公司拥有专门的收债技术和丰富的收债经验，一般还设有专门的部门处理法律事务并可随时提供一流的律师服务。

(三)信用销售控制

保理公司可以利用保理商联合会广泛的代理网络和官方及民间的商情咨询机构，以及其母银行广泛的分支机构和代理网络，通过多种渠道和手段获取所需的最新动态资料，随时掌握客户的资信变化情况，并对出口商的每个客户核定合理的信用销售额度，从而将坏账风险降至最低。

(四)坏账担保

出口商在信用销售额度以内的销售叫已核准应收账款，超出额度部分的销售叫未核准应收账款，保理公司对已核准应收账款提供 100%的坏账担保。

(五)销售分户账管理

银行或保理公司收到出口商交来的销售发票后，在电脑中设立有关分户账并输入必要的信息和参考数据，如债务人名称、金额、支付方式和付款期限等，以便实行电脑化管理。专用电脑可自动进行诸如记账、催收、清算、计算和收费、统计报表打印等各项工作，并可根据客户的要求随时或定期提供按产品、客户、国家和地区等分别统计的各种数字和资料，是一种高效率的账务服务。

三、国际保理业务的当事人

(一)出口商

出口商对所提供的货物或劳务出具发票，向保理商转让其应收账款权利。

(二)进口商

进口商对由提供货物或劳务所产生的应收账款负有付款责任。

(三)出口保理商

出口保理商是指在出口国对出口商的应收账款作保理业务的当事人。

(四)进口保理商

进口保理商是指在进口国代收由出口商转让给出口保理商的应收账款，并承担信用风险审查以及负责应收账款催收和管理的当事人。

在一项国际保理业务中，出口商与出口保理商签订国际保理合同，进、出口保理商之间签订保理商代理合同，各有关当事人分别根据所签署的保理合同办理保理业务。

四、国际保理业务的基本程序

目前在国际贸易中，保理商提供的国际保理业务一般都是双保理做法。双保理的基本程序如下。

(1) 进出口商签订货物买卖合同，规定使用赊销方式出口。

(2) 出口商与出口保理商签订保理协议，并书面提出对进口商所审查的信用额度。

(3) 出口保理商将出口商提出的信用额度申请转给与之有业务往来的进口保理商。

(4) 进口保理商对进口商的资信进行调查和评估,确定进口商的信用额度,告知出口保理商,并转通知出口商。

(5) 出口商到期发货,并提交发票及各项货运单据。

(6) 出口商将发票副本交出口保理商,即可取得80%的发票金额融资。

(7) 出口保理商将发票副本送交进口保理商,进口保理商将发票入账,并定期催促进口商按期付款。

(8) 进口商到期向进口保理商支付发票全部金额。

(9) 进口保理商将发票金额拨交出口保理商。

(10) 出口保理商扣除预付货款、服务费用以及其他费用后,将货款余额交出口商。

五、国际保理的优点

国际保理之所以在国际结算和贸易融资中能得到迅速发展,是因为它对进出口双方均有好处。对出口商来说,通过提供对买方最具吸引力的付款条件可以增强市场竞争能力,扩大销售。另外,出口商还可将远期应收账款转变为现金销售收入,从而加速资金周转,增强清偿能力,改善资产负债比率,以利于企业的有价证券上市和进一步融资,并有效地消除了汇率和信用风险。对进口商而言,采用国际保理与采用信用证相比,降低了进口成本,简化了进口手续。

第七节 合同中的支付条款

合同中的支付条款要根据支付方式而定。不同的支付方式涉及不同的信用,双方当事人的利益和风险也不同。按支付方式支付条款可分为汇付条款、托收条款和信用证条款。

一、汇付条款

汇付方式通常用于预付货款和赊销。在合同中应当明确规定汇付的时间、具体汇付方法和金额等。

例1:买方不晚于×年×月×日将全部货款用电汇(信汇或票汇)方式预付给卖方。

The Buyer shall pay the total value to the Seller in advance by T/T (M/T or D/D) not later than …

例 2：买方同意在本合同签字之日起 1 个月内将本合同总金额××%的预付款，以电汇方式汇交卖方。

…% of the total contract value as advance payment shall be remitted by the Buyer to the Seller through telegraphic transfer within one month after signing this contract.

二、托收条款

采用托收方式时，应在合同中明确规定托收种类、交单条件、承兑或付款责任以及付款期限等。

(一)即期付款交单

买方应凭卖方开立的即期汇票付款，付款后交单。

Upon first presentation the Buyer shall pay against documentary draft drawn by the Seller at sight. The shipping documents are to be delivered against payment only.

(二)远期付款交单

买方应凭卖方开具的跟单汇票，于提单日后 60 天付款，付款后交单。

The Buyer shall pay against the documentary draft drawn by the Seller at 60 days after date of B/L. The shipping documents are to be delivered against payment only.

(三)承兑交单

买方对卖方开具的见票后 60 天付款的跟单汇票，于提示当时给予承兑，并应于汇票到期日付款，承兑后交单。

The Buyer shall duly accept the documentary draft drawn by the Seller at 60 days sight upon first presentation and make payment on its maturity. The shipping documents are to be delivered against acceptance only.

三、信用证条款

采用跟单信用证结算时，应在合同中明确规定：信用证的种类、受益人、开证行、开证日期、信用证金额、有效期和到期地点、随附单据等内容。

(一)开证时间

开证时间的订法一般有以下几种。

(1)　在装运月份前××天开到卖方。

to be opened to reach the Seller … days before the month of shipment

(2)　不迟于×月×日开到卖方。

to be opened to reach the Seller not later than …

(3)　接到卖方货已备齐的通知后××天内开证。

to be opened within … days after receipt of the Seller's advice that the goods are ready for shipment

(二)开证银行

为确保收汇安全,在买卖合同特别是出口合同中,一般还应对开证行的资信地位作必要的规定。一般规定信用证应"通过为卖方可接受的银行(through a bank acceptable to the Seller)"。

(三)受益人

一般情况下规定"以卖方为受益人(in favour of the Seller)"。

(四)信用证种类

信用证种类繁多,应视交易的具体情况选择信用证种类,因此,合同中应明确信用证的类别,例如:①即期信用证(Sight Credit);②见票后××天付款的信用证(Credit at … days' sight (at … days after sight))。

(五)信用证金额

一般规定信用证金额为发票金额的 100%(100% of the invoice value)。但如果涉及额外费用需在信用证金额外支付,则必须在合同中明确规定。

(六)到期日和到期地点

信用证的到期日(Expiry Date)习称信用证的有效期(Validity),是指开证行承担即期付款、延期付款、承兑或议付责任的期限。在我国出口业务中,一般都要求买方来证规定:议付有效至装运月份后第 15 天(valid for negotiation until the 15th day after the month of shipment)。到期地点是指交付单据并要求付款、承兑或议付的银行所在地,即在信用证有效期内应向何地的指定银行交单。

信用证到期有三种情况,即议付到期、承兑到期和付款到期。议付到期的地点一般在出口地;承兑和付款到期的地点则为开证行或其指定的付款行所在地。我国出口合同一般都规定信用证到期地点在我国或我国某地。例如:

在上海议付有效至……

valid for negotiation in Shanghai until …

信用证条款举例如下。

例1:买方应通过为卖方所接受的银行,于装运月份前××天开立并送达卖方即期信用证,有效至装运月份后第15天在中国议付。

The Buyer shall open through a bank acceptable to the Seller a Sight Letter of Credit to reach the Seller … days before the month of shipment, valid for negotiation in China until the 15th day after the month of shipment.

例2:买方应通过为卖方所接受的银行,于装运月份前××天开立并送达卖方见票后30天付款的信用证,有效至装运月份后第15天在上海议付。

The Buyer shall open through a bank acceptable to the Seller a Letter of Credit at 30 days' sight to reach the Seller … days before the month of shipment, valid for negotiation in Shanghai until the 15th day after the month of shipment.

本章自测题

一、填空题

阅读下面的汇票,并根据提出的问题填空。

开证行名称、信用证号码、开证日期、汇票金额(小写)和币种、汇票金额(大写)、付款期限、收款人(受款人)、付款人(受票人)、出票人

Drawn under ___SAKURA BANK, LTD., THE (FORMERLY MITSUI TAIYO KOBE) TOKYO

      L/C   No.   ___645—3000598___

      Date   ___JAN. 13, 2005___

Payable with interest @_____% per annum

No._____ **Exchange** for USD 16000.00 Guangzhou. China_____

At___ *** *** sight of this **FIRST** of Exchange (Second of exchange being unpaid)

pay to the order of _____BANK OF CHINA_____

1

the sum of ████ U.S. DOLLARS SIXTEEN THOUSAND ONLY ████

To SAKURA BANK, LTD., THE (FORMERLY　　　GUANGDONG MACHINERY
MITSUI TAIYO KOBE) TOKYO　　　　　IMPORT AND EXPORT CORP. (GROUP)

二、选择题

1. 信用证经保兑后，保兑行_____。
   A. 只有在开证行没有能力付款时，才承担保证付款的责任
   B. 和开证行一样，承担第一性付款责任
   C. 需和开证行商议决定各自的责任
   D. 只有在买方没有能力付款时，才承担保证付款的责任

2. 根据《UCP600》的解释，信用证的第一付款人是_____。
   A. 进口人　　B. 开证行　　C. 议付行　　D. 通知行

3. 国外开来的信用证规定，汇票的付款人为开证行，货物装船完毕，出口人闻悉申请人已破产倒闭，则_____。
   A. 由于申请人破产，货款将落空
   B. 开证行得悉申请人破产后，即使货已装船，仍可撤回信用证，受益人未能取得货款
   C. 只要单证相符，受益人仍可从开证行取得货款
   D. 待申请人财产清算后方可收回货款

4. 承兑是_____对远期汇票表示承担到期付款责任的行为。
   A. 付款人　　B. 收款人　　C. 出口人　　D. 议付银行

5. 一张每期用完一定金额后，需等开证行通知到达，才能恢复到原金额继续使用的信用证是_____。
   A. 非自动循环信用证　　　B. 半自动循环信用证
   C. 自动循环信用证　　　　D. 有时自动，有时非自动

6. L/C与托收相结合的支付方式，其全套货运单据应_____。
   A. 随信用证项下的汇票
   B. 随托收项下的汇票
   C. 50%随信用证项下，50%随托收项下
   D. 单据与票据分列在信用证和托收汇票项下

7. 国际货物买卖使用托收方式，使用的汇票是_____。
   A. 商业汇票，属于商业信用　　B. 银行汇票，属于银行信用
   C. 商业汇票，属于银行信用　　D. 银行汇票，属于商业信用

8. 信用证体现了_____。

    A. 开证申请人与开证银行之间的契约关系

    B. 开证银行与受益人之间的契约关系

    C. 开证申请人与开证行之间的契约关系，又体现了开证行与受益人之间的契约关系

    D. 开证银行与议付行之间的契约关系

9. 按《UCP600》的规定，信用证_____。

    A. 未规定是否保兑，即为保兑信用证

    B. 未规定可否转让，即为可转让信用证

    C. 未规定是否保兑，即为不保兑信用证

    D. 未规定可否撤销，即为不可撤销信用证

10. 以下对可转让信用证表述正确的是_____。

    A. 可转让信用证只能转让一次

    B. 可转让信用证可转让无数次

    C. 第二受益人可以将信用证转回给第一受益人

    D. 信用证经转让后，买卖合同中卖方仍应履行其应履行的义务

11. 备用信用证与一般跟单信用证的主要区别是_____。

    A. 备用信用证属于商业信用，而跟单信用证属于银行信用

    B. 银行付款的条件不同

    C. 适用的范围不同

    D. 受款人要求银行付款时所需提交的单据不同

12. 信用证支付方式的特点是_____。

    A. 信用证是一种银行信用   B. 信用证是一种商业信用

    C. 信用证是一种自足文件   D. 信用证是一种单据的买卖

三、判断并改错题

1. 出口商采用 D/A30 天比采用 D/P30 天承担的风险更大。（　　）

2. 按《UCP600》的规定，信用证都是不可撤销的。（　　）

3. 保兑信用证中的保兑行对保兑信用证负第一性的付款责任。（　　）

4. 在票汇情况下，买方购买银行汇票径寄卖方，因采用的是银行汇票，故这种付款方式属于银行信用。（　　）

5. 在一般情况下汇票一经付款，出票人对汇票的责任即告解除。（　　）

6. 汇票、本票、支票都可分为即期和远期。（　　）

7. 本票是无条件的支付承诺，汇票是无条件的支付命令。　　　　　　（　　）

8. 托收是通过银行进行的，所以托收是银行信用。　　　　　　　　（　　）

9. 在承兑交单的情况下，是由代收行对汇票进行承兑后，向进口人交单。　（　　）

10. 信用证是银行应进口商的申请，向出口商开出保证付款的凭证，因此，进口商应承担第一付款人的责任。　　　　　　　　　　　　　　　　　　（　　）

四、简答题

1. 即期汇票与远期汇票的主要区别是什么？

2. 本票与汇票的主要区别是什么？

3. 简述远期付款交单的业务流程。

4. 简述即期议付信用证的业务流程。

5. 简述跟单信用证与备用信用证的区别。

6. 信用证的特点是什么？

7. 简述国际保理的优点。

五、案例分析题

1. 我国某企业与某国 A 商达成一项出口合同，付款条件为付款交单见票后 45 天付款。当汇票及所附单据通过托收行寄抵进口地代收行后，A 商及时在汇票上履行了承兑手续。货抵目的港时，由于用货心切，A 商出具信托收据向代收行借得单据，先行提货转售。汇票到期时，A 商因经营不善，失去偿付能力。代收行以汇票付款人拒付为由通知托收行，并建议由我国企业向 A 商索取货款。对此，你认为我国企业应如何处理？

2. 我向美出口一批货物，合同规定 8 月份装船，后国外来证将装船期改为不得晚于 8 月 15 日。但 8 月 15 日前无船去美，我立即要求外商将装船期延至 9 月 15 日前装运。随后美商来电称：同意船期展延，有效期也顺延一个月。我于 9 月 10 日装船完毕，15 日持全套单据向银行办理议付，但银行拒绝收单。问银行能否拒收单据、拒付货款？为什么？

3. 我国某公司与新西兰商人成交一批出口货物。合同规定买方开立即期信用证，但对方开来的却是一张 60 天的远期信用证。不过在证中规定："discount charges for payment at 60 days are borne by buyers and payable at maturity at scope of this credit." 问此证是否为假远期信用证？我方可否接受？

第七章　商品检验与索赔条款

　　买卖双方在合同中明确规定商品检验与索赔条款可尽量减少争议或使发生的争议得到妥善解决，维护双方的利益。

　　通过本章的学习，要求学生了解商检机构、商检证书和商检标准，掌握不同的检验时间和检验地点对买卖双方责任的影响，熟悉商检索赔条款的主要内容。

第一节　商　品　检　验

　　商品检验(Commodity Inspection)是指在国际货物买卖中，对卖方交付给买方货物的质量、数量和包装等进行检验，以确定其是否符合买卖合同规定；有时还对装运技术条件或货物在装卸运输过程中发生的残损、短缺进行检验或鉴定，以明确事故的起因和责任的归属；货物的检验还包括根据一国的法律或行政法规对某些进出口货物或有关的事项进行质量、数量、包装、卫生和安全等方面的强制性检验或检疫。

　　商品检验是随着国际货物买卖的发展而产生和发展起来的，在国际货物买卖中占有十分重要的地位。在国际货物买卖中，由于双方身处异地，相距遥远，货物在长途运输过程中难免会发生残损、短少甚至灭失，尤其是在凭单据交接货物的象征性交货条件下，买卖双方对所交货物的品质、数量等问题更容易产生争议。因此，为了便于查明货损原因，确定责任归属，以利货物的交接和交易的顺利进行，就需要一个公正的第三者，即商品检验机构，对货物进行检验或鉴定。由此可见，商品检验是国际货物买卖中不可缺少的一个重要环节。

一、买方的检验权

　　检验权是指依照合同的约定，买方或卖方享有的，对进出口商品进行最终检验鉴定的权利。为保障买方利益，合同检验条款一般规定买方检验权，即买方收到货物后有权检验。经检验，认为货物与买卖合同的规定不符时，买方可以拒收。对此，各国的法律和国际公约均有明确规定，如我国的《合同法》、英国的《1893 年货物买卖法》、美国的《统一商法典》和《联合国国际货物销售合同公约》。但值得注意的是，买方对货物的检验权并不是对货物表示接受的前提条件。买方对收到的货物可以进行检验，也可以不进行检验，如果买方没有利用合理的机会对货物进行检验，就是放弃了检验权，从而丧失了拒收货物的权利。另外，如果合同中的检验条款规定以卖方检验为准，此时就排除了买方对货物的检验权。

二、检验的时间和地点

为了明确责任，买卖双方通常都在买卖合同中就买方是否行使和如何行使检验权的问题做出明确规定，其中的核心就是检验的时间和地点。在国际货物买卖合同中，关于检验的时间和地点的规定，基本做法有以下三种。

(一)在出口国检验

这种方法包括产地检验和装运港(地)检验两种。

1．产地检验

产地检验是指货物在离开生产地点之前，由卖方检验部门或按照合同规定会同买方的验收人员进行检验和验收，并由买卖合同中规定的检验机构出具检验证书，作为卖方所交货物的品质、数量等内容的最后依据。卖方只承担货物离开产地前的责任，对于货物在运输途中发生的一切变化概不负责。

2．装运港(地)检验

装运港(地)检验又称"离岸品质、离岸重量"(Shipping Quality and Weight)，是指货物在装运港或装运地交货前，由合同中规定的检验机构对货物的品质、重量(数量)等内容进行检验鉴定，并以该机构出具的检验证书作为最后依据。卖方对交货后货物发生的变化不承担责任。

采用以上两种方式，实际就是规定了卖方检验权，否定了买方的复验权，即使买方自行委托当地检验机构对货物进行复验，也已无法拒收或提出异议和索赔，除非买方能证明他所收到的与合同不符的货物，是由于卖方的违约或货物固有的瑕疵造成的。因此这两种方式对买方不利。

(二)在进口国检验

这种方法又分为目的港(地)检验和买方营业处所(最终用户所在地)检验两种。

1．目的港(地)检验

目的港(地)检验又称为"到岸品质、到岸重量"(Landed Quality and Weight)，在货物运抵目的港或目的地卸货后的一定时间内，由双方约定的检验机构进行检验，该机构出具的检验证书作为决定交付货物的质量、重量(数量)的依据。如果检验证书证明货物与合同不符，买方有权向卖方提出索赔。

2．在买方营业处所(最终用户所在地)检验

这一做法是将检验延伸和推迟至货物运抵买方营业处所或最终用户所在地后的一定时间内进行，并以双方约定的检验机构出具的检验证书作为决定交货质量和数量的依据。这种做法主要适用于需要安装调试进行检验的成套设备、机电仪表产品以及在口岸开件检验后难以恢复原包装的商品。

采用以上两种方式，实际上是买方享有最终检验权，卖方实际需承担到货品质、数量的责任。买方可根据当地商检证明书就商品的质量、数量向卖方提出异议和索赔，若确由卖方责任所致，卖方不得拒绝。因此这两种方式对卖方不利。

(三)出口国检验，进口国复验

这种做法以装运港(地)的检验证书作为收付货款的依据，货物运到目的港(地)后买方有复验权。按此规定，货物须于装运前由双方约定的检验机构进行检验，其检验证书作为卖方要求买方支付货款或向银行收取货款的单据之一。在货物运抵目的港或目的地卸货后的一定时间内，买方有权复验。如经约定的检验机构复验后发现货物不符合合同规定，并证明这种不符由卖方所致，而不属于承运人或保险公司的责任，买方有权在规定的时间内凭复验证书向卖方提出异议和索赔。

这种做法兼顾了买卖双方的利益，较为公平合理，因此它是国际货物买卖中最常见的一种规定检验时间和地点的方法，也是我国进出口业务中最常用的一种方法。

(四)装运港(地)检验重量，目的港(地)检验品质

这种方法一般用于大宗商品的检验，将商品的重量检验和品质检验分别进行，又称"离岸重量，到岸品质"(Shipping Weight and Landed Quality)。在装运港(地)由当地检验机构检验货物重量，并出具重量检验证书，作为卖方所交货物重量的最后依据。货物抵目的港(地)后，由买方检验机构检验货物品质，并出具品质检验证书，作为货物品质的最后依据。若货物与合同规定的品质和重量不符，买方可凭品质检验证书就货物品质向卖方提出索赔，但买方无权对货物的重量提出异议。

三、检验机构

在制定检验条款时，对检验机构应当作明确的规定。如在我国检验，应订明"由中国

出入境检验检疫局进行检验"。在出口合同中，如允许买方有复验权，我方最好争取在合同中规定"须以卖方同意的公证机构出具的检验报告作为索赔的依据"。这样可防止某些对我方不友好的公证机构进行复验，以求公正，维护我国的正当利益。在出口合同中，我方应规定在政治上对我国友好、在业务上有能力的商检或公证机构作为复验机构。

(一)检验机构的类型

检验机构的类型大体可分为官方检验机构、半官方检验机构和非官方检验机构三种。

1．官方检验机构

官方检验机构是指由国家或地方政府投资，按照国家有关法律法令对出入境商品实施强制性检验、检疫和监督管理的机构。例如美国食品药物管理局、美国动植物检疫署、美国粮谷检验署、日本通商产业检验所等。

2．半官方检验机构

半官方检验机构是指一些有一定权威的、由国家政府授权、代表政府行使某项商品检验或某一方面管理工作的民间机构。例如，根据美国政府的规定，凡是进口与防盗信号、化学危险品以及与电器、供暖、防水等有关的产品，必须经美国担保人实验室这一半官方检验机构认证合格，并贴上该实验室的英文缩写标志"UL"，方可进入美国市场。

3．非官方检验机构

非官方检验机构主要是指由私人创办的、具有专业检验、鉴定技术能力的公证行或检验公司，如英国劳埃氏公证行、瑞士日内瓦通用鉴定公司等。

(二)我国的检验机构

在我国，主管全国出入境商品检验、检疫、鉴定和管理工作的机构是中华人民共和国出入境检验检疫局及其设在各地的分支机构，通常称为国家商检部门。为了改善我国社会主义市场经济下的质量管理体制，充分发挥质量监督和检验、检疫的作用，以适应我国加入 WTO 和同国际接轨的需要，2001 年 4 月 10 日国务院宣布将国家质量技术监督局与国家出入境检验检疫局合并，成立了中华人民共和国质量监督检验检疫总局。

根据对外贸易发展的需要，对涉及社会公共利益的进出口商品，制定和公布了《实施检验检疫的进出口商品目录》(以下简称《法检目录》)，并根据实际情况随时予以调整。

根据《中华人民共和国商品检验法》(以下简称《商检法》)和《中华人民共和国进出口商品检验法实施条例》(以下简称《商检法实施条例》)的规定，国家商检部门及其设在各地的检验机构的职责有以下三项。

1．对进出口商品实施检验

商检机构实施进出口商品检验的内容包括：商品的质量、规格、数量、重量、包装以及是否符合安全、卫生要求。

商检机构实施进出口商品检验的范围可归纳为两方面，即法定检验和对法定检验以外的进出口商品的检验。

法定检验是指商检机构或者国家商检部门、商检机构指定的检验机构，根据国家的法律、行政法规，对规定的进出口商品和有关的检验事项实施强制性检验。凡属法定检验范围内的进出口商品，必须经过商检机构或者国家商检部门、商检机构指定的检验机构的检验，未经检验或者经检验不合格的商品，一律不准进出口。商检机构和国家商检部门、商检机构指定的检验机构对进出口商品实施法定检验的范围如下。

(1) 对列入《法检目录》的进出口商品的检验。

(2) 对出口食品的卫生检验。

(3) 对出口危险货物包装容器的性能鉴定和使用鉴定。

(4) 对装运出口易腐烂变质食品、冷冻品的船舱、集装箱等运载工具的适载检验。

(5) 对有关国际条约规定须经商检机构检验的进出口商品的检验。

(6) 对其他法律、行政法规规定必须经商检机构检验的进出口商品的检验。

对于法定检验以外的进出口商品，商检机构可以抽查检验。此外，商检机构还对对外贸易合同约定或者进出口商品的收货人、发货人申请商检机构签发检验证书的进出口商品实施检验。

2．对进出口商品的质量和检验工作实施监督管理

监督管理是指国家商检部门、商检机构对进出口商品的收货人、发货人及生产、经营、储运单位以及国家商检部门、商检机构指定或认可的检验机构和认可的检验人员的检验工作实施监督管理。例如，向列入《法检目录》的出口商品的生产企业派出检验人员，参与监督出口商品出厂前的质量检验工作；进行进出口商品质量认证工作；对重要的进出口商品及其生产企业实行质量许可制度；通过考核，认可符合条件的国内外检验机构承担委托的进出口商品检验工作；对指定或认可的检验机构的进出口商品检验工作进行监督，抽查检验其已检验的商品。

3．办理进出口商品鉴定

鉴定业务是指商检机构和国家商检部门、商检机构指定的检验机构以及经国家商检部门批准的其他检验机构接受对外贸易关系人(通常指出口商、进口商、承运人、保险人以及出口商品的生产、供货部门和进口商品的收货、用货部门、代理接运部门等)以及国内外有

关单位的委托，办理规定范围内的进出口商品鉴定业务。进出口商品鉴定业务的范围主要包括：进出口商品的质量、数量、重量、包装、海损鉴定，集装箱及集装箱货物鉴定，进口商品的残损鉴定，出口商品的出运技术条件鉴定、货载衡量、产地证明、价值证明以及其他业务。

进出口商品鉴定业务不同于法定检验。鉴定业务最突出的特点是凭进出口商品经营者或有关关系人申请而进行进出口商品的检验和鉴定；而法定检验则是根据国家有关法律、法规的规定，对进出口商品实施强制性检验。

此外，为了适应我国对外贸易发展的需要，20 世纪 80 年代初，经国务院批准我国成立了中国进出口商品检验总公司(以下简称商检公司)。商检公司作为一家独立的检验机构，以非官方身份和公正科学的态度，接受进出口业务中的当事人和外国检验机构的委托，办理进出口商品的检验鉴定业务，签发检验、鉴定证书并提供咨询服务。商检公司的成立既为进出口商品的顺利交接、结汇以及合理解决索赔争议提供了诸多便利条件，同时也促进了我国同世界各国进出口商品检验机构的联系与合作。

四、检验证书

检验证书(Inspection Certificate)是商检机构对进出口商品检验、鉴定后出具的证明文件。

(一)检验证书的作用

检验证书的作用如下。

(1) 检验证书是证明卖方所交货物的品质、数量、包装以及卫生条件等是否符合合同规定的依据。

(2) 凡属国家法定检验的商品，检验证书是海关验关放行的依据。

(3) 检验证书是卖方向银行议付货款、办理货款结算的依据。

(4) 检验证书是办理索赔和理赔的依据。

(5) 检验证书是进口国家实行关税差别待遇的依据。

(二)检验证书的种类

常见的检验证书主要有以下几类。

1. 品质检验证书

品质检验证书(Inspection Certificate of Quality)即运用各种检测手段，对进出口商品的质量、规格、等级进行检验后出具的证书。

2. 重量或数量检验证书

重量或数量检验证书(Inspection Certificate of Weight and Quantity)即根据不同的计重方式证明进出口商品的重量及根据不同的计量单位，证明商品的数量的证书。

3. 包装检验证书

包装检验证书(Inspection Certificate of Packing)是用于证明进出口商品包装情况的证书。进出口商品包装检验，一般列入品质检验证书或重量(数量)检验证书中，但也可以根据具体需要单独出具包装检验证书。

4. 兽医检验证书

兽医检验证书(Veterinary Inspection Certificate)是证明出口动物产品经过检疫合格的证件，适用于冻畜肉、冻禽、禽畜肉、罐头、冻兔、皮张、毛类、绒类、肠衣等出口商品。凡加上卫生检疫内容的，称为兽医卫生检验证书(Veterinary Sanitary Inspection Certificate)。

5. 卫生检验证书

卫生检验证书即健康检验证书(Sanitary Inspection Certificate)，是证明可供人类食用或使用的出口动物产品、食品等经过卫生检验或检疫合格的证件。它适用于肠衣、罐头、冻鱼、冻虾、食品、蛋品、乳制品、蜂蜜等。

6. 消毒检验证书

消毒检验证书(Disinfection Inspection Certificate)是证明出口产品经过消毒处理，保证卫生安全的证件。它适用于猪鬃、马尾、皮张、羽毛、人发等商品。其证明内容也可在品质检验证书中附带。

7. 熏蒸证书

熏蒸证书(Inspection Certificate of Fumigation)是证明出口粮谷、油籽、豆类、皮张等商品，以及包装用木材与植物性填充物等，已经经过熏蒸灭虫的证件，主要证明使用的药物、熏蒸的时间等情况。如国外不需要单独出证，可将其内容列入品质检验证书中。

8. 温度检验证书

温度检验证书(Certificate of Temperature)是证明出口冷冻商品温度的证件。如国外仅需证明货物温度，不一定要单独的温度证书，可将测温结果列入品质证书中。

9. 残损检验证书

残损检验证书(Inspection Certificate on Damaged Cargo)简称为验残证书，是证明进出口

商品残损情况的证书。其主要内容为确定商品的受损情况和对使用、销售的影响，估定损失程度，判断致损原因，作为向发货人、承运人或保险人等有关责任方索赔的有效证件。

10．船舱检验证书

船舱检验证书(Inspection Certificate on Tank/Hold)是证明承运出口商品的船舱清洁、牢固、冷藏效能及其装运条件是否符合保护承载商品的质量和数量完整与安全要求的证书。

11．货载衡量检验证书

货载衡量检验证书(Inspection Certificate on Cargo Weight & Measurement)也称衡量检验证书，是证明进出口商品的重量、体积吨位的证明书。它是作为计算运费和制订配载计划的依据。

12．价值证明书

价值证明书(Certificate of Value)即证明发票所列出口商品的价格真实正确的证书。该证书是买卖双方交接货物、贸易结算和通关计税的凭证。

13．原产地证书

原产地证书(Certificate of Origin)即用于证明出口商品原生产地的证书，通常包括普通原产地证书、普惠制原产地证书和野生动植物产地证。

五、检验标准

检验标准是指对进出口商品实施检验时所依据的标准。即使是同一种商品，对其实施检验所依据的标准和方法不同，检验结果往往也会大不相同。因此，交易双方在签订买卖合同时，根据需要还可明确检验标准。检验标准的具体内容，视商品的种类、特性及进出口国家有关的法律或法规而定。

(一)国际上对检验标准的分类

在国际货物买卖中，商品的检验标准可以归纳为以下三类。

1．对买卖双方具有法律约束力的标准

这是国际货物买卖中普遍采用的检验标准，其中最常见的是买卖合同和信用证。

2．与贸易有关国家所制定的强制执行的法规标准

这主要指商品生产国、出口国、进口国、消费国或过境国所制定的法规标准，如货物

原产地标准、安全法规标准、卫生法规标准、环保法规标准和动植物检疫法规标准。

3．国际权威性标准

国际权威性标准是指在国际上具有权威性的检验标准，其中包括国际标准、区域性标准化组织标准、国际商品行业协会标准和某国权威性标准四种。

1) 国际标准

国际标准是指国际专业化组织所制定的检验标准，如国际标准化组织、国际海事组织、国际电工委员会、联合国食品法典委员会等制定的标准。

2) 区域性标准化组织标准

区域性标准化组织标准是指区域性组织所制定的标准，如欧洲标准化委员会、欧洲电工标准委员会、泛美技术标准委员会等制定的标准。

3) 国际商品行业协会标准

国际商品行业协会标准是指国际羊毛局、国际橡胶协会等国际性商品行业协会所制定的标准。

4) 某国权威性标准

某国权威性标准是指某些国家所制定的具有国际权威性的检验标准，如英国药典、美国公职分析化学家协会制定的标准。

(二)我国商检机构对进出口商品实施检验的标准

根据《中华人民共和国进出口商品检验法实施条例》的有关规定，我国商检机构按下述标准对进出口商品实施检验。

(1) 法律、行政法规规定有强制性标准或者其他必须执行的检验标准的，按照法律、行政法规规定的检验标准检验。

(2) 法律、行政法规未规定有强制性检验标准或者其他必须执行的检验标准的，按照对外贸易合同规定的检验标准检验。

(3) 法律、行政法规规定的强制性检验标准或者其他必须执行的检验标准，低于对外贸易合同约定的检验标准的，按照对外贸易合同约定的检验标准检验。

(4) 法律、行政法规未规定有强制性检验标准或者其他必须执行的检验标准，对外贸易合同又未约定检验标准或者约定检验标准不明确的，按照生产国标准、有关国际标准或者国家商检部门制定的标准检验。

六、合同中的检验条款

合同中的检验条款一般包括下列内容：有关检验权的规定、检验或复验的时间和地点、检验机构、检验项目和检验证书等。

检验条款举例如下。

买卖双方同意以装运港(地)中国出入境检验检疫总局签发的质量和重量(数量)检验证书，作为信用证项下议付所提交单据的一部分，买方有权对货物的质量和重量(数量)进行复验，复验费由买方承担。若发现质量和/或重量(数量)与合同规定不符时，买方有权向卖方索赔，并提供经卖方同意的公证机构出具的检验报告。索赔期限为货物到达目的港(地)后××天内。

It is mutually agreed that the Certificate of Quality and Weight (Quantity) issued by the China Exit and Entry Inspection and Quarantine Bureau at the port / place of shipment shall be part of the documents to be presented for negotiation under the relevant L/C. The Buyer shall have the right to reinspect the quality and weight (Quantity) of the cargo. The reinspection fee shall be born by the Buyer. Should the quality and / or weight (Quantity) be found not in conformity with that of the contract, the Buyer are entitled to lodge with the Seller a claim which should be supported by survey reports issued by a recognized surveyor approved by the Seller. The claim, if any, shall be lodged within ×× days after arrival of the goods at the port / place of destination.

第二节　索　赔

国际贸易履约时间长，涉及面广，业务环节多，任何一个环节发生意外或差错，都可能影响合同的顺利履行。加上国际市场千变万化，一方当事人有可能在市场行情发生不利变化时，不履行或不完全履行合同，致使另一方当事人的权利受到损害，从而导致索赔和理赔，甚至引起争议。

一、索赔和理赔

索赔(Claim)是指合同一方当事人因另一方当事人违约致使其受损失，而向另一方当事人提出要求损害赔偿的行为。理赔是一方对于对方提出的索赔进行处理。因此，索赔和理赔是一个问题的两个方面。

在一般情况下，理赔多发生在出口方面，而索赔多发生在进口方面。索赔的对象主要有卖方、承运人和保险公司。如果损失是承运人引起的，则首先应向承运人索赔；如果损失是属于保险合同承保责任范围内的，应向保险公司索赔；如果损失是由于卖方的责任，如商品本身的瑕疵造成的损失，则买方应向卖方提出索赔。

一般来说，买方向卖方提出索赔的情况较多。当然，买方不按期接运货物或无理由拒收货物和拒付货款的情况也时有发生，因此，也有卖方向买方索赔的情况。在我国进出口业务中，履行出口合同时，多系外方向我方索赔；履行进口合同时，则我方向外方索赔的情况居多。

二、合同中的索赔条款

索赔条款有两种规定方式：一种是异议与索赔条款(Discrepancy and Claim Clause)，另一种是罚金条款(Penalty Clause)。在一般货物买卖合同中，多数只订立异议与索赔条款。而在大宗商品和机械设备合同中，除了订立异议与索赔条款外，往往还需另外订立罚金条款。

(一)异议与索赔条款

异议与索赔条款一般是针对卖方交货品质、数量及包装不符合同规定而订立的，主要包括以下几项。

1. 索赔依据

在索赔条款中，一般都规定提出索赔应出具的证据和出证机构。索赔依据不足或出证机构及证明文件不符要求都可能导致对方拒赔。

2. 索赔期限

索赔期限也称索赔时效，是指守约方向违约方提出索赔要求的有效期限。索赔期限与复验期限一致，超过该期限，守约方即丧失索赔权，违约方可拒赔。由于索赔期限就是检验条款中买方对货物进行复验的有效期限，这一条款与检验条款有密切的联系，所以有的合同将这两个条款结合起来订立，称为"检验与索赔条款"(Inspection & Claim Clause)。

合同中关于索赔期限的规定方法一般有以下几种。

(1) 货到目的港后××天内索赔。

(2) 货到目的港卸离货轮后××天内索赔。

(3) 货物到达买方营业处所或用户所在地后××天内索赔。

(4) 货到目的港经检验后××天内索赔。

3. 索赔办法

由于签合同时不能预见违约和损失的具体情况，所以，关于索赔的办法，合同中一般不作具体规定。在处理索赔时，应弄清事实，分清责任，并区别不同情况，有理有据地提出索赔。

索赔条款举例如下。

买方对于装运货物的任何索赔，必须于货物到达提单及/或运输单据所订的目的港(地)之日起××天内提出，并须提供卖方同意的公证机构出具的检验报告。属于保险公司、轮船公司或其他有关运输机构责任范围内的索赔，卖方不予受理。

Any claim by the Buyer regarding the goods shipped should be filed within ×× days after the arrival of the goods at the port / place of destination specified in the relative Bill of Lading and / or transport document and supported by a survey report issued by a surveyor approved by the Seller. Claims in respect of matters within responsibility of insurance company, shipping company / other transportation organization will not be considered or entertained by the Seller.

(二)罚金条款

罚金条款又称违约金条款(Liquidated Damage Clause)，较多用于卖方延期交货或买方延期接货、拖延开立信用证或拖延付款的场合。它的特点是预先在合同中规定罚金的数额或罚金的百分率。

罚金或违约金不以造成损失为前提条件，即使违约的结果并未发生任何实际损害，也不影响对违约方追究违约金责任。违约金数额与实际损失是否存在及损失的大小没有关系，法庭或仲裁庭也不要求请求人就损失举证，故其在追索程序上比较简便。

应当指出的是，不同国家的法律对"罚金条款"的看法和规定有所不同。例如一些大陆法系国家，对罚金条款法院予以承认和执行，法院只在罚金过高或过低时，为体现公平原则才根据情况给以增减。而英美法系则认为，对于违约行为，只能要求损害赔偿，而不能予以惩罚。我国法律承认在合同中规定违约金的做法，我国《合同法》把"合同中的违约金，视为违反合同的损失赔偿"。

罚金条款举例如下。

如卖方不能按合同规定的时间交货，在卖方同意由付款银行在议付货款中扣除罚金，或由买方在支付货款时直接扣除罚金的条件下，买方同意延期交货。罚金率按每七天收取延期交货部分总值的 0.5%，不足七天者以七天计算。但罚金不得超过延期交货部分总金额的 5%。如卖方延期交货超过合同规定期限十周时，买方有权撤销合同，但卖方仍应不延迟地按上述规定向买方支付罚金。

Should the Seller fail to make delivery on time as stipulated in the contract, the Buyer shall agree to postpone the delivery on the condition that the Seller agree to pay a penalty which shall be deduced by the paying bank from the payment under negotiation, or by the Buyer direct at the time of payment. The rate of penalty is charged at 0.5% of the total value of the goods whose delivery has been delayed for every seven days, odd days less than seven days should be counted as seven days. But the total amount of penalty, however, shall not exceed 5% of the total value of the goods involved in the late delivery. In case the Seller fail to make delivery ten weeks later than the time of shipment stipulated in the contract, the Buyer shall have the right to cancel the contract and the Seller, in spite of the cancellation, shall still pay the aforesaid penalty to the Buyer without delay.

本章自测题

一、填空题

1. 商品检验机构的类型可分为＿＿＿、＿＿＿＿和＿＿＿＿三种。
2. 国际货物买卖中最常用的规定检验时间和检验地点的方法是＿＿＿＿。
3. 装运港(地)检验重量，目的港(地)检验品质习惯上被称为＿＿＿＿。
4. 我国对进出口商品实行法定检验的机构是＿＿＿＿。
5. 索赔条款的两种规定方式是＿＿＿＿和＿＿＿＿。
6. ＿＿＿＿不以造成损失为前提条件，即使违约的结果没造成实际损失，也不影响对违约方追究＿＿＿＿责任。

二、选择题

1. 根据《公约》的规定，买方向卖方提出索赔的最后期限是＿＿＿＿。
   A. 货物在装运港装运完毕即提单签发日期后两年
   B. 货物到达目的港卸离海轮后两年
   C. 经出口商品检验机构检验得出结果后两年
   D. 买方实际收到货物起两年
2. 以下＿＿＿＿不是检验证书的作用。
   A. 作为证明卖方所交货物的品质、重量(数量)、包装以及卫生条件等是否符合合同规定及索赔、理赔的依据
   B. 确定检验标准和检验方法的依据
   C. 作为卖方向银行议付货款的单据之一
   D. 作为海关验关放行的依据
3. 在出口国检验，进口国复验这种检验条款的规定方法＿＿＿＿。
   A. 对卖方有利

B. 对买方有利

C. 比较公平合理，它照顾了买卖双方的利益

D. 对保险公司有利

4. 按《公约》的解释，若违约的情况尚未达到根本性违反合同的程度，则受损害的一方_____。

A. 只可宣告合同无效，不能要求赔偿损失

B. 只能提出损害赔偿的要求，不能宣告合同无效

C. 不但有权向违约方提出损害赔偿的要求，而且还可宣告合同无效

D. 可根据违约情况选择以上答案

5. 异议与索赔条款适用于品质、数量、包装等方面的违约行为，它的赔偿金额_____。

A. 一般预先规定   B. 一般不预先规定

C. 由第三方代为规定   D. 由受损方规定

6. 根据我国《商检法》的规定，地方检验检疫局在进出口商品检验方面的基本任务是_____。

A. 对所有商品进行检验检疫   B. 实施法定检验

C. 办理鉴定业务   D. 对进出口商品工作实施监督管理

7. 在对外索赔和理赔工作中，除了妥善保护好受损货物外，_____是很关键的问题。

A. 保护好受损货物   B. 想法核实对方的财产

C. 收集好索赔的依据   D. 掌握好索赔的期限

8. 合同中商品检验时间与地点的规定方法主要有_____。

A. 在出口国检验   B. 在进口国检验

C. 在出口国检验，进口国复验   D. 把货物运到第三国检验

三、判断并改错题

1. 只要支付了罚金，即可不履行合同。 （ ）

2. 商检证书的主要作用之一是通过对商品进行检验，以确定卖方所交货物的品质、数量、包装是否与合同的规定相符。 （ ）

3. 若买方没有利用合理的机会检验货物，就是放弃了检验权，从而就丧失了拒收货物的权利。 （ ）

4. 若合同中未规定索赔条款，买方便无权提出索赔。 （ ）

5. 若合同中规定以离岸品质、离岸重量为准，则以双方约定的商检机构，在出口货物装船前出具的品质、重量、包装等检验证明，作为决定品质和重量的最后依据。 （ ）

6. 凡属法定检验范围内的商品，在办理进出口清关手续时，必须向海关提供商检机

构签发的检验证书，否则，海关不予放行。（　　）

7. 根据《中华人民共和国进出口动植物检疫条款》的规定，应实施检疫的出口动物产品，也应视为法定检验的范围。（　　）

8. 在进出口业务中，进口人收货后发现货物与合同规定不符时，在任何时候都可向供货方索赔。（　　）

9. 一方违反合同，没有违约的一方所能得到的损害赔偿金额最多不超过违约方在订立合同时所能预见到的损失金额。（　　）

10. 某公司的进口设备到货后，发现与合同规定不符，但卖方及时对设备进行了修理，使设备达到了原定标准。在此情况下，买方就不能提出任何损害赔偿要求。（　　）

四、简答题

1. 进出口商品的检验时间和地点通常有哪几种规定办法？
2. 在国际贸易中商检证书有哪些作用？
3. 国际货物买卖合同中的检验条款主要包括哪些内容？
4. 在国际货物买卖合同中约定索赔期限的方法有哪些？
5. 简述罚金条款的作用。
6. 国际货物买卖合同中的索赔条款主要包括哪些内容？

五、案例分析题

1. 某公司以 CFR 条件对德国出口一批小五金工具。合同规定货到目的港后 30 天内检验，买方有权凭检验结果提出索赔。我公司按期发货，德国客户也按期凭单支付了货款。可半年后，我公司收到德国客户的索赔文件，称上述小五金工具有 70%已锈损，并附有德国某内地一检验机构出具的检验证书。对德国客户的索赔要求，我公司应如何处理？

2. 我国某公司与外商签订出口合同一份，凭即期信用证付款。合同中的商检条款规定："双方同意以装运港中国出入境检验检疫局签发的品质和数量检验证书作为信用证项下议付所提交单据的一部分。买方有权对货物的品质和数量进行复验。复验费由买方负担。如发现品质或数量与合同规定不符，买方有权向卖方索赔，但须提供经卖方同意的公证机构出具的检验报告。索赔期限为货物到达目的港××天内。"我方凭来证规定装运出口，备齐包括我国出入境检验检疫局签发的品质合格证书在内的全套单据交中国银行转寄开证行索汇。货到目的港因单据未到，开证申请人(即买方)凭担保向船公司提走了货物。事后，买方以我方所交货物品质不符合规定提出索赔，开证行又同时来电称我单证不符而拒绝付款，加之信用证已经到期。问我方应如何处理？简述理由。

3. 有一份出售茶叶的合同，按卖方仓库交货条件买卖，数量为 10 000 千克，总值为

25 000 美元。合同规定买方应于 10 月份提取货物，卖方于 10 月 1 日已将提货单交付给买方，买方也付清了货款。但是，买方直到 10 月 31 日尚未提走货物，于是卖方将货物搬移至另一不适当的地方存放。由于茶叶与牛皮合存在同一地方，当买方于 11 月 15 日提货时，发现有 10%的茶叶已与牛皮串味而失去商销价值，双方因此发生争议。在上述情况下，各方应负何种责任？为什么？

第八章 不可抗力与仲裁条款

国际货物买卖履约过程中常常因种种原因发生争议，甚至导致仲裁或诉讼等情况发生。为了尽量减少争议或在争议发生时能妥善解决，在国际货物买卖合同中通常都要订立一些不可抗力和仲裁条款，以求公平、公正、合理地划分责任归属，最大限度地保护有关当事人的合法权益。

本章要求学生了解国际贸易中产生争议的原因及解决方式；掌握不可抗力的含义、范围认定和规定方法、通知和证明、处理原则和法律后果；熟知仲裁协议的形式、作用、仲裁条款的内容规定；能熟练运用本章知识订立不可抗力和仲裁条款。

第一节 不 可 抗 力

在国际货物买卖履行合同的过程中，难免会遇到一些非人力所能控制的客观情况(如恶劣天气、战争等)，使合同无法履行或无法完全履行。对此按照国际贸易通行惯例及各国所确定的原则，可以免除未履行或未完全履行一方的责任，也即免责。为有效规范免责条款的使用，防止产生不必要的纠纷，维护当事人的利益，通常贸易双方会在买卖合同中订立不可抗力条款。

一、不可抗力的含义

所谓不可抗力(Force Majeure)，也称人力不可抗拒，是指合同签订以后，不是由于当事人的过失或疏忽，而是发生了当事人既无法预料和预防的，又无法避免和控制的事故，以致不能履行合同或不能如期履行合同。遭受该事故的一方可以免除履行合同的责任或延迟履行合同，另一方无权要求损害赔偿。

二、不可抗力的范围及认定

(一)不可抗力的范围

不可抗力涉及的范围较广，主要包括两种情况：一是自然原因引起的，如暴雨、大雪、水灾、旱灾、飓风、地震等自然灾害；二是社会原因引起的，如战争、罢工、政府封锁、禁运和贸易政策调整等。目前，不可抗力在国际上还没有统一的、确切的解释，买卖双方都希望能通过订立并扩大其范围来减少自己的义务。因此，哪些事件可列入合同的不可抗力条款，极易产生争议，一般由双方在订立合同时自行商定。但不能把所有意外情况都当做不可抗力事件，如合同签订后，物价的涨跌、货币的升值和贬值等是正常的交易风险，一般不属于不可抗力的免责范围。

(二)不可抗力的认定

不可抗力的认定须具备以下三个条件：一是必须首先在合同中订立不可抗力条款；二是事件的发生不是任何一方当事人的故意或过失造成的，而是偶然发生的异常事件；三是事件的发生及后果是当事人无法预料、无法预防、无法避免和无法控制的。

三、不可抗力的处理

(一)不可抗力的通知和证明

发生不可抗力事件后，无法按合同规定履约的一方当事人要取得免责权利，应按合同规定的通知期限和方式，将事件情况和处理意见及时通知另一方，并提供必要的证明文件。《联合国国际货物销售合同公约》第 79 条明确规定："不履行义务的一方必须将障碍及其对他履行义务能力的影响通知另一方，如果该项通知在不履行义务的一方已知道，或理应知道后一段时间内，仍未为另一方收到，则他对由于另一方未收到通知而造成的损害应负赔偿责任。"接到不可抗力事件通知或证明文件的一方，无论同意与否应立即予以答复，否则被视为默认。在国外，不可抗力证明文件一般由当地的商会或法定公证机构出具；在我国，由中国国际贸易促进委员会出具。

(二)不可抗力的处理方式

不可抗力事件的处理主要有两种方式：一种是解除合同，即不可抗力事件发生后，已不可能履行合同时，可以解除合同，当事人不再承担责任；另一种是变更合同，即对原订立的合同条款作部分的变更，包括替代履行、减少履行或延期履行合同。至于究竟如何处理，应视不可抗力事件对履行合同的影响而定，或者由双方当事人在合同中具体加以规定。如合同中没有规定，一般解释为：如发生不可抗力使合同的履行成为不可能，如：保险标的物灭失或受损较严重、无法复原，则可解除合同；如不可抗力事故只是暂时或部分阻碍了合同的履行，则应采用变更合同的方法，尽量减少另一方的损失。

四、合同中的不可抗力条款

(一)不可抗力条款的内容

在国际贸易买卖合同中如果明确订立了不可抗力条款，一旦发生意外时，就可据此确定是否属于不可抗力，防止任何一方随意扩大或缩小对不可抗力的解释，有利于维护买卖双方的正当权益。其条款的内容主要有：不可抗力的范围；不可抗力的后果；不可抗力发生后通知对方的方式和期限；提交证明文件及列明出具证明文件的机构等。这些内容在规定时应明确具体，尽量避免解释含糊造成双方的意见分歧。

(二)不可抗力条款的规定方法

常见的不可抗力条款主要有以下三种规定方法。

1. 概括式

所谓概括式，是指合同中不具体订明属于不可抗力事件的种类和原因，只是笼统地规定，"由于公认的不可抗力原因，致使一方不能履行或不能完全履行合同时，该方得以免除责任，但应于规定时间(×天)内通知对方并提供相关证明"。这种规定过于笼统，易产生纠纷，目前较少使用。

2. 列举式

所谓列举式，是指在合同中逐一列明经双方认可的不可抗力事件种类，凡是合同履行中发生了所列举的事件，则属于不可抗力，否则不算。这种形式比较明确具体，但不可抗力事件范围较广，容易遗漏，因此，在订立合同时也较少使用。

3. 综合式

所谓综合式，是指先列举后概括的规定方式，它弥补了前两种规定方式的不足，既明确具体，又考虑全面，具有一定的灵活性，是目前使用最广泛的规定方式。

例：如因水灾、火灾、暴风、雪灾、地震、战争或其他不可抗力的原因，致使卖方不能全部或部分装运，或延迟装运合同货物。卖方对于这种不能装运，或延迟装运合同货物不负责任。但卖方须用电报通知买方，并须在×天内，以航空挂号信件向买方提交由中国国际贸易促进委员会出具的证明书。

If the shipment of the contracted goods is prevented or delayed in whole or in part by reason of flood, fire, storm, heavy snow, earthquake, war or other cause of Force Majeure, the Seller shall not be liable for non-shipment or late shipment of the goods of this contract. However，the Seller shall notify the Buyer by cable and furnish the letter within ✕ days by registered airmail with a certificate issued by the China Council for the Promotion of International Trade attesting such event or events.

第二节　仲　裁

一、争议及其解决方式

(一)产生争议的原因

所谓争议(Dispute)，也称异议，是指在国际贸易中，买卖双方或其他当事人之间因为各自的权利、义务问题引起的纠纷。产生争议的原因主要有：过失、故意、欺诈、不可抗力或第三者行为。

(二)争议的解决方式

1. 协商

所谓协商(Negotiation)，又称友好协商，是指发生争议后，当事人双方直接以口头或书面方式进行磋商，自行解决纠纷。协商仅是解决争议的最初级方式，一旦任何一方不愿意或拒绝合作，可采用调解、仲裁和诉讼的方式。

2. 调解

所谓调解(Conciliation)，是指双方当事人自愿将争议提交第三方，让其协助澄清事实，分清责任归属，促使双方达成和解。调解可自行指定调解员，也可由调解机构指定调解员。如果调解成功，双方一般签订和解书或和解协议，它作为一种新的契约，对当事人双方都有约束力。若一方不接受新的契约履行义务，则另一方当事人可按违约处理，并寻求新的解决途径。目前，我国涉及国际经济与贸易方面的调解有三类：法院调解、涉外仲裁机构调解和涉外调解机构调解。

3. 仲裁

所谓仲裁(Arbitration)，又称为"公断"，是指当事人双方自愿将争议提交双方同意的仲裁机构审理和裁决。仲裁的优势在于其灵活、保密，程序简便、结案较快、费用较少，能独立、公正和迅速地解决争议。而且其裁决是终局性的，对双方都具有约束力。因而，这种方式为越来越多的当事人所选择并采用。

4. 诉讼

所谓诉讼(Litigation)，俗称打官司，是指由司法部门按法律程序来解决双方的贸易争端。一般是合同一方当事人向法院起诉，控告另一方违法或违约，要求法院依法给予救济或惩处，如赔偿经济损失或支付违约金等。由于采用这种方法立案时间长、程序复杂、诉讼费用高、判决的结果未必完全公平等原因，故该方法在国际贸易中很少采用。

一般来说，以上四种解决争议的方式在具体使用时，各国商人大都本着"仲裁优于诉讼，调解优于仲裁，而防止争议胜过调解，若有争议，尽量友好协商"的原则行事。

二、仲裁

(一)仲裁的含义及特点

仲裁是指国际贸易买卖双方在争议发生之前或发生之后签订书面协议，自愿将争议提交双方所同意的仲裁机构进行裁决，裁决是终局性的，双方必须遵照执行。

仲裁与诉讼等解决争议的方式比较，有以下明显特点：一是仲裁以双方当事人自愿为原则，双方须达成仲裁协议。我国《仲裁法》规定，当事人采用仲裁方式解决纠纷，必须是双方自愿，一方申请仲裁的，仲裁机构不予受理。二是争议双方均有权在仲裁机构中挑选仲裁员。三是裁决是终局性的，对双方都有约束力，而且可以在另一个国家生效或执行。四是仲裁程序简便，费用较低，处理迅速，便于双方今后继续开展交易。

(二)仲裁协议的作用和形式

1. 仲裁协议的作用

按照国际通行的规定，仲裁协议的作用主要表现在以下三个方面。
(1) 表明双方在发生争议时自愿将争议提交仲裁机构裁决。
(2) 使仲裁机构取得对争议案件的管辖权。
(3) 排除法院对争议案件的管辖权。

2. 仲裁协议的形式

仲裁协议是申请仲裁的必备材料，也是双方当事人自愿将争议提交仲裁机构裁决的书面表示。它有以下两种方式，这两种形式的法律效力相同。

1) 合同中的仲裁条款

仲裁条款(Arbitration Clause)是在争议发生前,交易双方签订贸易合同时,将可能发生的争议采取仲裁解决的内容,在贸易合同中以条款的形式表示出来。

2) 仲裁协议

仲裁协议是指在争议发生之后,交易双方当事人订立同意把争议提交仲裁解决的协议。仲裁协议(Submission)可采用协议书形式,也可采用往来函电和电传等方式。

(三)仲裁形式和机构

1. 仲裁形式

1) 临时仲裁

所谓临时仲裁,是仲裁的最早使用方式,是指由交易双方共同指定的仲裁员自行组成临时仲裁庭,并就争议案件进行仲裁。临时仲裁庭的针对性较明显,它是为审理某一具体案件而组成的,案件审理完毕,仲裁庭自行解散。

2) 机构仲裁

所谓机构仲裁,是目前大多数国际商事仲裁采用的方式,是指由交易双方约定在常设仲裁机构或双方选定的仲裁机构,按照其仲裁规则进行仲裁。常设仲裁机构是指根据一国法律或有关规定设立的,有固定名称、地址、仲裁员设置和具备仲裁规则的仲裁机构。通常双方当事人约定由哪个常设仲裁机构仲裁,就按该机构的仲裁规则进行;但也有国家允许争议双方自由选用他们认为合适的其他规则。

2. 仲裁机构

目前,我国常设的涉外商事仲裁机构是中国国际经济贸易仲裁委员会和海事仲裁委员会。中国国际经济贸易仲裁委员会,总会设在北京,根据业务发展的需要,又分别在深圳和上海设立了分会。它受理争议的范围为:产生于国际或涉外的契约性或非契约性的经济贸易争议。我国外贸企业在订立国际货物买卖合同时,如双方同意在我国仲裁,一般订立由中国国际经济贸易仲裁委员会仲裁的条款。当然,世界上还有许多国家、地区和一些国际组织都设有专门进行仲裁管理和组织工作的常设仲裁机构,我国在进行国际贸易活动中也可能由于各种原因,将争议案件交由它们仲裁。比较重要的仲裁机构有:美国仲裁协会、日本国际商事仲裁协会、瑞典斯德哥尔摩仲裁院、瑞士苏黎世商会仲裁院、英国伦敦国际仲裁院、香港国际仲裁中心以及设在巴黎的国际商会仲裁院等。

(四)仲裁程序

仲裁程序是指进行仲裁的手续、步骤和做法,各国仲裁机构和相应法规都对仲裁程序有明确的规定，一般包括以下内容。

1. 仲裁申请

所谓仲裁申请，是仲裁程序的开始，也是仲裁机构立案受理的前提。仲裁申请人应提交书面申请书，据《中国国际经济贸易仲裁委员会仲裁规则》规定，申请书的主要内容为：申请人和被申请人的名称和住址；申请人所依据的仲裁协议；案情和争议要点；申请人的要求所依据的事实和根据。申请人提交申请书时还应附事实依据和有关证明文件，如合同、往来函电等的正本或副本、抄本，并预交规定的仲裁费。

仲裁机构收到申请书后，应先审查仲裁协议是否合法，争议是否被处理过，是否属于仲裁协议范围以及时效是否过期等；其次，经审查认为申请人申请仲裁的手续完备，应立即立案，并向被申请人发出仲裁通知。被申请人收到仲裁通知后，在规定时间内向仲裁机构提交答辩书及相应证明文件，或提出反请求书。仲裁程序自仲裁机构发出仲裁通知之日起开始。

2. 指定仲裁员组成仲裁庭

在我国，仲裁庭可以由 3 名或 1 名仲裁员组成。由 3 名仲裁员组成的，一般是申请人和被诉人各指定 1 名仲裁员，并由仲裁委员会主席指定首席仲裁员。之后由仲裁员组成仲裁庭，开始审理案件。

3. 仲裁审理

仲裁庭审理案件的方式有书面审理和开庭审理两种。在我国多使用开庭审理方式，即由仲裁庭召集全体仲裁员、双方当事人和有关人员，听取当事人申诉、辩论，调查案件事实并进行调解，直至做出裁决。仲裁审理的过程一般包括下列步骤。

1) 开庭

开庭前应先确定开庭日期，并提前 30 天通知争议双方，如有正当理由，任何一方当事人都可请求延期。开庭地点一般在仲裁委员会所在地，如有必要，也可经仲裁委员会主席批准改在本国其他地点进行。开庭时双方还应提出书面说明，被诉人可以反诉。

2) 调解

我国涉外仲裁中较常采用仲裁与调解相结合的方法，因此，在审理案件过程中，可随时视具体情况对双方进行调解，如双方同意，案件可随时撤销。但调解不是必要程序。

3) 收集、审定证据

一般情况下，仲裁庭在审理争议案件时，除对双方当事人提供的证据作审定与裁决外，还可根据实际情况，自行调查事实，收集证据，并请专人对案件中的专门问题进行专门鉴定，以确保审理的公正性。

4) 有必要时采取"保全措施"

在仲裁开始后到做出裁决前，如申请人提出要求采取财产保全措施，则在被诉人住所或财产所在地的中级人民法院批准后，可进行临时性保护措施，防止被诉人转移财产，逃避责任。

4. 仲裁裁决

仲裁庭经过审理，对争议案件做出明确处理。仲裁裁决必须以书面形式做出，裁决做出后，审理程序即告结束。

5. 仲裁裁决的承认与执行

裁决的承认是指法院根据当事人的申请，依法确认裁决具有可予执行的法律效力；裁决的执行是指贸易双方自动履行裁决事项，或法院依法根据一方当事人的申请强制另一方当事人执行裁决事项。仲裁裁决的承认与执行是一个国家的仲裁机构做出的裁决，由另一个国家的当事人去执行。但是仲裁机构和仲裁员本身无强制执行的权力。在国际贸易活动中，如果败诉方拒绝履行裁决事项，胜诉方在向外国的法院申请强制执行时，就会遇到诸多困难。为了解决各国在承认和执行外国仲裁裁决问题上所存在的分歧，国际上曾先后缔结过两个有关承认和执行外国仲裁裁决的国际公约：第一个是 1927 年缔结的《关于执行外国仲裁裁决的公约》，第二个是 1958 年在联合国主持下，在纽约签订的《承认与执行外国仲裁裁决公约》。目前，世界上许多国家参加了第二个公约，我国也于 1987 年 1 月 22 日批准加入，该公约已于 1987 年 4 月 22 日对我国生效。《承认与执行外国仲裁裁决公约》主要强调了两点：一是承认双方当事人所签订的仲裁协议有效；二是根据仲裁协议所做出的仲裁裁决，缔约国应承认其效力并有义务执行。

(五)国际贸易买卖合同中的仲裁条款

仲裁条款的规定应明确合理，其具体内容一般包括以下几点。

1. 确认仲裁机构的管辖权

提请仲裁的争议范围，以确认仲裁机构对各种争议的管辖权。

2. 仲裁地点的规定

一般情况下，在哪国仲裁就使用哪国的仲裁规则或程序法。因此，仲裁地点不同适用的法律惯例可能不同，对双方当事人的权利、义务的解释也会有差异，仲裁结果也会不同。所以应首先力争在本国仲裁，其次再选择在被申请人所在国或第三国仲裁。

3. 仲裁机构的选择

仲裁机构一般有两种：一是常设仲裁机构，二是由双方当事人共同指定仲裁员组成临时仲裁庭。如采用常设仲裁机构，由于机构众多，贸易双方应在合同条款中明确订立选用哪个国家或地区的仲裁机构审理争议案件；如采用临时仲裁机构，为明确责任归属及确保仲裁效力，贸易双方就应在合同中规定指定仲裁员的办法、仲裁员人数、组成仲裁庭的成员以及仲裁程序规则等问题。

4. 仲裁程序规则

按照国际通行惯例，原则上采用所选的仲裁地点的仲裁规则，但也允许根据双方当事人的约定，采用仲裁地点以外的其他国家(或地区)仲裁机构的规则进行仲裁。在我国，《仲裁规则》规定，凡当事人同意将争议提交中国国际经济贸易仲裁委员会仲裁的，均视为同意按本委员会规则进行仲裁。但如果当事人约定使用其他仲裁规则，并征得仲裁委员会同意的，也可使用。

5. 仲裁裁决的效力

按照国际惯例，大多数国家都认定仲裁裁决的效力是终局性的，一经做出，对贸易双方都有法律约束力，必须执行，通常在订立仲裁条款时，也都规定它的终局性及约束力。所谓终局性，是指仲裁终了，任何一方不得再向法院起诉要求变更。即使有一方上诉，法院也仅审查裁决在法律手续上是否存在问题，不涉及裁决本身。

6. 仲裁费用的负担

在仲裁条款中一般都明确规定仲裁费用由谁承担。如由败诉方承担，或由仲裁庭酌情决定。仲裁费用相对诉讼费用较低，一般按争议价值的0.1%～1%收取。

7. 仲裁条款举例

1) 规定在我国仲裁的条款

凡因本合同引起的或与本合同有关的所有争议，双方应通过友好协商方式解决；如果协商不能解决，应提交中国国际经济贸易仲裁委员会，按照申请仲裁时该会现行有效的仲裁规则进行仲裁。仲裁裁决是终局的，对双方都有约束力。

All disputes arising out of the performance of, or relating to this contract, shall be settled amicably through friendly negotiation. In case no settlement can be reached between the two parties, the case shall be submitted to the China International Economic and Trade Arbitration Commission, Beijing, China, for arbitration in accordance with its Provisional Rules of Procedure. The arbitral award shall be accepted as final and binding upon both parties.

2)　在第三国仲裁的条款

凡因本合同引起的或与本合同有关的所有争议，双方应通过友好协商方式解决；如果协商不能解决，应按××国××地××仲裁机构根据该仲裁机构的仲裁规则进行仲裁。仲裁裁决是终局的，对双方都有约束力。

All disputes arising out of the performance of, or relating to this contract, shall be settled amicably through friendly negotiation. In case no settlement can be reached between the two parties, the case shall then be submitted to ×× arbitration, in accordance with its rules of arbitration. The arbitral award is final and binding upon both parties.

本章自测题

一、填空题

1.　合同签订以后，不是由于当事人的过失或疏忽，而是发生了当事人所无法预料和预防的，又无法避免和控制的事故，以致不能履行合同或不能如期履行合同，该事故被称为_____。

2.　_____和_____两种原因会导致不可抗力事件的发生。

3.　不可抗力条款的三种规定方法是_____、_____和_____。

4.　不可抗力事件处理的方式有两种：一是_____，二是_____。

5.　根据《联合国国际货物销售合同公约》规定，遭遇不可抗力的合同当事人应及时_____合同的另一方，否则应承担责任。

6.　国际贸易活动中解决争议的方式一般有_____、_____、_____和_____。

7.　我国现行的国际仲裁机构的全称是_____、_____。

8.　我国在对待涉外商事案件时，为更好地保障贸易双方今后继续进行交往，在进行仲裁时，往往会采取颇具中国特色的_____方式。

9.　仲裁程序包括_____、_____、_____、_____和_____。

10.　仲裁费用的承担方式有两种：_____和_____。

二、选择题

1.　下列属于不可抗力事故范围的是_____。

　　A. 火灾、水灾、大雪　　　　　　　　B. 战争、罢工、政府禁令

　　C. 暴风、地震　　　　　　　　　　　D. 价格上涨、竞争加剧

2.　发生_____时，违约方可援引不可抗力条款要求免责。

A. 战争 　　　　　　　　　　　B. 世界市场价格上涨

C. 生产制作过程中的过失 　　　D. 货币贬值

3. 在国际货物买卖中，对不可抗力事故范围的规定方法是_____。

　　A. 不规定　　　B. 概括规定　　　C. 具体规定　　　D. 综合规定

4. 不可抗力事件发生后，可采取_____方式解决。

　　A. 无须解决，任其发展　　　　B. 解除合同

　　C. 变更合同　　　　　　　　　D. 要求赔偿

5. 不可抗力事件是指贸易双方在订立合同时_____。

　　A. 不能预见、不能避免的事件

　　B. 不能预见、不能避免、不能克服的事件

　　C. 不能预见、可以克服的事件

　　D. 不能预见、不能避免、不能克服、可以预防的事件

6. 仲裁协议是仲裁机构受理争议案件的必要依据，因此_____。

　　A. 仲裁协议必须在争议发生之前达成

　　B. 仲裁协议必须在争议发生之后达成

　　C. 仲裁协议既可以在争议发生之前，也可以在争议发生之后达成

　　D. 仲裁协议可以不用订立

7. 争议案件发生时，可选择的仲裁机构有：_____。

　　A. 常设仲裁机构　　　　　　　B. 中级人民法院

　　C. 高级人民法院　　　　　　　D. 临时仲裁机构

8. 仲裁地点可以选择在_____。

　　A. 本国　　　B. 对方国　　　C. 第三国　　　D. 任意国

9. 仲裁裁决的效力一般被认为是_____。

　　A. 终局性的　　　B. 可更改的　　　C. 无约束力的　　　D. 不确定的

10. 下列_____原因会导致争议发生。

　　A. 物价上涨　　　B. 包装破裂　　　C. 汇率上扬　　　D. 配额

三、判断并改错题

1. 引起不可抗力事故的原因有：由于"自然力量"和"社会力量"引起的所有灾害和意外事故。　　　　　　　　　　　　　　　　　　　　　　　　　（　　）

2. 我国从日本进口在当地通常可以买到的某化妆品，在交货前，该商生产产品的工厂因爆炸被毁，该商要求援引不可抗力免责条款解除交货责任。对此，我方应予同意。

　　　　　　　　　　　　　　　　　　　　　　　　　　　　　　　　　　（　　）

3. 不可抗力事件的发生一定是在合同订立以后，才能获得免责。　　　　　（　　）

4. 援引不可抗力条款的法律后果是撤销合同或变更合同。　　　　　　　　（　　）

5. 某国出口货物途经伊拉克，由于受当地战争影响，货物延期到达目的地，出口商要求援引不可抗力条款免除延期交货的责任，进口商予以同意。　　　　　（　　）

6. 在履约过程中，如发生争议，而合同中又未规定仲裁条款，双方当事人可通过提交仲裁协议的方法，将争议交付仲裁。　　　　　　　　　　　　　　　　　　（　　）

7. 仲裁裁决做出后即具有法律效力，有关当事人应自觉执行。若当事人拒绝执行裁决，仲裁机构可以强制执行。　　　　　　　　　　　　　　　　　　　　　　　（　　）

8. 根据我国通行做法，对外订立仲裁条款时应争取在我国仲裁，如对方不同意，也可接受在被告国或第三国仲裁。　　　　　　　　　　　　　　　　　　　　　　（　　）

9. 产生经济纠纷后，除仲裁外，只能选择诉讼方式解决争议。　　　　　　（　　）

10. 申请仲裁双方当事人应订有仲裁协议，而向法院诉讼，无须事先征得对方同意。

（　　）

四、简答题

1. 什么是不可抗力？不可抗力事件是如何认定的？

2. 不可抗力条款包括哪些内容？

3. 简述仲裁协议的形式及作用。

4. 仲裁协议的基本内容有哪些？

五、案例分析题

1. 越南某出口企业以 CIF 伦敦与英国某公司订立了 50 万立方米木材的出口合同，合同规定某年 11 月交货。10 月底，越南企业出口商品仓库发生雷击火灾，一半以上的木材烧毁。越南企业以发生不可抗力事件为由，要求免除交货责任，英方不同意，坚持要求按时交货。越南无奈经过多方努力后延期 3 个月交货，英方要求赔偿。试分析：①越南要求免除交货责任的要求是否合理？为什么？②英方赔偿的要求是否合理？为什么？

2. 某年夏季我国南方发生特大洪水灾害，在此之前我外贸企业与日本订有大米出口合同，CFR 神户，总金额为 500 万美元，交货期为当年 10～12 月。水灾发生后，我方以不可抗力为由，要求免除交货责任。但对方回电拒绝，并称该商品市场价格上涨(涨价约 6%)，由于我方未交货已造成其损失，要求我方赔偿。我方未同意。日商根据仲裁条款向中国仲裁机构提出仲裁。问：我方公司是否应赔偿，为什么？

第九章　进出口合同的履行

进出口合同只有得到履行才能实现进出口商各自的经济目的。履行合同既是经济行为，又是法律行为。凡依法成立的合同，对有关当事人都有法律约束力。在履行合同时应遵循"重合同，守信用"的原则。

通过本章的学习，要求学生了解进出口业务各个环节的基本任务，掌握进出口合同履行的基本过程，熟悉其中涉及的基本单据。

第一节　出口合同的履行

在履行出口合同过程中，工作环节较多，涉及面较广，手续也较繁杂。各进出口企业为圆满履行合同义务，必须十分注意加强同各有关单位的协作和配合，把各项工作做到精确细致，尽量避免工作脱节，延误装运日期以及影响安全、迅速收汇等事故的发生。同时，进出口企业应同各个部门之间相互协作、共同配合，切实加强出口合同的科学管理，以保证出口合同的顺利履行。

我国绝大多数出口合同都采用 CIF(成本、保险费加运费)或 CFR(成本加运费)贸易术语，并且一般都采用信用证付款方式，因此在履行这类合同时，必须切实做好备货、催证、审证、改证、租船订舱、报验、报关、投保(CIF 条件)、装船和制单结汇等环节的工作，在这些环节中，以货(备货、报验)、证(催证、审证和改证)、船(租船订舱、办理货运手续)、款(制单结汇)四个环节的工作最为重要。另外，上述环节在出口合同履行中具有一定的普遍性和代表性，其他贸易术语或使用其他运输方式的出口合同，所涉及的环节也同上述环节大体相近或相似。为此，我们就以上述货、证、船、款作为参考顺序，将出口合同履行所涉及的各项业务环节分别叙述如下。

一、备货和报验

备货工作是指卖方根据出口合同的规定，按质、按量地准备好应交的货物，并做好申请报验和领证工作。

(一)备货

备货是进出口企业根据合同或信用证的规定，向有关企业或部门采购和准备货物的过程。目前备货在我国有两种情况：一种是生产型企业，另一种是贸易型企业。

生产型企业备货是向生产加工或仓储部门下达联系单，要求该部门按联系单的要求，对应交的货物进行清点、加工整理、包装、刷制运输标志以及办理申报检验和领证等项工作。联系单是进出口企业内部各个部门进行备货、出运、制单结汇的共同依据。对于贸易型企业，如果该企业没有固定的生产加工部门，那么就要向国内有关的生产企业联系货源，订立国内采购合同。国内有关企业的名称和联系方式，可以通过查询企业目录获得，或者通过专业网站获得。无论是哪种类型的企业，在备货工作中，都应注意以下几个问题。

1．有关货物的问题

(1) 货物的品质、规格，应按合同的要求核实，必要时应进行加工整理，以保证货物的品质、规格与合同或信用证规定一致。

(2) 货物的数量应保证满足合同或信用证对数量的要求，备货的数量应适当留有余地，万一装运时发生意外或损失，以备调换和适应舱容之用。

(3) 备货时间应根据信用证规定，结合船期安排，以利于船货衔接。

2．有关货物的包装问题

出口货物要经过各种环节的长途运输，中途还要经过多次搬运和装卸，甚至多次转换运输工具。为了最大限度地使货物保持完好无损，应注意如下出口包装问题。

(1) 尽量安排将货物装运到集装箱中或牢固的托盘上。

(2) 必须将货物充满集装箱并做好铅封工作。

(3) 集装箱中的货物应均匀放置且均匀受力。

(4) 为了防止货物被盗窃，货物的外包装上不应注明识别货物的标签或货物的品牌。

(5) 由于运输公司按重量或体积计算运费，出口企业应尽量选择重量轻的小体积包装，以节省运费。

(6) 对于海运货物的包装，应着重注意运输途中冷热环境变化出现的潮湿和冷凝现象。即使有些船舱有空调设备，但货物仍有可能受损。采用集装箱运输通常可以避免绝大多数货物的受潮现象。

(7) 对于空运货物的包装，应着重注意货物被偷盗和被野蛮装卸的情况。特别是易损货物，应用牢固的箱子包装。鉴于飞机的舱位有限，对于包装尺寸的要求，应与有关运输部门及时联系。

(8) 随着技术进步，自动仓储环境下处理的货物越来越多，货物在运输和仓储过程中，通常由传送带根据条形码自动扫描分拣。因此，应注意根据仓储要求，严格按统一尺寸对货物进行包装或将货物放置于标准尺寸的牢固托盘上，并预先正确印制和贴放条形码。

3. 有关货物外包装的运输标志问题

正确刷制运输标志的重要性主要反映在如下四个方面：一是符合运输和有关国家海关的规定；二是保证货物被适当处理；三是掩盖包装内货物的性质；四是帮助收货人识别货物。因此，在运输标志的准备上应注意以下内容。

(1) 刷制运输标志应符合有关进出口国家的规定。

(2) 包装上的运输标志应与所有出口单上对运输标志的描述一致。

(3) 运输标志应既简洁，又能提供充分的运输信息。

(4) 所有包装上的运输标志必须用防水墨汁刷写。

(5) 有些国家海关要求所有的包装箱必须单独注明重量和尺寸，甚至用公制，或用英语或目的国的语言注明。为此，应注意有关国家的海关规定。

(6) 在运输包装上的运输标志应大小尺寸适中，使相关人员在一定距离内能够看清楚。根据国外的通行做法，就一般标准箱包装，刷制的运输包装字母的尺寸至少为 4 厘米高。

(7) 运输标志应该至少在包装箱的四面都刷制，以防货物丢失。

(8) 除了在外包装上刷制运输标志之外，应尽量在所有的货运单据上标注相同的运输标志。这些单据包括：内陆运输单、海运提单、航空运单、码头收据、装箱单、商业发票、报关单等。

(二)报验

凡属国家规定法定检验的商品，或合同规定必须经中国出入境检验检疫局检验出证的商品，在货物备齐后，应向出入境检验检疫局申请检验。只有取得出入境检验检疫局发给的合格的检验证书，海关才准放行。经检验不合格的货物，一般不得出口。

申请报验的手续是，凡需要法定检验的出口货物，应填制"出境货物报检单"，向出入境检验检疫局办理申请报验手续。

申请报验后，如出口公司发现"报检单"内容填写有误，或因国外进口人修改信用证以致货物规格有变动时，应提出更改申请，并更改"报检单"，说明更改事项和更改原因。

货物经检验合格，即由出入境检验检疫局发给检验证书，进出口公司应在检验证书规定的有效期内将货物出运。如超过有效期装运出口，应向出入境检验检疫局申请展期，并由出入境检验检疫局进行复验，经复验合格后货物才能出口。

报检单是指根据我国《商检法》规定，针对法定检验的进出口货物向指定商检机关填制和申报货物检验的申请单。其内容一般包括：品名、规格、数量(或重量)、包装、产地等项目。如需有外文译文时，应注意使中、外文内容一致。

在填制和提交"出境货物报检单"时，要注意按一种商品，一次出运，一个收货人为一批，填写一张出境货物报检单。一般还应该附上合同和信用证副本等有关凭据，供出入境检验检疫局检验和发证时参考使用。

二、催证、审证和改证

针对信用证付款的合同，在履行过程中，对信用证的掌握、管理和使用，直接关系到进出口企业的收汇安全。信用证的掌握、管理和使用，主要包括催证、审证和改证等几项内容，这些都是与履行合同有关的重要工作。

(一)催证

在出口合同中，买卖双方如约定用信用证方式付款，买方应严格按照合同的规定按时开立信用证。如果合同中对买方开证时间未作规定，买方应在合理时间内开出，因为买方按时开证是卖方正常履约的前提。但在实际业务中，经常遇到国外进口商拖延开证，或者在行市发生变化或资金短缺的情况时，故意不开证。对此，我们应催促对方迅速办理开证手续。特别是针对大宗商品交易或应买方要求而特制的商品交易，更应结合备货情况及时进行催证。必要时，也可请驻外机构或有关银行协助代为催证。当然，最好在合同中规定买方开来信用证的最后期限。

(二)审证

信用证是依据买卖合同开立的，信用证的内容应该与买卖合同条款保持一致。但在实践中，由于种种原因，如工作的疏忽、电文传递的错误、贸易习惯的不同、市场行情的变化或进口商有意利用开证的主动权加列对其有利的条款，往往会出现开立的信用证条款与合同规定不符；或者在信用证中加列一些出口商看似无所谓，但实际是无法满足的信用证付款条件(在业务中也被称为"软条款")等，使得出口商根本无法按该信用证收取货款。为确保收汇安全和合同顺利执行，防止给我方造成不应有的损失，我们应该在国家对外政策的指导下，对不同国家、不同地区以及不同银行的来证，依据合同进行认真的核对与审查。

在实际业务中，银行和进出口公司应共同承担审证任务。其中，银行着重审核信用证的真实性，开证行的政治背景、资信能力、付款责任和索汇路线等方面的内容。银行对于审核后已确定其真实性的信用证，应打上"印鉴相符"的字样。出口公司收到银行转来的信用证后，则着重审核信用证内容与买卖合同是否一致。为了安全起见，出口商应尽量根据自身能力对信用证的内容进行全面审核，此项审核一般应包括以下几个方面。

1．对信用证本身的说明

(1) 开证行的名称和银行参考号应该清楚地注明在信用证上。

(2) 信用证是保兑的还是不保兑的。

(3) 信用证的到期日。

(4) 信用证的到期地点。

(5) 信用证中注明的买方和卖方名称、地址的准确性。

(6) 信用证的金额与支付货币应描写清楚。信用证金额应与合同金额相一致。如果合同订有溢短装条款，信用证金额也应包括溢短装部分的金额。信用证金额中的单价与总值要填写正确，大、小写并用且应一致。来证所采用的货币应与合同规定相一致。

(7) 信用证所规定的汇票的提交要求。

(8) 信用证付款银行的所在地址。

2．对货物的要求

信用证对货物的描述应该清楚，并使用惯常的描述方法。

3．对运输的要求

(1) 装运地点和到货地点。

(2) 有关分批装运和转运的规定。按照《UCP600》的有关规定，只要信用证未表明是不可分批装运和不可转运的，就视为可以分批装运和可以转运。

(3) 在信用证中一般不应指明承运货物的货运代理人，以便出口商本着节约费用的原则自由选择货运代理人。

(4) 在信用证中一般不应指明运输航线，以便出口商和货运代理人本着节约费用的原则灵活选择航运线路。

4．对单据的要求

信用证要求受益人提交单据的种类和份数，对于来证中要求提供的单据种类和份数及填制方法等，要进行仔细审核，如发现有不正常规定的，例如要求商业发票或产地证明须由国外第三者签证以及提单上的目的港后面加上指定码头等字样，都应慎重对待。

在非海运情况下，如航空运输，为了保证出口商安全收回货款，航空运单的收货人一般应写明是开证银行，但应事先征得开证行的同意。

5．特殊要求与指示

这可以根据进口国政治经济贸易情况的差异或每一笔具体业务的需要，做出不同的规定。但特别需要注意的是，对于在信用证中是否对开证行付款责任方面加列了"限制性"

条款或"保留性"条件的条款，受益人对此必须特别注意。如来证注明"以领到进口许可证通知后方能生效"，电报来证注明"另函详"等类似文句，应在接到上述生效通知书或信用证详细条款后方能履行交货义务。

6. 开证行保证付款的责任文句

信用证应受国际商会最新出版的《跟单信用证统一惯例》(UCP600)的约束。

(三)改证

对信用证进行了全面细致的审核后，如果发现问题，应区别问题的性质，分别同银行、运输、保险、商检等有关部门进行研究，做出恰当妥善的处理。凡是属于不符合我国对外贸易方针政策，影响合同执行和安全收汇的情况，我们必须要求国外客户通过开证行进行修改，并坚持在收到银行修改信用证通知书后才能对外发货，以免发生货物出运而通知书未到的情况，造成我方工作上的被动和经济上的损失。

在办理改证工作中，凡需要修改的各项内容，应做到一次向国外客户提出，尽量避免由于我方考虑不周而多次提出修改要求。否则，不仅会增加双方的手续和费用，而且容易对外造成不良影响。

国际商会《跟单信用证统一惯例》规定：未经开证行、保兑行和受益人同意，信用证既不能修改，也不能取消。因此，对信用证中任何条款的修改，都必须在有关当事人同意后才能生效。该惯例还规定，信用证在修改时，"在受益人向通知修改的银行表示接受该修改内容之前，原信用证(或包含先前已被接受修改的信用证)的条款和条件对受益人仍然有效"，"不允许部分接受修改，部分接受修改将被视为拒绝接受修改的通知"。

此外，对来证不符合合同规定的各种情况，还需要做出具体分析，不一定坚持要求对方办理改证手续。只要来证内容不违反政策原则并能保证我方安全迅速收汇，我们也可灵活掌握。

总之，对国外来证的审核和修改，是保证顺利履行合同和安全迅速收汇的重要前提，我们必须给予足够重视，认真做好审证工作。

三、办理货运、报关和投保

出口企业在备货的同时，还必须及时办理货运、报关和投保等手续。

(一)办理货运

现代信息技术正在迅速改变着国际货物运输的运作方式。电子商务，特别是 EDI(电子数据交换)技术使电子方式的信息传输正在代替纸单据的传递。在国外,有的运输公司已经利用卫星地面定位技术来自动跟踪货物的运输情况,并通过国际互联网络向客户提供货物的即时运输信息。

新的信息通信技术的运用正在改变着全球运输行业的做法,特别是运输服务出现更加细致的专业化分工。目前,现代企业运作方式更强调较少库存,为全球客户提供及时到位的运输。及时到位的运输要求更快和更准确的操作。为了达到快速和准确的目的,就要求有专业化较强的货运服务机构,以及全球货物运输监控体系。

随着技术的进步,更具有实际意义的是,货主越来越少地与运输工具承运人,如船公司直接打交道,而是由专业化较强的货运服务机构从中提供中介服务。就货运服务的公司而言,货运代理公司、储运公司、报关经纪行、卡车运输公司和其他的运输与物流管理公司都在试图调整自己的运输服务功能。这些具有不同行业特点的公司所提供的服务的界限也在逐渐模糊,这就为出口商办理货运提供了多种选择。

国际上,出口企业在办理货物运输时,一般会与三种类型的货运服务机构打交道:国际储运公司、国际货运代理公司、国际货运联盟。

1. 国际储运公司

国际储运公司都有自己的仓储设施,最初国际储运公司的发展就是为了给等待装运的货物提供仓储服务。出口商通常都是将出口货物在装运前先用卡车或火车运送到离装运地点最近的国际储运公司的仓库里。多数情况是,出口货物在实际装运前要在储运公司的仓库中进行装运前的处理,如果是集装箱货物,储运公司负责货物拼箱和装箱,然后负责将货物直接运到装运港码头或航空港进行实际装运。许多大的外贸公司都有自己的内部储运公司和仓储设施,负责上述工作。

由于受到现代物流管理潮流的影响,现在的国际储运公司,其业务已经不仅仅局限于提供仓储服务或货物的拼箱装箱和装运前的运输,它们也充当了国际货运代理人的角色,在为进出口商提供仓储服务的同时也负责办理国际运输。一个典型的国际仓储公司的集装箱运输的运作程序如下。

(1) 出口商就一批货物与储运公司接洽,国际储运公司就出口商的整体运输情况向出口商提出建议。

(2) 运输条件达成后,储运公司负责向船公司或航空公司租船订舱,并根据装运期就装运前的拼箱和装箱时间做出安排。

(3) 储运公司就货物及有关单据,如发票、装箱单等的准确性进行核对。

(4) 储运公司负责制作有关运输单据,如载货清单、运输代理行提单或主提单等。

(5) 储运公司进行货物的拼箱和装箱,将货物及运输标识打在外包装上。标识信息包括：运输代理行提单和主题单号、货物的启运地和目的地、货物的总箱数等。

(6) 从仓库用卡车或火车等运输工具将货物运到装运港，并安排装上国际运输工具。

2．国际货运代理公司

国际货运代理公司的业务范围通常比国际储运公司的业务范围广泛。其主要的优势是掌握国际上四通八达的运输网络，有的在世界各国的港口有许多代理机构。国际货运代理公司为货主服务，并从货主那里获得报酬。

国际货运代理公司有大有小，大的公司海陆空及多式联运货运代理业务齐全；小的公司则专办一项或几项业务。常见的货运代理公司的业务有：租船订舱、货物报关、转运及理货、仓储、集装箱拼箱及拆箱、国际多式联运、物流管理以及运输咨询等。

国际货运代理公司通常都在某个地区或国家具有综合性的运输优势，业务逐渐拓展到全球范围。下面就以一家综合性国际货运代理公司为例，说明一下货运代理公司的典型货运程序。

(1) 出口商就一批货物与货运代理公司接洽，国际货运代理公司就出口商的整体运输情况向出口商提出建议，并报一个全程运输的综合价格。

(2) 运输条件达成后，货运代理公司确定货物运输的航线，负责向船公司或航空公司租船订舱，并根据装运期就货物从仓库到装运港的运输仓储和装运做出总的安排。

(3) 货运代理公司与装运前的仓储公司或陆运公司洽商货物从仓库到装运港这一段的运输，并就货物及有关单据，如发票、装箱单等的准确性进行核对。

(4) 货运代理公司受出口商的委托办理货物通关手续。

(5) 待货物在装运港装运完毕后，根据大副收据的最终结果制作运输代理行提单，并与船公司或航空公司联系取得主提单等。

(6) 货运代理公司将运输代理行提单交付出口商，同时将船公司或航空公司的主提单寄交国外目的港的代理机构。

(7) 出口商经银行结汇后，有关货运单据，包括运输代理行提单被转移到进口商手中。

(8) 货物到达目的港后，货运代理公司的目的港代理机构通知进口商直接从港口提货，或者由货运代理公司的目的港代理机构作为收货人替进口商办理进口报关手续，再将货物运送到进口商的目的地。

(9) 进口商向在目的港的货运代理公司的代理出示运输代理行提单，换取主提单或者其他的提货凭证。

(10) 如果进口商未能在规定的时限内提货，由货运代理公司的目的港代理作为收货人在征求有关货主意见后将货物另行处置。

3. 国际运输联盟

国际运输联盟是指在国际上具有一定实力的大的货运公司，它们凭借在全世界各地的运输代理机构，与不同地区的各有优势的货运代理公司结成运输战略联盟。通常它们的优势是为客户提供复杂、系统的大型工程项目的运输。

由于大型工程项目的运输周期长、货物规格复杂、运输航线不定，因此通常要求运输公司具有较强的协调能力。国际运输联盟将许多国际货运代理公司和国际储运公司的优势结合起来，并利用现代信息技术手段，能够满足任何特殊运输的需要。

以上三种类型的运输公司服务的内容虽有交叉，但各有优势和侧重，出口企业应根据货物和运输线路的情况，合理选择合适的货运服务机构。

(二)报关

报关是指进出口货物出运前向海关申报的手续。按照我国《海关法》规定：凡是进出国境的货物，必须经由设有海关的港口、车站、国际航空站进出，并由货物的发货人或其代理人向海关如实申报，交验规定的单据文件，请求办理查验放行手续。经过海关放行后，货物才可提取或者装运出口。

目前，我国的进出口企业在办理报关时，可以自行办理报关手续，也可以通过专业的报关经纪行或国际货运代理公司来办理。

无论是自行报关，还是由报关行来办理，都必须填写出口货物报关单，必要时，还需提供出口合同副本、发票、装箱单或重量单、商品检验证书及其他有关文件，向海关申报出口。

报关单是向海关申报进出口货物，供海关查验、估税和放行的法定单据，也是海关对进出口货物进行统计的原始资料。根据货物进出口的情况，报关单又分为出口货物报关单和进口货物报关单。其主要填写项目有：经营单位、贸易性质、贸易国别(地区)、原产国别(地区)、货名、规格及货号，成交价格、数量等。

出口货物报关单综合了出口发票中有关货物的各项记载和托运单上运输事项的记载，此外还设有"海关统计商品编号"和"离岸价格"等栏目，前一栏目须按《中华人民共和国海关统计商品目录》的规定填制，后一栏目须将不同价格条件、不同币种的出口金额扣除运费、保险费、佣金和折扣等，以 FOB(船上交货(指定装运港))净额按国家外汇管理局核定的各种货币对美元统一折算率折算后填报，以利于海关统计汇总。

在提交进出口货物报关单时，一般还须按规定随附如下文件或单证：进出口许可证或批准文件、进出口货物提货单、装货单或运单、进出口货物发票、进出口货物装箱单，减税、免税或免验的证明文件，必要时还须附上货物买卖合同、产地证明等有关单证。

(三)投保

如果需要卖方投保，例如按 CIF 价格成交的出口合同卖方需替买方办理保险，那么，卖方在装船前，需及时向保险公司办理投保手续，填制投保单。出口商品的投保手续，一般都是逐笔办理的。投保人投保时，应将货物名称、保额、运输路线、运输工具、开航日期、投保险别等一一列明。保险公司接受投保后，即签发保险单或保险凭证。

卖方在装船前，须及时向保险公司办理投保手续，填制投保单。投保单是进出口企业向保险公司对运输货物进行投保的申请书，也是保险公司据以出具保险单的凭证，保险公司在收到投保单后即填制保险单。

填制投保单一般是在逐笔投保方式下采用的做法。进出口企业在投保单中要填制的内容包括：货物的名称、运输标志、包装及数量、保险金额、保险险别、运输工具、开航日期、提单号等。

从以上出口合同履行的环节可以看出，在出口合同履行过程中，货、证、船的衔接是一项极其细致而又复杂的工作。因此，进出口企业为做好出口合同的履行工作，必须加强对出口合同的科学管理，建立起能反映出口合同执行情况进程的管理制度，采取相应的合理措施，力求做到证、货、船三方面的衔接和平衡，尽量避免交货期不准、拖延交货期或不交货等现象的发生。

四、信用证项下制单结汇

出口货物装运后，出口企业即应按照信用证的规定，正确缮制各种单据，在信用证规定的交单有效期内，递交银行办理议付结汇手续。

(一)信用证条件下制单结汇的三种做法

在信用证付款条件下，目前我国出口商在银行可以办理出口结汇的做法主要有三种：收妥结汇、押汇和定期结汇。不同的银行，其具体的结汇做法不一样。即使是同一个银行，针对不同的客户信誉度，以及不同的交易金额等情况，所采用的结汇方式也有所不同。现将上述在我国常见的三种结汇方式简单介绍如下。

1. 收妥结汇

收妥结汇又称收妥付款，是指信用证议付行收到出口企业的出口单据后，经审查无误，将单据寄交国外付款行索取货款的结汇做法。在这种方式下，议付行都是待收到付款行的货款后，即从国外付款行收到该行账户的贷记通知书时，才按当日外汇牌价，按照出口企业的指示，将货款折成人民币拨入出口企业的账户。

2．押汇

押汇又称买单结汇，是指议付行在审单无误的情况下，按信用证条款贴现受益人的汇票或者以一定的折扣买入信用证项下的货运单据，从票面金额中扣除从议付日到估计收到票款之日的利息，将余款按议付日外汇牌价折成人民币，拨给出口企业。议付行向受益人垫付资金，买入跟单汇票后，即成为汇票持有人，可凭票向付款行索取票款。银行之所以做出口押汇，是为了给出口企业提供资金融通的便利，这有利于加速出口企业的资金周转。但当议付行未能从付款行处要到货款时，议付行可以向受益人行使追索权。

3．定期结汇

定期结汇是指议付行根据向国外付款行索偿所需时间，预先确定一个固定的结汇期限，并与出口企业约定该期限到期后，无论是否已经收到国外付款行的货款，都主动将票款金额折成人民币拨交给出口企业。

(二)处理单证不符情况的几种办法

在信用证项下的制单结汇中，议付行要求"单、证严格相符"。但是，在实际业务中，由于种种原因，单证不符情况时有发生。如果信用证的交单期允许，应及时修改单据，使之与信用证的规定一致。如果不能及时改正，出口企业应视具体情况，选择如下处理方法。

1．表提

表提又称为"表盖提出"，即信用证受益人在提交单据时，如存在单证不符，向议付行主动书面提出单、证的不符点。通常，议付行要求受益人出具担保书，担保如日后遭到开证行拒付，由受益人承担一切后果。在这种情况下，议付行才为受益人议付货款。因此，这种做法也被称为"凭保议付"。表提的情况一般是单证不符情况并不严重，或虽然是实质性不符，但事先已经开证人确认可以接受。

2．电提

电提又称为"电报提出"，即在单、证不符的情况下，议付行先向国外开证行拍发电报或电传，列明单、证的不符点，待开证行复电同意后再将单据寄出。电提的情况一般是单、证不符属实质性问题，金额又较大。用电提方式可以在较短的时间内由开证行征求开证申请人的意见。如果获得同意，则可以立即寄单收汇；如果未获得同意，受益人可以及时采取必要措施对运输中的货物进行处理。

3．跟单托收

如出现单、证不符，议付行不愿用表提或电提方式征询开证行的意见，在此情况下，信用证就会彻底失效。出口企业只能采用托收方式，委托银行寄单代收货款。

这里需要指出的是，无论采用"表提"、"电提"，还是"跟单托收"方式，信用证受益人都失去了开证行在信用证中所作的付款保证，从而使出口收汇从银行信用变成了商业信用。

五、出口收汇核销与出口货物退税

从 1991 年 1 月 1 日起，我国实行出口收汇核销制度，即对出口货物实行"跟踪结汇"。出口收汇核销单是"跟踪结汇"的管理手段。进出口企业在货物出口前应事先向当地外汇管理局申请领取出口收汇核销单。出口企业应如实填写有关货物出口的情况，货物报关验放后，海关在核销单上盖章，并与报关单上盖有"放行"图章的一联一起退回给出口企业，由出口企业附上发票等文件送当地外汇管理部门备案。待收汇后，在结汇水单或收账通知单上填写核销单号码，向外汇管理部门销案。

为鼓励出口企业自主经营、自负盈亏，并增强我国出口产品的竞争力，根据国际惯例，我国对出口产品实行退税制度。为加强出口退税的管理，堵塞在出口退税管理中的漏洞，我国实行出口退税与出口收汇核销挂钩的政策，即出口企业申请出口退税时，应向国家税务机关提交出口货物报关单(出口退税专用联)、出口销售发票、出口购货发票以及出口收汇核销单(出口退税专用联)等单据，经国家税务机关审核无误后才予办理，即凭"两单两票"等办理出口退税。

出口货物退税单及出口货物报关单中的退税专用联，其格式与出口货物报关单完全相同，但纸张为黄色，通关时由海关盖章表示货物业已出口，出口单位可凭此联作为证明，按规定时期向主管退税的税务机关申请退还此批货物所征缴过的增值税或消费税。

第二节　进口合同的履行

进口合同依法订立后，买卖双方都必须严格按照合同规定，履行各自的合同义务。在进口业务中，我方作为买方，必须贯彻重合同、守信用的原则，按照合同、有关的国际条约和国际惯例的规定，支付货物的价款和收取货物，同时，还要随时注意卖方履行合同的情况，督促卖方按合同规定履行其交货、交单和转移货物所有权的义务。

在我国的进口业务中，一般按 FOB 价格条件成交的情况较多，如果是采用即期信用证支付方式成交，履行这类进口合同的一般程序是：开立信用证、租船订舱、办理保险、审单付款、接货报关、检验、拨交、索赔。这些环节的工作，是由进出口公司、运输部门、商检部门、银行、保险公司以及最终用货部门等各有关方面分工负责、紧密配合而共同完成的。

一、开立信用证

我国进口货物一般都采用信用证方式付款，因此，进口合同签订后，进口企业应在合同规定的期限内向银行及时办理开证申请手续。信用证开出后，如果发现内容与开证申请书不符，或因情况发生变化，需对信用证进行修改，应立即向开证行提出修改申请。

开证申请人在向银行申请开立信用证时，应填写开证申请书，连同所需附件交开证银行。按《UCP600》规定，开证申请书的内容必须完整明确，但为了防止混淆和误解，开证申请书中不应罗列过多的细节。开证申请书中必须明确说明据以付款、承兑或议付的单据的种类、文字内容及出具单据的机构等。

进口商申请开立信用证，应向开证银行交付一定比率的押金或抵押品，开证人还应按规定向开证银行支付开证手续费。

信用证的开证时间，应该按合同的有关规定办理，如合同规定在卖方确定交货期后开证，买方应在接到卖方上述通知后开证；如合同规定在卖方领到出口许可证或支付履约保证金后开证，则买方应在收到卖方已领到许可证的通知，或银行转告保证金已收后开证。

卖方收到信用证后，如提出修改信用证的请求，经买方同意后，即可向银行办理修改信用证手续。最常见的修改内容有：延展装运期和信用证有效期、变更装运港口等。

二、安排运输

履行 FOB 交货条件下的进口合同，应由买方负责派船到对方口岸接运货物。卖方在交货前一定时间内，应将预计装运日期通知买方。买方接到上述通知后，应及时向货运代理公司办理租船订舱手续。在办妥租船订舱手续后，买方应按规定的期限将船名及船期及时通知对方，以便对方备货装船。

对 CIF 和 CFR 条件下的进口合同，应由卖方负责租船订舱，安排装运。但买方也应及时与卖方联系，掌握卖方的备货和装运情况。

三、投保货运险

FOB、CFR、FCA 和 CPT 交货条件下的进口合同，保险由买方办理。进口商在向保险公司办理进口货物运输保险时，有两种做法：一种是逐笔投保方式，另一种是预约保险方式。

　　逐笔投保方式是收货人在接到国外出口商发来的装船通知后，直接向保险公司填写投保单，办理投保手续。保险公司出具保险单，投保人缴付保险费后，保险单随即生效。

　　预约保险方式是进口商或收货人同保险公司签订预约保险合同，其中对各种货物应投保的险别作了具体规定，故投保手续比较简单。按照预约保险合同的规定，所有预约保险合同项下的按 FOB 及 CFR 条件进口货物的保险，都由该保险公司承保。因此，对于每批进口货物，在收到国外装船通知后，即直接将装船通知寄到保险公司或填制国际运输预约保险启运通知书，将船名、提单号、开船日期、商品名称、数量、装运港、目的港等项内容通知保险公司，即作为已办妥保险手续，保险公司则对该批货物负自动承保责任，一旦发生承保责任范围内的损失，由保险公司负责赔偿。

四、审单和付款

　　银行收到国外寄来的汇票及单据后，对照信用证的规定，核对单据的份数和内容。如果内容无误，即由银行对国外付款。同时进出口公司用人民币按照国家规定的有关外汇牌价向银行买汇赎单。进出口公司凭银行出具的"付款通知书"向用货部门进行结算。如果审核国外单据发现单、证不符，应做出适当处理。处理办法很多，例如：停止对国外付款；相符部分付款，不符部分拒付；货到检验合格后再付款；凭卖方或议付行出具的担保函付款；要求国外改正单据；在付款的同时，提出保留索赔权等。

五、报关和纳税

(一)报关

　　进口货物运到后，由进出口公司或委托货运代理公司或报关行根据进口单据填制"进口货物报关单"向海关申报，并随附发票、提单、装箱单、保险单、许可证及审批文件、进口合同、产地证和所需的其他证件。如属法定检验的进口商品，还需随附商品检验证书。货、证经海关查验无误，才能放行。

(二)纳税

　　海关按照《中华人民共和国海关进口税则》的规定，对进口货物计征进口税。货物在进口环节由海关征收或代征的税种有：关税、增值税、消费税等。下面对主要税种，如关税和增值税的计算方法介绍如下。

1. 关税

进口关税是货物在进口环节由海关征收的一个基本税种。进口关税以海关审定的 CIF 价作为完税价格来计算。如果是按 FOB 价格进口，还要加上国外运费和保险费。其计算公式为

$$进口关税税额=完税价格×关税税率$$

2. 增值税

增值税是货物进口环节由海关代征的税种。这种税的征收也是以完税价格为基础的，其计算公式为

$$应纳税额=(完税价格+关税)×增值税税率$$

在海关的税率表后附有关税和增值税的速算表，可供使用。

六、验收和拨交货物

(一)验收货物

进口货物运达港口卸货时，港务局要进行卸货核对。如果发现短缺，应及时填制"短卸报告"交由船方签认，并根据短缺情况向船方提出保留索赔权的书面声明。卸货时如果发现残损，货物应存放于海关指定仓库，待保险公司会同商检机构检验后做出处理。

对于法定检验的进口货物，必须向卸货地或到达地的商检机构报验，未经检验的货物不准投产、销售和使用。报验单也称为检验申请单，是指根据我国《商检法》规定，针对法定检验的进出口货物向指定商检机关填制和申报货物检验的报检单。其内容一般包括：品名、规格、数量(或重量)、包装、产地等项目。如需有外文译文时，应注意使中外文内容一致。

在填写和提交"入境货物报检单"时，国内进口企业一般应随附货物买卖合同、国外发票、提单、装箱单、重量明细单、质量保证书和国外检验证书等资料。

如果进口货物经商检机构检验，发现有残损或短缺，应凭商检机构出具的证书对外索赔。对于合同规定的卸货港检验的货物，或已发现残损、短缺、有异状的货物，或合同规定的索赔期即将届满的货物等，都需要在港口进行检验。

一旦发生索赔，有关的单证，如国外发票、装箱单、重量明细单、品质证明书、使用说明书、产品图纸等技术资料、理货残损单、溢短单、商务记录等都可以作为重要的参考依据。

(二)办理拨交手续

在办完上述手续后，如果订货或用货单位在卸货港所在地，则就近转交货物；如果订货或用货单位不在卸货地区，则应委托货运代理将货物转运内地并转交给订货或用货单位。关于进口关税和运往内地的费用，由货运代理向进出口公司结算后，进出口公司再向订货部门结算。

七、进口索赔

进口索赔是指货物自出口方交到进口方的过程中，由于种种原因，使进口方收到的货物不符合合同规定或货物有其他损害，进口方依责任归属，向有关方面提出赔偿要求，以弥补其所受的损失。

(一)向卖方索赔

凡属于货物的品质、规格等不符合合同规定；交货数量不足，重量短少；掺杂使假，以次充好，以旧顶新；包装不良或不符合合同规定要求造成货物残损；未按合同规定的交货期限交货或不交货等均可向卖方索赔。

(二)向轮船公司索赔

凡属于因短卸、误卸造成货物短少；托运货物在运输途中遗失；托运货物由于承运人配载不当、积载不良或装卸作业粗疏造成货物损毁；船舶不具适航条件、设备不良造成所装货物损毁等均可向轮船公司索赔。

(三)向保险公司索赔

凡属于由于自然灾害、意外事故或运输途中其他事故的发生致使货物受损，并且属于承保险别范围以内的；轮船公司不予赔偿或索赔金额不足抵补损失的部分，并且属于承保险别范围以内的均可向保险公司索赔。

进口索赔应注意准确判定货损原因和索赔对象、收集与保留旁证材料、提供有效的证明文件、合理计算索赔金额、严格把握索赔期限等问题。

本章自测题

一、填空题

1. 包装上的运输标志应与_____上对运输标志的描述一致。

2. 凡需要法定检验的出口货物，应填制_____，向出入境检验检疫局办理申请报验手续。

3. 国际商会的《UCP600》规定：未经开证行、保兑行和_____的同意，信用证不能修改，也不能取消。

4. 货运服务机构的类型有_____、_____和_____三种。

5. 出口报关时必须填写_____。

6. 在信用证付款条件下，目前我国企业办理出口结汇的做法主要有_____、_____和_____三种。

7. 为加强出口退税的管理，我国实行_____与_____挂钩的政策。

8. 由进口商向保险公司办理进口货物运输保险时，有_____和_____两种方式。

9. 进口关税以海关审定的_____价作为完税价格来计算。

10. 如属法定检验的商品，在办理进口报关手续时须随附_____。

二、选择题

1. 出口报关的时间应是_____。

　　A. 备货前　　　B. 装船前　　　C. 装船后　　　D. 货到目的港后

2. 新加坡一公司于8月10日向我方发盘欲购某货物一批，要求8月16日复到有效，我方8月11日收到发盘后，未向对方发出接受通知，而是积极备货，于8月13日将货物运往新加坡。不巧，遇到市场行情变化较大，该货滞销，此时，_____。

　　A. 因合同未成立，新加坡客商可不付款

　　B. 因合同已成立，新加坡客商应付款

　　C. 我方应向新加坡客商发出接受通知后才发货

　　D. 我方应赔偿该批货物滞销给新加坡客商带来的损失

3. 一份CIF合同下，合同与信用证均没有规定投保何种险别，交单时保险单上反映出投保了平安险，该出口商品为易碎品，而其他单据与信用证要求相符。因此，_____。

　　A. 银行将拒收单据　　　　　　　B. 买方将拒收单据

　　C. 买方应接受单据　　　　　　　D. 银行应接受单据

4. 审核信用证的依据是_____。

    A. 合同及《UCP600》的规定　　　　　B. 一整套单据

    C. 开证申请书　　　　　D. 商业发票

5. 信用证修改通知书的内容在两项以上者，受益人_____。

    A. 要么全部接受，要么全部拒绝　　　　　B. 可选择接受

    C. 必须全部接受　　　　　D. 只能部分接受

6. 审核信用证和审核单据的依据分别是_____。

    A. 开证申请书　　　　　B. 合同及《UCP600》的规定

    C. 一整套单据　　　　　D. 信用证

7. 在交易过程中，卖方的基本义务是_____。

    A. 提交货物　　　　　B. 提交与货物有关的单据

    C. 转移货物的所有权　　　　　D. 支付货款

8. 在我国的进出口业务中，出口结汇的方法有_____。

    A. 收妥结汇　　　　　B. 买单结汇

    C. 定期结汇　　　　　D. 预付结汇

9. 履行出口合同的程序可概括为_____。

    A. 货　　　　　B. 证　　　　　C. 船　　　　　D. 款

10. 在实际业务中，凭信用证成交出口的货物，如货物出运后，发现单证不符，而由于时间的限制，无法在信用证有效期内或交单期内做到单证相符，可采取的变通办法是_____。

    A. 担保议付　　　　　B. "电提"方式征求开证行同意

    C. 改为跟证托收　　　　　D. 直接要求买方付款

三、判断并改错题

1. 我国对外经济活动中达成和履行合同必须符合法律的规范，其中包括有关的双边或多边国际条约，与我国进出口货物出口贸易关系最大的一项国际条约是《国际货约》。（　　　）

2. 由出口地银行根据开证行的授权，按信用证的规定审单购进出口商的汇票和所附的货运单据，扣除利息后将票款垫付给出口商的过程称为议付。（　　　）

3. 不清洁提单的不良批注是从大副收据上转注过来的。（　　　）

4. 在信用证支付方式下，开具汇票的依据是信用证，而在托收和汇付方式下，开具汇票的依据是买卖合同。（　　　）

5. 在买方已经支付货款的情况下，即使买方享有复验权，也无法向卖方提出索赔。（　　　）

6. 汇票、提单、保险单的抬头人通常分别是付款人、收货人、被保险人。（　　）

7. 不同类别的商品，其检验证书的有效期各不相同，超出有效期出口的商品，可要求商检机构将检验证书的有效期向后顺延。（　　）

8. 一张未记载付款日期的汇票，可理解为见票后21天付款。（　　）

9. 通常不使用海关发票或领事发票的国家，可要求提供产地证明以确定对货物征税的税率。（　　）

10. 不符点的出现只要征得议付行同意并议付完毕，受益人即可不受追偿地取得货款。（　　）

四、简答题

1. 履行出口合同包括哪些基本程序？

2. 出口企业在备货和印刷运输标志时应注意哪些问题？

3. 审核国外开来的信用证时应注意什么问题？按照国际惯例，出口企业应如何对待和处理开证行开来的信用证修改通知？

4. 货运服务机构有哪些类型？如何选择货运服务机构？

5. 什么是押汇？它与收妥结汇有什么区别？

6. 什么是"电提"？"电提"对出口商有什么保障？

7. 在进口环节中，海关向进口企业或收货人征收(包括代征)的主要税种有哪些？它们是如何计算的？

五、案例分析题

1. 我某进出口公司与国外某客商订立一份轻纺制品的出口合同，合同规定以即期信用证为付款方式。买方在合同规定的开证时间内将信用证开抵通知银行，并经通知银行转交给我出口公司。我出口公司审核后发现，信用证上有关货物装运期限和不允许转运的规定与合同不一致。为争取时间，尽快将信用证修改完毕，以便办理货物的装运，我方立即电告开证银行修改信用证，并要求开证银行修改完信用证后，直接将信用证修改通知书寄交给我方。问：①我方的做法可能会产生什么后果？②正确的信用证修改渠道是怎样的？

2. 我某进出口公司与欧洲某客户达成一笔圣诞节应季礼品的出口交易。合同中规定，以 CIF 为交货条件，交货期为 2010 年 12 月 1 日以前，但合同中未对买方的开证时间予以规定。卖方于 2010 年 11 月上旬开始对买方催开信用证，经多次催证，买方于 11 月 25 日将信用证开抵我方。由于收到信用证的时间较晚，我方于 12 月 5 日才将货物装运完毕，当我方向银行提交单据时，遭到银行以单证不符为由拒付。问：①银行拒付是否有理？②此案中我方有哪些失误？

3.　我某公司与外商按 CIF 条件签订一笔大宗商品出口合同，合同规定装运期为 8 月份，但未规定具体开证日期。外商拖延开证，我方见装运期快到，从 7 月底开始，连续多次电催外商开证，直到 8 月 5 日，外商才发简电开证，我方怕误装运期，急忙按简电办理装运。8 月 28 日，外商开来信用证正本，正本上对有关单据作了与合同不符的规定。我方审证时未予注意，通过银行议付，银行也未发现，但开证行以单证不符为由拒付货款。我方以货物及单据均与合同相符为由，要求买方付款，经过多次交涉未果，最后该批货物被港口海关拍卖处理，使我方遭受款货两空的损失。我方应从中吸取哪些教训？

第十章　违约及处理办法

在实际履约时，交易双方出现违约情况常有发生，除合同或法律规定的不可抗力可以免责外，违约方应承担相应的法律责任，另一方当事人则有权要求违约救济。在国际贸易中，认定双方的义务，熟悉和掌握违约及其救济方法是十分有必要的。

通过本章的学习，要求学生了解国际贸易合同中买卖双方的义务；熟知违约的定义、种类及一般救济方法；掌握违约发生后，对进口商及出口商的具体救济方法；能熟练运用本章知识分析相关案例。

第一节　卖方的义务与买方的义务

履行国际货物买卖合同关系到双方当事人的根本利益，对货物的进出口和对各国外贸的发展，都有着极其重要的意义。因此，为防止不必要的经济纠纷和避免损失的产生，我们强调当事人应本着信用原则，按照合同的规定履行各自的义务，行使各自的权力和取得各自的利益。本节将对买卖双方的义务进行简要说明。

一、卖方的义务

卖方的义务基本包括三个方面：按合同规定提交货物；移交相关单据；转移货物所有权。

(一)按合同规定提交货物

1. 按合同规定的品质和包装交货

合同中对品质和包装的规定，是衡量卖方所交货物的品质和包装是否符合合同要求的决定性标准。《联合国国际货物销售合同公约》第35条规定："卖方所交货物必须符合合同规定的质量、数量与规格，并且必须按合同规定的方式包装。"

在实际贸易活动中，如凭文字说明成交的合同，卖方必须保证所交货物的品质与合同中的说明相符；如既用说明又用样品来确定品质，卖方保证所交货物的品质既要与合同规定的说明相符，也要与样品相符。一般说来，合同规定的品质标准往往只限于某商品的主要品质指标，其他仅作简化规定。在此情况下，卖方应按合同规定的货号、等级、标准、商标牌名或产地名称等内容，且已为买卖双方共同认可或为同行业所公认的品质交付货物。比如，订约前卖方向买方提供过介绍该货物的商品目录、宣传单页、小册子、说明书等，那么，这些宣传品适用于合同，并成为对合同简化规定的补充。同时应该说明，卖方所交货物的品质如果低于合同规定的说明是违约行为，高于说明也属于违约。因此，在凭样品成交的合同中，卖方为保障自身的权益，往往会在合同中明确写上，交货品质与样品在某些方面不能完全一致时，应允许有所差异(即允许有品质公差)，经买方确认后，这部分差异被认为是合理的，卖方无须承担违约责任。另外，按合同中包装的规定交货是卖方的主要义务之一。如合同对包装未做出明确规定，则按双方以往的惯例，或按过去买方对包装曾有的要求，或至少应按同类货物通常使用的方式装箱或包装。

对于该问题，通常还应注意以下几方面。

1) 卖方交付的货物必须具备"商销性"

根据英国《货物买卖法》的规定：如卖方交付的货物适合该类货物在被购买时人们对其合理期望的用途，该货物就具有商销性。美国的《统一商法典》中也有规定：如卖方是专门经营某种商品的商人，那么在买卖合同中，他须向买方承担该商品具有适合商销性的默示担保义务。所谓的适合商销性，通俗地说，就是卖方销售的货物具有同类货物的一般用途，在品质包装等方面均能依照合同的要求。这种"商销性"不取决于某一特定买方的好恶，如货物的品质虽不为该买方所接受，但对其他人来说都可以接受，那么该货物仍是具有"商销性"的。

2) 卖方交付的货物必须适合订约前买方通知的特定用途

对此，英国《货物买卖法》规定：卖方交付的货物必须符合买方明示或默示说明的任何特定用途。美国《统一商法典》也规定：如果卖方在订立合同时有理由知道买方要求货物适用于特定用途，且有理由知道买方依赖卖方挑选货物的技能或判断力，买方即默示承担货物将适用于特定用途的义务。也就是说，卖方交付的货物除必须具备"商销性"以外，还应适合订约前买方通知的特定用途。但是，卖方承担此责任有两个前提条件：一是在合同订立前，卖方通过买方的明示或暗示知道所交货物的特定用途；二是卖方知道买方依赖自身的技能和判断力来挑选或提供适合特定用途的货物。

3) 卖方交付的货物必须保证完全为卖方所有且不侵犯他人的权利

虽然大部分合同对此都未作明文规定，但这是卖方必须承担的一项默示义务。更完整地说，卖方应对其所售货物拥有完全所有权或合法出售权；货物不存在任何买方所不知道的对买方不利的担保物权；货物不存在对第三人任何权利的侵犯。例如，卖方销售他人寄存的货物，则货主有权追回货物；又如，卖方提供的商品，在技术图样、图案、程式等方面侵犯了他人的知识产权包括工业产权，卖方则应承担全部责任。

2. 按合同规定数量交货

卖方应按照合同规定数量交货，不得少交，也不得多交。在实际业务中，为了便于履行合同，买卖双方通常在订立合同时就交货数量规定相应的机动幅度。在凭信用证支付的交易中，国际商会《跟单信用证统一惯例》(第 600 号出版物)对交货数量在一定条件下允许的伸缩幅度规定：凡"约"、"大约"或类似意义的词语用于信用证规定数量时，应解释为允许有不超过 10%的增减幅度。

当然，卖方在使用该惯例有关货物数量准予增减的规定时，应以合同为主，不能与合同的规定相抵触，以免产生贸易纠纷。

3. 按合同规定的交货方式交货

国际贸易交货方式分两类：一是实际交货，卖方应以向买方交付实际货物的行为来履行交货义务；二是象征性交货，卖方向买方提交代表货物的单据来表示完成交货义务。

履行合约交货时，卖方一般应将货物一次交付，不得分期交付。但如果在合同中规定全部货物可分期交付，并注明各期交付的时间和数量的，卖方就必须按合同的规定办理。在履约过程中，卖方如对任何一期或多期交货不履行合同规定的义务，买方便可根据具体情况，要求损害赔偿或对某一期交货的合同宣告无效，或对该期和今后未交货各期的合同宣告无效，或对整个合同宣告无效。国际商会《跟单信用证统一惯例》(第 600 号出版物)对分期装运也有规定：如信用证规定在指定时期分期付款及/或装运，而任何一期未按期付款及/或装运时，除非信用证另有规定，则信用证的该期及以后各期均告失效。

4. 按合同规定的地点交货

合同中对交货地点有规定的，卖方应在规定地点交货。一般情况下，启运地交货合同的交货地点是启运港/地，到货合同的交货地点是目的港/地。合同中如对交货地点没有规定，可按《联合国国际货物销售合同公约》的规定。

(1) 如合同涉及货物运输，卖方应将货物移交给第一承运人以运交买方。

(2) 不属于(1)情况时，如买卖货物为特定货物，或从特定存货中提取，或尚待生产的未特定化货物，且双方当事人在订约时已知道这些货物在特定地点或在特定地点生产，则卖方应在该特定地点将货物交给买方处置。

(3) 其他情况下，卖方应在其订约时的营业地将货物交给买方处置。

5. 按合同规定的时间交货

按合同规定，卖方应在规定的时间把货物交给承运人，或把货物交给买方处置，或采取其他行动履行交货。如果合同中未规定交货时间，英美法系认为，卖方应在合理时间内交货；大陆法系认为，买方有权要求卖方立即交货，但应给卖方合理的准备时间。

(二)移交相关单据

在国际贸易中，货物单据是买方据以提货、办理报关手续、缴纳税款以及向承运人或保险公司要求损害赔偿所必不可少的文件。这些单据有的是卖方出具的，有的是由承运人签发的，有的是由保险公司签发的，有的是出口国政府或有关机构出具的证件。卖方应按合同规定或惯例要求的时间、地点、方式提交单据。在 FOB、CFR、CIF 等凭单交货的合同中，卖方移交单据与买方支付货款是对应的，即通常所说的"凭单付款"。这些单据主要指：提单、保险单(CIF 合同)和商业发票，有时还要原产地证明书、装箱单、重量或品质检验证明书以及其他合同规定的证件。一般情况下，如果卖方在规定时间前已移交了相应单据，也可在到期前纠正单据中任何不符合合同的错误，但不得使买方遭受不合理的不便或承担不合理的开支。当卖方交单时，如遇某份单据遭拒付，只要期限未到，卖方就有权要求将该单据退回予以更正，或者以另一份正确的单据进行调换，开证行与买方均无权拒绝。但因此而增加的费用应由卖方负担。

(三)转移货物所有权

所谓货物所有权，是指对货物拥有排他的占有、使用和处置的权利。卖方的收取货款，是建立在把货物所有权通过一定的程序转移给买方的基础上的。转移所有权的前提则是卖方对出售的货物拥有完全所有权，并保证不侵害他人的权利。对于货物所有权的转移何时才算完成，各国法律的规定是有一定区别的。一般来说，采用实际交货方式，卖方须把货物实际交付给买方占有并由其支配时，货物的所有权才算完成转移；而采用象征性交货方式，卖方将代表物权的海运提单交付给买方，就意味着货物所有权转移了。

二、买方的义务

在实际履行贸易合同时，买方应与卖方一样全面履行合同义务，其基本义务包括按照合同规定支付货物价款和收取货物。

(一)支付货款

卖方交付货物和买方支付货款是对应的。在外贸业务中，买方不但要支付货款金额以及必要的费用(包括合同中规定应由买方承担的附加的和增加部分的费用)，而且在支付的地点和时间方面也必须符合合同的规定。

1. 支付的货款必须合法

所谓支付的货款必须合法，是指支付货款应该符合买卖合同和有关法律、规章所规定的要求。例如：合同规定支付的货币为美元，就不能用日元或其他货币支付；我国与对方国家订有协议，规定贸易须用记账方式结算的，就不能要求对方用现汇结算货款，贸易对方如是有外汇管制的国家，事先还应取得主管当局的批准。而且，在实际业务中，还可能发生事先预料不到的情况。如进口商因经营不善，失去偿付能力；或收到单据、货物后，假借各种理由，拒不付款；或进口国政府的政策改变、政局变化等。因此，卖方在交货(装运)前应当仔细考虑对方收单后，能否如约付款；如有疑问，应要求买方提供相应证明，乃至暂缓发货，以求安全。

2. 支付金额的确定

支付金额是由单纯的货物价款加上相应费用构成的，货物价款等于买卖合同的单价乘以交货数量。在实际确定支付金额时，有几个问题必须注意：一是有的合同不具体规定价格而只规定确定价格的办法，那么应支付金额就要按照合同中规定的确定价格的办法计算；二是在 CFR、CIF、CPT、CIP 合同中，卖方负责安排运输工具和支付运费，且合同中有规定运费按交货时费率调整的条款，买方应按调整的运费付款；三是如规定由买方承担运费附加费时，附加费应由买方支付；四是合同规定由买方承担利息时，付款应包括利息。

3. 支付地点的确定

支付地点应根据合同规定来确定。如合同未规定具体付款地点，则可视具体情况选择以下地点支付：一是在卖方的营业地付款；二是如合同规定凭卖方交付货物或单据付款的，则买方应于卖方交付货物或单据的地点付款；三是如使用在凭单交货合同项下的托收和信用证支付方式，则付款地点在买方所在地；四是规定在卖方营业地付款的交易，如卖方营业地在订约后发生变动，买方要将货款付至新的卖方营业地，因此而增加的费用由卖方承担。

4. 支付时间的确定

买方应按照合同规定的时间，或在合同中可以确定的日期内，或在卖方向买方交货或移交证明货物所有权的凭证时支付货款。如因迟延付款而使卖方遭受损失，买方承担赔偿责任。但在实际业务中，由于买方付款银行破产倒闭，或欺诈作伪等原因，买方有可能拖延付款的时间，甚至失去偿付能力，也无法赔偿，卖方会因此而受损。在履行出口合同时，为避免以上问题发生，双方应注意以下几个问题。

1) 以汇付方式付款

如以汇付方式付款，采用预付形式，卖方必须在收到货款后方可发货。如对方以银行即期汇票(Banker's Demand Draft)、本票(Promissory Note)或支票(Check)支付的，为防止票据伪造，或出票银行倒闭，或由于支票的出票人存款不足等原因收不到货款，应先将国外寄来的票据委托中国银行向国外有关银行代收并得到收妥票款的通知后，方可向外发货；如确实出现上述情况，卖方应将原票退回要求重新寄票(必要时可要求改以电汇付款)，由此造成的延期付款、延迟交货的利息、仓租和其他损失应由买方赔偿。如果汇票、本票、支票寄到我方的日期超过合同规定的期限，超过部分的利息应要求买方偿付。如果发现对方有明显的欺诈行为，还可考虑对之提起诉讼。

2) 以跟单托收方式付款

如果以跟单托收方式付款，卖方必须加强管理，首先在订约前对客户的资信(包括资金、经营能力或经营作风)作深入的调查，确保其资信可靠，然后要在履约时，货物出运后，随时掌握和检查客户付款赎单的情况。如使用付款交单(D/P)，卖方可以通过银行掌握单据；如使用承兑交单(D/A)，则买方只要在汇票上签字承兑，就可取得单据，如果买方蓄意拖延付款，或者发生意外，就有可能使卖方货款两空，则更应慎重。

3) 以信用证或银行保证函、备用信用证付款

如以信用证(L/C)或银行保证函(Letter of Guarantee，L/G)、备用信用证(stand-by L/C)付款，买方有义务在买卖合同规定的期限内，将相应的银行信用凭证开抵卖方。否则，卖方不能交货或延迟交货而造成的损失(包括仓租、利息以及货价可能跌落的损失)，均由买方赔偿。

(二)收取货物

买方在收取货物方面，不仅应及时采取行动接受单据和收取货物，而且应采取相应的辅助举措，以便于卖方顺利交付货物。

1. 采取相应的协助举措，便于卖方顺利交付货物

所谓相应的协助举措，是指买方应承担买卖合同(包括明示的和默示的)上规定的，为使卖方能交付货物而理应采取的行动。例如：合同规定商标、标签和包装材料由买方提供，买方应及时提供并给卖方合理的时间，以进行加工包装和办理装运等工作；FOB 合同的买方必须如期派船；以信用证支付的交易，买方必须及时开证等。只有买卖双方精诚合作，才能使贸易活动顺利开展。

2. 接受单据和收取货物

在货物抵达目的地时，买方承担实际收取货物的责任，不得无故推诿或延误。实际业务中，买方接受单据并实际收取货物与买方在法律上接受该项货物是有区别的。因为买方收到货物不等于接受货物，只有经买方或其指定人检验，证明货物与合同规定相符，买方才会实际接受货物。买方在未检验货物之前，没有义务支付货款。合同规定，买方应在未检验货物之前付清货款，货到目的地后，买方仍有权对货物进行检验，如发现货物与合同

规定不符，买方还可要求卖方赔偿或采取其他补救措施。

第二节　违约的一般救济方法

在实际贸易活动中，买卖双方本应该严格履行各自的权利和义务，但由于国际市场发生剧烈变化或其他原因，引发一方当事人不履行或不完全履行合同的情况常有发生。根据国际通行法律规定，除合同或法律规定的不可抗力造成的违约可以免责外，违约方都应承担相应的法律责任，另一方当事人则有权要求违约救济。因此，熟悉和掌握违约及其救济方法是十分有必要的。

一、违约的定义

违约(Breach of Contract)是指合同当事人由于种种原因，不履行或不完全履行合同规定的义务。例如：买方不按规定时间开立信用证，不开银行保函，不预付货款，甚至无理拒绝付款赎单，或受领货物后不付款等，即为买方违约；卖方不按合同规定的质量、时间、地点交货，或交货数量不足，或根本不交货，甚至提交不合格无效单据，有意不转移货物所有权等，即为卖方违约。当然，在履约过程中也有可能出现双方均有违约的情况。《联合国国际货物销售合同公约》及各国法律都有规定：一方违约导致另一方受到损害，受损方可要求违约方承担违约责任。

二、违约的分类

从不同的角度可以将违约分为不同的类型，各国法律对违约的分类也不尽相同。下面，仅将《联合国国际货物销售合同公约》对违约的分类作介绍。

(一)根本违约

所谓根本违约(Fundamental Breach of Contract)，也称根本违反合同，是指一方当事人违反合同的结果使另一方当事人蒙受损害，以至于实际上剥夺了他根据合同有权期待得到的东西。从定义中可以看出，一方当事人违反合同的行为是否属于根本违约，最基本的原则是要看违约的结果是否"实际上剥夺了另一方当事人根据合同规定有权期待得到的东西"，即是否造成实质性损害，同时还要看这种实质性损害是否由于违约方的主观行为所致。如果符合上述条件就属于根本违约。通常情况下，卖方完全不交付货物，买方无理拒收货物、拒付货款，都视作根本违约。《公约》规定受害的当事人可以采用解除合同、要求损害赔偿或其他任何合法的救济方法，或将上述方法综合使用。

(二)非根本违反合同

所谓非根本违反合同(Non-fundamental Breach of Contract)，是指当事人一方违反合同但没有达到根本违反合同的程度。该情况下，受损害方只能要求损害赔偿，而无权宣告合同无效或解除合同。

三、违约的一般救济方法

违约救济是指合同一方当事人的合法权利受到他人侵害时，依法取得补偿的方法。在国际贸易中，违约的一般救济方法可概括为以下几种。

(一)实际履行

所谓实际履行(Specific Performance)，是指一方当事人未履行合同时，另一方当事人有权向法院提起要求违约方实际履行合同的诉讼，由执行机关运用国家的强制力，使违约者按合同规定履行其义务。

不同国家的法律对实际履行的规定存在着较大分歧。大陆法将实际履行作为一种主要的救济办法，当确定违约人履行合同仍属可能时，法院会依受损方提议判令违约方实际履行合同；而英美法则将此作为例外的辅助性救济办法，当受损方能证明仅采取损害赔偿还不足以满足其要求或弥补其损失时，可以考虑判罚实际履行。《联合国国际货物销售合同公约》则综合这两方面的规定，提出：受损方可以要求违约方实际履行合同，但如果向法院提起诉讼，法院则不能按《公约》的规定判令违约方实际履行，因为《公约》没赋予法院此项权利。另外，《公约》还规定，受损方向违约方提出实际履行要求时，不能采取与其相抵触的其他救济方法。《中华人民共和国民法通则》也规定了实际履行是一种主要救济办法。我国法院和仲裁机构在处理涉外争议案件时，通常可依法及申请人提出实际履行主张的前提下，做出实际履行的判决或裁决。

(二)损害赔偿

损害赔偿(Damages)是目前较重要的一种违约救济方式，使用广泛，其具体方法有以下两种。

1. 回复原状

所谓回复原状，是指将受损货物恢复到损害发生前的状态。它可以从根本上达到损害赔偿的目的，但实际履行起来非常困难。

2. 金钱赔偿

所谓金钱赔偿，是指违约方以支付金钱来弥补受损方所遭受的损害。金钱赔偿可分为约定的损害赔偿和法定的损害赔偿两种。前者是指由贸易双方在合同中订立违约金条款，自行约定损害赔偿的金额或计算原则，一方违约时即按规定支付对方违约金。后者则指双方不在合同中就损害赔偿作具体规定，当违约情况发生时，根据法律规定来计算或确定损害赔偿的金额。

与回复原状相比，这种方法便于实行，确定赔偿范围及金额的原则有：首先，违约方赔付的赔偿金额应与其违约造成的损失额相等，包括实际损失和所失利益两部分；其次，赔偿金额应以可预料的合理损失为限，即受损方得到的损害赔偿，不得超过违约方在订立合同时，按照自身当时已知或理应知道的情况，对违约预料到或理应预料到的可能损失；再次，受损方有义务采取一切合理措施减轻损失，否则，违约方可要求从损害赔偿中扣除原可减少的损失数额。

(三)解除合同

所谓解除合同(Rescission)，是指合同当事人免除或中止履行合同义务的行为。就目前而言，各国都承认解除合同是违约的救济办法之一。但各国法律存在差异，对受损方何时能行使解除合同的权利有不同的规定。按《联合国国际货物销售合同公约》的规定，只有当一方违约构成根本违反合同时，受损方才能在向对方发出合理通知后，有行使解除合同的权利，否则应给予合理的宽限期，宽限期后对方仍未履约，受损方才可宣告合同无效。另外，解除合同仅是违约救济的办法之一，受损方解除合同的同时，能否要求其他的救济方法，如请求损害赔偿，不同法律有不同规定。例如：法、日等国规定，解除合同不影响受损方要求赔偿损失的权利；德国法则认为，只能在两者中选取其中一种权利享受。而且，如果由于不可抗力事件的发生或合同约定的解除合同条件已经出现而造成的解除合同，则不属于违约，此种解除合同也不属于违约救济之列。

第三节　对进口商违约的救济方法

在国际贸易实际活动中，买方违约的情况一般为：不支付、不完全支付或延迟支付货款；不受领、不全部受领或延迟受领货物。根据《联合国国际货物销售合同公约》及多数国家的相关规定，买方违约时，卖方应采取以下救济方法。

一、 要求实际履行

在以下情况下，卖方可以要求买方实际履行合同义务，按规定缴付货款并接收货物：买方不支付货款、不收取货物或不履行合同规定的其他义务。其前提条件是卖方不能采取与此项实际履行相抵触的救济方法，比如，宣布合同无效。另外，在此实际履行仅限于卖方可向违约的买方提出，法院则不能依据《公约》向买方做出实际履行的判决。

二、 允许买方在确定期限内履行义务

如果买方违约，卖方还可以规定一段合理的额外时限，要求买方在此期限内履行义务。同时，卖方自身不得采取其他任何救济措施，除非收到买方表示不在此期限内履行合同义务的书面通知。在这一期限内如因买方延迟履约而造成的损害，卖方有权要求赔偿。

三、 收取利息

如果买方没有支付货款，或对其他费用及相应款项有拖欠行为，卖方有权对这些款项收取一定利息。

四、 宣告合同无效

当出现以下情况时，卖方有权宣告合同无效：一是买方未履行其依合同或《公约》而承担的义务构成了根本违反合同；二是在未构成根本违约的情况下，如果买方不能在规定的宽限期内履行支付货款或收取货物的义务，或买方声明他拒绝在规定的宽限期内支付货款、收取货物。

五、 要求损害赔偿

依据《公约》规定，如果买方违反合同规定的义务，无论是否构成根本违约，卖方都可在自身已采取了上述任何一种违约救济方法的基础上，要求损害赔偿。但需要注意：一是赔偿金额应与买方违约造成的损失额相等，包括实际损失和所失利益两部分，但不得超过在订立合同时，按照买方自身当时已知或理应知道的情况，对违约预料到或理应预料到的可能损失；二是卖方有义务采取一切适当措施减轻损失，否则，买方可要求从损害赔偿中扣除原可减少的损失数额。

除《联合国国际货物销售合同公约》外，还有一些国家对此也有规定，如英国《货物买卖法》中有物权方面的救济规定：除非特殊情况，否则卖方有权处置(停运或重售)仍处于其实际控制下的买方已购买但拒绝付款的货物。美国《统一商法典》及德国《民法典》中也有类似规定。

第四节　对出口商违约的救济方法

在国际贸易业务活动中，卖方违约的情况主要有：不交货；延迟交货；所交货物的品质、数量、包装等条件与合同规定的不符。以《联合国国际货物销售合同公约》的规定为依据，当卖方违约时，买方采取的救济方法有以下几种。

一、要求实际履行

当卖方不交货或不交部分货物时，买方可要求卖方履行合同义务。此时，买方不得采取与此相抵触的救济办法，如宣告合同无效、另行购买货物等。而且，如果买方诉诸法律，法院无权依据《公约》做出实际履行的判决。

二、要求卖方修补不符货物

如果卖方所交货物与合同规定不符或部分货物不符，而买方又认为，修补不符货物不会给他带来不合理的负担，且货物经修补可达到规定的要求，就可以要求卖方修补不符货物。但是，买方应在发现或理应发现货物不符后的一段合理时间内，向卖方发出货物不符通知及要求修补通知。要求修补通知应与货物不符通知同时向卖方提出，或在货物不符通知发出后的一段合理时间内提出要求修补通知。

三、要求卖方交付替代货物

如果卖方所交货物与合同规定严重不符或部分货物严重不符，构成根本违约，买方可要求交付替代货物，但他必须向卖方发出要求交付替代货物的通知，该通知应与货物不符通知同时向卖方提出，或在发出货物不符通知后的一段合理时间内提出。

四、要求减低货价

如果卖方所交货物与合同规定不符或部分货物不符，不论货款是否已付，买方都可以要求减低货价。减价根据实际交付的货物在交货时的价值和符合合同的货物在当时的价值两者之间的比例计算。但如果卖方在交货前后已修补或替换了不符货物，或买方拒绝接受卖方修补或替换不符货物，则买方不能减低货价。

五、允许卖方在确定宽限期内履行义务

如果卖方完全不按期交货或部分货物不按期交付，买方可以规定一段合理的时限，要求卖方在此期限内交货或补齐未按期交付的货物。当然，在此期限内，买方不得再采取其他违约救济方法，除非卖方收到限期履行合同义务的通知后，声称他不在规定的宽限期内履行上述义务。

六、拒收货物

拒收货物一般有两种情况：一是如果卖方交货的时间较合同规定的提前时，买方可以收取货物，也可以拒收货物，但不能因此宣告合同无效，到卖方按期交付货物时，买方应按合同规定收取货物；二是如果卖方交货数量多于合同规定的数量时，买方可以收取货物，也可以拒绝收取多交部分的货物，但也不能因此宣告合同无效。

七、宣告解除合同

宣告解除合同一般有以下四种情况。

（1）卖方不交货或不交单，或是在宽限期内仍不交货，或声明他将不在规定的期限内交货，买方可以宣告解除合同。

（2）卖方延迟交货，买方可在知道或理应知道的一段合理时间内宣告解除合同。

（3）卖方已在规定期内交货，但所交货物的品质、数量、包装等条件与合同规定不符，或其所交货物遭第三人侵权指控，如已构成根本违约，买方可立即宣告解除合同；如未构成根本违约，只有当卖方在规定的期限内仍未履行合同义务，或声称他将不在规定的期限内履行合同义务的一段合理时间内，买方才可宣告解除合同。

（4）只有在卖方完全不交货或完全不按合同规定交货构成根本违约时，买方可宣告解

除整个合同；如果卖方交一部分货物，或所交货物只有一部分合格，除非已构成根本违约，买方不可以宣告解除整个合同，只能对短交或不符部分采取上述救济方法。买方宣告解除合同后就不能请求实际履行。

八、要求损害赔偿

按照《联合国国际货物销售合同公约》规定，当卖方违约给买方造成损失时，无论买方已采取了上述救济方法中的哪一种，都有权同时要求损害赔偿。但需要注意两点：一是赔偿金额应与卖方违约造成的损失额相等，包括实际损失和所失利益两部分，但不得超过在订立合同时，按照卖方自身当时已知或理应知道的情况，对违约预料到或理应预料到的可能损失；二是买方有义务采取一切适当措施减轻损失，否则，买方对扩大的损失无权要求赔偿。

本章自测题

一、填空题

1. 按《联合国国际货物销售合同公约》规定，卖方的义务包括_____、_____和_____。

2. 在国际贸易实际业务中，买方的义务一般包括_____和_____。

3. 《联合国国际货物销售合同公约》中将违约分为_____和_____。

4. 违约的一般救济方法包括_____、_____和_____。

5. 卖方义务中按合同规定提交货物，是指按合同规定的____、_____、____、____、____和_____交货。

6. 对于卖方义务中的转移货物所有权而言，如采用____方式，卖方须把货物实际交付给买方占有并由其支配，才算完成货物所有权的转移；而采用_____方式，卖方将代表物权的海运提单交付给买方，就意味着货物所有权转移了。

7. 违约是指合同当事人_____或_____合同规定的义务。

8. 对出口商的违约救济方法包括_____、_____、_____、_____、_____、_____和_____。

9. 对进口商的违约救济方法包括_____、_____、_____、_____和_____。

10. 对出口商的违约救济的方法中买方可要求减低货价，减价是根据_____的货物在交货时的价值和_____的货物在当时的价值两者之间的比例进行计算的结果。

二、选择题

1.　卖方义务中包括移交相关单据，相关单据指的是_____。

    A.　提单(卖方负责装运时)　　　　B.　商业发票　　　　C.　原产地证明书

    D.　装箱单　　　　　　　　　　E.　重量或品质检验证明书

2.　卖方交付的货物必须保证完全为卖方所有且不侵犯他人的权利，是指卖方应保证货物的_____不侵权。

    A.　名称　　　　B.　技术图样　　　　C.　图案　　　　D.　程式

3.　一般情况下，各国法律都认可的卖方义务包括_____。

    A.　按合同规定提交货物　　　　　　B.　移交相关单据

    C.　转移货物所有权　　　　　　　　D.　付款收货

4.　以下做法符合买方义务的有_____。

    A.　合同中规定以美元成交，卖方擅自将其按市场价换作英镑支付

    B.　按合同规定的时间交货

    C.　CIF 合同下，买方负责缴纳运费和保险费

    D.　按合同规定，将货款交至卖方营业地

5.　按《联合国国际货物销售合同公约》的规定，违约种类包括_____。

    A.　实质性违约　　　　　　　　　　B.　非实质性违约

    C.　根本违约　　　　　　　　　　　D.　非根本违反合同

6.　在违约的一般救济方法中，损害赔偿常采用金钱赔偿的方式，该方式须遵循_____原则。

    A.　违约方赔付的赔偿金额应与其违约造成的损失额相等，包括实际损失和所失利益

    B.　违约方赔付的赔偿金额应与其违约造成的损失额相等，不包括利润

    C.　赔偿金额应以可预料的合理损失为限

    D.　受损方有义务采取一切合理措施减轻损失

7.　在_____情况下，卖方可以要求买方实际履行合同义务。

    A.　买方不支付货款　　　　　　　　B.　买方不收取货物

    C.　买方不租船订舱　　　　　　　　D.　买方不缴纳保险费

8.　买方可在下列_____情况下宣告解除合同。

    A.　卖方在宽限期内交货　　　　　　B.　卖方所交货物侵权，构成根本违约

    C.　卖方交付部分完好的货物　　　　D.　卖方不交单

三、判断并改错题

1. 合同中凡有"约"、"大约"或类似意义的词语用于信用证规定数量时，应解释为允许有不超过10%的增减幅度，因此可随意使用该类词语。（　）

2. 在凭样品成交的合同中，交货品质与样品在某些方面不能完全一致时，卖方必须承担违约责任。（　）

3. 卖方交货时，所交货物应适合在被购买时人们对其合理期望的用途，而无须符合买方明示或默示说明的任何特定用途。（　）

4. 如果贸易合同中订立将货款交至卖方营业地的条款，则即使卖方营业地处所发生变更，买方也应将货款按约付到，由此而产生的多余费用也由买方承担。（　）

5. 如果合同规定，买方应在未检验货物之前付清货款，那么，付款后，即使发现货物与合同规定不符，买方也不能要求卖方赔偿或采取其他补救措施。（　）

6. 按根本违约的判断标准，卖方完全不交付货物并对买方造成实质性损害，不视作根本违约。（　）

7. 在实际业务中，实际履行往往可以与损害赔偿结合使用。（　）

8. 按《联合国国际货物销售合同公约》的规定，当一方违约构成根本违约时，受损方可直接行使解除合同的权利，不必向对方发出合理通知。（　）

9. 卖方如果根本违约，买方可在宣布解除合同的同时，要求卖方实际履行。（　）

10. 如果卖方完全不按期交货或部分货物不按期交付，买方可规定宽限期，要求卖方在此期限内交货或补齐未按期交付的货物。在此期限内，买方可同时采取其他违约救济方法。（　）

四、简答题

1. 违约的含义是什么？《联合国国际货物销售合同公约》规定的违约的一般救济方法有哪些？

2. 在实际业务中，对进出口商的违约救济分别有哪些方法？

3. 《联合国国际货物销售合同公约》对卖方"按合同规定提交货物"义务有哪些具体规定？

4. 《联合国国际货物销售合同公约》对买方"支付货款"义务有哪些具体规定？

五、案例分析题

1. 我国某公司与英国某企业约定：由我公司按英国企业提供的样式生产玩具布娃娃，分五批运往美国销售。我公司交完第二批货物时突然收到德国某企业投诉称，我公司所售的玩具布娃娃侵犯了德国企业在美国的外观设计专利权。为此，德商要求我公司必须立即停止侵权并赔偿其有关损失。问：根据《联合国国际货物销售合同公约》，德商的要求合理吗？为什么？究竟应由何方承担侵权的赔偿？为什么？

2. 我国某公司向意大利某企业购买一批服装加工机械，合同规定卖方应于 2009 年 12 月 31 前将货物运抵目的地。可我方直至 2010 年 1 月 5 日仍未收到货物，显然意大利某企业违约了，我方可采取哪些方法进行救济？如何选择才能使自己的损失降到最低？为什么？

3. 我国某生产企业向越南客户出口汽车配件，品名为 YZ—8303R/L，但生产企业提供了 YZ—8301R/L，这两种型号的产品外观非常相似，但适用的车型却不同，客户明确表示不能接受，要求我方或者调换产品，或者降低价格。问：越南客户可以这样要求吗？为什么？我方应如何选择才能使损失降到最小？我方应从该案例中吸取哪些教训？

4. 我国某进出口公司与新加坡某企业订立了一份出口果蔬合同，支付方式为货到验收后付款。但货到新加坡，经买方验收后发现每个水果的重量均低于合同规定的相应标准，且蔬菜生虫较多，总重量也短缺 10%。为此，新加坡企业既拒绝付款，也拒绝提货。数月后，果蔬全部腐烂，新加坡海关要向我国出口企业收取仓储费和处理果蔬费，合计 8 万元。问：该笔费用应由哪方支付？为什么？

5. 中国某进出口公司向香港某公司出口 1 亿条沙包袋，CIF 香港 1 亿美元，交货期为合同成立后的 3 个月内，合同规定：如贸易一方违约，必须向另一方支付合同总价 3.5% 的违约金。中方公司看利润丰厚，又急于扩大出口，赚取外汇，便与外商订立了合同。但到合同期满，已生产出的沙包袋数量距 1 亿条还相距甚远。按规定，中方公司向香港某公司支付违约金 350 万美元，损失巨大。问：中方公司的行为属于根本违约吗？为什么？从本案例中该吸取哪些教训？

第十一章 其他贸易方式

随着国际贸易的发展，贸易方式亦日趋多样化。灵活运用各种不同类型的贸易方式，有利于促进对外贸易的发展。

本章所要阐述的是除了逐笔售定的方式外的其他贸易方式，主要有经销与代理、招标与拍卖、寄售与展卖、商品期货交易、加工装配业务、对销贸易及国际电子商务等。通过本章的学习，要求学生对这些贸易方式有一个概要的了解。

第一节 经销与代理

一、经销与代理的概念

(一)经销

经销(Distributorship)是指出口商通过与国外经销商达成书面协议，在约定的经销期限和地区范围，利用经销商就地推销某种商品的一种方式。根据经销权限的不同，经销有一般经销和独家经销之分。

一般经销，是指出口商根据经销协议向国外经销商提供在一定地区、一定期限内经营某项(或某几项)商品的销售权。经销商有义务维护出口商的利益，必要时还要对所经销商品组织技术服务，进行宣传推广；而出口商也需向经销商提供种种帮助。经销商虽享有经销权，在购货上能得到一些优惠，但没有专营权利，出口商可以在同一地区指定若干个经销商。

独家经销(Exclusive Distributorship)在我国又习称为包销，是指出口商(委托人)通过协议把某一种商品或某一类商品在约定地区和一定期限内的独家经营权给予国外某个客户或公司的贸易做法。出口商(即供货人)通过订立独家经销协议与国外客户(即独家经销商)建立一种长期稳定的购销关系，从而稳定市场，扩大销售。独家经销商以自己的名义购进货物，在规定的区域内享有对货物的独家经销权，自担风险进行货物的转售。

(二)代理

国际贸易中的代理(Agency)是以委托人为一方，独立的代理人为另一方，在约定的地区和期限内，以委托人的名义与资金从事业务活动，并由委托人直接负责由此而产生的权利与义务。按委托人授权的大小，国际贸易中的代理可分为总代理、独家代理和一般代理。

总代理(General Agent)是指委托人在指定地区的全权代表，他有权代表委托人从事一般商务活动和某些非商务性的事务。

独家代理(Sole Agent or Exclusive Agent)是指在指定地区和期限内单独代表委托人行为，从事代理协议中规定的有关业务的代理人。委托人在该地区内不得再委托其他代理人。

一般代理(Agent)又被称为佣金代理(Commission Agent)，是指在同一地区和期限内委托人可同时委派几个代理人代表委托人行为，代理人不享有独家经营权。

二、独家经销与独家代理的区别

独家经销与独家代理的做法，虽均能在一定程度上起到扩大销售渠道、减少互相竞争的作用，但存在着以下主要区别。

(1) 独家经销的当事人出口商与经销商之间是买卖关系；而独家代理的委托人与代理人之间的关系是委托代理关系。

(2) 独家经销商自担风险，自负盈亏；而独家代理人则不承担市场经营风险。

(3) 独家经销商自购自销，自行承担履行合同规定的义务；而独家代理人招揽客户、介绍业务、收取佣金，合同的内容和条款则由实际卖主和买主负责履行。

三、经销与代理协议的主要内容

(一)经销协议的主要内容

经销协议是出口商和经销商订立的确立双方法律关系的契约。我国在实际业务中一般只原则性地在协议中规定双方当事人的权利义务和一般交易条件，以后每批货物交付要依据经销协议订立具体的买卖合同，明确价格、数量、交货期甚至支付方式等具体交易条件。

通常，经销协议包括下列主要内容。

(1) 经销协议的名称、签约日期与地点。

(2) 经销协议的前文。通常在前文条款中，明确经销商与出口商之间的关系是本人与本人(Principal to Principal)的关系，即买卖关系。

(3) 经销商品的范围。委托人(出口人)经营的商品种类繁多，即使是同一类或同一种商品，其中也有不同的牌号与规格。因此，在包销协议中，双方当事人必须约定包销商品的范围。

(4) 经销地区。经销地区是指经销商行使经销经营权的地理范围。在独家经销方式下，出口商在经销区域内不得再指定其他经销商经营协议内规定的同类商品，独家经销商也不得将经销商品越区域销售。

(5) 经销数量和金额。经销协议中对经销数量和金额的规定，对协议双方有同等的约束力。经销数额一般采用规定最低承购额的做法，这也是卖方要保证供应的数额。最低承购额一般以实际装运数为准。

(6) 作价方法。经销商品可以在规定的期限内一次作价，结算时以协议规定的固定价格为准。但在大多数经销协议中是采用分批作价的方法，或双方定期地根据市场情况加以商定。

(7) 经销商的其他义务。在经销协议中还可规定经销商承担的其他义务，如做好广告宣传、市场调研和维护出口商权益等。

(8) 经销期限。经销期限即协议的有效期，可规定为签字生效起一年或若干年。一般还要规定延期条款和终止条款，明确协议到期时如何继续延长以及在什么情况下可以解除协议。

除上述主要内容外，还应规定不可抗力及仲裁条款等一般交易条件，其规定方法与一般买卖合同大致相同。

(二)代理协议的主要内容

代理协议是明确委托人和代理人之间权利与义务的法律文件。协议内容由双方当事人按照契约自由的原则，根据双方的意愿加以规定。销售代理协议主要包括以下内容。

(1) 代理的商品和地区。协议要明确规定代理商品的品名、规格以及代理人行使代理权的地理范围。在独家代理的情况下，其规定方法与独家经销协议大致相同。

(2) 代理人的权利与义务。这是代理协议的核心部分。一般应包括下列内容：明确代理人的权利范围，以及是否享有专营权；规定代理人在一定时期内应推销商品的最低销售额；代理人应在代理权行使的范围内，保护委托人的合法权益；代理人应承担市场调研和广告宣传的义务等。

(3) 委托人的权利与义务。委托人的权利主要体现在对客户的订单有权接受，也有权拒绝，对于拒绝订单的理由，可以不作解释，代理人也不能要求佣金。但对于代理人在授权范围内按委托人规定的条件与客户订立的合同，委托人应保证执行。委托人有义务维护代理人的合法权益，保证按协议规定的条件向代理人支付佣金。在独家代理的情况下，委托人要尽力维护独家代理人的专营权。如由于委托人的责任给独家代理人造成损失，委托人应予以赔偿。

(4) 佣金的支付。佣金是代理人为委托人提供服务所获得的报酬。代理协议要规定在什么情况下代理人可以获得佣金。在独家代理的协议中，常常规定如委托人直接与代理区域内的客户签订买卖合同，独家代理人仍可获取佣金。协议中还要规定佣金率、佣金的计算条件、佣金的支付时间和方法。

除上述基本内容外，关于不可抗力和仲裁等条款的规定，与经销协议和一般买卖合同的做法大致相同。

第二节　寄售与展卖

一、寄售

(一)寄售的概念及性质

寄售(Consignment)是出口商委托国外代销商向用户进行现货买卖的一种交易方式。

出口商作为寄售人(Consignor)，将准备销售的货物先行运往国外，委托当地的代销商(Consignee)按照寄售协议规定的条件和办法在当地市场上销售。商品售出后，代销商扣除佣金和有关费用之后，按协议规定的办法将货款交付给寄售人。采用寄售方式，出口商应在寄售地区选定代销人，签订寄售协议，然后将货物运往寄售地点由代销人现货销售。

寄售人同代销人之间并不是买卖关系，他只是根据寄售人的委托照管货物并按寄售人的指示出售货物。

(二)寄售的特点

寄售不同于一般的贸易方式，它有自己的特点。

(1) 寄售是一种委托买卖。寄售人是委托人，代销人是受托人，代销人只能根据寄售人的指示代为处置货物，在货物销售之前所有权仍属寄售人。

(2) 寄售是先出运后成交的贸易方式。在国际贸易中，出口商一般是在签订买卖合同之后才出运货物，履行约定的交货义务；而寄售则不然，它是先将货物运抵国外，以便随行就市，促进成交。由于寄售具有这一特点，所以它往往同大路货买卖结合起来。

(3) 寄售方式下，代销人不承担任何风险和费用，货物售出前的一切风险和费用均由寄售人承担。

(三)寄售协议的主要内容

寄售协议规定了有关寄售的条件和具体做法，其主要内容如下。

(1) 协议双方关系条款，包括货物运抵目的地后有关装卸、报关、运输、储存、保险、纳税等方面的责任以及费用的负担。

(2) 价格条款，即寄售商品的作价方法。它主要有四种：规定最低限价、随行就市、售前经寄售人同意、规定结算价格。

(3) 货款的支付方法，包括货款如何结算、佣金的计算以及其他费用的清算方法。

(4) 双方当事人的义务，主要包括保管货物、及时向寄售人通报商情及退货办法。

(四)寄售的利弊

1. 寄售的优点

(1) 为买主提供了便利，有助于调动国外买方订购商品的积极性。在寄售方式下，买方可根据需要就近采购，随时买随时有。买后立即办理付款和提货手续，这既能缩短从订购至到货的时间，又可避免垫付资金和承担货物在运输途中的费用与风险。

(2) 有利于开拓市场和扩大销路。通过寄售，既便于与当地实用户和实销户建立联系和发展贸易关系，又便于进行广告宣传、推销新商品、开辟新市场，并根据当地消费者的意向和要求改进商品品质、包装等，不断扩大销售范围。

(3) 有利于随行就市和提高出售价格。采用寄售方式，可以根据国外市场的需求情况和容量，事先有计划地在国外市场存放一些待售的商品，以便在当地市场货源供不应求和价格上涨时，及时抓住有利时机，充分利用市场行情，抢先成交，抛售现货，卖上好的价钱。

(4) 有利于利用国外的销售渠道和调动国外代销人推销商品的积极性。在寄售方式下，代销人既不垫付资金，又不承担贸易风险。因此，一些资金不足的客户乐意为货主推销商品，这就有利于货主利用代销人的贸易渠道来推销自己的商品。

2. 寄售的弊端

(1) 承担的贸易风险大。采用寄售方式，寄售人要承担待售货物出售前的一切风险，其中包括货物在运输和储存当中的风险、价格变动的风险、货物不能脱售的风险以及代销人资信不佳而招致的其他损失。

(2) 负担的费用多。在寄售方式下，待售货物出售前的一切费用开支，如运费、保鲜费、储存费、税收、代销人的报酬以及其他杂项费用，概由寄售人负担。

(3) 不利于寄售人的资金周转。由于寄售方式是先出运、后成交，不仅出售前寄售人要垫付各种费用，而且一般要等货物出售后才能收回货款，这就需要经常垫付和积压大量流动资金，从而影响资金的正常周转。

二、展卖

(一)展卖的概念

展卖(Fairs and Sales)是利用展览会和博览会的形式出售商品，将展览与销售结合起来的一种贸易方式。展卖方式灵活，可由货主自己举行，也可由货主委托他人举办。国际贸易中展卖既可在国外举行，也可在国内举行。

(二)展卖的特点

展卖的基本特点是，把出口商品的展览和推销有机地结合起来，边展边销，以销为主。这种展销结合的方式具有下列明显的优点。

(1) 有利于宣传出口国的科技成就和介绍出口商品，以扩大影响，促成交易。

(2) 有利于建立和发展客户关系，以扩大销售地区和范围，实现市场多元化。

(3) 有利于收集市场信息，以便更有效地掌握市场动态。

(4) 有利于听取国外客户的意见，不断提高出口商品的质量，增强出口竞争能力。

(三)展卖的种类

在国外举行的展卖业务按其展卖的方式可分为两种：一种是通过签约的方式将货物卖给国外客户，由客户在国外举办展览会或博览会，货款在展卖后结算；另一种是由货主与国外客户合作，在展卖时货物所有权仍属货主，并由货主决定价格，货物出售后，国外客户收取一定的佣金或手续费作为补偿，展卖结束后，未出售的货物折价处理或转为寄售。

展卖方式按形式又可分为国际博览会和国际展览会。国际博览会(International Fair)是一种以国家组织形式在同一地点定期由有关国家或地区的厂商举行的商品交易的贸易方式。参加者展出各种各样的产品和技术，以招揽国外客户签订贸易合同，扩大业务活动。 国际展览会是不定期举行的，通常展示各国在产品、科技方面所取得的新成就。国际博览会或展览会按内容可分为：综合性博览会和展览会，可包括工农业各类产品，通常有许多国家参加；专业性博览会或展览会，通常是某项或某类工业品参加展出。

国际上著名的博览会有：莱比锡、布鲁塞尔、里昂、巴黎、蒙特利尔博览会，大多是综合性的博览会。随着国际贸易关系和技术的日益发展，通过博览会和展览会进行的展卖方式在国际市场上的地位日益重要。 它为买卖双方了解市场、建立商品和技术联系提供了有利条件，成为各国商人签订贸易合同的重要场所。

第三节　拍卖与招标投标

一、拍卖

(一)拍卖的含义

拍卖(auction)是由专营拍卖行接受货主的委托，在规定的地点和时间，按照一定的章程和规则，将货物公开展示，以公开叫价竞购的方法，最后拍卖人把货物卖给出价最高的买主的一种现货交易方式。

通过拍卖进行交易的商品大都是些品质难以标准化的，或是难以久存的，或是习惯上采用拍卖方式进行的商品，如茶叶、烟叶、兔毛、皮毛、木材等。某些商品，如水貂皮、澳洲羊毛，大部分的交易是通过国际拍卖方式进行的。

(二)拍卖的特点

国际货物的拍卖具有以下特点。

(1)　拍卖是一种公开竞买的现货交易。拍卖开始前，买主可以查看货物，拍卖开始后，买主当场出价，公开竞买，拍卖主持人代表货主选择交易对象。成交后，买主即可付款提货。

(2)　拍卖是在一定的机构内有组织地进行的。拍卖一般都是由拍卖行定期组织，集中在一定时间和地点，买卖某种特定商品。也有由货主临时组织的拍卖会。

(3)　拍卖具有自己独特的法律和规章。拍卖不同于一般的进出口交易。在交易磋商的程序和方式、合同的成立和履行等问题上，都有其特殊的规定。拍卖行也各有其不同的章程和规则。

(三)拍卖的基本做法

拍卖业务的一般程序可分为以下三个阶段。

1．准备阶段

参加拍卖的货主先要把货物运到拍卖地点，委托拍卖行进行挑选和分批，编印目录并招揽买主。参加拍卖的买主可以在规定的时间内到仓库查看货物。

2．正式拍卖

正式拍卖是在规定的时间和地点，按照拍卖目录规定的次序，逐笔喊价成交。拍卖按出价方法的不同，可以分为以下三种。

(1) 增价拍卖，也称英式拍卖，这是最常用的一种拍卖方式。拍卖时，由拍卖人(Auctioneer)提出一批货物，宣布预定的最低价格，然后由竞买者(Bidder)估价后相继叫价，竞相加价，有时规定每次加价的金额额度，直到拍卖人认为无人再出更高的价之后，用击槌动作表示竞买结束，该批商品卖给最后出价最高的买主。

(2) 减价拍卖，又称荷兰式拍卖(Dutch Auction)，这种方法先由拍卖人喊出最高价格，然后逐渐减低叫价，直到有某一竞买者认为已经低到可以接受的价格，表示买进为止。

(3) 密封递价拍卖(Sealed Bids，Closes Bids)又称招标式拍卖。采用这种方法时，先由拍卖人公布每批商品的具体情况和拍卖条件等，然后由各买方在规定时间内将自己的出价密封递交拍卖人，以供拍卖人进行审查比较，决定将该货物卖给哪一个竞买者。这种方法不是公开竞买，拍卖人有时要考虑除价格以外的其他因素。有些国家的政府或海关在处理库存物资或没收货物时往往采用这种拍卖方法。

3．成交与交货

拍卖成交后，买主即在成交确认书上签字，以现汇支付货款，在规定的期限内按仓库交货条件到指定仓库提货。

二、招标投标

(一)招标投标的含义

招标(Invitation to Tender)和投标(Submission of Tender)是一种传统的贸易方式，经常用于国际工程承包和大宗物资的采购业务。本节仅介绍大宗商品采购中的招标投标。

招标和投标是一种贸易方式的两个方面。招标是指招标人在一定时间、地点发出招标公告或招标单，提出准备买进商品的品种、数量和有关买卖条件，邀请卖方投标的行为。投标是指投标人应招标人的邀请，根据招标公告或招标单的规定条件，在规定的时间内向招标人递盘，争取中标的行为。

(二)招标投标的特点

与其他贸易方式相比，招标投标具有明显的特点，这表现在以下几个方面。

(1) 在招标方式下，投标人是按照招标人规定的时间、地点和条件进行的一次性报盘。

这种报盘是对投标人有约束力的法律行为，一旦投标人中标后违约，招标人可要求得到补偿。

(2) 招标投标属于竞卖方式，即一个买方面对多个卖方。卖方之间的激烈竞争使得买方在价格及其他条件上有较多的比较和选择，从而在一定程度上保证了采购商品的最佳质量及服务等。

(三)招标投标的基本做法

商品采购中的招标投标业务，基本上包括四个步骤，即招标、投标、开标和签约。

1. 招标

国际招标有公开招标和非公开招标两种。公开招标是指招标人在国内外报纸杂志等媒介上发布招标通告，使所有合法的投标者都有机会参与竞争，这种做法又称为无限竞争性招标。公开招标通常要对投标人进行资格预审。非公开招标又称选择性招标，是指招标人不公开发布招标通告，而是根据以往的业务关系和情报资料或由咨询公司提供的招标者的情况，向少数客户发出招标通知，这种做法也称为有限竞争性招标。非公开招标多用于购买技术要求高的专业性技术设备或成套设备，应邀参加投标的企业通常是经验丰富、技术装备优良、在该行业中享有一定声誉的企业。招标在法律上是一项邀请发盘。

2. 投标

投标人首先要取得招标文件，认真分析研究之后编制投标书。投标书实质上是一项有效期至规定开标日期为止的发盘，内容必须十分明确，中标后与招标人签订合同所要包含的重要内容应全部列入。投标书应在投标截止日期之前送达招标人或其指定的收件人，逾期无效。按照惯例，投标人在投标截止日期之前可以书面提出修改或撤回。

3. 开标

开标有公开开标和不公开开标两种方式，招标人应在招标通告中对开标方式做出规定。公开开标是指招标人在规定的时间和地点当众启封投标书，宣读内容。投标人都可参加，监视开标。不公开开标则是由招标人自行开标和评标，选定中标人，投标人不参加。

开标后，招标人进行权衡比较，即评标，以选择最有利者为中标人。如果招标人认为所有的投标均不理想，可宣布招标失败。

4. 签约

招标人选定中标人之后，要向其发出中标通知书，约定双方签约的时间和地点。 中标人签约时要提交履约保证金，用以担保中标人将遵照合同履行义务。

第四节　对销贸易

一、对销贸易的含义

所谓对销贸易，是指在互惠的前提下，由两个或两个以上的贸易方达成协议，规定一方的进口产品可以部分或者全部相对的出口产品来支付，它是一种复合贸易。

对销贸易不同于单边进出口，实质上是进口和出口相结合的贸易方式。在对销贸易中，一方既是买方又是卖方，一方商品或劳务出口必须以进口为条件，体现了互惠的特点，即相互提供出口机会。但这种以进口抵补出口的贸易方式又不是易货的简单重复，它常常伴随着借贷资本甚至商品资本化的运作。

二、对销贸易的种类

对销贸易有多种形式，但归纳起来主要有以下几种做法。

(一)易货贸易

易货有狭义的易货和广义的易货之分。前者是纯粹的以货换货方式，不用支付货币。它是一种古老的贸易方式，可以追溯到货币出现之前，那时人们就用这种方式交换各自的劳动产品。货币出现以后，这种贸易方式并没有退出历史舞台，只不过在形式和范围上发生了一些变化。后者即所谓的广义的易货，一般采用比较灵活的方式，这种易货方式有以下两种做法。

1. 记账易货方式

记账易货方式是指一方用一种出口货物交换对方的另一种出口货物，双方都将货值记账，互相抵冲，货款逐笔核销，无须使用现汇支付；或者在一定时期内冲账，如有差额，再以现汇或商品支付。

2. 对开信用证方式

对开信用证方式是指进口和出口两笔交易同时成交，金额大致相等，双方采用信用证方式支付货款。双方均开立以对方为受益人的信用证，并在信用证中规定一方开出的信用证要在收到对方开出的信用证时才生效。

(二)反购或互购

这种做法是双方分别签订两个既独立又相互联系的合同,每个合同都以货币支付,第一个合同的进口方在购进对方货物的情况下,要求对方在一定时期内向他购买一批货物即反购。第一个合同的出口方也同意承担反购的义务,这就形成了一种相互承诺:只有你答应了以后买我的货,我才能先买你的。这样虽然在两个合同中都采用货币来支付,但由于双方都承担互购义务,所以实际上还是相互交换货物,这在一定程度上可以解决其中一方支付能力不足的问题。

(三)补偿贸易

补偿贸易是指在信贷的基础上,一方进口机器设备、器材或技术,不用现汇支付,而是用返销的产品或劳务的价款分期全额或部分进行偿还的贸易做法。

采用补偿贸易,对机器设备的供应方来说,既可以使产品出口,又可以使其难以生产或某些急需的商品(如原料和燃料)来源稳定;就机器设备的进口方来说,则可利用国外的资金技术和销售渠道来提高出口商品的市场竞争能力,扩大出口。

补偿贸易和其他贸易方式的根本区别在于以下两个方面。

(1) 补偿贸易必须在信贷的基础上进行。

(2) 设备供应方必须承诺承担回购产品或劳务的义务。

补偿贸易是一种通过商品交易起到利用外资作用的交易方式。

(四)转手贸易

转手贸易可以说是记账贸易的产物。它把记账贸易项下的不可兑换的货币转变成为硬通货。转手贸易可分为简单的转手贸易和复杂的转手贸易两种方式,前者是将记账贸易项下购进的货物转运到国际市场售出,取得自由外汇;复杂的转手贸易往往表现为低价转让购买权,以换取本来要用自由外汇才能获得的商品,获得购买权之后再在相应的逆差国选购商品,并在国际市场上转手,收回资金。

三、对销贸易的利弊

1. 对销贸易的优点

(1) 对于许多发展中国家来说,通过开展对销贸易,可以冲破国外贸易保护的障碍,增加出口,特别是带动国内某些初级产品的出口。采用对销贸易,买卖双方相互用自己的出口来支付从对方进口的货物,从而在一定程度上解决了这一问题。

(2) 在不增加外债负担的情况下，用国内剩余产品来换取本国生产建设所急需的国外先进技术、设备和物资。有些发展中国家外债负担十分沉重，每年的外汇收入甚至不够偿付利息，只好借助对销贸易来满足进口需求。

(3) 对于发达国家来说，通过开展对销贸易，可以用比较低的价格获得国内生产所需的原材料。这样不仅降低了生产成本，而且还有助于推销那些用现汇难以销售的产品和技术。

2．对销贸易的弊端

(1) 由于对销贸易是在互惠的原则下进行的，这就必然造成交易的局限性，使得交易对象的选择和交易的达成及履行均出现较大的困难。这一问题在我国对外开展补偿贸易当中已经充分体现出来。

(2) 在对销贸易方式下，市场机制的作用明显受到削弱。交易双方往往不是按最优价格，从最理想的市场购进所需商品，也不是按最理想的价格把产品销往最佳的目标市场，这对一个国家来说，就难以通过对外贸易实现社会劳动的最大限度地节约，以取得最大的经济效益。从世界范围来看，则很可能造成商品流向和贸易格局的扭曲，甚至可能带来世界资源的不合理配置。

第五节　商品期货交易

一、商品期货交易的含义及其特点

(一)期货交易的含义

期货交易(Future Transaction)又称期货合同交易，它是在商品交易所早期的实物交易的基础上发展起来的一种特殊的交易方式。期货合同交易只是期货合同本身的买卖，交易双方一般都没有买进或卖出真正货物的意思，交易的结果往往是支付或取得买进或卖出同等数量的期货合同的价格差额。因此，商品期货交易又称纸合同交易。

(二)期货交易的特点

期货交易不同于商品中的现货交易。众所周知，在现货交易的情况下，买卖双方可以以任何方式，在任何地点和时间达成实物交易。卖方必须交付实际货物，买方必须支付货款，从而实现货物所有权的转移。而期货交易则是买卖双方按照商品交易所制定的标准期货合同，并且必须在商品交易所内进行，一般不涉及货物的实际交割，只需在期货合同到期前平仓。所谓平仓或称对冲是指在期货合同到期前，交易者做一笔方向相反、交割月份和数量相同的期货交易，从而解除其实物交割的义务。因而期货交易具有下列几个特点。

1．以标准期货合同为交易标的

标准合同是由各商品交易所制定的。商品的品质、规格、数量以及其他条款都是统一拟定的，买卖双方只需商定价格、交货期和合同数量即可完成交易。

2．特殊的清算制度

在商品交易所内买卖的期货合同均由期货合同清算所进行统一交割、对冲和结算。商品交易所内设立的清算所，是由一些资金雄厚、信誉卓越的机构组成。清算会员在清算所开立账户之后，既可以自己在交易所内买进卖出，也可以受托为非会员代为买卖。所有的合同交易均须通过清算所进行登记、清算，所有的清算会员要就其买卖行为对清算所负责；反之，清算所也对所有会员负责。这样一来，清算所既是所有期货合同的买方，也是所有期货合同的卖方。交易双方分别与清算所建立法律关系。

3．严格的保证金制度

期货交易都是先成交，后清算。如果交易一方因巨额亏损而逃之夭夭，或因破产倒闭丧失偿付能力，都会给另一方造成损失，从而影响了业务的发展。因此，交易所都规定有严格的保证金制度，以确保合同的履行。清算所要求每个会员必须开立一个保证金账户，在开始进行期货交易时，须按交易额的一定百分比交纳初始保证金。每天交易结束后，清算所都按当日结算价格核算盈亏，如果亏损超过规定的百分比，清算所即要求会员追加保证金。该会员须在次日交易开盘前交纳追加保证金，否则清算所有权停止该会员的交易。

二、期货交易的种类

根据交易者的目的，期货交易有两种不同性质的种类：一种是以期货合同作为赌博的筹码，买进卖出，从价格涨落的差额中追逐利润的纯投机活动；另一种是真正从事实物交易的人做套期保值。前一种在商业习惯上称为"买空卖空"，它是投机者根据自己对市场前景的判断而进行的赌博性投机活动。

(一)投机交易

在期货交易中，投机者利用"纸合同"作为筹码，通过买进卖出的手段，从价格的涨落中取得差额利润。投机者根据自己对期货市场价格走势的分析和预测，在预计价格上涨时，买进期货合同，即所谓买空或称多头；在预计价格下跌时，卖出期货合同，即所谓卖空或称空头。等到价格与自己预期变化方向一致时，投机者抓住时机进行平仓或称对冲，以获取两次交易的差额。投机者在这样的贱买贵卖中通常要承担很大的风险。

(二)套期保值

套期保值又称为海琴，它是将期货交易与现货交易结合起来的一种交易行为，其目的在于通过期货交易来转移现货交易的价格风险。具体做法是：在卖出或买入实际货物的同时，在期货市场上买入或卖出同等数量的期货合同。进行套期保值的交易者通常是从事实物交易的经营者和生产者。套期保值之所以能转移现货价格波动的风险，是因为同一商品的实物价格与期货价格变化的趋势是基本一致的。在购入(卖出)现货的同时出售(买入)期货合同，这样在现货市场和期货市场上作等量相反的交易，必然会出现一亏一盈的现象，套期保值者正是利用这点以盈补亏。

套期保值基本上有以下两种方式。

1．卖期保值

卖期保值通常是指经营者买进一批货物，为避免因价格下跌遭受损失而在期货交易所预售同等数量的期货合同，进行保值。

2．买期保值

买期保值是指经营者卖出一笔日后交货的现货，为避免交货时该商品价格上涨，在交易所买入期货合同，来弥补可能出现的亏损。

第六节　对外加工装配业务

一、对外加工装配业务的基本概念

对外加工装配业务，又称来料加工业务，它包括来料加工和来件装配两个方面。它是一种委托加工的贸易方式，由国外委托方提供全部或部分原材料、辅料、零部件、元器件、配套件和包装物料，必要时提供设备，由我方(承接方)企业按委托方的要求进行加工装配。成品交委托方负责销售，承接方按约定以劳务所得向对方收取工缴费。

二、加工装配贸易的性质与作用

加工装配业务实质上是一种通过委托加工形式的以商品为载体的劳务输出贸易。

加工装配贸易与进料加工既有共同点也有不同之处，二者的共同点是"两头在外"，即原料来自国外，成品也销往国外，但又存在着以下不同。

(1) 加工装配贸易在加工过程中均未发生所有权的转移，原料、来件和加工成品的所有权均属于委托方。原料、来件的进口与成品出口同属一笔交易，即原料、来件的供应者也是成品的接受者。而进料加工中，原料、来件进口和成品出口是两笔不同的交易，均发生了货物所有权的转移，且两笔业务没有必然的联系。

(2) 加工贸易业务中，加工方不承担成品销售风险，也不负责盈亏，只收取工缴费；而进料加工中，加工方赚取的是从原料、来件到成品的附加值，要自筹资金、自寻销路、自担风险、自负盈亏。

加工装配业务对加工方来说有以下几方面的作用。

(1) 充分发挥加工方的生产潜力，为国家增加外汇收入。

(2) 引进国外的先进技术和管理经验，有利于提高生产、技术和管理水平。

(3) 挖掘劳动力资源优势，扩大劳动就业规模，繁荣地方经济。

对委托方来说，加工装配业务可降低其产品成本，增强产品在国际市场的竞争力；有利于其调整国内的产业结构。

三、加工装配合同的主要内容

同国际货物买卖合同一样，加工装配合同也包括约首、正文和约尾三部分。约首和约尾主要说明合约双方的名称、订约宗旨、订约时间、合同的效力、有效期限、终止及变更办法等内容。正文部分是合同的核心部分，具体规定双方的权利和义务。在洽谈合同的主要条款时，应注意下列几方面的问题。

1．对来料来件的规定

在合同中要明确规定来料来件的质量、数量要求和运抵时间。

2．对成品质量的规定

为了保证成品在国际市场的销路，外商对成品质量的要求比较严格，因此我方在签订合同时依据自身的技术水平和生产能力妥善规定，以免交付成品时达不到外商的要求。

3．关于耗料率和残次品率的规定

耗料率也称原材料消耗定额，是指每单位成品消耗原材料的数额。残次品率是指不合格产品在全部成品中的比率。这两个指标若定得过高，则委托方势必要增加成本，减少成品的收入；若定得过低，则承接方难以完成。

4．关于工缴费结算的规定

工缴费是直接涉及到合同双方利害关系的核心问题。加工装配业务的工缴费结算方法有两种：一是来料、来件和成品均不作价，单收加工费，由对方在我方交付成品后通过信用证或汇付方式向我方支付；二是对来料、来件和成品分别作价，两者之间的差额即为工缴费。采用这种方式，我方应坚持先收后付的原则，我方通过开立远期信用证或远期托收的方式对来料、来件付款；对方以即期信用证、汇付或即期托收方式支付成品价款。远期付款的期限要与加工周期和成品收款所需时间相衔接并适当留有余地，以免我方垫付外汇。

5．对运输和保险的规定

加工装配业务包含两段运输：来料、来件的运进和加工成品的运出。因此，合同中需明确规定由谁来承担运输责任和费用。由于原料、来件和成品的所有权均属委托方，所以运输的责任和费用也应由外商承担。但在具体业务操作中亦可灵活掌握，我方也可代办某些运输事项，如成品的出口运输。加工装配业务涉及的保险包括两段保险以及货物加工期间存储的财产险。从法律上来讲，承接方只承担加工装配，保险应由委托方负责。但从实际业务操作过程上来看，由承接方投保较为方便。

此外，加工装配合同还应订立工业产权的保证、不可抗力和仲裁等预防性条款。

第七节 国际电子商务

一、电子商务的概念与分类

(一)电子商务的概念

目前，无论是商界还是学术界对电子商务的界定都还没有一个统一的定义，如 IBM 公司称其为 E-business，还有广为接受的 E-Commerce 以及 Internet Commerce 、E-Development 等。用通俗的话来理解，电子商务(Electronic Commerce，EC)就是指利用电子信息技术、互联网技术和现代通信技术进行的商务活动。

从国内外资料对电子商务的理解来看，电子商务通常有狭义和广义之分。狭义的电子商务也称为电子交易，主要包括通过计算机网络进行的在线产品和劳务的买卖，如网上广告、网上洽谈、网上商品的买卖，包括有形产品和无形产品的交易活动。而广义的电子商务，则是包括电子交易在内的、运用现代信息技术进行的以全球市场为基础的全部商业活动，因此，它还包括企业内部的商务活动，以及企业间的商务活动等。

(二)电子商务的分类

电子商务改变了传统经济活动的运作方式和手段。目前，根据对经济活动主体的不同，电子商务主要分为以下几种类型。

1．商家对商家的电子商务

商家对商家(Business to Business，B2B)的电子商务结构模式是电子商务中最重要的一种形式，这种类型的电子商务主要是指公司之间通过网络订货、交货、付款和接受，采用EFT(电子资金传送)、E-mail(电子邮件)、EDI(电子数据交换)等工具进行电子商务交易。这种技术的使用从根本上改变了企业的计划、生产、销售和运行模式，甚至改变着整个社会经济的运行方式。

2．商家对消费者的电子商务

商家对消费者(Business to Customer，B2C)的电子商务是一种网上的零售，主要是借助于国际互联网为消费者开展在线式销售活动。例如网上购物(实物、信息、服务)、网上交费(电信、水电、煤气)等，为公众消费提供各种商品和服务，并提供相关的电子化付款方式。近几年来，随着国际互联网的发展，这类电子商务的发展异军突起。

3．商家对政府的电子商务

商家对政府(Business to Government，B2G)的电子商务结构模式主要包括商家对政府的各种电子商务，多数属于政府采购；政府通过电子商务对企业发放各种贸易许可证以及对企业纳税、商检、报关、公布通告等。我国的"金关工程"就是要通过使用商家对政府机构的电子商务，对许可证、出口退税、进出口清关等进行管理，建立我国以外贸为龙头的电子商务框架，并促进我国各类电子商务活动的发展。目前，这种电子商务还处在初级阶段，但可能发展会比较快。

4．消费者对政府的电子商务

消费者对政府(Customer to Government，C2G)的电子商务主要运作方式是在网络上成立一个虚拟的政府，在Internet上实现政府的职能，如在网上发布各种公告、信息和咨询，增加政府办事执法的透明度，在公众与政府之间架起一座桥梁，提高政府形象和办事执法的透明度。这类电子商务目前还没真正的实现。

二、电子商务的产生与发展

具有一定意义的电子商务活动应该说产生于20世纪70年代，发展于20世纪90年代，从技术的角度来看，可将电子商务的发展历程划分成以下两个阶段。

(一)20世纪90年代之前，基于EDI的电子商务

EDI在20世纪60年代末产生于美国，当时的贸易商人在使用计算机处理各种商务文件时，为了提高数据的准确性和工作效率，开始尝试在计算机上使数据能够自动交换，将数据按一个公认的标准从一台计算机传输到另一台计算机上，EDI应运而生。20世纪70年代末，电子商务以电子报文传送技术(如电子数据交换EDI)的形式在企业内部得到推广。

20世纪90年代之前的大多数EDI都不通过Internet，而是通过租用的电脑线在专用网络上实现，这类专用的网络被称为VAN。由于使用VAN的费用很高，限制了VAN的广泛使用，但无论如何，这种技术的使用都在一定程度上简化了企业流程，提高了自动化水平，大大减少了纸张票据，节省了企业的成本，因此，被人们形象地称为"无纸交易"。

(二)20世纪90年代以后，基于Internet的电子商务

20世纪90年代中期后，Internet迅速普及，逐步走向百姓家庭，随着网络技术和网络设施的不断优化，通过网络进行的各种活动得到了技术和基础设施的保障，交易成本也随着互联网所特有的网络和规模经济的特点而不断降低，互联网为小企业创造了机会，使它们能够与资源雄厚的跨国公司在平等的技术基础上竞争。所以，20世纪90年代以后，如何使用互联网开展电子商务，成为众多企业的共同追求，电子商务也成了互联网应用的最大热点。

三、电子商务在国际贸易中的应用

近年来，电子商务在国际贸易领域越来越显示出它的作用，它全面涉足于企业的生产、销售等各个环节，改变了传统的国际贸易运作方式。

(一)交易准确阶段

在传统的国际贸易中，外贸人员需要通过各种渠道和媒介来发布和获取交易信息；而电子商务时代的企业从Internet庞大的信息资料库就可以获得开展各种商业活动所需要的信息，还可以利用Internet发布产品信息，进行广告宣传和促销。电子商务在国际贸易中的应用大大突破了交易的地域性，为企业节省了大量的成本和费用。

(二)交易磋商阶段

在传统的国际贸易中，中间商在交易双方的交易过程中起到重要的桥梁和纽带作用，

中间商的出现增加了交易可能性，但也提高了商品的最终价格。而电子商务的使用，极大地缩短了交易双方的距离，还大大简化了交易程序，使以往的纸面合同和签字方式都可以实现电子化，从而节省了交易成本和简化了交易手续。

(三)合同履行阶段

电子商务在国际贸易中的运用，使外贸业务流程和单据的传输实现了自动化、电子化，不再需要一遍又一遍地跑银行、跟单证，而是利用网络方便、准确地进行资金划拨、税款缴付等一系列原来相当复杂的操作。

四、电子商务在我国的发展现状

1993年开始兴建的"三金"工程，即"金桥"、"金关"和"金卡"，为中国电子商务的发展打下了良好基础。最近几年，随着中国的互联网用户激增，已建立的中国国际电子商务网为全国外经贸企业提供了面向全球的电子商务网络环境，证券公司、金融结算机构、民航订票中心及信用卡发放等领域都已进入电子商务领域，并有了较快发展。1998年，在Internet上，外经贸部主办的"中国商品交易市场"正式开通，我国企业可以利用这种新的营销方式，在网上进行贸易洽谈和商品推销。随后，外经贸部主办的"中国技术出口交易会"也在网上开通。这是我国首次利用电子信息资源和网络信息技术全面展示可供出口和转让的技术产品，标志着我国的电子商务水平在外经贸工作方面又上了一个新台阶。但是，相对于发达国家，我国的电子商务起步较晚，仍处于初级阶段，缺乏电子商务的大环境，相关的法律法规、网络设施、技术发展都比较滞后，人员素质和市场体系的完善还有待提高。因此，我国在电子商务所遇到的问题，要比经济发达国家复杂得多，不仅有电子商务发展的技术层面的问题，更多的是基础设施方面的问题，在中国要形成大范围的有效的体系提供全面的电子商务服务还有待时日。

无论如何，电子商务都是一场史无前例的革命，它对人类社会政治、经济、文化、法律制度的影响将不可估量，它将带领人类社会进入真正的信息社会。

本章自测题

一、填空题

1. 经销是指出口商与国外经销商达成协议，在约定的_____和_____，利用经销商就地推销某种商品的一种贸易方式。

2. _____是以委托人为一方，独立的代理人为另一方，在约定的时间和地区内，以_____的名义与资金从事业务活动，并由委托人直接负责由此而产生的权利与义务。

3. 招标是指招标人(买方)发出招标通知，说明拟采购的商品_____邀请投标人(卖方)在规定的时间、地点按照_____进行投标的行为。

4. 投标是指投标人(卖方)应_____的邀请，按照招标的要求和条件，在规定的时间内向招标人递价，争取_____的行为。

5. 寄售是一种_____的贸易方式，寄售人先将准备销售的货物运往国外寄售地，委托当地代销人按照_____代为销售后，再由代销人向货主结算货款。

6. 商品期货交易又称_____，是在_____早期的实物交易基础上发展起来的。期货合同交易只是期货合同本身的买卖，交易结果是交付或取得买进或卖出同等数量的期货合同的_____。

7. 加工贸易是指一国的企业利用自己_____，对来自国外的_____加工、制造或装配，然后再将产品运往国外销售的贸易做法。

8. 对销贸易是指在_____的前提下，由两个或两个以上的贸易方达成协议，规定一方的进口商品可以部分或者全部以相对的出口产品来支付。

二、选择题

1. 经销协议与代理协议的主要区别之一是在经销协议中不规定_____。
   A. 经销区域   B. 经营商品范围
   C. 佣金条款   D. 不可抗力和仲裁条款

2. 下列有关国际竞争性招标投标的说明中，正确的是_____。
   A. 招标投标是一种竞卖方式，对买方比较有利
   B. 招标投标是一种竞卖方式，对卖方比较有利
   C. 招标投标是一种竞买方式，对买方比较有利
   D. 招标投标是一种竞买方式，对卖方比较有利

3. 经销数额一般采用规定_____的做法，这也是卖方要保证供给的数额。
   A. 最低承购额   B. 最高承购额
   C. 中间承购额   D. 赢利承购额

4. 国际贸易中采用的寄售方式具有_____特点。
   A. 寄售人与代销人之间是委托代售关系
   B. 货物售出前的风险和费用均由代销人承担
   C. 代销人同第三方从事的买卖行为不能直接对委托人产生效力
   D. 代销人要收取佣金作为报酬

5. 拍卖是一种_____方式。

    A. 买主之间公开竞买的现货交易

    B. 卖主之间公开竞卖的交易

    C. 买主与卖主之间的竞争交易

    D. 在一定的机构内有组织进行的、具有自己独特的法律和规章的交易

6. 商品期货交易的特点是_____。

    A. 以标准期货合同为交易标的   B. 特殊的清算制度

    C. 普遍的清算制度   D. 严格的保证金制度

7. 套期保值基本上有_____方式。

    A. 买卖期保值   B. 卖期保值   C. 买期保值   D. 价格保值

8. 对销贸易的种类分为_____。

    A. 易货贸易   B. 反购或互购   C. 抵消贸易

    D. 转手贸易   E. 补偿贸易

9. 对外加工装配合同条款中,应注意_____。

    A. 对来料来件的规定   B. 对成品质量的规定

    C. 关于耗料率和残次品率的规定   D. 关于工缴费结算的规定

    E. 对于运输和保险的规定

三、判断并改错题

1. 在独家代理贸易方式下,代理人与委托人之间的关系属于买卖关系。   ( )

2. 招标方式属于竞买性质,这种贸易方式对卖方较为有利。   ( )

3. 通过商品交易所做套期保值,其目的是通过期货交易转移现货交易的价格风险,并获得这两种交易相配合的最大利润。   ( )

4. 在寄售业务中,货物售出前,其所有权属寄售人。   ( )

5. 清算所既是所有期货合同的买方,也是所有期货合同的卖方。   ( )

6. 拍卖采用先看货、当场叫价、落槌成交的做法,属于公开竞卖的方式。   ( )

7. 套期保值与投机最本质的区别是:前者是为了转移价格风险;后者是为了赚取差额利润。   ( )

8. 展卖是利用展览会和博览会的形式出售商品,将展览与销售结合起来的一种贸易方式。   ( )

9. 在对外加工装配业务中,虽然发生了原材料的"进口"和成品的"出口",但在一进一出中,并没有发生所有权的转移。   ( )

四、简答题

1. 什么是经销？什么是代理？试简述两者的区别。
2. 对销贸易有哪些种类？试简述其利弊。
3. 什么是期货交易？分为哪两类？试简述其特点。

五、案例分析题

1. 2005 年 8 月，我工艺品 A 公司与美国 THC 公司签订了《独家经销协议》，期限为五年。A 公司与货源生产厂家 F 公司另订有《购销合同》。2008 年 3 月，F 公司取得了自营进出口权，于是美国 THC 公司于当年 5 月便直接向 F 公司订货，同时停止履行与 A 公司签订的《独家经销协议》。双方发生了争议，经协商未果。工艺品 A 公司立即提请仲裁，要求美国 THC 公司赔偿其库存损失及 2008 年 5 月至 2010 年 8 月期间的预期利润。请问：工艺品 A 公司能够赢得这场官司吗？

2. 我国某公司和外商洽谈一笔补偿贸易，外商提出以信贷方式向我方提供一套设备，并表示愿意为我方代销产品。根据补偿贸易的性质和特点，你认为这些条件该公司能接受吗？为什么？

第十二章　国际贸易实务案例及评析

本章以进出口交易环节为主线，收集了 22 个带有一定普遍性的涉外商务纠纷经典案例，在内容上突出知识性、实用性和逻辑性相结合的特点，通过个案评析，使学生在理论与实践、法律与惯例上，对国际货物贸易的实践操作、风险防范、克敌制胜有较清晰的认识和理解，从而提高分析、解决外贸实际问题的能力。

案例 1-1　钢缆交易合同是否成立

【概要】

9 月 10 日，美国生产商 B 向德国建筑商 A 发出正式要约，报出 4 万公吨钢缆的价格，以便其计算某项工程投标。由于国际市场钢缆的价格猛涨，美国生产商 B 于 10 月 2 日向德国建筑商 A 发出撤销其 9 月 10 日要约的传真。10 月 10 日，当德国建筑商 A 得知自己已中标的消息后，立即向美国生产商 B 发去传真，对 9 月 10 日的要约表示承诺。于是，双方就合同是否有效成立发生了纠纷。

【案情】

德国建筑商 A 于某年 8 月底与美国生产商 B 联系，要求美国生产商 B 向其报 4 万公吨钢缆的价格，并明确告诉美国生产商 B，此次报价是为了计算向某项工程的投标，投标将于同年 10 月 1 日开始进行，10 月 10 日便可得知投标结果。同年 9 月 10 日，美国生产商 B 向德国建筑商 A 发出正式要约，要约中条件完整，但要约中既没有规定承诺期限，也没有注明要约是不可撤销的。同年 9 月中旬起，国际市场钢缆的价格猛涨，在此种情况下，美国生产商 B 于 10 月 2 日向德国建筑商 A 发出撤销其 9 月 10 日要约的传真。同年 10 月 10 日，当德国建筑商 A 得知自己已中标的消息后，仍立即向美国生产商 B 发去传真，对 9 月 10 日的要约表示承诺。此后，美国生产商 B 争辩他已于 10 月 2 日撤销了要约，因此合同不能成立。双方就合同是否有效成立发生了纠纷。

本案涉及的主要法律问题是，要约是否已被撤销，从而德国建筑商 A 与美国生产商 B 之间的买卖钢缆的合同是否有效成立？

【评析】

此桩买卖合同成立与否,关键在于美国生产商 B 在 10 月 2 日的要约撤销是否有效。《联合国国际货物买卖合同公约》第 16 条对要约的撤销做出了具体的规定。《公约》规定的一般原则是:要约对要约人不具有约束力,即在合同成立之前(对方有效承诺之前),要约人可以撤销要约,但撤销要约的通知应于受要约人发出承诺通知之前送达受要约人。然而,应特别注意的是,公约在规定了上述一般原则的基础上,同时又规定了在两种情况下要约是不得撤销的:一种情况是,要约中写明了承诺的期限或以其他方式表明要约是不可撤销的;另一种情况是,受要约人有理由信赖该要约是不可撤销的,而且受要约人已本着对该项要约的信赖而行事。公约之所以规定在上述两种情况下要约人不得撤销要约,其目的在于保护受要约人的正当利益,使交易能公平地开展。

本案的情况显然属于上述两种特别情况中的后一种情况,即受要约人对要约"有理由信赖"并已按要约"行事"。在本案中,德国建筑商 A 之所以请美国生产商 B 报 4 万吨钢缆的价格,其目的是为了根据美国生产商 B 的报价通过周密计算之后向某项工程进行投标。也就是说,美国生产商 B 在 9 月 10 日的要约(报价),将构成建筑商 B 投标的一个组成部分。美国生产商 B 在 9 月 10 日报价之后,德国建筑商 A 已经按照要约中的报价进行了投标。由于招标结果必须等到 10 月 10 日才可得知,德国建筑商 A 只有等到 10 月 10 日在获知是否中标之后,才能决定其是否承诺。因此,德国建筑商 A 有充分理由信赖该项要约至少在招标结果公布之前是不可撤销的,尽管美国生产商 B 在其要约中既没有规定承诺期限,也没有注明是不可撤销的。由此可见,美国生产商 B 是不得撤销其要约的,因此,其在 10 月 2 日对要约的撤销是无效的。

当然,这并不意味着德国建筑商 A(受要约人)可以无限期地拖延承诺,而美国生产商 B(要约人)可以无限期地受要约的约束。按照《公约》第 18 条的规定,受要约人只有在合理时间内做出承诺,才能使合同有效成立。在本案中,我们可以看到,德国建筑商 A 在 10 月 10 日一得知其中标的结果之后便立即向美国生产商 B 发出了承诺通知,因此使得美国生产商 B 与德国建筑商 A 之间的合同有效成立。相反,假使本案中德国建筑商 A 在得知其中标之后一段合理时间内未能做出承诺,合同则不能有效成立,因为迟延承诺是无效的。也就是说,即使是在不得撤销要约的情况下,要约对于要约人的约束力也仅仅限于合理期限内(或明确规定的期限内)。

(本案例改编自 http://sizheng.org/study/%E5%9B%BD%E9%99%85%E8%B4%A7%E7%89%A9%E4%B9%B0%E5%8D%96%E5%90%88%E5%90%8C%E6%88%90%E7%AB%8B%E7%9A%84%E6%A1%88%E4%BE%8B/国际货物买卖合同成立的案例)

案例 1-2　对有条件接受处理不当致损案

【概要】

我国 S 公司与某国 A 公司达成了一项买卖女式手套的成交合同。在交易磋商的过程中，我国 S 公司未对 A 公司在信用证中对发盘的包装条款的添加提出异议，由此使自己陷入被动。

【案情】

S 公司 8 月 12 日向其客户 A 公司寄出一份商品目录，介绍了 S 公司经营的各式男女手套，并附有精美的图片。8 月 20 日 A 公司回电表示对其中的货号为 308A、309B、311B 的女式手套很感兴趣，每个货号订购 100 打，并要求大、中号各半，10 月份交货，请 S 公司报价。8 月 22 日 S 公司发盘如下：报青字牌女式羊毛手套 300 打，货号 308A、309B、311B 各 100 打，大、中号各半，每双 CIF 旧金山 12 美元，纸箱装，10 月份装运，即期信用证支付，8 月 30 日复到有效。8 月 28 日 A 公司回电：你 8 月 22 日电悉。价格过高，每双 CIF 旧金山 10 美元可接受。次日 S 公司去电：你 28 日电悉。最低价每双 CIF 旧金山 11 美元，9 月 5 日复到有效。9 月 3 日 S 公司收到 A 公司的电开信用证，其中单价为每双 11 美元，包装条款中注明纸箱装，每箱 15 打，其他与发盘相符。

S 公司审证时发现了 A 公司对包装条款所作的添加。S 公司的习惯包装是每箱 10 打，考虑到交货期临近，若提请修改，恐怕难以按时交货，另外，即使按信用证要求包装，也不会增加费用。但到 9 月 20 日，储运部门通报，公司库存中没有可装 15 打手套的纸箱，现有纸箱一种为可装 10 打的习惯包装，另一种可装 20 打。S 公司随即与纸箱厂联系，这种纸箱很少见，该厂不能供应。附近的几个纸箱厂也如此答复。在此情况下，S 公司一面四处落实箱源，一面于 9 月 10 日去电 A 公司，表示包装条款不能接受，要求改为每箱装 10 打或 20 打。请依据《公约》，分析上述纸箱装，每箱 15 打的包装条款是否达成？S 公司提出改变包装的要求能否为 A 公司所接受？

【评析】

根据《联合国国际货物销售合同公约》的规定，上述对发价中包装条款的修改属非实质性修改，由于 S 公司未在不过分延迟的时间内向被发价人通知反对意见，则接受有效，据此成立的合同就应以发价内容及附有非实质性修改内容的接受为准，所以纸箱装，每箱 15 打的包装条款已达成。

S 公司本来完全可以及时提出异议以争取主动，但 S 公司未作充分考虑便同意对方所作的添加，匆忙拟订合同，忽视了有无合适的纸箱这一问题，使自己陷入被动。此后 9 月 10 日 S 公司要求修改合同、信用证条款为时已晚，A 公司会做出不同意修改的决定。S 公司因对有条件接受处理不当可能会造成一定的损失。

（本案例改编自 http://www.jctrans.com/luntan/topic.asp?topicid=1645&topictype=11

进出口交易的磋商与案例分析）

案例 2-1　合同品名条款签订不当引起的纠纷案

【概要】

韩国 KM 公司向我 BR 土畜产公司购买大蒜，在缮制合同时，我 BR 公司按惯例在合同品名条款上打上"山东大蒜"。后由于自然灾害无法收集合同规定数量的山东大蒜，BR 公司紧急从其他省份征购。最后，对方以所交货物与合同规定不符，要求 BR 公司降价。

【案情】

韩国 KM 公司向我 BR 土畜产公司订购大蒜 650 公吨，双方当事人几经磋商最终达成了交易。但在缮制合同时，由于山东胶东半岛地区是大蒜的主要产区，通常我国公司都以此为大蒜货源基地，所以 BR 公司就按惯例在合同品名条款打上了"山东大蒜"。可是在临近履行合同时，大蒜产地由于自然灾害导致欠收，货源紧张。BR 公司紧急从其他省份征购，最终按时交货。但 KM 公司来电称，所交货物与合同规定不符，要求 BR 公司做出选择，要么提供山东大蒜，要么降价，否则将撤销合同并提出贸易赔偿。试问，KM 公司的要求是否合理？并评述此案。

【评析】

本案是由于商品品名条款所引发的争议。KM 公司的要求是合理的。从法律角度看，在合同中明确规定买卖标的物的具体名称，关系到买卖双方在交接货物方面的权利和义务。

按照有关的法律和商业惯例的规定，对交易标的物的具体描述，是构成商品说明的一个主要组成部分，是买卖双方交接货物的一项基本依据。若卖方交付的货物不符合约定的品名或说明，买方有权拒收货物或撤销合同并提出损害赔偿。因此，品名和品质条款是合同中的重要条件，一旦签订合同，卖方必须严格按合同的约定交货。另外，在表示商品品质的方法中，有一种是凭产地名称买卖，产地名称代表着商品的品质。不同产地的同种货物品质可能存在着很大的差别，因此 KM 公司要求提供山东大蒜的要求是合理的。其实，遇到上述情况，BR 公司可以援引不可抗力条款，及时通知买方，要求变更合同或解除合同。

(本案例改编自 http://news.9ask.cn/gjmy/bjtj/201005/565805_5.html)

案例 2-2　合同品质条款签订不当引起的纠纷案

【概要】

我方 A 出口公司向新加坡 B 公司出口一批童装,合同中品质条款只简单写明了规格、质料、颜色，并且规定到货后 B 公司有复验权。交易前 B 公司看过样品，并同意以此作为交货的品质标准。最后交货时，B 公司出具了新加坡一家检验机构的检验证书，以所交货物与样品不符为由提出索赔要求。

【案情】

我方 A 公司同新加坡 B 公司签订合同，出口一批童装。洽谈中，B 看过 A 提供的样品，同意以此作为交货的品质标准。而出口合同的品质说明中只简单写明了规格、 质料、颜色。商检条款为"货到港 30 天后外商有复检权"。货到新加坡后买家提出"颜色不正、缝制工艺粗糙"，并且提交了新加坡一家检验机构的检验证书作为依据要求退货和赔偿。A 公司辩解货物是凭样品成交，样品经新加坡 B 公司确认过。B 指出合同中并没有写明"凭样品成交"字样，也没有写明样品编号；况且 A 公司没有封存样品作为证物。A 公司解释纺织品按常识会存在色差问题。B 公司回应合同中品质说明中没有注明所交货物会有色差。A 公司又表示不接受 B 公司的检验证书，认为 B 公司所找的检验机构不具权威性，没有征得 A 公司的同意。B 公司辩解合同上只承诺 B 有复检权，并没有指明检验机构的名称或者必须经由 A 公司同意。A 意识到即使提交仲裁机构，自己也无法提交有力证据，所以只好在价格上答应新加坡公司做出的降价要求，才使争议得以解决。

【评析】

　　A 公司没有明确界定品质条款，服装类的产品要用简单的语言来描述是很容易引起歧义并被对方抓住把柄的，既然双方已经就样品达成一致并且按样生产，那么 A 公司就应该在品质条款中注明交货品质同编号***样品，并允许色差。

（本案例改编自 http://news.9ask.cn/htjf/htzs/maimaihetzhishi/200909/244312.html)

案例 2-3　交货数量与合同条款不符引起的纠纷案

【概要】

　　我某公司向匈牙利出口水果，约定货到验收后付款。货到匈牙利后，发现水果重量与合同不符，对方拒绝提货，最后我出口公司损失惨重。

【案情】

　　我某出口公司与匈牙利商人订立了一份出口水果合同，支付方式为货到验收后付款。但货到经买方验收后发现水果总重量缺少 10%，而且每个水果的重量也低于合同规定，匈牙利商人既拒绝付款，也拒绝提货。后来水果全部腐烂，匈牙利海关向中方收取仓储费和处理水果费用 5 万美元。我出口公司陷于被动。从本案中，我们可以吸取什么教训？

【评析】

　　商品的数量是国际货物买卖合同中不可缺少的主要条件之一。按照某些国家的法律规定，卖方交货数量必须与合同规定相符，否则，买方有权提出索赔，甚至拒收货物。此案中显然我方陷于被动，但仍可据理力争，挽回损失。首先应查明短重是属于正常途耗还是我方违约没有交足合同规定数量，如属我方违约，则应分清是属于根本性违约还是非根本性违约。如不属根本性违约，匈方无权退货和拒付货款，只能要求减价或赔偿损失；如属根本性违约，匈方可退货，但应妥善保管货物，对鲜活商品可代为转售，尽量减少损失。《联合国国际货物销售合同公约》(以下简称《公约》)第86条第一款明确规定："如果买方已收到货物，但打算行使合同或本公约任何权利，把货物退回，他必须按情况采取合理措施，以保全货物，他有权保有这些货物，直至卖方把他所付的合理费用偿还给他为止。"而匈方未尽到妥善保管和减少损失的义务，须对此承担责任。因此，我公司可与匈牙利商人就商品的损失及支出的费用进行交涉，尽可能挽回损失。

(本案例改编自 http://www.duomeili.com/333.doc)

案例 3-1 FOB 条件下承运人无单放货纠纷案

【概要】

我国甲国贸股份有限公司与韩国乙株式会社签订出口各式夹克衫贸易合同。承运人韩国丙综合株式会社在目的港未收回正本提单即向他人交付了货物，由此引发了纠纷。甲国贸股份有限公司诉至我国海事法院，请求判令被告赔偿相应经济损失 5.9598 万美元及该款自 2009 年 11 月起的利息损失。

【案情】

2009 年 11 月 8 日，我国甲国贸股份有限公司与韩国乙株式会社签订出口各式夹克衫贸易合同，贸易术语为 FOB，合同规定，付款方式为信用证，乙株式会社指定韩国丙综合株式会社承运将该批货物从中国上海出运至韩国釜山，丙综合株式会社为此签发了以甲国贸股份有限公司为托运人的正本提单。托运人为甲国贸股份有限公司，通知方为丁股份有限公司，收货人为根据某银行指示。由于韩国乙株式会社一直没有付款买单，甲国贸股份有限公司现仍持有上述提单正本。经调查，涉案货物运抵目的港后，已由前述提单通知人以银行保函形式未凭正本提单向丙综合株式会社提取，即涉案货物已由丙综合株式会社在目的港未收回正本提单即向他人进行了交付。据此，2010 年 10 月 8 日，甲国贸股份有限公司诉至我国海事法院，请求判令被告赔偿相应经济损失 5.9598 万美元及该款自 2009 年 11 月起的利息损失。

2011 年 6 月 25 日，法院经审理后认为，本案是一起具有涉外因素的海上货物运输合同纠纷。本案原、被告双方在诉讼过程中均未主张适用外国法，同时争议双方均引用中国法律支持其各自的诉辩主张，由此可视作纠纷诉至法院后争议双方对中国法律已作选择适用。此外，本案涉及的运输合同起运地、提单签发地均在我国境内，因此我国与本案争议具有密切的联系，根据国际司法中的最密切联系原则，本案也可以适用中国法律。综上，法院决定适用中国法律界定争议双方的权利和义务。

本案证据表明涉案货物正本提单项下货物已由通知人提供银行保函而未提交正本提单向被告提取货物,据此被告的行为违反了海上货物运输合同中承运人应凭正本提单交付货物的航运惯例,理应就此向原告承担相应的赔偿责任。依照《中华人民共和国海商法》第269条、第71条,以及《中华人民共和国民事诉讼法》第64条第一款的规定,判决如下:丙综合株式会社向甲国贸股份有限公司赔偿货款损失5.9598万美元及利息损失。

此外,依据被告乙株式会社提交的公司证明,它是一家从事国际货运代理业务的境外企业,但由于被告在本案中出具自己的提单承载涉案货物,因此它实际充当了无船承运人的角色。根据《中华人民共和国国际海运条例》第7、8、26条以及我国交通部《关于实施〈中华人民共和国国际海运条例〉》的公告中第1、3条的相关规定,它本无权未经许可自行在我国境内签发提单从事无船承运人业务。鉴于被告的前述违法经营行为,其在本案中向原告承担相应的经济损失赔偿责任的同时,依法应由我国相关职能部门对其擅自在我国境内签发提单从事无船承运人业务的行为予以查处。

【评析】

本案涉及无单放货与无船承运人两个法律与业务问题。

(1) 无单放货。根据我国《中华人民共和国海商法》第71条的规定:"提单,是指用以证明海上货物运输合同和货物已经由承运人接收或者装船,以及承运人保证据以交付货物的单证。提单中载明的向记名人交付货物,或者按照指示人的指示交付货物,或者向提单持有人交付货物的条款,构成承运人据以交付货物的保证。"提单是承运人或其代理人签发的货物收据,它证明已按提单所列内容收到货物。提单又是一种货物所有权的凭证。提单代表着提单上所记载的货物,提单持有人可以凭提单请求承运人交付货物,而船长、船公司或其代理人也必须按照提单所载内容,将货物交付给提单的善意持有人。因此提单具有物权凭证性质。本案被告综合株式会社在未收回涉案正本提单的情况下,凭银行保函将涉案提货单交付给非正本提单持有人,该行为直接侵害了正本提单持有人依法享有的物权,对此必须承担法律责任。

(2) 无船承运人。《中华人民共和国国际海运条例》第7条规定:"无船承运业务,是指无船承运业务经营者以承运人身份接受托运人的货载,签发自己的提单或者其他运输单证,向托运人收取运费,通过国际船舶运输经营者完成国际海上货物运输,承担承运人责任的国际海上运输经营活动。"经营无船承运业务,应当向国务院交通主管部门办理提单登记,并交纳保证金。本案韩国综合株式会社没有向我国交通部办理提单登记,更没有交纳保证金,擅自在我国境内签发提单从事无船承运人业务,因此是违法的,应予以查处。

近年来，在我国对外贸易中，客户使用 FOB 条款并指定境外船公司、货代或无船承运人安排运输，并在信用证结算上设置客户检验证书等软条款的情况与日俱增，有些被指定的境外货代或无船承运人存心不良，与买方合谋串通，搞无单放货，使出口企业货、款全落空。也有些客户特意设置境外货代或无船承运人来国内进行骗货。而我国出口企业业务人员对出口货物业务不精通，对航运市场情况不掌握，风险防范意识淡薄，在没有了解或没有充分了解国外贸易买家是否合法存在和资信等级的情况下，为节约出口成本，较多与外商签订 FOB 为贸易条款的出口合同，从而将货物的运输权利、运输方式和选择承运人的权利交给外商，很少使用 CIF 和 CIF 的贸易方式。此外，在运输环节由外商掌握的情况下，中小企业盲目听从境外贸易买家及其(国内和国外)代理的指令，将货物实际交给境外买家(或其代理)在装货港的代理人。发生纠纷后，这些企业坚持认为货物交给买家代理人，买家代理人就是承运人的错误观念。一些出口企业在收到境外海运公司签发的提单时从未要求出具提单的船公司或货代公司出具保函，对提单或提单签发所显示的承运人是否合法存在不作审查。出口企业为规避 FOB 合同下被无单放货的风险，货主要尽量做到以下几点。

(1) 签订出口合同时，应尽量签订 CIF 或 CFR 条款，力拒 FOB 条款，避免外商指定船公司、境外货代或无船承运人安排运输，由我方掌握安排运输的主动权；签约前应注意掌握外商的资信等情况。

(2) 如果外商坚持 FOB 条款并指定船公司、境外货代或无船承运人安排运输，可接受知名的船公司，尽量避免接受指定的境外货代或无船承运人。如外商仍坚持指定境外货代或无船承运人，为不影响出口，必须严格按程序操作，对指定的境外货代或无船承运人的信誉要进行严格的调查，了解是否有我国合法代理人向交通部办理无船承运人资格的手续，同时货主要求我国的货代或无船承运人出具保函，承诺被指定境外货代或无船承运人安排运输的货物到达目的港后必须凭信用证项下银行流转的正本提单放货，否则要承担无单放货的赔偿责任。只有这样，一旦出现无单放货，才能有依据进行索赔。但不能接受未经我国有关部门批准在华经营货代业务的货代企业或境外货代企业以及资信情况不明的公司签发的提单和安排运输。尤其需要注意的是，在 FOB 条款下，卖方以交出装船单证证明完成交货义务并取得货款，买方以付款取得装船单证实现提货之权利。

(3) 境外货代提单必须委托经我国有关部门批准的货代企业签发，货主可要求代理签发提单的货代企业出具在目的港凭正本提单放货的保函。在海运实务中，在提单尚未收到、货物已送至承运人指定或委托的装运港代理仓库的情况下，出口企业要求其根据卖方的指令装船并出具保函的做法较为普遍。出口企业必须明确，在 FOB 合同中，运输由买家负责，即承运人由买家指定，故货物送到承运人的装运港代理就是将货物向买家交付。

(4) 在 FOB 价格条款下，出口企业应力拒信用证条款中"客户检验证书"等软条款，该条款系信用证交易的特别条款，是银行承兑或垫付货款的前提条件。如外商坚持使用"客户检验证书"，出口企业可接受，但在发货前将"客户检验证书"的印鉴与外商在银行预留的印鉴相比对，印鉴比对不一致必须拒绝发货。

(5) 外商资信不明的，即使先前双方有贸易往来，在 FOB 贸易条款下，出口企业也应尽可能结汇成功后继续分批出口。尽量避免结汇未成而多次集中出口。出口企业的外贸人员需强化信用证贸易和海上货物运输的实务操作。

出口企业应熟悉 FOB 条款。FOB 价格条款决定贸易合同的性质。在 FOB 价格条款下，卖方负责在贸易合同规定的期限和装运港将货物装上买方指定的船舶并通知买方；负责货物装上船前的费用和风险；负责办理货物出口手续并取得相应文件；负责提供相关的装运单据。买方负责订舱租船和支付运费；将船名船期及时通知卖方；负担货物装上船后的费用、风险和投保及费用；负责办理货物进口和收货手续；接受装运单据并按合同支付货款。若采用 FOB 条款，中小企业应严格依照现行的《国际贸易术语解释通则》对 FOB 条款的规定和解释签订贸易合同，谨防落入 FOB 陷阱。

(本案例改编自 http://www.nwupl.edu.cn/jpkc/gjmy/doc/%E6%A1%88%E4%BE%8B%E5%88%86%E6%9E%90.doc 国际贸易实务案例分析)

案例 3-2 从一则产品出口案例看 CIF 或 CIP 的选择

【概要】

某年 5 月，我国江西某进出口公司以 CIF LOS－ANGELES 价格条件向美国某贸易公司出口一批日用瓷具，装上了宁波某运输公司派来的货车。途中由于驾驶员的过失发生了车祸，导致瓷具受损并耽误了装船时间，由于使用的是 CIF 贸易术语，受损时风险并没有转移，出口方实际损失达 9.5 万美元。这一产品出口案例促使卖方思考：内陆地区出口使用 CIF 是否正确？有没有更好的贸易术语取代 CIF？

【案情】

某年 5 月，美国某贸易公司(以下简称进口方)与我国江西某进出口公司(以下简称出口方)签订合同购买一批日用瓷具，价格条件为 CIF LOS－ANGELES，支付条件为跟单信用证，出口方需要提供已装船提单等有效单证。出口方随后与宁波某运输公司(以下简称承运人)签订运输合同。8 月初出口方将货物备妥，装上承运人派来的货车。途中由于驾驶员的过失发生了车祸，耽误了时间，错过了信用证规定的装船日期。得到发生车祸的通知后，我出口方即刻与进口方洽商要求将信用证的有效期和装船期延展半个月,并本着诚信原则告知进口方两箱瓷具可能受损。美国进口方回电称同意延期,但要求货价降低 5%。我出口方回电据理力争,同意受震荡的两箱瓷具降价 1%,但认为其余货物并未损坏,不能降价。但进口方坚持要求全部降价。最终我出口方还是做出让步,受震荡的两箱降价 2.5%,其余降价 1.5%,为此受到货价、利息等有关损失共计 15 万美元。

事后,出口方作为托运人又向承运人就有关损失提出索赔。对此,承运人同意承担有关仓储费用和两箱震荡货物的损失;利息损失只赔 50%,理由是自己只承担一部分责任,主要是由于出口方修改单证耽误时间;但对于货价损失不予理赔,认为这是由于出口方单方面与进口方的协定所致,与己无关。出口方却认为货物降价及利息损失的根本原因都在于承运人的过失,坚持要求其全部赔偿。3 个月后经多方协商,承运人最终赔偿各方面损失共计 5.5 万美元。出口方实际损失 9.5 万美元。

【评析】

在案例中,出口方耗费了时间和精力,损失也未能全部得到赔偿,这充分表明了 CIF 术语自身的缺陷使之在应用于内陆地区出口业务时显得“心有余而力不足”。

(1) 两种合同项下交货义务的分离使风险转移严重滞后于货物实际控制权的转移,在采用 CIF 术语订立贸易合同时,出口方同时以托运人的身份与运输公司即承运人签订运输合同。在出口方向承运人交付货物,完成运输合同项下的交货义务后,并不意味着他已经完成了贸易合同项下的交货义务,出口方仍要就货物装上船前的一切风险和损失向进口方承担责任。而在货物交由承运人掌管后,托运人(出口方)丧失了对货物的实际控制权。承运人对货物的保管、配载、装运等都由其自行操作,托运人只是对此进行监督。让出口方在其已经丧失了对货物的实际控制权的情况下继续承担责任和风险,这非常不合理。尤其是从内陆地区装车到港口装上船,中间要经过一段较长的时间,会发生什么事情谁都无法预料。也许有人认为,在此期间如果发生货损,出口方向进口方承担责任后可依据运输合同再向承运人索赔,转移其经济损失。但是出口方有承运人在损失费用承担上往往无法达成协议,再加上时间上的耗费,出口方很可能得不偿失。本案例中,在承运人掌管之下发生了车祸,他就应该对此导致的货物损失、延迟装船、仓储费用负责,但由此导致的货价损失、利息损失的承担双方却无法达成协议,使得出口方受到重大损失。

(2) CIF 条件对运输单据交单规定有限制,致使内陆出口方无法在当地交单,根据《INCOTERMS2010》的规定,CIF 条件下出口方可转让提单,不可转让海运单或内河运输单据,这与其仅适用于水上运输方式相对应。在沿海地区这种要求易于得到满足,不会耽误结汇。货物在内陆地区交付承运人后,如果走的是内河航运,也没有太大问题,但事实上一般是走陆路，这时承运人会签发陆运单或陆海联运提单而不是 CIF 条件要求的运输单据。这样，只有当货物运至装运港装船后出口方才能拿到提单或得到在联运提单上"已装船"的批注，然后再结汇。可见，这种对单据的限制会直接影响到出口方向银行交单结汇的时间，从而影响出口方的资金周转，增加了利息负担。本案中信用证要求出口方提交的就是提单，而货物走的是陆路，因此他只能到港口换单结汇。如果可凭承运人内地接货后签发的单据在当地交单结汇的话，出口方虽然需要就货损对进口方负责，但他可以避免货价损失和利息损失。

(3) 内陆地区使用 CIF 术语还有一笔额外的运输成本。在 CIF 价格中包括的运费应该从装运港到目的港这一段的运费。但从内陆地区到装运港装船之前还有一部分运输成本，如从甘肃、青海、新疆等地区到装运港装船之前的费用一般要占到出口货价的一定比例，有一些会达到20%左右。

从以上分析可以看出，CIF 术语在内陆地区出口中并不适用。事实上，对于更多采用陆海联运或陆路出口的内陆地区来说，CIP 比 CIF 更合适。

CIP 术语与 CIF 术语有相似之处，主要表现在：价格构成因素中都包括了通常的运费、保险费，即运输合同、保险合同都由卖方负责订立；交货地点均在出口国的约定地点；出、进口清关责任划分都是出口方负责出口、进口方负责进口通关；风险在交货地点交货完成而转移给买方，而运费、保险费却延展到目的地(港)。但两者也有明显不同，也正是这些不同使 CIP 术语比 CIF 术语更适合内陆出口业务。

(1) 从适用的运输方式看，CIP 比 CIF 更灵活，更适合内陆地区出口。CIF 只适用于水上运输方式(海运、内河航运)，而 CIP 却适合任何运输方式。对于内陆地区而言，出口时运输方式也是多种的，比如出口到美国、东南亚地区，一般是陆海联运；出口到欧洲，一般是陆运。

(2) 从出口方责任看，使用 CIP 术语时，出口方的风险与货物的实际控制权同步转移，责任可以及早减轻。在 CIF 术语下，出口方是在装运港交货，买卖双方是以装上船为界划分风险，在货物装上船之前，不管货物处于何方的实际处置之下，卖方都要向买方承担货损等责任。而 CIP 术语下则比较灵活，由双方约定交货地点，可以是港口，也可以是在内陆地区，但无论在哪里，出口方责任以货交承运人处置时止，出口方只负责将货物安全移交承运人即完成自己的销售合同和运输合同项下的交货任务，此后货物发生的一切损失均与出口方无关。

(3) 从使用的运输单据看，使用 CIP 术语有利于内陆出口业务在当地交单结汇。CIP 涉及的通常运输单据范围要大于 CIF，因具体运输方式不同可以是上面提到的 CIF 使用的单据，又可以是陆运单、空运单、多式联运单据。承运人签发后，出口方即可据以结汇。这样，缩短了结汇和退税时间，提高了出口方的资金周转速度。

另外，迅速发展的集装箱运输方式也为内陆地区出口使用 CIP 术语提供了便利条件。目前我国许多沿海港口如青岛、连云港都在争取把口岸办到"内地"，发展内陆地区对沿海陆运口岸的集装箱直通式运输，这势必会减少货物装卸、倒运、仓储的时间，降低运输损耗和贸易成本，缩短报关、结汇的时间，有利于 CIP 术语在内陆地区出口中的推广。

可以预见，随着西部大开发的顺利进行，内陆地区的产品出口业务会越来越多，而选择适当的贸易术语对于出口合同的履行，对于我出口方利益的保护都相当重要。在这种情况下，内陆出口企业的外销员一定要从本地区、本行业和所经营产品的实际出发，适当选择贸易术语，千万不要被"出口 CIF"的定式迷惑。

(本案例改编自 http://www.superist.com/tradeprocedure/19-RiskControl.htm)

案例 4-1 误解信用证对装运条款修改引起的纠纷案

【概要】

某粮油进出口公司向詹姆斯国际贸易公司出口一批芝麻，国外来证规定：300 公吨黄芝麻，装运不得晚于 2010 年 3 月 31 日从大连至鹿特丹港。不许分批装运。装运前又接到信用证修改通知：装运改为 150 公吨黄芝麻从大连到鹿特丹港，另 150 公吨黄芝麻从大连到阿姆斯特丹港代替原装运条款规定。粮油进出口公司没有正确理解修改书的内容，于 3 月 16 日在"黄海"轮装 150 公吨黄芝麻至鹿特丹港，于 3 月 17 日在"嘉兴"轮装 150 公吨黄芝麻至阿姆斯特丹港，导致因单证不符而遭到开证行拒付，最终不得不答应对方以降价处理而结案。

【案情】

某粮油进出口公司向詹姆斯国际贸易公司出口一批芝麻，于 2 月 6 日国外开来信用证，有关部分条款规定："300 M/Tons of Yellow Sesameseeds， shipment from Dallan toRotterdam not later than March 31，2010. Partial shipmentprohibited."（300 公吨黄芝麻，装运不得晚于 2010 年 3 月 31 日从大连至鹿特丹港。不许分批装运)

粮油进出口公司于 3 月 11 日装运前又接到开证行的信用证修改通知。修改书的内容为："The shipment changed to150 M/Tons of Yellow Sesameseeds from Dalian to Rotterdam and 150 M/Tons of Yellow Seasameseeds from Dalian to Amsterdam instead of original stipulation."（装运改为 150 公吨黄芝麻从大连到鹿特丹港，另 150 公吨黄芝麻从大连到阿姆斯特丹港代

替原装运条款规定)

粮油进出口公司根据信用证要求，即与船公司联系租船订舱，经各方面的安排才最后于 3 月 16 日在"黄海"轮装 150 公吨至鹿特丹港，于 3 月 17 日在"嘉兴"轮装 150 公吨至阿姆斯特丹港。

粮油进出口公司在装运后于 3 月 18 日备妥信用证项下的所有单据向议付行交单办理议讨。但 3 月 29 日粮油进出口公司接到议付行转来开证行拒付电称："第×××号信用证项下的你第×××号单据经审核发现单证不符：我信用证规定不许分批装运，而你却分两批装：3 月 16 日装'黄海'轮 150 公吨至鹿特丹港；于 3 月 17 日装'嘉兴'轮 150 公吨至阿姆斯特丹港。因此，不符合信用证要求，构成单证不符。单据暂由我行留存，听候单据处理意见。"

3 月 29 日粮油进出口公司接到开证行拒付电后，认为对方完全是"鸡蛋里挑骨头"，信用证原条款虽然规定不许分批装运，但已经修改为分两批装，即一批装运到鹿特丹；另一批装运到阿姆斯特丹，不许分批装运的条款已不复存在。所以粮油进出口公司于 4 月 1 日即向开证行提出反驳意见。

"你 3 月 29 日电悉。但我们感到非常惊讶。我们提醒你行不要疏忽你 3 月 11 日已将信用证的不许分批装运条款改为分两批装，即 150 公吨至鹿特丹港，150 公吨至阿姆斯特丹港。我方故于 3 月 16 日装'黄海'150 吨至鹿特丹港；另于 3 月 17 日装'嘉兴'轮 150 公吨至阿姆斯特丹港，因此我单证完全相符。你行应按时付款。"

4 月 5 日又接到开证行的复电："你 4 月 1 日电悉。从你方电文来看，你方完全误解我信用证修改的内容。我 3 月 11 回信用证修改只是将原规定到鹿特丹港的 300 公吨货改为 150 公吨到鹿特丹港，150 公吨到阿姆斯特丹港。只修改目的港，并未修改关于分批装运的条款，原规定的'不许分批装运'条款仍然存在。即要求 300 公吨的两个目的港的货物装运在同一条船上，你方却分别装在两条船上，所以不符合我信用证的要求。我行仍无法接受你方的单据。"

4 月 5 日粮油进出口公司将上述开证行的电文与议付行一起探讨，才认识到不应该分两条船装运。粮油进出口公司只好直接与买方詹姆斯国际贸易公司反复商洽，但均无效果，最终答应对方以降价处理而结案。

【评析】

从本案例信用证条款来看，在原信用证规定不许分批装运的条件下，后来修改的内容仅仅是改变目的港和货量的搭配而已。原来 300 公吨全部运到鹿特丹港，而现在改为鹿特丹港只装 150 公吨，另 150 公吨改为阿姆斯特丹港，其修改并没有涉及分批装运问题，则原条款"不许分批装运"仍然存在。正如开证行所解释将两目的港的货物同装在一条船上,因为鹿特丹港和阿姆斯特丹港同属于一个航线上。粮油进出口公司没有这样正确理解,而议付行作为处理信用证业务专业部门在议付审单时也没有把住关,确是遗憾。

从本案例买方实际情况来看,并未因粮油进出口公司分两条船装运而遭到非常严重的损失或受到什么重大的影响,而且在实际上两条船装运的日期只差一天,与一条船同时装运差别不大。据粮油进出口公司后来了解才知道对方因市场疲软,利用单据上的问题而提出拒受单据,以达到不付款和拒收货物的目的。如果粮油进出口公司能正确理解信用证的修改条款,将两个目的港的货物装在一条船上,单据能严格符合信用证规定,使其无懈可击,则本案例就不会发生,粮油进出口公司就可以安全地、及时地收回货款。

由此看来,正确理解信用证条款和审核信用证是一项重要工作;单证严格一致又是安全收汇的绝对保证。所以在出口结算工作中要严格审查和正确理解信用证条款,及时发现信用证中存在的问题和提出的修改,严格按信用证条款履行装运工作,使单证一致,这样安全收汇才有保证。本案例的发生主要在于粮油进出口公司没有严格审查和正确理解信用证条款。如果能正确理解修改后的信用证要求,然后联系船方装上同时到鹿特丹港和阿姆斯特丹港的船只,如果能在规定装期内办好运输事宜就接受信用证修改,办不到就不接受,就不会发生本案。粮油进出口公司一直不理解信用证修改的内容要求,经开证行指出后,粮油进出口公司仍不理解,再次进行抗辩,最终只能以失败告终,本案例值得我们深思!

(本案例改编自 http://www.superist.com/tradeprocedure/19-RiskControl.htm)

案例 4-2　航空运输丧失货权受损案

【概要】

浙江 F 出口公司与印度 Y 进口商达成一笔羊绒纱出口合同,合同中规定的贸易条件为"CFR NEW DELHI BY AIR",来证价格术语为"CNF NEW DELHI",F 出口公司当时对此并未太在意,没有要求改证。出口方按规定发运了货物,将信用证要求的各种单据备妥交单,却遭到国外开证行的拒付,理由为单证不符。出口方最终不得不同意降价 20%了结此案。

【案情】

某年 6 月,浙江 F 出口公司与印度 Y 进口商达成一笔总金额为 6 万多美元的羊绒纱出口合同，合同中规定的贸易条件为"CFR NEW DELHI BY AIR"。支付方式为100%即期信用证，装运期为当年8月间自上海空运至新德里。合同订立后，进口方按时通过印度一家商业银行开来信用证，通知行和议付行均为国内某银行，信用证中的价格术语为"CNF NEW DELHI"，出口方当时对此并未太在意。他们收到信用证后，按规定发运了货物，将信用证要求的各种单据备妥交单，并办理了议付手续。然而，国内议付行在将有关单据寄到印度开证行不久即收到开证行的拒付通知书，拒付理由为单证不符：商业发票上的价格术语"CFR NEW DELHI"与信用证中的"CNF NEW DELHI"不一致。得知这一消息后，出口方立即与进口方联系要求对方付款赎单；同时通过国内议付行向开证行发出电传，申明该不符点不成立，要求对方按照《UCP600》的规定及时履行偿付义务。但进口方和开证行对此都置之不理，在此情况下，出口方立即与货物承运人联系，其在新德里的货运代理告知该批货物早已被收货人提走。在如此被动的局面下，出口方最终不得不同意降价20%了结此案。

【评析】

本案例中，造成出口方F公司陷入被动局面的根本原因在于丧失了货权。而出口方在得到偿付之前货权就已丧失是由于航空运单(AIR WAY BILL)的特性决定的。我们都知道信用证的最大优点就是银行信用保证，虽然银行处理的只是单据，不问货物的具体情况，但如果买方不付款赎单，就提不到货物，这在海运方式下是可以实现的，因为海运提单是物权凭证，买方只有凭其从银行赎来的海运提单才能到目的港提货。但空运方式下的空运单据——航空运单则不具有物权凭证的特征，它仅是航空承运人或其代理人签发的接收货物的收据。由于空运时的时间很短，通常在托运人将航空运单交给收货人之前，货物就已经运到目的地，因此收货人凭承运人的到货通知和有关身份证明就可提货。这样一来，在空运方式下即使是采用信用证作为结算方式，对于卖方而言也不是很保险。但在实务中我们还是经常会遇到空运的情况，比如一些易腐商品、鲜活商品、季节性强的商品以及高价值且量少的商品等。要防范空运方式下的信用证风险，可采用以下一些措施。

(1) 争取与其他支付方式结合使用，比如要求买方在出货前预先电汇一定比例的货款，以分散风险。

(2) 严格审查进口商的资信情况，包括财务状况、经营状况、付款记录等，以核定其信用度，决定合同金额的大小。

(3) 严格审查开证行的资信情况，以免出现开证行故意找出"不符点"拒付，使买方不付款提货，造成钱、货两空的局面，必要时可要求对信用证加具保兑。

(4) 如果金额太大，可要求分批交货。

(5) 严格认真地根据信用证制作单据，做到"单单一致，单证相符"，在单据方面不给对方造成任何的可乘之机，并要求议付行予以密切配合。在开证行/偿付行有变故时，要与对方据理力争，严格按照《UCP600》及其他有关国际惯例办事，维护我方合法权益。

(6) 与航空承运人及其在目的地的代理人保持密切联系，因为在收货人尚未提取货物前，如果出口商觉察到有任何变故，出口商/托运人有权要求航空承运人退回，或变更收货人，或变更目的地。

(7) 投保出口信用险，出口信用险是保障因国外进口商的商业风险和/或政治风险而给本国出口人所造成的收不到货款的损失。

(本案例原载袁永友，柏望生主编. 新编国际贸易实务案例评析. 中国商务出版社，2004)

案例 5-1　关于保险范围认定的纠纷案

【概要】

中国上海 A 公司与英国 C 公司签订一批服装出口的贸易合同，向中国太平洋保险公司上海分公司(即 B)按中国人民保险公司《海洋货物运输保险条款》，投保一切险和战争险，责任起讫采用"仓至仓条款"。货物运抵目的地，承运人 E 公司(即 E)无单放货，C 提货后未付款。A 收不到余款，遂到英国伦敦提货，但提货不着，于是向上海海事法院提起诉讼，要求 B 就其承保范围赔偿。B 根据保险合同及相关法律条款提出异议，认为自身无赔偿责任。上海海事法院一审判 B 赔偿，B 不服，向上海市高级人民法院上诉，经查实，上海市高级人民法院改判该赔偿责任不应由 B 承担。

【案情】

原告中国上海 A 公司(以下简称 A)与被告中国太平洋保险公司上海分公司(以下简称 B)发生海上货物运输保险合同纠纷，向上海海事法院提起诉讼。

A 称：自身与英国 C 公司(以下简称 C)签订了一份贸易合同，向其销售服装一批，价值50 万美元，向 B 投保了一切险和战争险，责任起讫期间是"仓至仓"，从上海运往英国伦敦。货物运抵目的地后，由于 C 迟迟不付货款，A 遂持正本提单到伦敦提货，却提货不着。这是保险合同约定的风险之一，因此向 B 索赔，遭拒绝，现向上海海事法院请求判令 B 按约定赔偿自身的全部损失 55 万美元和延迟理赔期间的利息损失，诉讼费由 B 负担。

B 就此辩称：①所谓"提货不着"，是指"整件提货不着"，且应伴有偶然的、意外的保险事故发生，否则其无赔偿责任。本案货物已经运抵目的地并被 C 清关提走，去向明确，不存在"提货不着"。②A 与 B 签订的是海上货物运输保险合同，责任起讫期间是"仓至仓"。但伦敦没有 A 的仓库或储存处所，货物运抵伦敦的仓库或储存处所，就应视为按合同规定运抵目的地。C 是在伦敦的仓库提走本案货物的，提货时未提出索赔，本案货物应属安全运抵。海上货物运输保险标的是运输中的货物，而本案货物既已安全运抵，就不能再要求赔偿。③C 的收货手续完全合法，按海上货物运输保险合同的"仓至仓条款"，只要是向合法的、贸易合同预定的任何一个收货人(包括买卖合同买方、提单或运单上指定的收货人、被保险人)安全、合法地交货，自身的保险责任就终止了。④C 提货后不付款是出口信用保险的承保范围，不属于海上货物运输保险，自身亦不承担赔偿义务。⑤根据《中华人民共和国民法通则》第 72 条第 2 款关于"财产所有权从财产交付时起转移"的规定和买卖双方约定的贸易条件，A 的货物在上海港装船时，所有权和风险就已经转移给了 B，所以 A 没有保险利益。⑥没有证据证实本案海上货物运输的承运人在中国合法注册，A 持这样一个无资格从事海上货物运输的人开出的提单，不具有物权凭证功能。⑦A 在货物卸离海轮满 60 天，保险人的责任已终止后才开始调查货物下落，在货物被 B 提走后两个多月才去提货，"提货不着"后也未及时申请检验人检验。A 没有正确履行合同义务，自身有权拒绝承担赔偿责任。

上海海事法院经审理查明如下。

A 与 B 于 2010 年 5 月 4 日签订了海上货物运输保险合同两份，约定：A 的保险标的物服装一批，保险金额计 55 万美元，险别为中国人民保险公司《海上货物运输保险条款》及《海上货物运输战争险条款》(1981 年 1 月 1 日)规定的一切险和战争险，保险费率按 1% 计共为 5500 美元；开航日期以提单为准，航程为上海至伦敦，责任起讫期间为"仓至仓"，自被保险货物运离保险单所载明的起运地仓库或储存处所开始运输时生效，包括正常运输过程中海上和驳船运输在内，直至货物到达保险单所载明目的地收货人的最后仓库或储存处所或被保险人用作分配、分派或非正常运输的其他储存处所为止；如未抵达上述仓库或储存处所，则以货物在最后卸载港全部卸离海轮后满 60 天为止。B 据此签发了保险单，A 按约定支付了保险费。

本案货物于 2010 年 7 月 15 日装船，D 船务有限公司(以下简称 D)作为承运人 E 公司(以下简称 E)的代理，为 A 签发了上海至伦敦的提单(Through Bill of Lading)。提单载明：托运人 A，收货人凭指示，通知人为 C。货物由上海直接运至英国伦敦。9 月 13 日，C 要求提货。E 看 C 是这两个单证上的收货人，便在未收回正本提单的情况下放货，C 清关后将货物提走。

贸易合同中约定付款方式是付款寄单(T/T at Sight；Paid Before Sending The Shipping Documents)，因见买方先支付了 10 万美元，迟迟不支付余款，A 于 11 月中旬，派人持正本提单至伦敦提货，现其尚持有本案货物的全套单证，包括正本提单、装箱单、商业发票。A提货不着就向B要求赔偿，B不同意，双方协商未果，A向上海海事法院提起诉讼。

根据中国人民保险公司《海上货物运输保险条款》的险种介绍，一切险在保险公司业务习惯上包括"偷窃、提货不着险"在内的11种普通附加险，"提货不着"指"整件提货不着"。A、B公司均认可上述情况，也提交了相关的证明。但无法认定B在订立保险合同时曾向A特别解释过"偷窃、提货不着险"；A提供的向中国银行上海市分行借款的合同书，也不能证明所借款项与本案损失的关系，不能认定为有效证据。据此，上海海事法院于2011年3月19日判决：B向A赔偿损失45万美元及利息；从A申请赔偿后60日起至判决生效日止的利息，按中国人民银行美元活期存款利率计算；案件受理费人民币3.2万元，由B负担2.7万元，A负担0.5万元。

B不服，向上海市高级人民法院提起上诉。理由是：在涉案保险单中，没有"偷窃、提货不着险"的文字表述，将"偷窃、提货不着险"认定为本案投保险种，没有事实根据。涉案货物损失发生在"仓至仓"保险责任期满后，自身不应承担赔偿责任。A未提供责任方关于提货不着的证明，根据规定不应理赔。更重要的是，A投保的一切险是指被保货物在运输途中由于外来原因所致的损失，不能包括承运人无单放货。据此，请求驳回A的诉讼请求。

A答辩称：B编制的《主要险种条款汇编》一书明确列示了一切险中包括"偷窃、提货不着险"在内的11种附加险。自身持有全程提单，是唯一合法的提货人，在目的港却提货不着，有权向B提出索赔。另外，"提货不着"不仅指由于自然灾害导致货物的损失或灭失，还应包括人为因素造成的损坏和灭失；"仓至仓"则表明保险责任应从启运仓库至合法收货人的仓库，在此期间自身提货不着，属于保险责任期间内的保险事故。B的上诉无理，应当驳回。

上海市高级人民法院审理后，除确认了一审认定的全部事实以外，还查明：根据B在《主要险种条款汇编》中的解释，一切险的责任范围除包括平安险和水渍险的各项责任外，确实还包括"偷窃、提货不着险"，但对E无单放货造成的提货不着，B不应承担赔偿责任。原判从字义上对"偷窃、提货不着险"做出的解释，不符合保险合同只对外来原因造成的风险给予赔偿的本意，不当地扩大了保险人的义务。B的上诉理由成立，予以采纳。原审判决不当，应予纠正。据此，上海市高级人民法院于2011年5月20日判决：①撤销第一审民事判决；②对A的诉讼请求不予支持；③二审案件受理费共计人民币6.6万元，均由A负担。

【评析】

本案可以确定的是：A和B签订的海上货物运输保险合同依法成立，对双方当事人均具有法律约束力。

上海海事法院据以下分析做出判决：如何理解海上货物运输保险中的"提货不着险"，是双方当事人争议的焦点。根据《中华人民共和国保险法》第 30 条规定："对于保险合同的条款，保险人与投保人、被保险人或者受益人有争议时，人民法院或者仲裁机关应当作有利于被保险人和受益人的解释。"A、B 在签订海上货物运输保险合同时，没有对"提货不着险"条款作过其他解释或附加其他条件。因此有理由认为，这是 B 向 A 承诺，只要被保险的货物"整件提货不着"，B 将承担责任。《中华人民共和国海商法》第 71 条规定："提单，是指用以证明海上货物运输合同和货物已经由承运人接收或者装船，以及承运人保证据以交付货物的单证。"即提单就是货物所有权的代表，是物权凭证。A 作为本案货物海运正本提单的持有人、海上货物运输保险合同的被保险人，持有提单却提货不着，保险公司理应承担赔偿责任。

所谓合法、安全地交货，是指向正本提单持有人交货。A 持有正本提单，即是收货人，可以控制货物的所有权。他既可以转让提单向贸易对方交货，也可以自提，都是合法的、正常的贸易做法。C 无正本提单而提走了货物，即使经过清关，也不能说明本案货物已安全运抵，未发生保险事故，保险人的"仓至仓"保险责任并未终止，A 有权向 B 索赔。而所谓出口信用保险，只适用于货物合法地交付给贸易买方而买方不付款，C 未提交正本提单，提货是不合法的，因此 A 遭受的损失，不在出口信用保险的承保范围内。

另外，货物交到船上，只是交给承运人，而不是交给买方，由于 A 持有正本提单，货物所有权仍然在 A 手中，不存在《民法通则》第 72 条关于"财产所有权自财产交付时起转移"的问题。B 辩称 A 对本案货物没有保险利益，是对法律的误解。而 E 在本案中是国际货运代理人，可以从事包括海运在内的多式联运，具有承运人资格，可签发提单。即使其未在中国合法注册，也不能据此否定其在民事活动中签发的提单作为物权凭证的效力，只是违反了行业管理和市场准入的行政管理规定。因此 B 的这一辩解，也不能成立。

还有，《中华人民共和国海商法》第 216 条第 2 款规定："前款所称保险事故，是指保险人与被保险人约定的任何海上事故，包括与海上航行有关的发生于内河或者陆上的事故。"由于本案海上货物运输保险合同约定的责任期间是"仓至仓"，对合同中关于"如未抵达上述仓库或储存处所，则以货物在最后卸载港全部卸离海轮后满 60 天为止"的约定，应当理解为货物到达伦敦并全部卸离运输工具。在此期间，A 无论是自提货物还是向买方交货，都不能认为没有及时提货。A 在 B 负责的"仓至仓"期间内提货不着，并向保险公司提交了索赔单据和涉案货物在伦敦报关的材料，已履行保险条款约定的由被保险人提交货损证明、提交单证等义务，B 应承担赔偿责任。

最后，就赔偿问题，《中华人民共和国海商法》第 237 条规定："发生保险事故造成损失后，保险人应当及时向被保险人支付保险赔偿。"《中华人民共和国保险法》第 25 条规定：

"保险人自收到赔偿或者给付保险金的请求和有关证明、资料之日起六十日内，对其赔偿或者给付保险金的金额不能确定的，应当根据已有证明和资料可以确定的最低数额先予支付；保险人最终确定赔偿或者给付保险金的数额后，应当支付相应的差额。" A 已收到的预付款 10 万元，应从损失总额即全额保险金中扣除。A 请求赔偿延迟赔付的利息损失，可据实际情况予以赔偿。

B 不服判决，向上海市高级人民法院上诉后，经审理，上海市高级人民法院首先肯定了上海海事法院的几个分析：一是根据 B 的《主要险种条款汇编》解释，A 投保的一切险应当包括"偷窃、提货不着险"。二是海上货物运输保险合同"仓至仓条款"规定，在此期间发生的保险事故，均属保险人承保范围。本案中，A 提货不着属于保险的责任范围。三是保险事故发生后，A 已证明保险事故客观存在，完成了举证责任。法律没有特别规定 A 必须提交责任方出具的证明才能索赔，B 的该项理由不成立。

但在重新查证与分析中，上海市高级人民法院发现上海海事法院在判决中明显忽略并弄错了一些问题，致使本案判决有不当之处。首先，"提货不着"虽然是本案海上货物运输保险合同中确定的风险，但并不是所有的提货不着都应当由 B 承担赔偿责任。前述分析中已肯定，海上货物运输保险合同中的风险，是指货物在运输过程中因自然和人为等外来原因造成的风险，但该风险应具备不可预见性和责任人不确定性的特征。本案是 E 无单放货，造成持有正本提单的 A 提货不着，不具有海上货物运输保险的风险特征，是确定的责任人不正确履行职责而发生的可以预见的事故，不属于保险合同约定承保的风险。其次，E 是 A 选定的承运人，在选定承运人时，A 有责任审查承运人及其代理人的资格和信誉。当 E 违约无单放货时，A 应当根据海洋货物运输合同的约定，向 E 追究违约责任。A 不去追究 E 的违约责任，使应承担无单放货违约责任的 E 免受追偿，却以"提货不着险"为由，起诉请求判令 B 赔偿，不仅不符合承运人应该根据提单交货的国际惯例，也混淆了海上货物运输合同与海上货物运输保险合同之间的法律关系与责任界定，不符合公平、正义的法律原则。据此，上海市高级人民法院做出了案例中公正的裁决。

(本案例改编自 http://www.exporteam.com)

案例 5-2 "保方理赔"还是"诉卖方欺诈"

【概要】

日本 A 公司向中国 B 公司销售生铁及钢材，用海运方式从日本神户运往我国厦门，由中国人民保险公司厦门分公司负责承保平安险附加短量险、偷窃提货不着险、战争险。轮船开航后不久即面临着极大的危险，船方立刻避难修船并宣布共同海损，后又无理要求保方赔偿并放弃向其索赔的权利。保方经调查发现以下几个问题：买卖合同的签订过程中明显有卖方欺诈的嫌疑；承运海轮在开航前已处于不适航状态；提交议付的清洁提单不实；而且船方拒绝合作。于是保方提出三个解决方案，在认真研究并与买方协商的基础上，协助买方向厦门海事法院起诉卖方以贸易合同欺诈，要求卖方赔偿买方损失，最终胜诉。

【案情】

2010 年 7 月 2 日，日本 A 公司向中国 B 公司销售一批生铁及钢材产品，用海轮"QL"号从日本神户运往我国厦门，其中由中国人民保险公司厦门分公司(以下简称"保方")负责承保，已签发了保单，保险金额为 9500 万美元，保险范围为平安险附加短量险、偷窃提货不着险、战争险。但该轮船刚刚开航后不到 48 个小时，船长就发现船壳板与骨架脱开，轮船面临着极大的危险，因此必须将其就近挂靠其他港口避难、修补，以避免更大的损失。当轮船在神户附近一港口避难的同时，据实际情况，船方修船并宣布共同海损。

2010 年 8 月上旬，保方从有关方面获得事故信息，经查证认为案情重大，立刻通过神户联络处委托律师处理此案，同时向买方了解买卖合同执行的全部情况，并收集相关资料。由于双方约定该合同项下的款项采用远期信用证的方式支付，而卖方又提交了全套经审核无误的装船单据，因此开证行在汇票上签字承兑之后，就必须如约支付此笔货款。正当此时，太平洋洋面上气候开始变坏，失去航行能力的"QL"号海轮漂泊于港外锚地的海面上，随时都有倾覆、沉船的可能，这将导致货物全损。无奈之下，保方紧急指示律师积极与船方联系，力求以较有利的条件使船方放货，并尽快组织货物转运，以便尽可能将货损降到最小的情况下，把货物运抵目的港。但是，船方一再坚持：保方必须赔偿其数额巨大的共同海损损失并放弃对其索赔的权利，否则拒不放货。在律师寻求合作的过程中，船方还采取事事不合作的态度，以致保方的努力毫无结果。在此情况下，保方不得不采取法律手段解决问题。在案情分析过程中，保方查证，发现了以下几项对己方有利的证据。

第一，"QL"号海轮 2010 年 5 月 27 日靠港，5 月 28 日开始装货，当时租船人的检验师立刻进行承租检验，检验结果以及发生该事故后的检验均证明该海轮开航前已处于不适航状态。第二，这批货物于 28 日开始装船，31 日装运完毕，当时船方出具的大副收据上曾明确批注"装船前所有货物均曾被水浸泡、出现锈蚀，捆带和卡箍存在不同程度断裂，船方对货物状况和质量概不负责"。这一批注由租船人保协检验师验货确认后，船长还多次传真通知租船人及其代理。第三，这批货物装船完毕后，租船人代理签发了第一份由租船人代理和托运人正式签章和背书的清洁提单，该提单通知方为中国外运，卸货港为厦门，上面贴有印度官方契税。第四，"QL"号 7 月 2 日起航当日，卖方将合同传给买方签署，合同中列示"表明'部分捆上有表面锈和风化锈'的提单是可接受的"条款。第五,"QL"号7月4日发生事故,7月6日进入避难港并宣布共同海损。7月7日租船人代理对该批货物签发了第二份清洁提单提交议付,该提单与第一份清洁提单明显不同之处是没有加贴印度官方契税,提单通知方则为 B 公司,卸货港为汕头。第六,卖方虽事前未向买方提供租船合约,但可从有关往来函件中确定,卖方是"QL"号海轮的期租人。第七,"QL"号的船东是一利比里亚籍单船公司,除了这一条船外别无其他资产,而卖方是一空头的贸易公司。

综上所述,本案有几个明显特点:第一,买卖合同的签订过程中明显有卖方欺诈的嫌疑;第二,承运海轮在开航前已处于不适航状态;第三,提交议付的清洁提单不实。

对此,保方提出了三种可能的处理方案。

第一个方案:鉴于"QL"号刚刚开航后不到48个小时,船长就发现船壳板与骨架脱开,轮船必须就近挂靠其他港口避难、修补;另外,"QL"号装货时租船人检验师的检验结果及发生事故后的检验均证明该海轮开航前已处于不适航状态,因此,可以凭船舶不适航为由拒赔。

第二个方案:同样,从收集到的"QL"号承租装船时和出险后的船检报告中可以证实,该海轮开航前已处于不适航状态,承运方应承担责任,根据《海牙规则》,作为船舶期租人的卖方也应负连带责任。因此,可以凭运输合同起诉承运方及卖方。

第三个方案:如前所述,大副收据上已列示"装船前所有货物均曾被水浸泡、出现锈蚀,捆带和卡箍存在不同程度断裂",表明货物状况是极差的,卖方事前对船货的不良状况应是了解的。但他不但提交品质恶劣的货物,而且指令租船代理前后签发了两套清洁提单,欺骗并损害了买方利益。因此,可以凭这些事实来起诉卖方合同欺诈。

经过仔细分析,保方认为,第三个方案更具有可行性。于是,保方努力与买方沟通,使其接受了保方建议,首先采取诉前保全措施,向法院申请止付令,保住了该笔货物的货款。随后,保方向买方(即被保险人)提供了已收集齐全的资料、证据,配合买方在法院止付令的有效期内,向厦门海事法院对卖方提起侵权诉讼,起诉卖方隐瞒货物的真实情况,诱使买方签订欺骗性合同后又提供与合同不符的货物,并且以内容不真实的提单提交议付,极大损害了买方的利益。要求法院据此确认该欺诈性贸易合同无效,所提交议付的提单无效,要求卖方退回货款(信用证),并赔偿买方所遭受的全部经济损失。厦门海事法院认真调查、取证、庭审后,判买方胜诉,判定本案所签贸易合同无效,被告(卖方)提交的海运提单无效;被告返还原告(买方)信用证项下货款9500万美元(退回信用证);赔偿原告利息损失、营业损失合计人民币20.3万元。

请分析保方提出的三个方案,为何最后使用第三个?

【评析】

第一个方案提出以船舶不适航为理由拒赔。从表面上看来，这一方案的事实依据及法律依据是极为明显的，既有海轮驶出港口后不久就要避难的事实，也有证明开船前已不适航的检验结果，按照订立保险合同的诚信原则，承运船舶的适航性是海上保险最重要的默示保证内容之一，保方拒赔似乎也理所当然。但若仔细考虑，我们就会发现，从保方承保的这批货物的实际情况出发，这一理由是很难站住脚的。因为海轮的不适航是船方知道、卖方知道，而买方并不知情的。作为投保人的买方，在投保时不知海轮不适航，在航行中更无法控制海轮，所以买方投保时并未违反告知和保证的诚信原则，保方自然也无法以此为由拒绝受理此案。保方若执意以此为由简单拒赔，理由显然并不充分，最终很有可能将自身卷入与买方之间保险合同纠纷的官司中去，结果则可能是以自身败诉终局，故而不考虑使用该方案。

第二个方案提出以运输合同起诉承运方。由于从各方面收集到的证据可以证实，该海轮开航前已处于不适航状态，承运方提供不适航船舶显然是不对的，根据《海牙规则》，作为船舶期租人的卖方应负连带责任。但是经过认真调查，保方却发现"QL"号的船东是一利比里亚籍单船公司，除了这一条船外别无其他资产，而卖方实际上只是一空头的贸易公司，两者都没有太多可供扣押的有价值的资产，而且船舶本身还有一些债务，如果采取这一方案，货方利益事实上得不到保全。再加上"QL"号本身不适航，其保赔协会一直未确认其保赔保险是否有效，如果想在别处申请扣押其保赔协会的其他船只，其保协未必会答应，风险非常大。同时，若采取该方案，开证行必须按事先承兑的远期信用证按时支付货款，对于保方来说，要付出大笔货款后再打一场旷日持久的官司，其经济损失必然增加，对自身是极不利的。而且，装货港、提单签发地都在日本，"QL"号目前也在日本港口避难，如起诉承运方，在该提单无管辖权条款的情况下必然适用日本法律，这对惯用本国法律的保方而言，显然又是一大不利之处，故而也不考虑使用该方案。

第三个方案提出以贸易合同起诉卖方欺诈。这一方案的理由是比较充分的：一是大副收据表明货物质量极差，卖方是货主，对此应是了如指掌的；二是"QL"号不适航，卖方是租船人，事前也应知晓；三是与买方签署的合同未列明货物的真实情况，带有明显欺诈嫌疑；四是船方虽曾要求在提单上加上经保协检验师确认的大副收据上的批注，但卖方利用其由期租合约取得的提单签发权指令租船代理前后签发了两套清洁提单，有伪造提单的嫌疑；五是第二套提单是船舶发生事故后于 7 月 7 日签发的，提单上没有加贴印度官方契税，已严重违反了"统一提单的国际公约"有关物权凭证的规定，损害了买方利益；六是卖方非常明显地存在合同欺诈和单证欺诈行为，但开证行尚未实际付款，可以诉合同无效、解除合同、终止付款并索赔保方经济损失；七是该合同中无管辖权条款，而最终签约地是厦门，如以合同纠纷起诉，保方可选择在我国起诉，应用我国法律解决问题。根据我国《民法》第 58 条第 3 款的规定："一方以欺诈、胁迫手段或者乘人之危，使对方在违背真实意思的情况下所为的行为，包括受欺诈一方开具信用证和支付货款的行为，都属于无效的民事行为"；根据我国《合同法》规定："采取欺诈或者胁迫手段订立的合同无效。"综上所述，保方如协同买方起诉卖方欺诈是有充分的事实依据和法律依据的，胜诉的可能性也较大。

根据上述分析我们不难看出，虽然三个方案都是基于一定事实依据和法律依据的基础上提出的，但显然第三个方案的依据更为扎实，关键是通过该方案受损可降到最低，获赔可得到最大。保方仔细分析后，也认定第三个方案更能解决实际问题，在与买方协商并得到同意后，协助买方向厦门海事法院诉卖方欺诈，后胜诉。

(本案例改编自 http://www.nwupl.edu.cn/jpkc/index.htm)

案例 6-1　未按信用证交货，货款得而复失案

【概要】

合同中规定允许分批装运，但信用证和信用证修改书均规定分三批平均装运。我方未答复信用证修改，按合同规定合计一批装运。议付时，议付行以单据与信用证修改书不符为由拒绝议付。后我方请议付行(中国银行)用跟证托收收款，但进口商不同意收单付款。在降价 15%后进口商同意收单付款，但托收行(中国银行)不愿向进口商递送修改后的单据，我方只得直接向进口商递单。开证行以单证不符为由，追回偿付行已经支付的货款，进口商又拒不提货，终因货物停留港口过长，遭港口当局拍卖，造成我方货款两空。

【案情】

2009 年初，我国某公司与巴基斯坦中间商签订一笔出口合同。合同规定交货期为 2、3、4 月，允许分批装运。2 月中，实买用户开出信用证承付该合同的货款，证上规定："最迟装运日期为 5 月 31 日，允许分三批平均装运。"证上还规定："如议付单据完整，并完全符合本信用证条款，议付行可按照约定办法向我外汇分行在纽约的××银行支取已议付的金额。"我方根据合同审证无误，鉴于货物已全部备妥，即按照信用证的数额办理托运手续。

3 月 10 日，中国银行转来信用证修改书，内容如下："修改为 2、3、4 月三批分月等量装运，每月不得超过总数的三分之一。"当时我方原经办人员因公出差，工作上发生脱节，

接办人不了解情况，留下该修改书未作处理。3 月 22 日货物如数整批装出，我方将全套单据送交当地中国银行。中行审单时发现单据与信用证修改书不符，不能议付。我方即致电中间商请其撤销修改书。27 日接国外复电如下："3 月 10 日的信用证修改书已经请实买用户取消但被拒绝，对该修改我方毫不知情。为解决你方困难，如货未装，切勿一批装运；如货已装，则你方可拒收 3 月 10 日的修改书，退还银行并声明不能接受，但必须依照原信用证条款制作三套等量的提单和其他单据。"

4 月 5 日我方按中间商建议将单据分成三套，但中行认为，货物没有分批装运，已经构成单证不符，只能用"跟证托收"方式向国外收取货款。于是我方填写"单证不符申请处理书"，请中行用"跟证托收"收款。

不久，货物到达目的港卡拉奇，实买用户不同意收单付款，经过不断协商，对方借口码头延迟费增加，要求降价 15%。我方经研究后，为避免进一步损失，同意客户降价要求，另制新发票和汇票送交中行，以代替原来的单据收款。但中行声称：货款已如数收到，结汇入账，无须再通过银行寄单。我方认为已对外同意降价，不应反悔，但中行仍不同意受理，并称既然货款收妥，银行的事务已结束，如我方坚持退款，可另用汇款方式将差额部分汇给买方，亦不必通过银行提供发票云云。双方各执己见，相持不下。我方只得将更正单据直接寄交中间商和实买用户，但无下文。

6 月 19 日中行转来开证行来电，要求受益人在 5 月 21 日前将价格修改后的单据寄来，否则退回全部单据。几天后，中行称："开证行已将单据退来，追回全部货款，并加收利息，按年利率 14%计算。此事因单证不符，只能由买卖双方直接洽商解决，与开证行和付款行无关。"虽然我方申称"跟证托收"货款支付后国外不应追索，但中行没有解释，即从我方账户中冲出全部结汇货款退还开证行。我方见货款无着落，实买用户又坚决不接受货物，就设法寻觅买主求售，但无人肯受，终因货物停留港口过长，遭港口当局拍卖，造成我方货款两空。

【评析】

本案例应从以下几个方面来分析。

(1) 在"跟证托收"方式下，银行付款后，能否追索？信用证是银行保证承担付款责任的一种凭证，在单证一致的前提下，开证行的付款(或偿付)方法有所不同。一般来说，凡是使用开证行所在地货币支付的信用证，开证行即为付款行，议付行索汇时，将有关单据径寄开证行，由开证行审单付款，此时开证行的付款是终局性的。如是使用第三国货币支付的信用证，开证行往往指定由另一家银行进行偿付。议付行向指定的偿付行索汇，而将单据寄给开证行。偿付行对议付行进行偿付，不能视为开证行的付款，当开证行收到单据发现与信用证条款不符而拒绝付款时，开证行仍可向议付行要求退款。本案例中，开证行是巴基斯坦银行，由于本笔交易是以美元为计价货币，所以开证行在信用证中指定了偿付行为纽约××银行，偿付行向议付行中国银行付款。后开证行审单时发现单证不符，随即将款项索回。这就是公司的货款得而复失的原因。

(2) 如何对待信用证修改书？信用证未经各有关方同意，不能修改也不能撤销。本案例中，受益人在3月10日收到开证行的修改通知书，直到4月5日才向议付行交单，在此期间，受益人未表明是否接受修改通知。《UCP600》明确规定，在受益人向通知修改的银行表示接受修改之前，原信用证的条款对受益人仍然有效。本案例中，受益人未向通知修改的银行发出接受修改的通知，此修改当属无效，即信用证未被修改。关于这一点，我方应向对方阐明。

(3) 关于我方是否违约的问题。本案例中，合同明确规定："交货期为2、3、4月，允许分批装运。"2月中旬我方收到实买用户开来的信用证，证中规定："最迟装运日期为5月31日，允许分三批平均装运。"我方于3月20日将货物合计一批装出，这种做法从买卖合同的角度看，我方不算违约，但从信用证方面看，我方的做法不符合信用证要求，因为信用证中规定了批次为三批，批量为等量。

(4) 本案例中我方受损的原因有哪些？本案中我方受损的原因主要如下。

第一，没有按信用证要求装运。当信用证中的装运条款与合同不完全相符时，应考虑如何处理。本例中，信用证比合同规定得更具体，我方可按信用证做，也可要求对方改证。

第二，我方不明确信用证修改的有关规定，误认为开证行提出修改通知后，我方未及时答复，即为默认信用证已修改。

第三，中方银行与企业配合协调不够。当买方提出降价15%时，银行若能更换单据，也不致造成货款两空的重大损失。

(本案例改编自洛阳理工学院进出口业务实训网络课程)

案例6-2 "D/P远期=D/A"造成拖欠案

【概要】

为了开拓新市场，深圳公司在未对进口商做资信调查的情况下，同意了沙特公司这样一家新客户提出的D/P30天的付款条件。深圳公司按时交货并向国内银行交单。货款到期时深圳公司没有收到付款，通过船公司查询，得知沙特公司已经提走了货物。而沙特代收银行称D/P远期在沙特一般作为D/A远期处理，代收行没有付款责任。沙特公司称货物销售不畅，资金占压严重，无法偿还货款。深圳公司经专业机构了解到沙特公司早已资不抵债，面临破产的边缘，深圳公司即使诉诸法律也无法得到相应赔偿。

【案情】

2008 年 6 月，深圳某公司与沙特某公司开始业务接洽，沙特公司欲购买深圳公司的电子产品。双方经过商讨，达成购买金额为 20 万美元电子产品的意向。沙特公司一再强调该产品在当地有良好的市场前景，称这只是个开始，今后他们的合作会向独家经销的方向发展。由于深圳公司急需开拓新市场，同意了沙特公司这样一家新客户提出的 D/P30 天的付款条件，也没有引起足够的警惕，只是简单地从沙特公司提供的非常漂亮的公司介绍中了解了一下客户的表面情况，而并没有进一步调查沙特公司的信用状况。

双方签约后，深圳公司立即组织生产，并按时交货。2008 年 8 月，深圳公司向国内银行交单。在货款到期日，深圳公司没有收到付款，立即通过船公司查询，得知沙特公司已经提走了货物。深圳公司随即向沙特公司发函要求付款，同时通过国内银行致电沙特代收银行，要求收货人按时付款。沙特代收银行回电称：D/P 远期在沙特一般作为 D/A 处理，他们没有付款责任，只能尽力劝服沙特公司付款。沙特公司则回电称：目前货物销售不畅，资金占压严重，暂时无法偿还货款。双方交涉近三个月，深圳公司为此专门派人赶赴沙特催讨，但始终无法拿回欠款，只是拿到一张将于 2009 年 6 月付清全款的付款时间表。但是，沙特公司再次失信，根本没有履行该还款协议。

深圳公司由于资金无法流动，经营举步维艰。经过反复考虑，公司决定将此案委托给国内一家在国家工商局注册的大型专业机构处理。专业机构受理后，决定先了解沙特公司的经营状况，再采取相应的追讨措施。经过深入调查，信用资料表明该公司的大部分资产早已抵押给沙特的一家商业银行，其主要股东由于该公司的经营问题已部分撤资，沙特公司早在一年前就已资不抵债，面临破产的边缘。深圳公司现在即使诉诸法律，也因沙特公司的资产早已抵押给银行而无法得到相应赔偿。专业机构非常遗憾地退出了这个案例。

【评析】

本案例应从以下几个方面来分析。

(1) 初次与新客户打交道，应尽可能多地了解其各方面的资信情况。深圳公司在不了解对方详细经营状况的情况下贸然签约，这是十分被动的。

(2) 与新客户首次交易就仅凭市场、利润价值而与之采用赊销结算方式是相当危险的。正确的做法是委托专业资信机构对新客户进行资信分析，核定其信用额度。

(3) 中东和亚洲的一些国家的法律规定, D/P 远期一律视为 D/A。虽然按照国际惯例规定, D/P 项下, 进口国代收银行具有保管单据和到期收款的责任, 但一旦国际惯例与当地法规产生冲突, 从实践经验来讲, 一般是国际惯例服从当地具体法律规定或银行约定俗成的习惯做法, 此点必须引起注意。本案的拖欠原因之一就是深圳公司对各国结算习惯的掌握不足。

以上三点给出口商造成了严重损失, 其教训值得深思。

(本案例改编自 http://bbs.fobshanghai.com)

案例 7-1 商检条款签订不当导致的索赔案

【概要】

我国某公司与德国签订一笔出口半漂布的合同。合同品质规定含糊不清, 且与我国家标准完全不符, 导致我半漂布出口后就遭到德方索赔。德方有关人员也承认, 这个合同的品质要求实际上是做不到的, 但是既然已经签订了合同, 就要赔偿。最终, 我方向德方理赔了相当金额后才了结此案。

【案情】

2008 年我国某公司与德国签订一笔出口半漂布的合同。根据中德贸易协定规定, 凡我从对方进口货物, 均按德方标准进行验收, 我出口到对方的货物则按我国家标准进行验收。但是这批出口半漂布合同的品质条款规定"交货品质为一等品", 未说明一等品的含义。合同还规定:"每一百米允许十个疵点, 每个疵点让码 10 公分。"同时, 还列出了近 20 个疵点的名称。由于合同品质规定实际是要求我方供应"0 分布", 这与我国家标准完全不符, 我半漂布出口后就遭到德方索赔, 德方对我 500 多万米出口半漂布几乎都判为二等品和等外品。德方有关人员也承认, 这个合同的品质要求实际上是做不到的, 但是既然已经签订了合同, 就要赔偿。最终, 我方向德方理赔了相当金额后才了结此案。

【评析】

本案例因合同品质、检验条款签订不当, 造成我方重大经济损失。主要体现在以下两个方面。

(1) 合同签订者未按当时中德贸易协定办理。中德贸易协定是双方政府签订的文件，对中德贸易双方都有约束力。该协定规定，凡从德国进口商品，按德国标准检验，德国应按我国标准检验我出口商品。但是合同签订者完全未按协定执行，而另外订了一套品质规格和检验标准，从而使可以避免的损失发生了。

(2) 合同的签订者不懂商品的业务技术。每一种进出口商品都有其特定的业务技术与商品知识，在签订合同品质与检验条款时必然要用到这些知识，否则就是将主动权完全交给了对手。以这个合同为例，规定交货品质为"一等品"，但却不明确"一等品"是什么概念；更为错误的是，还规定每个疵点无偿让码 10 公分，等于是要求我方提供没有任何疵点的"0 分布"，这在任何国家的标准中都是不可能规定的。事实上，我国家标准规定每 30 米可以允许 10 分疵点，有的疵点几个才评 1 分，有的则一个疵点评几分，工厂是按这个标准组织生产与检验的。然而此合同却完全脱离了我国家标准，听任对方提条件，显示出我方签订合同的人员不懂该商品的业务技术。就连对方在进行索赔谈判时也承认合同订得不合理，但强调合同既然定了，就要执行。

(本案例改编自 http://www.guomaoren.com)

案例 7-2　因船公司舱位拥挤导致货物迟装案

【概要】

我国一家公司向国外出口盐渍萝卜，采用 CIF 价格成交，信用证方式结算。对方按时开来信用证，中方也按期租好船舶准备装运。但中方按规定时间将货物运抵目的港后，却被船公司告知预订的班轮因满载而无法装货。出口商只好等下一班轮船，但下一班轮船却因故延迟到港时间，从而导致货物无法按时装运。出口商因此遭索赔并被迫改为跟单托收方式收取货款。班轮的延误还导致信用证过期，出口商此时请开证申请人改证也遭拒绝，在这种情况下，只好向承运人提出索赔。

【案情】

2009 年 4 月，我国一家公司与国外一进口商签订了一笔 160 吨盐渍萝卜的出口合同。合同规定，交货时间为当年的 6 月底之前，CIF 对方港口，结算方式为即期信用证。合同签订后，对方在 4 月底通过当地银行开来了信用证，中方审证无误后即开始备货，同时委托外运公司向船公司办理了订舱手续。船公司在审核后签发了装货单，要求出口公司在 6 月

20 日将货物装上××轮。

6 月中旬，出口公司按规定的时间将货物运至港口，并办好了所有的出口手续。6 月 19 日，××轮按预计时间停靠装运港。中方即联系装运事宜，但船方通知托运人，因为该船目前已经满载，不能再接货，请托运人联系下一班预计 28 号停靠该港的另一货轮。出口公司接外运的通知后考虑到下一班轮的停靠时间仍然在合同与信用证规定的期限内，便表示同意，也未要求对信用证作展证处理。

6 月 26 日，出口公司接外运的通知，告知 28 日的班轮因机械故障可能要延期一个星期才能抵达装运港。在此情况下，出口公司紧急联系国外进口商，说明船舶的情况，请对方同意延期交货并展延信用证。但这一请求在当天就遭对方回电拒绝。对方声称坚决不同意延期交货，如果中方不能按时交货，将考虑拒收并向中方提出索赔。

转眼间已经进入了 7 月，中方不能按期交货已成事实。由于中方已经不可能拿到 6 月份交货的提单，因此信用证事实上已经作废。而此时中方货物已经全部备妥，中方处于十分被动的境地。7 月初，经中方与买方多次协商，将货价下调了 10%之后，对方才同意按照跟单托收方式接单付款。

货物合同履行完毕后，出口公司开始向船公司提出索赔，指出由于船公司的责任造成了自己交货延迟并被进口商索赔。迟装是由于船公司签发了装货单又未能按照自己的承诺承载货物。船公司对自己的失误也明确承认，并表示愿给予一定的补偿。最后双方经过协商，决定船公司以减免运费的方式补偿出口商。

【评析】

在此案例中，出口公司未能按时发货，不仅失去了信用证的保护，同时也构成了对进口商的违约，因此必然会遭到进口商的索赔。但是，本案例中的违约是由于船公司未按约定提供载货船舶所致，因此最终责任是在船公司。所以在本案例中，出口公司一方面要向进口商承担违约责任，但同时也能够依法向承运人追偿，以弥补自身的损失。

在分析本案例时，必须正确认识船公司签发的"装货单"的法律意义。装货单是船公司签发给托运人的一种凭证，船公司发给托运人凭以向船上装货，实际上就是通知托运人在规定时间将指定货物装上某一船舶的通知。装货单是承运人通知托运人从什么时间开始接管货物的一个承诺，这个通知在实际业务中具有非常重要的法律意义，它是托运人和承运人之间运输合同具体实施的前提。承运人通过装货单向托运人做出何时接管货物的明确约定，这完全相当于法律上的一项要约，对承运人具有约束力。这项要约对托运人非常重要，它直接关系到承运人能否在运输合同规定的时间内将指定货物运往指定地区，也关系到托运人(出口商)能否在合同规定的时间内交货，而能否将货物在规定时间内装出决定着出口商是否对进口商违约。所以，随便取消或更改这项要约会给托运人造成重大影响。

本案例中，出口公司对紧急情况的出现估计不足，采取的应对措施也不尽合理。出现了第一次船舶满载导致无法装船的事故之后，出口商将下一船期订在月底的 28 号，同时又没有展延信用证，这是非常冒险的做法。万一这一班次再出现延期等问题(海运业务中这也是常见的)，卖方将会非常被动，既会导致信用证因迟装而作废，同时对方还会因此向出口商索赔。如果考虑周全，应该预见到可能发生的这些意外，在积极洽装的同时请求开证人延展信用证中的装船日期和有效期。如果能取得进口商的同意，这将是最安全、最理想的处理方式。

(本案例原载梁树新编著. 国际贸易实务案例评析. 山东大学出版社，2007)

案例 8-1　缅甸樱桃木进口合同争议仲裁案

【概要】

我国 A 公司向缅甸 B 公司购买 1 万立方米缅甸樱桃木。A 公司付款后，B 公司未交货，并仅退还部分货款；此时，A 公司又与国内 C 公司签订了转售合同。因此，A 公司要求 B 公司退还货款、偿付利息利润及向 C 公司支付违约金，并向中国国际经济贸易仲裁委员会深圳分会(下称深圳分会)提请仲裁。深圳分会依据相应合同及各项相关法律，在 B 公司缺席的情况下进行了审理，裁定：B 公司应退还 A 公司货款、偿付利息利润，但不应向 C 公司支付违约金。

【案情】

我国 A 公司向缅甸 B 公司购入缅甸樱桃木 1 万立方米，2010 年 1 月 28 日，A 公司与 B 公司在我国福州签订了"关于购销缅甸樱桃木的合同"，合同标的物为缅甸樱桃木 1 万立方米，合同总金额为 600 万美元，装运港为缅甸仰光港，目的港为我国福州港，装运期在 2010 年 3 月 1 日前。就有可能产生的争议，合同还预先做出了两项规定：第一，任何因本合同而发生的或与本合同有关的争议，均应提交中国国际经济贸易仲裁委员会，并按其仲裁规则进行仲裁。仲裁地点在中国深圳。仲裁裁决是终局的，对双方均有约束力。第二，本合同的签订地，或发生争议时货物所在地在中华人民共和国境内或被诉人为中国法人的适用中华人民共和国法律，除此规定外，适用《联合国国际货物销售合同公约》。

在实际履行合同过程中，我国 A 公司按合同要求已付清全部货款之后，缅甸 B 公司却以各种理由拒不交货。后经协商，缅甸 B 公司仅退还部分货款。无奈之下，我国 A 公司根据合同中的仲裁条款，向中国国际经济贸易仲裁委员会深圳分会提请仲裁。我国 A 公司诉称：2010 年 3 月 24 日，缅甸 B 公司将商业发票、装箱单、提货单等规定单据 1 套寄交我方，我方即根据中国工商银行福州支行的进口付款通知书于 4 月 2 日予以承兑，总金额为 600 万美元。后因我方未收到该合同项下的货物，要求 B 公司退款，B 公司于 2010 年 4 月 15 日退还 450 万美元，剩余货款 150 万美元至今未予返还。此外，我方还从 2010 年 4 月 10 日起，一直为该笔款项支付银行信用证垫款利息至今。同时，我方基于对缅甸 B 公司的信任，将全部货款如数支付之后，立即与国内 C 公司订立了以该批货物为标的的购销合同，该合同规定每立方米的缅甸樱桃木的销售价为 5100 元人民币，以当时中国银行外汇牌价计算，A 公司进口该批缅甸樱桃木的成本价约为每立方米 5022 元人民币。依此计算，A 公司损失了 78×1 万=78 万元人民币，折合约 93 190 美元，如果合同正常履行，这本是 A 公司合理的利益收入。而且 A 公司还因无法履行该合同规定的供货义务，向 C 公司支付了 60 000 美元的违约金。预期利益与违约金之和为 153 190 美元。

对于 B 公司的行为，我国 A 公司明确要求：①B 公司应退还剩余货款 150 万美元，该笔资金的银行信用证垫款利息及相应费用 216 314 美元，本息合计 1 716 314 美元；同时由于 B 公司未能供货，导致 A 公司无法向 C 公司交货而支付的违约金 60 000 美元，以及 93 190 美元的预期利益，也应由 B 公司一并承担。上述各项总计 1 869 504 美元。②应由 B 公司支付本次仲裁的全部仲裁费。

对此，B 公司未做出任何回应，也没有进行答辩。

中国国际经济贸易仲裁委员会深圳分会(下称深圳分会)根据 A 公司提交的仲裁申请书，以及 A、B 公司之前签订的"关于购销缅甸樱桃木的合同"中的仲裁条款，按照中华人民共和国仲裁法和中国国际经济贸易仲裁委员会仲裁规则(1998 年 5 月 10 日施行文本，下称仲裁规则)规定，于 2010 年 11 月 11 日受理了双方当事人关于上述合同的争议纠纷案件。

在准备审理期间，A 公司按规定指定了仲裁员。而 B 公司未在规定的 20 天内指定或委托指定仲裁员，于是由中国国际经济贸易仲裁委员会主任指定了仲裁员及首席仲裁员。以上三名仲裁员于 2011 年 2 月 15 日组成仲裁庭。2011 年 3 月 10 日，仲裁庭在深圳开庭审理。A 公司的代理人出席了庭审，B 公司没有出席，仲裁庭按规定进行了缺席审理。庭后，深圳分会秘书处依仲裁规则的规定，将有关仲裁程序的一切文书、通知、材料和 A 公司提交的所有材料一并邮寄给 B 公司，B 公司仍没有做出任何回应。

2011 年 5 月 24 日，仲裁庭对本案做出书面裁决如下：①自本裁决做出之日起 40 天内，B 公司应向 A 公司支付尚欠的已付货款 150 万美元、银行信用证垫款利息及相应费用 216 314 美元，并赔偿 A 公司的利益损失中的预期利润 93 190 美元，合计为 1 809 504 美元。②驳回 A 公司要求赔偿违约金的请求。③本案仲裁费用全部由 B 公司承担。④上述裁决中要求

B公司支付的所有款项，B公司如逾期支付，按年利率8%计付利息。本裁决为终局裁决。

试分析中国国际经济贸易仲裁委员会深圳分会做出如上仲裁裁决的原因。

【评析】

中国国际经济贸易仲裁委员会深圳分会受理该案件是以下列几个法律文件为基础的：一是中华人民共和国仲裁法；二是中国国际经济贸易仲裁委员会仲裁规则(1998年5月10日)；三是A、B公司签订的"关于购销缅甸樱桃木的合同"中的仲裁条款；四是A公司提交的仲裁申请书。就此案件，深圳分会具体考虑了如下问题。

1) 关于法律适用

本案中合同的签订地点在中国福州。按照合同在订立时就已做出的规定：第一，任何因本合同而发生的或与本合同有关的争议，均应提交中国国际经济贸易仲裁委员会，并按其仲裁规则进行仲裁。仲裁地点在中国深圳。仲裁裁决是终局的，对双方均有约束力。第二，本合同的签订地、或发生争议时货物所在地在中华人民共和国境内或被诉人为中国法人的适用中华人民共和国法律，除此规定外，适用《联合国国际货物销售合同公约》。我们可以明确：本争议案件的仲裁地点应在中国深圳，适用中华人民共和国法律，仲裁裁决是终局的。

2) 关于B公司所欠剩余货款及银行信用证垫款利息

经仲裁庭查实，2010年1月28日，中国A公司与缅甸B公司签订了本案的争议合同。2010年3月7日，中国工商银行在A公司的申请下，开出了以B公司为受益人、总金额为600万美元的信用证，编号为LC45112481011。2010年3月26日，B公司开出一张金额为600万美元的商业发票，编号为PH7-70524。2010年4月1日，中国工商银行福州支行向A公司发出"进口付款通知书"，并随附有关单据(包括提单、装箱单、品质证书、重量证书等)，要求A公司审核。A公司审核无误后，于2010年4月2日，根据该进口付款通知书，对编号为LC45112481011信用证下的600万美元予以承兑。但此后A公司一直未得到B公司的提货通知，经交涉，确认B公司无法交货，于是要求B公司退回货款并由申请人在台湾的客户D公司代收。2010年4月17日，B公司根据A公司的指示将350万美元汇给D公司。

仲裁庭认为，B公司没有向A公司履行交货义务，已违反了双方签订的"关于购销缅甸樱桃木的合同"，应将A公司已支付的600万美元全部返还。证据表明，B公司已偿还350万美元，尚欠款150万美元，同时其认为银行费用、利息、政府税务应由A公司承担而不返还，但是未说明理由，这也不妥当。B公司还应承担因其拖欠该笔资金而产生的银行信用证垫款利息。中国工商银行福州市分行××支行出具的证明表明，A公司在该支行确有信用证垫款及各项相关费用合计 216 314 美元(信用证号为 45112481011)。根据上述证据，对于 A 公司要求 B 公司偿还上述款项合计 1 716 314 美元的请求，仲裁庭予以支持。

3) 关于因合同产生的合理利润及 A 公司应向 C 公司支付的违约金

A 公司认为，由于其一直未收到 B 公司提供的合同项下的货物，使其未能实现与 C 公司订立合同的预期利益，总计人民币 78 万元，以当时中国银行外汇牌价折算为 93 190 美元。经确认，2010 年 9 月 10 日，A 公司曾在给其律师的函件中明示过该价格，B 公司对此未进行答辩，也未对 A 公司提出的价格有异议。仲裁庭认为 A 公司明示的价格较合理，A 公司要求 B 公司赔偿 93 190 美元预期利益的主张应得到支持。但是，A 公司称其因无法履行国内购销合同而向 C 公司支付的 60 000 美元违约赔偿金，则不应由 B 公司承担。因为经查实，在 A、C 签订国内购销合同之前，A 公司已得知 B 公司不能交货，且 B 公司已汇出 350 万美元给台湾 D 公司。这就意味着，A 公司是在明知对方无法交货并收到部分退还货款的情况下，仍然与下家签订转售合同，明显违反了减轻损失的义务，产生的违约赔偿金理应由 A 公司自行承担。据此，A 公司所称的合理利润 93 190 美元 B 公司应予赔偿，但 A 公司向 C 公司支付的违约金 B 公司不应赔偿。

综上所述，仲裁庭对 B 公司的违约认定及赔偿做出了如案情介绍中的裁决。

(本案例改编自 http://www.exportteam.com)

案例 8-2 关于"购销钢材"争议案

【概要】

中国 A 公司向马来西亚 B 公司销售一批钢材，在中国北京签订了"关于购销钢材的合同"。在履行合同的过程中，双方发生争议。A 公司以 B 公司未如期付清货款为由，请求裁决被申请人付清货款及其利息。B 公司以对方违约及双方签订的是代售合同为由，拟不支付余款和利息。仲裁庭经庭审裁决，对申请人提出的有关偿还货款本息的请求予以支持，并由 B 公司支付仲裁费。

【案情】

2010 年 4 月 14 日，中国 A 公司向马来西亚 B 公司销售一批钢材，在中国北京签订了"关于购销钢材的合同"。双方在合同中约定：买方向卖方购进数种规格不同的钢材共 15 000 吨，单价为 300 美元/吨 CFR 马来西亚吉隆坡，合同总价为 450 万美元；付款条件为买方开出 45 天远期信用证付款；货物装运期限为 2010 年 5 月，由 SGS 进行商检；一切因执行本合同或与本合同有关的争议，应提交中国国际经济贸易仲裁委员会深圳分会，按其仲裁规则进行仲裁。仲裁为终局性裁决，对双方均有约束力。双方还在合同中就货物的包装、装运条件、保险等作了相应约定。

在履行合同时，A 公司依合同规定将货物按期付运，并将有关单据直接交给 B 公司。单据上对原来的付款方式做出了更正，由合同约定的信用证付款方式改为了 T/T45 天付款。B 公司收到全套正本单据后，没有对改变的付款方式提出异议，且收货后付了部分货款，余款却一直未付。为此双方发生争议。A 公司现以 B 公司未如期付清货款为由提请仲裁，请求裁决 B 公司付清货款及利息，承担本次仲裁的所有费用，并陈述理由如下。

(1) 由于合同订明货物应于 2010 年 5 月装运，时间紧急，为避免耽误货物装运，A 公司同意免除 B 公司需开出信用证的条款，接受 B 公司货物运抵后 45 天内支付货款的承诺。A 公司后于 2010 年 6 月如期将 15 000 吨钢材、合同所列一切有关单据包括装船的清洁提单等一并交予 B 公司。B 公司收到上述单据及货物后，没有履行清付货款的责任，在 A 公司的多次催促下，后仅支付 350 万美元，余款一直未有清还，使 A 公司受到严重的经济损失。

(2) 合同中原先有协议：B 公司应先开信用证给 A 公司，A 公司再开信用证到 A 的售货方香港 C 公司。后因时间紧急，A 公司应 B 公司要求先开出信用证给 C 公司，并要求货到后 45 天内 B 公司付款，B 公司对此无异议。但后来，B 公司却因未能履行合同的付款条件，反而称 A 公司违反合同擅自更改付款条件，B 公司有权取消合同。这一做法与其之前的"无异议"相违背。

(3) 在双方来往的函件中，A 公司一直在追讨 B 公司所欠货款，而 B 公司除曾要求延期付款外，并无任何异议，并在来函中确认了其所需偿付的剩余款项。B 公司收到合同项下的全套正本单据中并没有提到任何代售货物之安排，B 公司也未对何时安排代售及代售条件如何提出任何条件。因此，B 公司声称只有代售 A 公司交付之货物的义务毫无事实根据。

(4) A 公司与 B 公司签订合同后，是买卖双方的合约关系，至于 B 公司与其他人的合同关系和纠纷与本案全无关联。A 公司只要依照合同交付货物给 B 公司，B 公司就应当依约依法清付货款，完全没有任何文件证据否认或否定必须偿付所欠剩余款项的责任。

(5) B 公司应在偿还剩余货款的同时，将所欠货款利息按年息 15% 计。对此，B 公司一直以来并无异议。再者，由于 B 公司未能按时付货款，影响 A 公司的资金周转，A 公司向银行借贷的利息也应由 B 公司酌情偿付。

B 公司对此显然不服，遂向仲裁庭答辩，要点如下。

(1) 根据合同规定，B 公司开出信用证具备两个条件：收到 A 公司预计装船日期和装船数量的通知后以及在装运前 20 天。但 A 公司没有依约发出关于预计装船日期及装船数量的通知，且合同规定交货期为 5 月份，在这种情况下，B 公司无法确定装船期，也就无法确定开证日期,当然也不可能根据合同规定开出信用证。事实上,开立信用证是合同内容的一项重要规定,也是买卖双方履约和保障的基础。由于 A 公司违约在先,B 公司无法也不可能开出信用证,两者之间的买卖合同关系应已终止。

(2) 四、五月份开始,由于该批货物市场行情急剧下跌,A 公司本着转移市场风险的目的,于 2010 年 5 月 15 日强行发货,并提交了单据。考虑到今后的合作,B 公司在货到后,以代售人的身份安排提货,并合理代售货物。但国内用户一直拖欠货款,导致 B 公司无法汇付代售货款,而作为代售人的主要义务是代为或协助催收货款。在这方面,B 公司已做出各种努力向国内用户催收货款,包括采取各种法律途径,目前,有关案件还在重审之中。因此,B 公司不能及时收回代售的货款,而且自身财务状况恶化,也没有能力向 A 公司垫付代售货款。

(3) A 公司的仲裁请求缺乏事实和法律依据:一是 A、B 是代售货物的关系,B 公司的主要责任是代为或协助催收货款,而不是支付或赔偿货款,A 公司要求 B 公司赔偿货款缺乏合法依据;二是 A、B 在代售货物关系中,对付款条件和付款期限没有明确约定,A 公司要求计算利息不对,要求年息 15% 更是有悖国际惯例的;三是 A 公司在没有任何约定的情况下强行发货,双方对付款条件和价格未明确约定,根据国际惯例,货物价格应按货到时的实际市场价格来确定。

中国国际经济贸易仲裁委员会深圳分会根据 A、B 公司 2010 年 4 月 14 日在中国北京签订的"关于购销钢材的合同"中的仲裁条款和申请人提出的仲裁申请,以及中国国际经济贸易仲裁委员会仲裁规则(1998 年版),于 2011 年 4 月 1 日受理该争议案件。依照仲裁规则的规定,双方选定了仲裁员,并共同选定了首席仲裁员组成仲裁庭审理本案。

经调查、审理,裁决如下:①B 公司应自本裁决做出之日起 30 日内向 A 公司支付拖欠的货款及利息;利息自 2010 年 6 月 16 日起按年利率 10% 计至被申请人实际支付之日止。②本案仲裁费用由 B 公司承担。本裁决为终局裁决。

试分析仲裁庭的意见。

【评析】

中国国际经济贸易仲裁委员会深圳分会在考虑相应法律法规及本争议案件合同、A 公司的仲裁申请的基础上,分析了下列内容做出的裁决。

1) 法律适用及合同效力

双方当事人在本案合同中未约定适用的法律,在仲裁过程中也未选择适用的法律。但因本案合同的签订地是中国北京,合同中又约定当合同产生争议时,应提交中国国际经济贸易仲裁委员会深圳分会裁决。根据最密切联系原则,仲裁庭认为本案合同应适用中华人民共和国法律。同时，根据《中华人民共和国合同法》的有关规定，本案合同经双方当事人协商一致、自愿签订，合同有效，对双方当事人均有约束力。

2)　本案合同的履行情况

A 公司按合同规定的装运期，于 2010 年 5 月将合同项下的货物交付装运，并将合同约定的有关发票、装箱单、提单、包装证明书、SGS 货物合格证明书及产地证明书直接交给了 B 公司。B 公司对此曾书面确认，并认可已改动的付款方式，即由合同约定的信用证付款改为 T/T45 天付款。但收货后，B 公司并未按时付款，在 A 公司数次催促下，于 2010 年 6 月 15 日向 A 公司付款 350 万美元，且回函称"感谢贵公司给予的支持和理解，使我公司能够全心追讨货款！近几年，国内经济形势不好，钢材市场低迷，使我公司资金周转碰到困难，暂难以偿付所欠剩余款项，我公司将尽量争取在 2011 年度将款项分期分批偿还贵公司。"可见，B 公司对拖欠货款的事实并不否认，并表示将尽快还清。

3)　关于本案合同是否终止以及 B 公司是否为代售人的问题

A 公司直接交给 B 公司的单证中，已更改了原合同约定的信用证付款方式，改为 T/T45 天付款，B 公司在签收单证、接受货物及支付部分货款等过程中，均未提出任何异议，双方在该合同项下的交易也一直顺利进行。由此，仲裁庭认为，A 公司对付款方式的更改是对原合同的修改，B 公司是认可的，并履行了部分合同中规定的义务，所以，B 公司称双方合同已终止的说法没有事实依据和充足理由。而且，B 公司也不能提供任何证据证明双方订立了有关代售协议，因此，B 公司称双方之间的关系是一种代售关系的说法也不能成立。

4)　违约责任的认定

仲裁庭在审理过程中认定的事实表明，A 公司已完全依照合同履行了交货义务，B 公司则出尔反尔，至今仍拖欠部分货款，明显已构成违约，依照《中华人民共和国涉外经济合同法》第 18 条的规定，B 公司理应承担违约赔偿责任，因此，B 公司应向 A 公司支付拖欠的剩余货款及相应利息。因 B 公司未及时支付货款，从其 2010 年 6 月 15 日付出第一笔货款开始，全部未付货款已产生一部分利息，因此，对于尚欠货款 150 万美元的利息应自 2010 年 6 月 16 日起计至被申请人实际支付之日止。另外，A 公司提出年利率为 15%不符合国际惯例，根据惯例及实际情况，裁定为年利率为 10%。

5)　关于仲裁费用的承担问题

根据中国国际经济贸易仲裁委员会仲裁规则及国际通行惯例，本案仲裁费用全部由 B 公司承担。

（本案例改编自 http://www.exporteam.com）

案例 9-1　国际货物买卖中双方的履约先后问题

【概要】

中国 A 公司与荷兰 B 公司按 FOB 天津成交，支付方式为买方在装船期前 15 日内开出信用证。验货后 B 公司认为结果不符合合同标准，一直未开信用证。A 公司曾再次请求 B 公司验货，但 B 公司以所剩时间来不及安排装船为由，宣布解除其合同项下的义务。A 公司向 B 公司提出索赔，并宣告合同解除。仲裁结果是 B 公司应当偿付因其根本违约而给 A 公司造成的合理损失，但驳回了 A 公司的其他仲裁请求。

【案情】

申请人中国 A 公司与被申请人荷兰 B 公司于某年 3 月 23 日签订了花生仁买卖合同。合同规定，按 FOB 天津成交，支付方式为由买方在装船期前 15 日内开出可转让信用证，装运期为当年 4 月到 5 月。

申请人诉称：合同签订后，申请人按合同规定积极备货，并积极与被申请人共同看货，以便被申请人及早开出信用证，但被申请人始终没有开证。直至当年 5 月 31 日，被申请人以所剩时间来不及安排装船为由，宣布解除其合同项下的义务，但申请人仍然希望被申请人能履行合同，并一直同被申请人联系。6 月 13 日双方谈判破裂，6 月 16 日申请人向被申请人提出索赔，并宣告合同解除。申请人因被申请人没有开立信用证，将花生仁榨成油后变卖，造成很大损失，因此被申请人应赔偿申请人全部利润损失和其他损失。

被申请人辩称：该合同签订后，被申请人一再催促申请人应在合同规定的装运期之前备妥货，以便双方验货后由被申请人开证。虽然申请人与被申请人共同验货，但是，由于验货结果不符合合同标准，直至 5 月 30 日申请人曾再次请求被申请人验货。

这一事实证明，被申请人在与申请人的长期贸易关系中，已确立被申请人开证时间应为双方共同验货合格后的合理时间这一惯例。双方在合同订立时均有明确表示，并作为双方长期合作的惯例，一直被双方作为默示条件而遵照执行。因此，被申请人没有开证完全是由于申请人没有备妥合同所规定的货物所致，被申请人并没有违约。

仲裁结果如下。

(1) 被申请人应当偿付因其根本违约而给申请人造成的合理损失 52 200 美元。

(2) 申请人的其他仲裁请求予以驳回。

【评析】

本案例应从以下两个方面来分析。

(1) 当事人之间的习惯操作不能对抗合同的明文规定。在本案例合同项下，对被申请人没有开出信用证这一事实，申请人和被申请人均无争议，双方争议在于：申请人认为在FOB合同项下，申请人(卖方)只有义务在货物上船时保证所交货物的质量、规格符合合同的规定，没有义务在对方未开证、未派船的情况下履行上述义务。因此，被申请人没有开信用证属严重违约。被申请人则认为，被申请人在与申请人长期贸易关系中已确立，被申请人开证时间应以双方共同验货合格后的合理时间这一惯例。双方在合同订立时均有明确表示，并作为双方长期合作的惯例，一直被双方默示而遵照执行。因此，被申请人没有开证完全是由于申请人没有备妥合同所规定的货物所致，被申请人并没有构成违约。

合同所规定的价格条款是FOB天津，合同中没有关于被申请人开证时间应为双方共同验货合格后的合理时间的约定，相反却明文规定买方应当在装运期15天之前开出信用证。无论双方在长期合作中是否有先验货后开信用证这一惯例，如果合同中有明确的相反规定，即构成明示的约定，明示的约定自然取代对默示的推定。故被申请人应当根据合同的规定，在货物装运期15日前开出信用证，而被申请人没有依据合同规定履行开证义务，并且于当年5月31日向申请人宣布解除合同，已经构成了对合同的根本违约，应当承担违约责任。

(2) 合同价格与时价之差为合理的利润损失。根据《联合国国际货物销售合同公约》规定："声称另一方违反合同的一方，必须按情况采取合理措施，减轻由于该另一方违反合同而引起的损失，包括利润方面的损失。如果他不采取这种措施，违反合同一方可以要求从损害赔偿中扣除原可以减轻的损失数额。"申请人应当采取合理的措施将货物按照当时的时价进行转卖，以减轻损失数额。合同规定的价格与时价之间的差额应当是申请人合理的、直接的损失。申请人在提交的一份证据中确认，当年6月FOB天津花生仁的时价为700美元/吨。合同价格是715美元/吨，成交量是3480吨，则申请人合理的损失应当是$3480 \times (715-700) = 52\,200$美元。被申请人对于申请人合理的损失应当予以补偿。

（本案例改编自《中国商报》，2008年5月）

案例 9-2　对信用证数量条款理解有误导致纠纷案

【概要】

我国一公司向俄罗斯出口黄豆，合同规定，每公吨 180 美元，共计 1000 公吨，同时规定溢短装幅度为±10%。进口商从银行开来信用证，规定金额为 18 万美元，货物数量为 1000 公吨。中方业务人员在审证时认为这与合同规定一致，因合同中已经规定了可增减 10%，因此便发出 1100 公吨货物，但向议付行议付时遭拒付。后经与进口商协商，最终以即期付款交单方式结算了案。

【案情】

某年 5 月，我国东北一公司与俄罗斯远东地区一公司签订了一笔出口黄豆的合同。合同规定，交货地点在中俄边境，通过铁路运输，货物价格为每公吨 180 美元，共计 1000 公吨。合同还规定，溢短装幅度为±10%，由卖方自由选择。

合同签订后不久，进口商从俄罗斯当地银行开来了即期信用证，该证的条款与合同基本一致，但在数量条款中规定金额为 18 万美元，货物数量为 1000 公吨。中方业务人员在审证时，认为这与合同规定一致，并不影响自己按照合同规定确定溢短装幅度。因为合同中已经规定了可增减 10%，因此，在履约时便按合同规定发出了 1100 公吨货物，金额为198 000 美元。出口商备齐单据并出具汇票后向当地议付行交单，但遭到拒付。银行拒付的理由是发货数量不符合信用证规定。出口商以合同中的规定为理由进行解释，但仍遭银行拒绝。无奈，出口商只好与开证申请人进行联系。得到的答复是，受益人未经信用证授权而多装货物，按照惯例银行是不付款的，开证人无法说服银行付款，而改证也已来不及，因此建议出口商采用 D/P 方式收款。但出口商认为风险太大而不愿接受。此时进口商的态度非常坚决，不肯修改信用证，坚持要使用即期跟单托收方式。最后，中方被迫接受对方的提议，在承担风险的情况下将全套单据寄国外银行办理了跟单托收。

【评析】

本案例发生的原因表面上看起来是因为受益人对信用证中的数量条款理解有误，但实质上还是由于受益人对信用证条款与合同条款的关系理解不当造成的。

本案例中受益人接证后，发现信用证中数量规定上没有合同中订明的机动幅度，于是便认为信用证中没有但合同中有的可以照合同办理。受益人认为如果银行拒付时可以以合同中有相关规定为理由加以解释。但是，在实务工作中，如果受益人持有这样的看法未免过于把事情简单化，也是非常危险的。因为《UCP600》规定，除非信用证另有规定，银行可拒绝接受金额超过信用证规定金额的商业发票。而如果受益人以合同中有相关规定为理由进行对抗，这是不符合有关国际惯例的，因为银行与合同完全无关，且不受其约束。从本案例的情况看，受益人的处理完全不符合《UCP600》规定，遭议付行拒付是理所当然的。

本案例中受益人的失误是审证把关不严。本案例中合同与信用证在数量条款上的规定存在不符，这本应是受益人不能接受的，必须首先将溢短装问题明确澄清，然后才能考虑下一步履约。但受益人却将它作为相符处理，这就为以后的履约埋下了危机。

从本案例中应吸取的教训是，出口商在对信用证进行审核时，一定要本着信用证与合同严格相符的原则仔细审核。对于与合同不相符的信用证，正确的做法应该是退证并请开证申请人进行修改。对于有不明条款或其他疑点的信用证，则应该要求开证申请人或开证行予以澄清，尤其是要有开证行的解释，因为说到底，信用证的解释权在开证行，而不是在开证申请人。

(本案例原载梁树新编著. 国际贸易实务案例评析. 山东大学出版社，2007)

案例 10-1　卖方提交货物及单据不符的违约案

【概要】

我国 A 进出口公司从日本 B 跨国钢铁公司进口拔丝盘条，原定付款方式为信用证，以 AQSIQ(中国国家质量监督检验检疫总局)检验结果为索赔依据。后 A 公司按合同规定开立了信用证，B 公司虽按时交货，但出现单据不符、货物外观及质量上有缺陷等问题。A 公司本着负责态度，努力寻找解决方法，B 公司的驻京办事处开始承认上述事实，后总公司否认，待 A 公司收齐证据并向当地高院起诉后，B 公司认错并请求撤诉，最终以部分退货、部分降价结束争议。

【案情】

某年我国 A 进出口公司与日本 B 跨国钢铁公司签订了一份贸易合同，从日本进口 1.5 万公吨拔丝盘条(Wire Rod For Drawing)，总金额为 650 万美元。付款方式为 L/C 120 Days

Sight。货物产地为日本，材质为美国标准 SAE1008。检验条款以 SGS(瑞士日内瓦通用鉴定公司)验货报告连同提单、装箱单等单据为付款依据，以 AQSIQ(中国国家质量监督检验检疫总局)检验结果为索赔依据。如在合同履行过程中产生争议，尽量采取友好协商方式解决，如实在不行，则将最终解决方式定为仲裁，仲裁地点为中国香港，以香港法律为准。

合同签订后不久，该商品的市价已比签约时下跌了很多，但 A 公司仍本着双方长期友好合作的宗旨，按时开立了信用证，B 公司也依据合同及时出运货物，并将全套单据通过银行提交开证行，并催促 A 公司承兑。A 公司在审单时，发现了一些不符点，但从信任对方的角度出发，相信货物质量应该没有问题，A 公司接受了单据，并指示银行承兑。然而货到后，A 公司到港口接货时却发现货物外观及包装极差；港务局理货时还发现，货物件数与单据所称件数不符，缺少近 200 件；天津 AQSIQ 验货后，出证表明实际所交货物少于合同规定约 250 公吨，材质虽与合同相符，但有"耳子"、"飞边"等多处缺陷；且货物的实际炉号与 B 公司所提供的 SGS 报告完全不同。

基于上述情况，A 公司在第一时间通知了 B 公司驻北京办事处，明确提出质量异议，并寄上相关样品、照片和录像，希望尽快查验货物后双方协商解决。B 公司驻北京办事处收到样品、照片和录像后，即派相关业务负责人与 A 公司进行面谈，并表示尽快报告总部，派人解决。A 公司感到基本满意，耐心地等待其总部的消息。10 天后，B 公司从总部通过驻北京办事处转来一份传真，传真上称：件数短少是保险公司应承担的责任；关于"耳子"他们不知为何物；至于短重，他们认为 AQSIQ 的检测方法不合理；他们确认所供货物与合同完全相符。A 公司收到传真后，对此深为不满，据理力争，并向 B 公司回复如下：①货物件数短少一事，我们将尽快与保险公司交涉，但最终应由实际造成短少的一方赔偿；②关于"耳子"指轧钢未被切掉的多余部分，这是作为一个专业经营钢材的商业公司理应知道的，而且一般的英文技术词典里也都有解释；③关于"短重"问题，合同中明确规定"以 AQSIQ(中国国家质量监督检验检疫总局)检验结果为索赔依据"，必须遵守合同条款。B 公司确认收到 A 公司的回复后，却迟迟不予回应。A 公司无奈，多次催促，10 天后 B 公司终于给了一份简短回复，明确提出：他们没有过错，没有义务去验货。A 公司至此意识到对方根本没有解决问题的诚意，必须依据合同规定采取相应法律手段要求索赔。

A 公司组织相关人员迅速制定了如下索赔方案：①根据货物出现的材质缺陷和炉号不符，申请天津 AQSIQ 复验，同时请国内同类工厂做拔丝试验，测试货物是否为"拔丝盘条"；②向香港国际仲裁中心提交仲裁申请；③向国际海事局提出申请，希望通过调查能够找到这批货物确切的装船时间、地点，查询对方欺诈的证据；④向当地高院通报此案，根据以往经验，由于合同中仅规定"仲裁地点在中国香港"，香港仲裁机构一般不会受理此案。

在按计划进行的过程中，天津 AQSIQ 对这批货物做了更仔细的检验，对于其中有"飞边"、"耳子"的盘条，以及椭圆度超过 2 mm(盘条的规定直径应为 6.5mm)的具体数量做了测算；A 公司业务员在请工厂现场做拉拔实验时，也明确记录了该批货物在拉拔过程中的断裂次数；同时取样拍照，得出详细报告，说明货物一是不适合拔丝，与合同规定的货物名称、质量不符，二是炉号与 B 公司提供的单据完全不符。海事调查局的报告结果显示查不到任何 B 公司的欺诈依据，为此 A 公司付出了 3000 美元的调查费。与此同时，香港国际仲裁中心明确回复：此仲裁无法受理，因为香港法律规定，合同中未明示双方共同接受的仲裁机构的具体名称，香港仲裁机构不得受理。我方立即告知对方，并提出了 A、B、C 三种解决问题的方案(包括协商、签订新的仲裁协议提交仲裁、诉讼)，请 B 公司尽快任选一种。但 B 公司迟迟不答复，为使自己的行为具有法律效力，A 公司再次电传催促，并限三日内给予明确答复。B 公司只得简短回复，称他们没有义务做这种选择，一切都应照合同办理。

据此 A 公司向当地高院提出诉讼申请，理由是：货物与合同不符，完全无法使用，明显存在欺诈行为，而且对方和仲裁机构均拒绝仲裁。当地高院依法受理了此案。在审理过程中，B 公司仍无任何悔意，表示拒不理赔。A 公司无奈之下，向法院申请诉讼保全，并请法院签发止付令，要求开证行暂停支付该案项下的全部货款。高院仔细审核了双方往来的相关文件后，向开证行出具了止付令。至此，情况急转直下，当 B 公司的代理银行提示付款时，开证行回复：由于接到法院止付令，该笔货款已完全冻结，如有问题，请速联系出口商。B 公司这才开始着急起来，电话传真不断，同时派人来 A 公司表示歉意，并请求我公司撤诉，以仲裁方式解决。就货物质量问题，B 公司也委托天津 SGS 会同己方和 A 公司三方共同验货，其结果与天津 AQSIQ 基本一致。于是双方重新谈判并达成协议：B 公司同意退货 60%，其余货物每公吨降价 60 美元了结。

问题：(1)　买卖双方在实际履行合同时各自应承担哪些义务？
(2)　本案例中，B 公司违反了合同中的哪些条款？
(3)　除上述做法外，对 B 公司的违约行为还可采取什么救济方式？

【评析】

(1)　买卖双方在订立合同后，卖方应承担的义务基本包括三个方面：按合同规定提交货物；移交相关单据；转移货物所有权。买方应承担的基本义务包括按照合同规定支付货物价款和收取货物。

(2)　在本案中，B 公司首先违反了"按合同规定提交货物"这一条款，尤其是其中强调的"按合同规定的品质和包装交货"及"按合同规定的数量交货"等内容。合同中对品质和包装的规定，是衡量卖方所交货物的品质和包装是否符合合同要求的决定性标准。《联合国国际货物销售合同公约》第 35 条规定：卖方所交货物必须符合合同规定的质量、数量与规格，并且必须按合同规定的方式包装。同时，在凭信用证支付的交易中，国际商会《跟单信用证统一惯例》(第 600 号出版物)对交货数量在一定条件下允许的伸缩幅度规定：凡"约"、"大约"或类似意义的词语用于信用证规定数量时，应解释为允许有不超过 10%的增减幅度。但本案例中，A 公司按合同约定到目的港接货时发现，B 公司一是未按合同规定的货物品质交货，"材质虽与合同相符，但有'耳子'、'飞边'等多处缺陷"，"货物的实际炉号与 B 公司所提供的 SGS 报告完全不同"；二是未按合同规定的货物包装交货，"货物外观及包装极差"；三是未按合同规定的数量交货，"港务局理货时发现，货物件数与单据所称件数不符，缺少近 200 件。天津 AQSIQ 验货后，出证表明实际所交货物少于合同规定约 250 公吨"。这就已构成了违约事实。另外，对 B 公司提交的单据，"A 公司在审单时，发现了一些不符点"，而在以信用证作为支付方式时，要求付款条件应为"单单相符，单证相符"，B 公司单证中的不符点，明显违背了卖方应遵守的另一项主要义务"移交相关单据"。

(3) 在国际货物贸易实际履行的过程中，卖方违约时可采取以下几种救济措施：要求实际履行；要求卖方修补不符货物；要求卖方交付替代货物；要求减低货价；允许卖方在确定宽限期内履行义务；拒收货物；宣告解除合同；要求损害赔偿。在本案例中，双方经过协商最终采取了既简单，又能为买卖双方所能接受的救济方式，对 B 公司的违约行为要求部分退货，部分减低货价。依据本案情况，还可采取：要求卖方修补不符货物(将有"飞边"、"耳子"等处重新加工)；允许卖方在确定宽限期内履行义务(在未来可确定期内重新交付符合合同规定的商品)；要求损害赔偿(要求卖方按比例赔偿买方因收不到合同规定的货物而造成的损失)。

(本案例改编自天津财经大学国际贸易系网站)

案例 10-2　买方修改合同案

【概要】

我国杭州某进出口贸易公司(A 公司)与美国 B 公司签订了一份贸易合同,销售一批丝绸服装。订立了相应合同条款后,买方支付定金,卖方开始生产。待准备依约检验货物时,买方突然提出修改合同,在双方协商下,修改了部分合同的规定,并依约履行。

【案情】

我国杭州某进出口贸易公司(以下简称 A 公司)与美国 B 公司签订了一份贸易合同,以FOB 杭州为贸易条件,出口一批丝绸服装到美国,总金额为 50 万美元。合同规定:付款方式是订单确认后先支付货款的 20%，即 10 万美元作为订金，剩余货款则在货物装船前以电汇(T/T)方式付清；检验则以 AQSIQ(中国国家质量监督检验检疫总局)检验结果为准，并且约定客户在货物生产完毕之时来工厂检验。如在合同履行过程中产生争议，尽量采取友好协商方式解决，如实在不行，则将最终解决方式定为仲裁，仲裁地点为中国杭州，以中国法律为准。

签约后不久，B 公司将订金 10 万美元交付给 A 公司，A 公司则在收到订金后立刻开始组织生产。按合同规定，在货物即将生产完毕之时，A 公司通知 B 公司来工厂检验。但 B 公司以国际贸易惯例中，FOB 贸易术语下检验地点应为装运港为由，要求货物在装运港——杭州实施检验。同时提出，如检验合格可立刻直接以票汇方式结清 A 公司的剩余货款，但船公司应由 B 公司指定。

A 公司就 B 公司的要求进行了仔细的分析，认为进行如 B 公司所希望的改动，将有几方面对自身不利，并据自身实际提出相应观点：一是尽量要求 B 公司来工厂检验，如在装运港检验，应有 A 公司、B 公司及杭州 AQSIQ 共同在场时进行；二是船公司也尽量由自身确定，实在不行，则要求船公司出具保函，凭 A 公司的书面通知才可以放单，以确保在汇票兑现前替 A 公司保留提单，同时要求船公司即传真相应保函给 A 公司。在双方达成协议后，A 公司将货物发往装运港，并派业务员前往。B 公司在装运港检验，货物符合合同要求，当即将银行汇票给了 A 公司。A 公司立即前往船公司取得保函正本。后约经过 20 天才收到货款，A 公司确认后，指示船公司放单给 B 公司。

请问：(1) A 公司为何提出上述观点？
(2) 从本案例中，我们可以吸取什么经验？

【评析】

(1) A 公司在接到 B 公司提出的修改合同要求后，考虑了以下几方面因素：一是虽然在 FOB 贸易术语中检验地点确实应在装运港，但贸易术语只是国际贸易惯例，不具有法律约束力，合同才是具有法律效应的文件。合同中明确规定为"工厂检验"，就应以合同为准形式。如改为装运港检验，将增加 A 公司的风险，万一检验后货物不合格，A 公司将增加不必要的费用。二是如果依 B 公司要求，改电汇(T/T)为票汇(D/D)，就意味着 A 公司拿到 B 公司开立的即期汇票后，要从当地银行取款，所需时间将会较长，大约为 20 天左右，会影响资金周转。而且据已发生的案例可知，在收款人兑现汇票之前，汇款人有权利要求银行止付。三是如果由 B 公司指定船公司，它必将优先指定与自身在国际贸易活动中有过多次合作，关系良好的船公司。这样，船公司很有可能答应在装船后 3~4 天将提单放给 B 公司，在以往贸易活动中，也确有过这样的情况。这显然会影响到我方的根本利益，因此，提出了如本案中强调的观点。

(2) 从本案例中，我们能够吸取以下经验一是 A、B 双方提出的观点在实际履约过程中都未能完全履行，这说明要顺利完成整个交易，双方应通过协商而不是争议，力求实现互让、互利。二是虽然国际贸易术语是人们进行贸易活动中长期约定俗成的规矩，但不具有法律约束力，实际履约时应以合同为准。三是进行国际贸易活动理应了解并遵循贸易程序的基本要求，如对商品质量、数量及运输、保险、支付的相应要求。本案例中尤其要了解汇票支付的方式、程序和风险：在票汇方式下，代理行解付给指定人之前，客户有权要求出票行止付这笔款项，风险大于电汇(T/T)。四是在本案例中，应坚持尽量自身委托船公司负责装运，至少应要求船公司出具保函(正本)。因为虽然按国际惯例，船公司应在征得卖方同意后才能放单，但在日益激烈的竞争中，一些船公司或船代为了业务需要，经常会同意买方的要求将提单直接放出，这无疑会损害卖方的利益。

(本案例改编自郑州大学升达经贸管理学院国际贸易系网站)

案例 11-1　外方公司破产导致补偿贸易损失案

【概要】

浙江温州建益胶鞋厂与美国汉诺威公司签订了一份补偿贸易合同，汉诺威公司向建益胶鞋厂提供用以生产双色注塑鞋的全套设备，建益胶鞋厂用该设备生产的运动鞋返销美国，来补偿设备的价款。因未阐明发生争议时鞋样由谁复验，建益胶鞋厂从而丧失了履约主动权。随后汉诺威公司宣告破产，建益胶鞋厂因不懂国际贸易相关法律及其规则损失惨重。

【案情】

某年 6 月，浙江温州建益胶鞋厂与美国汉诺威公司签订了一份补偿贸易合同。合同约定：汉诺威公司向建益胶鞋厂提供用以生产双色注塑鞋的全套设备，设备价款为 72 万美元(FOB 波士顿)；建益胶鞋厂用该设备生产的运动鞋返销美国，来补偿设备的价款。每双运动鞋返销价格为 3 美元(CIF 香港)，每年返销 12 万双，两年补偿完设备的价款；之后三年，汉诺威公司每年包销建益胶鞋厂 10 万双运动鞋，价格仍为每双 3 美元(CIF 香港)。

1) 合同疏漏引发纠纷

作为补偿贸易合同的附件，双方还签订了设备进口合同与补偿商品供货合同。在设备进口合同中详细列明了汉诺威公司所提供设备的型号、规格、技术及质量要求。在补偿商品供货合同中详细规定了偿付商品的名称、数量、价格、交货期限等，但对补偿商品的其他事项只做了一般性规定，并规定以进口方确认的鞋样作为验货标准，可未阐明发生争议时鞋样由谁复验，建益胶鞋厂从而丧失了履约主动权。

合同签订后，建益厂请求中国银行温州支行开出了以对方为受益人的银行保函。同年9月，设备运至建益胶鞋厂，但运输途中却丢失了全部的备件和工具。建益胶鞋厂向汉诺威公司提出索赔，却遭到对方的拒绝，理由是 FOB 条件下，货物风险由收货人承担。

后来，设备经过调试，基本达到了合同的标准，建益胶鞋厂立即组织生产。10月份，第一批样品生产出来。而汉诺威公司收到样品拖延多日后才予以回复，并告知样品不合格。其后建益胶鞋厂又多次寄出样品，而汉诺威公司在收到鞋样后又拖延多日，然后再以各种理由拒绝确认(据我商检部门证实，该复制鞋样完全符合外方的鞋样要求)，致使建益胶鞋厂无法投入生产，也无法履行合同。为此双方发生纠纷。

2)　不懂规则一错再错

建益胶鞋厂正欲将对方诉诸法院时，从我国驻美使馆商务处获悉，汉诺威公司已宣告破产。次年2月初，汉诺威公司破产管理人致函建益胶鞋厂，称其已接管汉诺威公司资产，正在进行破产清算，原由汉诺威公司向建益胶鞋厂提供的注塑生产设备已列入破产资产，要求建益胶鞋厂在3个月内返还给破产管理人，并声称如不返还这套设备，将依法根据我银行开具的保函，追索72万美元现金。

建益胶鞋厂因不懂国际贸易相关法律及其规则，误以为没对该设备付款就对该设备无所有权，现汉诺威公司已破产，应属破产资产，遂将设备拆下，返还破产管理人。为此，建益胶鞋厂白白浪费了几个月的时间，造成数万美元的经济损失，同时也丧失了产品返销的机会。

随后，建益胶鞋厂咨询有关部门后向法院提起诉讼，要求归还设备，并要求以汉诺威公司的破产财产来抵偿建益胶鞋厂因此造成的停工费、运输费、产品价款及其他经济损失。

3)　赢了官司分文无收

法院经调查核实，以上情况属实，遂向汉诺威公司破产管理人发函要求其应诉。后来，汉诺威公司破产管理人拒不应诉。法院做出缺席判决如下。

(1) 汉诺威公司破产管理人返还建益胶鞋厂的注塑鞋设备。

(2) 以汉诺威公司的破产财产抵偿给建益胶鞋厂造成的停工费、运输费、产品价款及其他经济损失。

(3) 本案诉讼费由被告方承担。

后因汉诺威公司破产管理人称汉诺威公司无财产可抵偿，建益胶鞋厂分文无收。

【评析】

补偿贸易是国际贸易中以产品偿付进口设备或技术等费用的贸易方式。它实际上是商品贸易、技术贸易和信贷相结合的产物，交易过程中不采用现汇，而是在信贷的基础上买进国外的机器、设备、原材料、生产技术和其他制成品或劳务，在项目建成投产后，用这些引进技术或设备生产出来的产品，或商定的其他商品或劳务去偿还贷款本息。在这个案例中，建益胶鞋厂一开始就在交货条款上丧失主动权，进而才会在随后的一系列问题上任人鱼肉，其教训值得深思。而其中所涉及的关键性问题，更应该引起国内企业的警醒。

与商品贸易相同的是，补偿贸易双方的关系仍属于国际贸易范畴内买方与卖方的关系，买方对购进的机器设备或技术知识等，拥有完全的所有权和使用权，且卖方在工厂企业内不占有任何股份。

在签订补偿贸易合同时，外商将进口设备转移给国内企业，通常要求国内企业对其支付进口设备的价款做出双重保证：一是保证在合同中定明用补偿产品返销来抵偿进口设备的价款；二是保证我方向银行申请开出以外商为受益人的、总额为进口设备价款的、不可撤销的银行保函。这一保证表明，补偿贸易的设备转移给国内企业后，当国内企业不能用产品偿还设备价款时，外商就可以使用上述银行保函，向银行要求偿付其全部价款。

该双重保证就在于进口设备方取得的是进口设备的所有权和使用权，而设备出口方是没有任何风险的。如果外商坚持只有在取得全部设备价款后，设备所有权才能发生转移的话，那时，这种双重保证就不具任何意义了。所以，尽管补偿贸易合同尚未注明这一点，但补偿贸易引进的设备或技术或其他物资，一开始便是作价买断，设备或技术的财产权以交货为转移，虽然价款尚未偿还完毕，但产权归属完全是加工方所有。合同执行完毕，进口设备的价款就会偿还完毕。

补偿贸易具有延期支付与信贷的性质。所谓信贷的性质，实际上是指国内企业不用现金，而是用产品来支付设备或技术的价款，这些进口设备或技术是由外商以卖方信贷的融资方式提供给国内企业的。外商的利润和本金，是通过合同期内产品返销的利润而获得的。也就是说，实际上是国内企业借对方的钱来购买设备，然后再采用分期支付和产品支付的方法，来偿还所欠进口设备或技术的价款。一旦国内企业不能偿还，外商就可以用银行保函获得求偿，而不能主张设备的所有权，也不能要求进口方退还设备。

补偿贸易进口设备或技术所有权转移时间的确定是一个重要的问题。一般来说，补偿贸易合同中规定进口设备以 FOB 价格成交的话，进口设备所有权的转移以交货为依据。由于在 FOB 价格条件下交货是象征性交货，因此在进口设备装船后，外商将代表着进口设备所有权的提单交给国内企业时，进口设备的所有权就发生了转移。所以，当收到外商已装船通知时，进口方应及时对进口设备投保。

　　买卖双方在签订补偿贸易合同时，加工方应该要求补偿商品的样品由一流的商检机构进行确认，这样就不会在随后的合同履行中受制于买方。本案中，建益胶鞋厂的失误就在于规定返销商品的样品由外商进行检验确定，给后来的产品返销设置了障碍。对于外商而言，其风险不在于出口设备，而在于回购产品。因为，补偿贸易一般都为期较长，在这个过程中，一旦返销产品价格出现下跌，外商将会遭受巨大经济损失。此时，外商接受补偿产品时，往往会持消极态度。如果他们以产品质量为由，不但能拒绝回购补偿产品，而且能按银行保函取得设备款，而中方却无可奈何。

　　要对银行保函的受益人进行资信调查。调查内容一般包括对方企业的历史、企业的性质、企业的人员、产品、营业额、注册资本、法定地址、商业信用等；贸易主体的法律资格关系到合同是否合法和能否成立等。调查方法可分为直接和间接两种。直接方法即是在贸易谈判中，直接要求外商提供关于其资信方面的材料，如法人资格证明、营业证明、注册资本及法人地址等材料；间接方法可利用银行等金融机构、行业协会或商会、政府或企业的海外机构，以及报纸、书刊及其他有关文件资料等渠道进行查询。本案中，建益胶鞋厂从我国驻外使馆了解外商资信及经营情况，就是资信调查的一条好渠道。

　　通过寻求补偿贸易合同公证，来保障企业自身利益。补偿贸易合同公证是指公证机关根据合同当事人的申请，依法证明当事人之间签订的补偿贸易合同真实、合法的活动。公证机关办理此项公证时，会着重审查合同当事人、担保人的身份、资格、行为能力和资信情况，以及补偿贸易合同是否真实、合法、符合国际惯例，是否贯彻了平等互利、等价有偿的原则；合同条款是否完备、用词是否准确；是否履行了必要的审批手续，签订合同的程序是否合法；合同的签名、印鉴是否真实、齐全等。这些审查能在很大程度上杜绝虚假欺诈，保障我方企业的切身利益。

附录 A 《跟单信用证统一惯例》
(2007 年修订本)
《国际商会第 600 号出版物》

第一条 统一惯例的适用范围

跟单信用证统一惯例，2007 年修订本，国际商会第 600 号出版物，适用于所有在正文中标明按本惯例办理的跟单信用证(包括本惯例适用范围内的备用信用证)。除非信用证中另有规定，本惯例对一切有关当事人均具有约束力。

第二条 定义

就本惯例而言：

通知行意指应开证行要求通知信用证的银行。

申请人意指发出开立信用证申请的一方。

银行日意指银行在其营业地正常营业，按照本惯例行事的行为得以在银行履行的日子。

受益人意指信用证中受益的一方。

相符提示意指与信用证中的条款及条件、本惯例中所适用的规定及国际标准银行实务相一致的提示。

保兑意指保兑行在开证行之外对于相符提示做出兑付或议付的确定承诺。

保兑行意指应开证行的授权或请求对信用证加具保兑的银行。

信用证意指一项约定，无论其如何命名或描述，该约定不可撤销并因此构成开证行对于相符提示予以兑付的确定承诺。

兑付意指：

a. 对于即期付款信用证即期付款。

b. 对于延期付款信用证发出延期付款承诺并到期付款。

c. 对于承兑信用证承兑由受益人出具的汇票并到期付款。

开证行意指应申请人要求或代表其自身开立信用证的银行。

议付意指被指定银行在其应获得偿付的银行日或在此之前，通过向受益人预付或者同意向受益人预付款项的方式购买相符提示项下的汇票(汇票付款人为被指定银行以外的银行)及/或单据。

被指定银行意指有权使用信用证的银行，对于可供任何银行使用的信用证而言，任何银行均为被指定银行。

提示意指信用证项下单据被提交至开证行或被指定银行，抑或按此方式提交的单据。

提示人意指做出提示的受益人、银行或其他一方。

第三条 释义

就本惯例而言：

在适用的条款中，词汇的单复数同义。

信用证是不可撤销的，即使信用证中对此未作指示也是如此。

单据可以通过手签、签样印制、穿孔签字、盖章、符号表示的方式签署，也可以通过其他任何机械或电子证实的方法签署。

当信用证含有要求使单据合法、签证、证实或对单据有类似要求的条件时，这些条件可由在单据上签字、标注、盖章或标签来满足，只要单据表面已满足上述条件即可。

一家银行在不同国家设立的分支机构均视为另一家银行。

诸如"第一流"、"著名"、"合格"、"独立"、"正式"、"有资格"、"当地"等用语用于描述单据出单人的身份时，单据的出单人可以是除受益人以外的任何人。

除非确需在单据中使用，银行对诸如"迅速"、"立即"、"尽快"之类的词语将不予置理。

"于或约于"或类似措辞将被理解为一项约定，按此约定，某项事件将在所述日期前后各五天内发生，起讫日均包括在内。

词语"×月×日止"(to)、"至×月×日"(until)、"直至×月×日"(till)、"从×月×日"(from)及"在×月×日至×月×日之间"(between)用于确定装运期限时，包括所述日期。词语"×月×日之前"(before)及"×月×日之后"(after)不包括所述日期。

词语"从×月×日"(from)以及"×月×日之后"(after)用于确定到期日时不包括所述日期。

术语"上半月"和"下半月"应分别理解为自每月 1 日至 15 日和 16 日至月末最后一天，包括起讫日期。

术语"月初"、"月中"和"月末"应分别理解为每月 1 日至 10 日、11 日至 20 日和 21 日至月末最后一天，包括起讫日期。

第四条 信用证与合同

a. 就性质而言，信用证与可能作为其依据的销售合同或其他合同，是相互独立的交易。即使信用证中提及该合同，银行亦与该合同完全无关，且不受其约束。因此，一家银行做出兑付、议付或履行信用证项下其他义务的承诺，并不受申请人与开证行之间或与受益人之间在已有关系下产生的索偿或抗辩的制约。受益人在任何情况下，不得利用银行之间或申请人与开证行之间的契约关系。

b．开证行应劝阻申请人将基础合同、形式发票或其他类似文件的副本作为信用证整体组成部分的做法。

第五条 单据与货物／服务／行为

银行处理的是单据，而不是单据所涉及的货物、服务或其他行为。

第六条 有效性、有效期限及提示地点

a．信用证必须规定可以有效使用信用证的银行，或者信用证是否对任何银行均为有效。对于被指定银行有效的信用证同样也对开证行有效。

b．信用证必须规定它是否适用于即期付款、延期付款、承兑抑或议付。

c．不得开立包含有以申请人为汇票付款人条款的信用证。

d．i．信用证必须规定提示单据的有效期限。规定的用于兑付或者议付的有效期限将被认为是提示单据的有效期限。

ii．可以有效使用信用证的银行所在的地点是提示单据的地点。对任何银行均为有效的信用证项下单据提示的地点是任何银行所在的地点。不同于开证行地点的提示单据的地点是开证行地点之外提交单据的地点。

e．除非如第二十九条 a 款规定的情形，由受益人或代表受益人提示的单据必须在到期日当日或在此之前提交。

第七条 开证行的承诺

a．只要规定的单据被提交至被指定银行或开证行并构成相符提示，开证行必须按下述信用证所适用的情形予以兑付：

i．由开证行即期付款、延期付款或者承兑；

ii．由被指定银行即期付款而该被指定银行未予付款；

iii．由被指定银行延期付款而该被指定银行未承担其延期付款承诺，或者虽已承担延期付款承诺但到期未予付款；

iv．由被指定银行承兑而该被指定银行未予承兑以其为付款人的汇票，或者虽已承兑以其为付款人的汇票但到期未予付款；

v．由被指定银行议付而该被指定银行未予议付。

b．自信用证开立之时起，开证行即不可撤销地受到兑付责任的约束。

c．开证行保证向对于相符提示已经予以兑付或者议付并将单据寄往开证行的被指定银行进行偿付。无论被指定银行是否于到期日前已经对相符提示予以预付或者购买，对于承兑或延期付款信用证项下相符提示的金额的偿付于到期日进行。开证行偿付被指定银行的承诺独立于开证行对于受益人的承诺。

第八条 保兑行的承诺

a．只要规定的单据被提交至保兑行或者任何其他被指定银行并构成相符提示，保兑行必须：

    i. 兑付，如果信用证适用于：

    a) 由保兑行即期付款、延期付款或者承兑；

    b) 由另一家被指定银行即期付款而该被指定银行未予付款；

    c) 由另一家被指定银行延期付款而该被指定银行未承担其延期付款承诺，或者虽已承担延期付款承诺但到期未予付款；

    d) 由另一家被指定银行承兑而该被指定银行未予承兑以其为付款人的汇票，或者虽已承兑以其为付款人的汇票但到期未予付款；

    e) 由另一家被指定银行议付而该被指定银行未予议付。

    ii. 若信用证由保兑行议付，无追索权地议付。

    b. 自为信用证加具保兑之时起，保兑行即不可撤销地受到兑付或者议付责任的约束。

    c. 保兑行保证向对于相符提示已经予以兑付或者议付并将单据寄往开证行的另一家被指定银行进行偿付。无论另一家被指定银行是否于到期日前已经对相符提示予以预付或者购买，对于承兑或延期付款信用证项下相符提示的金额的偿付于到期日进行。保兑行偿付另一家被指定银行的承诺独立于保兑行对于受益人的承诺。

    d. 如开证行授权或要求另一家银行对信用证加具保兑，而该银行不准备照办时，它必须不延误地告知开证行并仍可通知此份未经加具保兑的信用证。

    第九条 信用证及修改的通知

    a. 信用证及其修改可以通过通知行通知受益人。除非已对信用证加具保兑，通知行通知信用证不构成兑付或议付的承诺。

    b. 通过通知信用证或修改，通知行即表明其认为信用证或修改的表面真实性得到满足，且通知准确地反映了所收到的信用证或修改的条款及条件。

    c. 通知行可以利用另一家银行的服务("第二通知行")向受益人通知信用证及其修改。通过通知信用证或修改，第二通知行即表明其认为所收到的通知的表面真实性得到满足，且通知准确地反映了所收到的信用证或修改的条款及条件。

    d. 如一家银行利用另一家通知行或第二通知行的服务将信用证通知给受益人，它也必须利用同一家银行的服务通知修改书。

    e. 如果一家银行被要求通知信用证或修改但决定不予通知，它必须不延误地通知向其发送信用证、修改或通知的银行。

    f. 如果一家银行被要求通知信用证或修改，但不能确定信用证、修改或通知的表面真实性，就必须不延误地告知向其发出该指示的银行。如果通知行或第二通知行仍决定通知信用证或修改，则必须告知受益人或第二通知行其未能核实信用证、修改或通知的表面真实性。

第十条 修改

a. 除本惯例第三十八条另有规定外，凡未经开证行、保兑行(如有)以及受益人同意，信用证既不能修改也不能撤销。

b. 自发出信用证修改书之时起，开证行就不可撤销地受其发出修改的约束。保兑行可将其保兑承诺扩展至修改内容，且自其通知该修改之时起，即不可撤销地受到该修改的约束。然而，保兑行可选择仅将修改通知受益人而不对其加具保兑，但必须不延误地将此情况通知开证行和受益人。

c. 在受益人向通知修改的银行表示接受该修改内容之前，原信用证(或包含先前已被接受修改的信用证)的条款和条件对受益人仍然有效。受益人应发出接受或拒绝接受修改的通知。如受益人未提供上述通知，当其提交至被指定银行或开证行的单据与信用证以及尚未表示接受的修改的要求一致时，则该事实即视为受益人已做出接受修改的通知，并从此时起，该信用证已被修改。

d. 通知修改的银行应当通知向其发出修改书的银行任何有关接受或拒绝接受修改的通知。

e. 不允许部分接受修改，部分接受修改将被视为拒绝接受修改的通知。

f. 修改书中做出的除非受益人在某一时间内拒绝接受修改，否则修改将开始生效的条款将被不予置理。

第十一条 电讯传递与预先通知的信用证和修改

a. 经证实的信用证或修改的电讯文件将被视为有效的信用证或修改，任何随后的邮寄证实书将被不予置理。

若该电讯文件声明"详情后告"(或类似词语)或声明随后寄出的邮寄证实书将是有效的信用证或修改，则该电讯文件将被视为无效的信用证或修改。开证行必须随即不延误地开出有效的信用证或修改，且条款不能与电讯文件相矛盾。

b. 只有准备开立有效信用证或修改的开证行，才可以发出开立信用证或修改预先通知书。发出预先通知书的开证行应不可撤销地承诺将不延误地开出有效的信用证或修改，且条款不能与预先通知书相矛盾。

第十二条 指定

a. 除非一家被指定银行是保兑行，对被指定银行进行兑付或议付的授权并不构成其必须兑付或议付的义务，被指定银行明确同意并照此通知受益人的情形除外。

b. 通过指定一家银行承兑汇票或承担延期付款承诺，开证行即授权该被指定银行预付或购买经其承兑的汇票或由其承担延期付款的承诺。

c. 非保兑行身份的被指定银行接受、审核并寄送单据的行为既不使得该被指定银行具有兑付或议付的义务，也不构成兑付或议付。

第十三条 银行间偿付约定

a. 如果信用证规定被指定银行("索偿行")须通过向另一方银行("偿付行")索偿获得偿付，则信用证中必须声明是否按照信用证开立日正在生效的国际商会的《银行间偿付规则》办理。

b. 如果信用证中未声明是否按照国际商会的《银行间偿付规则》办理，则适用于下列条款。

i. 开证行必须向偿付行提供偿付授权书，该授权书须与信用证中声明的有效性一致。偿付授权书不应规定有效日期。

ii. 不应要求索偿行向偿付行提供证实单据与信用证条款及条件相符的证明。

iii. 如果偿付行未能按照信用证的条款及条件在首次索偿时即行偿付，则开证行应对索偿行的利息损失以及产生的费用负责。

iv. 偿付行的费用应由开证行承担。然而，如果费用系由受益人承担，则开证行有责任在信用证和偿付授权书中予以注明。如偿付行的费用系由受益人承担，则该费用应在偿付时从支付索偿行的金额中扣除。如果未发生偿付，开证行仍有义务承担偿付行的费用。

c. 如果偿付行未能于首次索偿时即行偿付，则开证行不能解除其自身的偿付责任。

第十四条 审核单据的标准

a. 按照指定行事的被指定银行、保兑行(如有)以及开证行必须对提示的单据进行审核，并仅以单据为基础，以决定单据在表面上看来是否构成相符提示。

b. 按照指定行事的被指定银行、保兑行(如有)以及开证行，自其收到提示单据的翌日起算，应各自拥有最多不超过五个银行工作日的时间以决定提示是否相符。该期限不因单据提示日适逢信用证有效期或最迟提示期或在其之后而被缩减或受到其他影响。

c. 提示若包含一份或多份按照本惯例第十九条、二十条、二十一条、二十二条、二十三条、二十四条或二十五条出具的正本运输单据，则必须由受益人或其代表按照相关条款在不迟于装运日后的二十一个公历日内提交，但无论如何不得迟于信用证的到期日。

d. 单据中内容的描述不必与信用证、信用证对该项单据的描述以及国际标准银行实务完全一致，但不得与该项单据中的内容、其他规定的单据或信用证相冲突。

e. 除商业发票外，其他单据中的货物、服务或行为描述若须规定，可使用统称，但不得与信用证规定的描述相矛盾。

f. 如果信用证要求提示运输单据、保险单据和商业发票以外的单据，但未规定该单据由何人出具或单据的内容；如信用证对此未作规定，只要所提交单据的内容看来满足其功能需要且其他方面与十四条(d)款相符，银行将对提示的单据予以接受。

g. 提示信用证中未要求提交的单据，银行将不予置理。如果收到此类单据，可以退还提示人。

h. 如果信用证中包含某项条件而未规定需提交与之相符的单据，银行将认为未列明此条件，并对此不予置理。

i. 单据的出单日期可以早于信用证开立日期，但不得迟于信用证规定的提示日期。

j. 当受益人和申请人的地址显示在任何规定的单据上时，不必与信用证或其他规定单据中显示的地址相同，但必须与信用证中述及的各自地址处于同一国家内。用于联系的资料(电传、电话、电子邮箱及类似方式)如作为受益人和申请人地址的组成部分将被不予置理。然而，当申请人的地址及联系信息作为按照第十九条、二十条、二十一条、二十二条、二十三条、二十四条或二十五条出具的运输单据中收货人或通知方详址的组成部分时，则必须按照信用证规定予以显示。

k. 显示在任何单据中的货物的托运人或发货人不必是信用证的受益人。

l. 假如运输单据能够满足本惯例第十九条、二十条、二十一条、二十二条、二十三条或二十四条的要求，则运输单据可以由承运人、船东、船长或租船人以外的任何一方出具。

第十五条 相符提示

a. 当开证行确定提示相符时，就必须予以兑付。

b. 当保兑行确定提示相符时，就必须予以兑付或议付并将单据寄往开证行。

c. 当被指定银行确定提示相符并予以兑付或议付时，必须将单据寄往保兑行或开证行。

第十六条 不符单据及不符点的放弃与通知

a. 当按照指定行事的被指定银行、保兑行(如有)或开证行确定提示不符时，可以拒绝兑付或议付。

b. 当开证行确定提示不符时，可以依据其独立的判断联系申请人放弃有关不符点。然而，这并不因此延长第十四条(b)款中述及的期限。

c. 当按照指定行事的被指定银行、保兑行(如有)或开证行决定拒绝兑付或议付时，必须一次性通知提示人。

通知必须声明：

i. 银行拒绝兑付或议付；及

ii. 银行凭以拒绝兑付或议付的各个不符点；及

iii. a) 银行持有单据等候提示人进一步指示；或

b) 开证行持有单据直至收到申请人通知弃权并同意接受该弃权，或在同意接受弃权前从提示人处收到进一步指示；或

c) 银行退回单据；或

d) 银行按照先前从提示人处收到的指示行事。

d. 第十六条(c)款中要求的通知必须以电讯方式发出，或者，如果不可能以电讯方式通

知时，则以其他快捷方式通知，但不得迟于提示单据日期翌日起第五个银行工作日终了。

e. 按照指定行事的被指定银行、保兑行(如有)或开证行可以在提供第十六条(c)款(iii)、(a)款或(b)款要求提供的通知后，于任何时间将单据退还提示人。

f. 如果开证行或保兑行未能按照本条款的规定行事，将无权宣称单据未能构成相符提示。

g. 当开证行拒绝兑付或保兑行拒绝兑付或议付，并已经按照本条款发出通知时，该银行将有权就已经履行的偿付索取退款及其利息。

第十七条 正本单据和副本单据

a. 信用证中规定的各种单据必须至少提供一份正本。

b. 除非单据本身表明其不是正本，银行将视任何表面上具有单据出具人正本签字、标志、图章或标签的单据为正本单据。

c. 除非单据另有显示，银行将接受单据作为正本单据，如果该单据：

i. 表面看来由单据出具人手工书写、打字、穿孔签字或盖章；或

ii. 表面看来使用单据出具人的正本信笺；或

iii. 声明单据为正本，除非该项声明表面看来与所提示的单据不符。

d. 如果信用证要求提交副本单据，则提交正本单据或副本单据均可。

e. 如果信用证使用诸如"一式两份"、"两张"、"两份"等术语要求提交多份单据，则可以提交至少一份正本，其余份数以副本来满足。但单据本身另有相反指示者除外。

第十八条 商业发票

a. 商业发票：

i. 必须在表面上看来系由受益人出具(第三十八条另有规定者除外)；

ii. 必须做成以申请人的名称为抬头(第三十八条(g)款另有规定者除外)；

iii. 必须将发票币别作成与信用证相同的币种；

iv. 无须签字。

b. 按照指定行事的被指定银行、保兑行(如有)或开证行可以接受金额超过信用证所允许金额的商业发票，倘若有关银行已兑付或已议付的金额没有超过信用证所允许的金额，则该银行的决定对各有关方均具有约束力。

c. 商业发票中货物、服务或行为的描述必须与信用证中显示的内容相符。

第十九条 至少包括两种不同运输方式的运输单据

a. 至少包括两种不同运输方式的运输单据(即多式运输单据或联合运输单据)，不论其称谓如何，必须在表明上看来：

i. 显示承运人名称并由下列人员签署。

* 承运人或承运人的具名代理或代表，或

* 船长或船长的具名代理或代表。

承运人、船长或代理的任何签字必须分别表明承运人、船长或代理的身份。

代理的签字必须显示其是否作为承运人或船长的代理或代表签署提单。

ii. 通过下述方式表明货物已在信用证规定的地点发运、接受监管或装载。

* 预先印就的措词，或

* 注明货物已发运、接受监管或装载日期的图章或批注。

运输单据的出具日期将被视为发运、接受监管或装载以及装运日期。然而，如果运输单据以盖章或批注方式标明发运、接受监管或装载日期，则此日期将被视为装运日期。

iii. 显示信用证中规定的发运、接受监管或装载地点以及最终目的地的地点，即使：

a) 运输单据另外显示了不同的发运、接受监管或装载地点或最终目的地的地点，或

b) 运输单据包含"预期"或类似限定有关船只、装货港或卸货港的指示。

iv. 系仅有的一份正本运输单据，或者，如果出具了多份正本运输单据，应是运输单据中显示的全套正本份数。

v. 包含承运条件须参阅包含承运条件条款及条件参见别处(简式或背面空白的运输单据)者，银行对此类承运条件的条款及条件内容不予审核。

vi. 未注明运输单据受租船合约约束。

b. 就本条款而言，转运意指货物在信用证中规定的发运、接受监管或装载地点到最终目的地的运输过程中，从一个运输工具卸下并重新装载到另一个运输工具上(无论是否为不同运输方式)的运输。

c. i. 只要同一运输单据包括运输全程，则运输单据可以注明货物将被转运或可被转运。

ii. 即使信用证禁止转运，银行也将接受注明转运将发生或可能发生的运输单据。

第二十条 提单

a. 无论其称谓如何，提单必须表面上看来：

i. 显示承运人名称并由下列人员签署。

* 承运人或承运人的具名代理或代表，或

* 船长或船长的具名代理或代表。

承运人、船长或代理的任何签字必须分别表明其承运人、船长或代理的身份。

代理的签字必须显示其是否作为承运人或船长的代理或代表签署提单。

ii. 通过下述方式表明货物已在信用证规定的装运港装载上具名船只。

* 预先印就的措词，或

* 注明货物已装船日期的装船批注。

提单的出具日期将被视为装运日期，除非提单包含注明装运日期的装船批注，在此情况下，装船批注中显示的日期将被视为装运日期。

如果提单包含"预期船"字样或类似有关限定船只的词语时,装上具名船只必须由注明装运日期以及实际装运船只名称的装船批注来证实。

iii. 注明装运从信用证中规定的装货港至卸货港。

如果提单未注明以信用证中规定的装货港作为装货港,或包含"预期"或类似有关限定装货港的标注者,则需要提供注明信用证中规定的装货港、装运日期以及船名的装船批注。即使提单上已注明印就的"已装船"或"已装具名船只"等措词,本规定仍然适用。

iv. 系仅有的一份正本提单,或者,如果出具了多份正本,应是提单中显示的全套正本份数。

v. 包含承运条件须参阅包含承运条件条款及条件的某一出处(简式或背面空白的提单)者,银行对此类承运条件的条款及条件内容不予审核。

vi. 未注明运输单据受租船合约约束。

b. 就本条款而言,转运意指在信用证规定的装货港到卸货港之间的海运过程中,将货物由一艘船卸下再装上另一艘船的运输。

c. i. 只要同一提单包括运输全程,则提单可以注明货物将被转运或可被转运。

ii. 银行可以接受注明将要发生或可能发生转运的提单。即使信用证禁止转运,只要提单上证实有关货物已由集装箱、拖车或子母船运输,银行仍可接受注明将要发生或可能发生转运的提单。

d. 对于提单中包含的声明承运人保留转运权利的条款,银行将不予置理。

第二十一条 不可转让海运单

a. 无论其称谓如何,不可转让海运单必须表面上看来:

i. 显示承运人名称并由下列人员签署。

* 承运人或承运人的具名代理或代表,或

* 船长或船长的具名代理或代表。

承运人、船长或代理的任何签字必须分别表明其承运人、船长或代理的身份。

代理的签字必须显示其是否作为承运人或船长的代理或代表签署提单。

ii. 通过下述方式表明货物已在信用证规定的装运港装载上具名船只。

* 预先印就的措词,或

* 注明货物已装船日期的装船批注。

不可转让海运单的出具日期将被视为装运日期,除非不可转让海运单包含注明装运日期的装船批注,在此情况下,装船批注中显示的日期将被视为装运日期。

如果不可转让海运单包含"预期船"字样或类似有关限定船只的词语时,装上具名船只必须由注明装运日期以及实际装运船只名称的装船批注来证实。

iii. 注明装运从信用证中规定的装货港至卸货港。

如果不可转让海运单未注明以信用证中规定的装货港作为装货港，或包含"预期"或类似有关限定装货港的标注者，则需要提供注明信用证中规定的装货港、装运日期以及船名的装船批注。即使不可转让海运单上已注明印就的"已装船"或"已装具名船只"等措词，本规定仍然适用。

iv. 系仅有的一份正本不可转让海运单，或者，如果出具了多份正本，应是不可转让海运单中显示的全套正本份数。

v. 包含承运条件须参阅包含承运条件条款及条件的某一出处(简式或背面空白的提单)者，银行对此类承运条件的条款及条件内容不予审核。

vi. 未注明运输单据受租船合约约束。

b. 就本条款而言，转运意指在信用证规定的装货港到卸货港之间的海运过程中，将货物由一艘船卸下再装上另一艘船的运输。

c. i. 只要同一不可转让海运单包括运输全程，则不可转让海运单可以注明货物将被转运或可被转运。

ii. 银行可以接受注明将要发生或可能发生转运的不可转让海运单。即使信用证禁止转运，只要不可转让海运单上证实有关货物已由集装箱、拖车或子母船运输，银行仍可接受注明将要发生或可能发生转运的不可转让海运单。

d. 对于不可转让海运单中包含的声明承运人保留转运权利的条款，银行将不予置理。

第二十二条 租船合约提单

a. 无论其称谓如何，倘若提单包含有提单受租船合约约束的指示(即租船合约提单)，则必须在表面上看来：

i. 由下列当事方签署。

* 船长或船长的具名代理或代表，或

* 船东或船东的具名代理或代表，或

* 租船主或租船主的具名代理或代表。

船长、船东、租船主或代理的任何签字必须分别表明其船长、船东、租船主或代理的身份。

代理的签字必须显示其是否作为船长、船东或租船主的代理或代表签署提单。

代理人代理或代表船东或租船主签署提单时必须注明船东或租船主的名称。

ii. 通过下述方式表明货物已在信用证规定的装运港装载上具名船只。

* 预先印就的措词，或

* 注明货物已装船日期的装船批注。

租船合约提单的出具日期将被视为装运日期，除非租船合约提单包含注明装运日期的装船批注，在此情况下，装船批注中显示的日期将被视为装运日期。

iii. 注明货物由信用证中规定的装货港运输至卸货港。卸货港可以按信用证中的规定显示为一组港口或某个地理区域。

iv. 系仅有的一份正本租船合约提单，或者，如果出具了多份正本，应是租船合约提单中显示的全套正本份数。

b. 即使信用证中的条款要求提交租船合约，银行也将对该租船合约不予审核。

第二十三条　空运单据

a. 无论其称谓如何，空运单据必须在表面上看来：

i. 注明承运人名称并由下列当事方签署。

* 承运人，或

* 承运人的具名代理或代表。

承运人或代理的任何签字必须分别表明其承运人或代理的身份。

代理的签字必须显示其是否作为承运人的代理或代表签署空运单据。

ii. 注明货物已收妥待运。

iii. 注明出具日期。这一日期将被视为装运日期，除非空运单据包含注有实际装运日期的专项批注，在此种情况下，批注中显示的日期将被视为装运日期。

空运单据显示的其他任何与航班号和起飞日期有关的信息不能被视为装运日期。

iv. 表明信用证规定的起飞机场和目的地机场。

v. 为开给发货人或托运人的正本，即使信用证规定提交全套正本。

vi. 载有承运条款和条件，或提示条款和条件参见别处。银行将不审核承运条款和条件的内容。

b. 就本条而言，转运是指在信用证规定的起飞机场到目的地机场的运输过程中，将货物从一飞机卸下再装上另一飞机的行为。

c. i. 空运单据可以注明货物将要或可能转运，只要全程运输由同一空运单据涵盖。

ii. 即使信用证禁止转运，注明将要或可能发生转运的空运单据仍可接受。

第二十四条　公路、铁路或内陆水运单据

a. 公路、铁路或内陆水运单据，无论名称如何，必须看似：

i. 表明承运人名称；并且

* 由承运人或其具名代理人签署，或者

* 由承运人或其具名代理人以签字、印戳或批注表明货物收讫。

承运人或其具名代理人的售货签字、印戳或批注必须标明其承运人或代理人的身份。

代理人的收货签字、印戳或批注必须标明代理人系代表承运人签字或行事。

如果铁路运输单据没有指明承运人，可以接受铁路运输公司的任何签字或印戳作为承运人签署单据的证据。

ii．表明货物在信用证规定地点的发运日期，或者收讫代运或代发送的日期。运输单据的出具日期将被视为发运日期，除非运输单据上盖有带日期的收货印戳，或注明了收货日期或发运日期。

iii．表明信用证规定的发运地及目的地。

b．i．公路运输单据必须看似为开给发货人或托运人的正本，或没有任何标记表明单据开给何人。

ii．注明"第二联"的铁路运输单据将被作为正本接受。

iii．无论是否注明"正本"字样，铁路或内陆水运单据都被作为正本接受。

c．如运输单据上未注明出具的正本数量，提交的份数即视为全套正本。

d．就本条而言，转运是指在信用证规定的发运、发送或运送的地点到目的地之间的运输过程中，在同一运输方式中从一运输工具卸下再装上另一运输工具的行为。

e．i．只要全程运输由同一运输单据涵盖，公路、铁路或内陆水运单据可以注明货物将要或可能被转运。

ii．即使信用证禁止转运，注明将要或可能发生转运的公路、铁路或内陆水运单据仍可接受。

第二十五条 快递收据、邮政收据或投邮证明

a．证明货物收讫待运的快递收据，无论名称如何，必须看似：

i．表明快递机构的名称，并在信用证规定的货物发运地点由该具名快递机构盖章或签字；并且

ii．表明取件或收件的日期或类似词语。该日期将被视为发运日期。

b．如果要求显示快递费用付讫或预付，快递机构出具的表明快递费由收货人以外的一方支付的运输单据可以满足该项要求。

c．证明货物收讫待运的邮政收据或投邮证明，无论名称如何，必须看似在信用证规定的货物发运地点盖章或签署并注明日期。该日期将被视为发运日期。

第二十六条 "货装舱面"、"托运人装载和计数"、"内容据托运人报称"及运费之外的费用

a．运输单据不得表明货物装于或者将装于舱面。声明货物可能被装于舱面的运输单据条款可以接受。

b．载有诸如"托运人装载和计数"或"内容据托运人报称"条款的运输单据可以接受。

c．运输单据上可以以印戳或其他方式提及运费之外的费用。

第二十七条 清洁运输单据

银行只接受清洁运输单据。清洁运输单据是指未载有明确宣称货物或包装有缺陷的条款或批注的运输单据。"清洁"一词并不需要在运输单据上出现，即使信用证要求运输单据

为"清洁已装船"的。

第二十八条 保险单据及保险范围

a. 保险单据，例如保险单或预约保险项下的保险证明书或者声明书，必须看似由保险公司或承保人或其代理人或代表出具并签署。

代理人或代表的签字必须标明其系代表保险公司或承保人签字。

b. 如果保险单据表明其以多份正本出具，所有正本均须提交。

c. 暂保单将不被接受。

d. 可以接受保险单代替预约保险项下的保险证明书或声明书。

e. 保险单据日期不得晚于发运日期，除非保险单据表明保险责任不迟于发运日生效。

f. i. 保险单据必须表明投保金额并以与信用证相同的货币表示。

ii. 信用证对于投保金额为货物价值、发票金额或类似金额的某一比例的要求，将被视为对最低保额的要求。

如果信用证对投保金额未作规定，投保金额须至少为货物的 CIF 或 CIP 价格的 110%。

如果从单据中不能确定 CIF 或者 CIP 价格，投保金额必须基于要求承付或议付的金额，或者基于发票上显示的货物总值来计算，两者之中取金额较高者。

iii. 保险单据须标明承保的风险区间至少涵盖从信用证规定的货物监管地或发运地开始到卸货地或最终目的地为止。

g. 信用证应规定所需投保的险别及附加险(如有的话)。如果信用证使用诸如"通常风险"或"惯常风险"等含义不确切的用语，则无论是否有漏保之风险，保险单据将被照样接受。

h. 当信用证规定投保"一切险"时，如保险单据载有任何"一切险"批注或条款，无论是否有"一切险"标题，均将被接受，即使其声明任何风险除外。

i. 保险单据可以援引任何除外责任条款

j. 保险单据可以注明受免赔率或免赔额(减除额)约束。

第二十九条 截止日或最迟交单日的顺延

a. 如果信用证的截止日或最迟交单日适逢接受交单的银行非因第三十六条所述原因而歇业，则截止日或最迟交单日，视何者适用，将顺延至其重新开业的第一个银行工作日。

b. 如果在顺延后的第一个银行工作日交单，指定银行必须在其致开证行或保兑行的面涵中声明交单是在根据第二十九条 a 款顺延的期限内提交的。

c. 最迟发运日不因第二十九条 a 款规定的原因而顺延。

第三十条 信用证金额、数量与单价的增减幅度

a. "约"或"大约"用于信用证金额或信用证规定的数量或单价时，应解释为允许有关金额或数量或单价有不超过 10%的增减幅度。

　　b．在信用证未以包装单位件数或货物自身件数的方式规定货物数量时，货物数量允许有 5%的增减幅度，只要总支取金额不超过信用证金额。

　　c．如果信用证规定了货物数量，而该数量已全部发运，以及如果信用证规定了单价，而该单价又未降低，或当第三十条 b 款不适用时，则即使不允许部分装运，也允许支取的金额有 5%的减幅。若信用证规定有特定的增减幅度或使用第三十条 a 款提到的用语限定数量，则该减幅不适用。

　　第三十一条 分批支款或分批装运

　　a．允许分批支款或分批装运。

　　b．表明使用同一运输工具并经由同次航程运输的数套运输单据在同一次提交时，只要显示相同目的地，将不视为部分发运，即使运输单据上标明的发运日期不同或装卸港、接管地或发送地点不同。如果交单由数套运输单据构成，其中最晚的一个发运日将被视为发运日。

　　含有一套或数套运输单据的交单，如果表明在同一种运输方式下经由数件运输工具运输，即使运输工具在同一天出发运往同一目的地，仍将被视为部分发运。

　　c．含有一份以上快递收据、邮政收据或投邮证明的交单，如果单据看似由同一快递或邮政机构在同一地点和日期加盖印戳或签字并且表明同一目的地，将不视为部分发运。

　　第三十二条 分期支款或分期装运

　　如果信用证规定在指定的时间段内分期支款或分期发运，任何一期未按信用证规定期限支取或发运时，信用证对该期及以后各期均告失效。

　　第三十三条 交单时间

　　银行在其营业时间外无接受交单的义务。

　　第三十四条 关于单据有效性的免责

　　银行对任何单据的形式、充分性、准确性、内容真实性、虚假性或法律效力，或对单据中规定或添加的一般或特殊条件，概不负责；银行对任何单据所代表的货物、服务或其他履约行为的描述、数量、重量、品质、状况、包装、交付、价值或其存在与否，或对发货人、承运人、货运代理人、收货人、货物的保险人或其他任何人的诚信与否、作为或不作为、清偿能力、履约或资信状况，也概不负责。

　　第三十五条 关于信息传递和翻译的免责

　　当报文、信件或单据按照信用证的要求传输或发送时，或当信用证未作指示，银行自行选择传送服务时，银行对报文传输或信件或单据的递送过程中发生的延误、中途遗失、残缺或其他错误产生的后果，概不负责。

　　如果指定银行确定交单相符并将单据发往开证行或保兑行，无论指定的银行是否已经承付或议付，开证行或保兑行必须承付或议付，或偿付指定银行，即使单据在指定银行送往开证行或保兑行的途中，或保兑行送往开证行的途中丢失。

银行对技术术语的翻译或解释上的错误，不负责任，并可不加翻译地传送信用证条款。

第三十六条 不可抗力

银行对由于天灾、暴动、骚乱、叛乱、战争、恐怖主义行为或任何罢工、停工或其无法控制的任何其他原因导致的营业中断的后果，概不负责。

银行恢复营业时，对于在营业中断期间已逾期的信用证，不再进行承付或议付。

第三十七条 关于被指示方行为的免责

a. 为了执行申请人的指示，银行利用其他银行的服务，其费用和风险由申请人承担。

b. 即使银行自行选择了其他银行，如果发出指示未被执行，开证行或通知行对此亦不负责。

c. 指示另一银行提供服务的银行有责任负担被指示方因执行指示而发生的任何佣金、手续费、成本或开支("费用")。

如果信用证规定费用由受益人负担，而该费用未能收取或从信用证款项中扣除，开证行依然承担支付此费用的责任。

信用证或其修改不应规定向受益人的通知以通知行或第二通知行收到其费用为条件。

d. 外国法律和惯例加诸于银行的一切义务和责任，申请人应受其约束，并就此对银行负补偿之责。

第三十八条 可转让信用证

a. 银行无办理转让信用证的义务，除非该银行明确同意其转让范围和转让方式。

b. 就本条款而言：

转让信用证意指明确表明其"可以转让"的信用证。根据受益人("第一受益人")的请求，转让信用证可以被全部或部分地转让给其他受益人("第二受益人")。

转让银行意指办理信用证转让的被指定银行，或者，在适用于任何银行的信用证中，转让银行是由开证行特别授权并办理转让信用证的银行。开证行也可担任转让银行。

已转让信用证意指经转让银行办理转让后可供第二受益人使用的信用证。

c. 除非转让时另有约定，所有因办理转让而产生的费用(诸如佣金、手续费、成本或开支)必须由第一受益人支付。

d. 只要信用证允许分批支款或分批装运，信用证可以被部分地转让给一个以上的第二受益人。

第二受益人不得要求将信用证转让给任何次序位居其后的其他受益人。第一受益人不属于此类其他受益人之列。

e. 任何有关转让的申请必须指明是否以及在何种条件下可以将修改通知第二受益人。转让信用证必须明确指明这些条件。

f. 如果信用证被转让给一个以上的第二受益人，其中一个或多个第二受益人拒绝接受某个信用证修改并不影响其他第二受益人接受修改。对于接受修改的第二受益人而言，信用证已作相应的修改；对于拒绝接受修改的第二受益人而言，该转让信用证仍未被修改。

g. 转让信用证必须准确转载原证的条款及条件，包括保兑(如有)，但下列项目除外：

* 信用证金额。

* 信用证规定的任何单价。

* 到期日。

* 单据提示期限。

* 最迟装运日期或规定的装运期间。

以上任何一项或全部均可减少或缩短。

必须投保的保险金额的投保比例可以增加，以满足原信用证或本惯例规定的投保金额。

可以用第一受益人的名称替换原信用证中申请人的名称。

如果原信用证特别要求开证申请人的名称应在除发票以外的任何单据中出现时，则已转让信用证必须反映出该项要求。

h. 第一受益人有权以自己的发票和汇票(如有)，替换第二受益人的发票和汇票(如有)，其金额不得超过原信用证的金额。在如此办理单据替换时，第一受益人可在原信用证项下支取自己发票与第二受益人发票之间产生的差额(如有)。

i. 如果第一受益人应当提交自己的发票和汇票(如有)，但却未能在收到第一次要求时照办；或第一受益人提交的发票导致了第二受益人提示的单据中本不存在的不符点，而其未能在收到第一次要求时予以修正，则转让银行有权将其从第二受益人处收到的单据向开证行提示，并不再对第一受益人负责。

j. 第一受益人可以在其提出转让申请时，表明可在信用证被转让的地点，在原信用证的到期日之前(包括到期日)向第二受益人予以兑付或议付。本条款并不损害第一受益人在第三十八条(h)款下的权利。

k. 由第二受益人或代表第二受益人提交的单据必须向转让银行提示。

第三十九条 款项让渡

信用证未注明可转让，并不影响受益人根据所适用的法律规定，将该信用证项下其可能有权或可能将成为有权获得的款项让渡给他人的权利。本条只涉及款项的让渡，而不涉及在信用证项下进行履行行为的权利让渡。

附录 B 《联合国国际货物销售合同公约》

(1980 年 4 月 11 日订于维也纳)

本公约各缔约国，铭记联合国大会第六届特别会议通过的关于建立新的国际经济秩序的各项决议的广泛目标，考虑到在平等互利基础上发展国际贸易是促进各国间友好关系的一个重要因素，认为采用照顾到不同的社会、经济和法律制度的国际货物销售合同统一规则，将有助于减少国际贸易的法律障碍，促进国际贸易的发展，兹协议如下。

第一部分 适用范围和总则

第一章 适用范围

第一条

(1) 本公约适用于营业地在不同国家的当事人之间所订立的货物销售合同：

(a) 如果这些国家是缔约国；或

(b) 如果国际私法规则导致适用某一缔约国的法律。

(2) 当事人营业地在不同国家的事实，如果从合同或从订立合同前任何时候或订立合同时，当事人之间的任何交易或当事人透露的情报均看不出，应不予考虑。

(3) 在确定本公约的适用时，当事人的国籍和当事人或合同的民事或商业性质，应不予考虑。

第二条

本公约不适用于以下的销售：

(a) 购供私人、家人或家庭使用的货物的销售，除非卖方在订立合同前任何时候或订立合同时不知道而且没有理由知道这些货物是购供任何这种使用；

(b) 经由拍卖的销售；

(c) 根据法律执行令状或其他令状的销售；

(d) 公债、股票、投资证券、流通票据或货币的销售；

(e) 船舶、船只、气垫船或飞机的销售；

(f) 电力的销售。

第三条

(1) 供应尚待制造或生产的货物的合同应视为销售合同，除非订购货物的当事人保证供应这种制造或生产所需的大部分重要材料。

(2) 本公约不适用于供应货物一方的绝大部分义务在于供应劳力或其他服务的合同。

第四条

本公约只适用于销售合同的订立和卖方和买方因此种合同而产生的权利和义务。特别是，本公约除非另有明文规定，与以下事项无关：

(a) 合同的效力，或其任何条款的效力，或任何惯例的效力；

(b) 合同对所售货物所有权可能产生的影响。

第五条

本公约不适用于卖方对于货物对任何人所造成的死亡或伤害的责任。

第六条

双方当事人可以不适用本公约，或在第十二条的条件下，减损本公约的任何规定或改变其效力。

第二章　总则

第七条

(1) 在解释本公约时，应考虑到本公约的国际性质和促进其适用的统一以及在国际贸易上遵守诚信的需要。

(2) 凡本公约未明确解决的属于本公约范围的问题，应按照本公约所依据的一般原则来解决，在没有一般原则的情况下，则应按照国际私法规定适用的法律来解决。

第八条

(1) 为本公约的目的，一方当事人所作的声明和其他行为，应依照他的意旨解释，如果另一方当事人已知道或者不可能不知道此一意旨。

(2) 如果上一款的规定不适用，当事人所作的声明和其他行为，应按照一个与另一方当事人同等资格、通情达理的人处于相同情况中，应有的理解来解释。

(3) 在确定一方当事人的意旨或一个通情达理的人应有的理解时，应适当地考虑到与事实有关的一切情况，包括谈判情形、当事人之间确立的任何习惯作法、惯例和当事人其后的任何行为。

第九条

(1) 双方当事人业已同意的任何惯例和他们之间确立的任何习惯做法，对双方当事人均有约束力。

(2) 除非另有协议，双方当事人应视为已默示地同意对他们的合同或合同的订立适用双方当事人已知道或理应知道的惯例，而这种惯例，在国际贸易上，已为有关特定贸易所涉同类合同的当事人所广泛知道并为他们所经常遵守。

第十条

为本公约的目的：

(a) 如果当事人有一个以上的营业地，则以与合同及合同的履行关系最密切的营业地为其营业地，但要考虑到双方当事人在订立合同前任何时候或订立合同时所知道或所设想的情况；

(b) 如果当事人没有营业地，则以其惯常居住地为准。

第十一条

销售合同无须以书面订立或书面证明，在形式方面也不受任何其他条件的限制。销售合同可以用包括人证在内的任何方法证明。

第十二条

本公约第十一条、第二十九条或第二部分准许销售合同或其更改或根据协议终止，或者任何发价、接受或其他意旨表示得以书面以外任何形式做出的任何规定不适用，如果任何一方当事人的营业地是在已按照本公约第九十六条做出了声明的一个缔约国内；各当事人不得减损本条或改变其效力。

第十三条

为本公约的目的，"书面"包括电报和电传。

第二部分 合同的订立

第十四条

(1) 向一个或一个以上特定的人提出的订立合同的建议，如果十分确定并且表明发价人在得到接受时承受约束的意旨，即构成发价。一个建议如果写明货物并且明示或暗示地规定数量和价格或规定如何确定数量和价格，即为十分确定。

(2) 非向一个或一个以上特定的人提出的建议，仅应视为邀请做出发价，除非提出建议的人明确地表示相反的意向。

第十五条

(1) 发价于送达被发价人时生效。

(2) 一项发价，即使是不可撤销的，得予撤回，如果撤回通知于发价送达被发价人之前或同时，送达被发价人。

第十六条

(1) 在未订立合同之前，发价得予撤销，如果撤销通知于被发价人发出接受通知之前送达被发价人。

(2) 但在下列情况下，发价不得撤销：

(a) 发价写明接受发价的期限或以其他方式表示发价是不可撤销的；或

(b) 被发价人有理由信赖该项发价是不可撤销的，而且被发价人已本着对该项发价的信赖行事。

第十七条

一项发价，即使是不可撤销的，于拒绝通知送达发价人时终止。

第十八条

(1) 被发价人声明或做出其他行为表示同意一项发价，即是接受。缄默或不行动本身不等于接受。

(2) 接受发价于表示同意的通知送达发价人时生效。如果表示同意的通知在发价人所规定的时间内，如未规定时间，在一段合理的时间内，未曾送达发价人，接受就成为无效，但须适当地考虑交易的情况，包括发价人所使用的通讯方法的迅速程度。对口头发价必须立即接受，但情况有别者不在此限。

(3) 但是，如果根据该项发价或依照当事人之间确立的习惯做法或惯例，被发价人可以做出某种行为，例如与发运货物或支付价款有关的行为来表示同意，而无须向发价人发出通知，则接受于该项行为做出时生效，但该项行为必须在上一款所规定的期间内做出。

第十九条

(1) 对发价表示接受但载有添加、限制或其他更改的答复，即为拒绝该项发价，并构成还价。

(2) 但是，对发价表示接受但载有添加或不同条件的答复，如所载的添加或不同条件在实质上并不变更该项发价的条件，除发价人在不过分迟延的期间内以口头或书面通知反对其间的差异外，仍构成接受。如果发价人不做出这种反对，合同的条件就以该项发价的条件以及接受通知内所载的更改为准。

(3) 有关货物价格、付款、货物质量和数量、交货地点和时间、一方当事人对另一方当事人的赔偿责任范围或解决争端等等的添加或不同条件，均视为在实质上变更发价的条件。

第二十条

(1) 发价人在电报或信件内规定的接受期间，从电报交发时刻或信上载明的发信日期起算，如信上未载明发信日期，则从信封上所载日期起算。发价人以电话、电传或其他快速通讯方法规定的接受期间，从发价送达被发价人时起算。

(2) 在计算接受期间时，接受期间内的正式假日或非营业日应计算在内。但是，如果接受通知在接受期间的最后一天未能送到发价人地址，因为那天在发价人营业地是正式假日或非营业日，则接受期间应顺延至下一个营业日。

第二十一条

(1) 逾期接受仍有接受的效力，如果发价人毫不迟延地用口头或书面将此种意见通知被发价人。

(2) 如果载有逾期接受的信件或其他书面文件表明，它是在传递正常、能及时送达发价人的情况下寄发的，则该项逾期接受具有接受的效力，除非发价人毫不迟延地用口头或书面通知被发价人：他认为他的发价已经失效。

第二十二条

接受得予撤回，如果撤回通知于接受原应生效之前或同时送达发价人。

第二十三条

合同于按照本公约规定对发价的接受生效时订立。

第二十四条

为公约本部分的目的，发价、接受声明或任何其他意旨表示"送达"对方，系指用口头通知对方或通过任何其他方法送交对方本人，或其营业地或通讯地址，如无营业地或通讯地址，则送交对方惯常居住地。

第三部分　货　物　销　售

第一章　总则

第二十五条

一方当事人违反合同的结果，如使另一方当事人蒙受损害，以至于实际上剥夺了他根据合同规定有权期待得到的东西，即为根本违反合同，除非违反合同一方并不预知而且一个同等资格、通情达理的人处于相同情况中也没有理由预知会发生这种结果。

第二十六条

宣告合同无效的声明，必须向另一方当事人发出通知，方始有效。

第二十七条

除非公约本部分另有明文规定，当事人按照本部分的规定，以适合情况的方法发出任何通知、要求或其他通知后，这种通知如在传递上发生耽搁或错误，或者未能到达，并不使该当事人丧失依靠该项通知的权利。

第二十八条

如果按照本公约的规定，一方当事人有权要求另一方当事人履行某一义务，法院没有义务做出判决，要求具体履行此一义务，除非法院依照其本身的法律对不属本公约范围的类似销售合同愿意这样做。

第二十九条

(1) 合同只需双方当事人协议，就可更改或终止。

(2) 规定任何更改或根据协议终止必须以书面做出的书面合同，不得以任何其他方式更改或根据协议终止。但是，一方当事人的行为，如经另一方当事人寄以信赖，就不得坚持此项规定。

第二章　卖方的义务

第三十条

卖方必须按照合同和本公约的规定交付货物，移交一切与货物有关的单据并转移货物所有权。

第一节　交付货物和移交单据

第三十一条

如果卖方没有义务要在任何其他特定地点交付货物，他的交货义务如下：

(a) 如果销售合同涉及到货物的运输，卖方应把货物移交给第一承运人，以运交给买方；

(b) 在不属于上一款规定的情况下，如果合同指的是特定货物或从特定存货中提取的或尚待制造或生产的未经特定化的货物，而双方当事人在订立合同时已知道这些货物是在某一特定地点，或将在某一特定地点制造或生产，卖方应在该地点把货物交给买方处置；

(c) 在其他情况下，卖方应在他于订立合同时的营业地把货物交给买方处置。

第三十二条

(1) 如果卖方按照合同或本公约的规定将货物交付给承运人，但货物没有以货物上加标记，或以装运单据或其他方式清楚地注明有关合同，卖方必须向买方发出列明货物的发货通知。

(2) 如果卖方有义务安排货物的运输，他必须订立必要的合同，以按照通常运输条件，用适合情况的运输工具，把货物运到指定地点。

(3) 如果卖方没有义务对货物的运输办理保险，他必须在买方提出要求时，向买方提供一切现有的必要资料，使他能够办理这种保险。

第三十三条

卖方必须按以下规定的日期交付货物：

(a)　如果合同规定有日期，或从合同可以确定日期，应在该日期交货；

(b)　如果合同规定有一段时间，或从合同可以确定一段时间，除非情况表明应由买方选定一个日期外，应在该段时间内任何时候交货；或者

(c)　在其他情况下，应在订立合同后一段合理时间内交货。

第三十四条

如果卖方有义务移交与货物有关的单据，他必须按照合同所规定的时间、地点和方式移交这些单据。如果卖方在那个时间以前已移交了这些单据，他可以在那个时间到达前纠正单据中任何不符合同规定的情形，但是，此一权利的行使不得使买方遭受不合理的不便或承担不合理的开支。但是，买方保留本公约所规定的要求损害赔偿的任何权利。

第二节　货物相符与第三方要求

第三十五条

(1)　卖方交付的货物必须与合同所规定的数量、质量和规格相符，并须按照合同所规定的方式装箱或包装。

(2)　除双方当事人业已另有协议外，货物除非符合以下规定，否则即为与合同不符：

(a)　货物适用于同一规格货物通常使用的目的；

(b)　货物适用于订立合同时曾明示或默示地通知卖方的任何特定目的，除非情况表明买方并不依赖卖方的技能和判断力，或者这种依赖对他是不合理的；

(c)　货物的质量与卖方向买方提供的货物样品或样式相同；

(d)　货物按照同类货物通用的方式装箱或包装，如果没有此种通用方式，则按照足以保全和保护货物的方式装箱或包装。

(3)　如果买方在订立合同时知道或者不可能不知道货物不符合同，卖方就无须按上一款(a)项至(d)项负有此种不符合同的责任。

第三十六条

(1)　卖方应按照合同和本公约的规定，对风险移转到买方时所存在的任何不符合同情形负有责任，即使这种不符合同情形在该时间后方始明显。

(2)　卖方对在上一款所述时间后发生的任何不符合同情形，也应负有责任，如果这种不符合同情形是由于卖方违反他的某项义务所致，包括违反关于在一段时间内货物将继续适用于其通常使用的目的或某种特定目的，或将保持某种特定质量或性质的任何保证。

第三十七条

如果卖方在交货日期前交付货物，他可以在那个日期到达前，交付任何缺漏部分或补

足所交付货物的不足数量，或交付用以替换所交付不符合同规定的货物，或对所交付货物中任何不符合同规定的情形做出补救，但是，此一权利的行使不得使买方遭受不合理的不便或承担不合理的开支。但是，买方保留本公约所规定的要求损害赔偿的任何权利。

第三十八条

(1) 买方必须在按情况实际可行的最短时间内检验货物或由他人检验货物。

(2) 如果合同涉及到货物的运输，检验可推迟到货物到达目的地后进行。

(3) 如果货物在运输途中改运或买方须再发运货物，没有合理机会加以检验，而卖方在订立合同时已知道或理应知道这种改运或再发运的可能性，检验可推迟到货物到达新目的地后进行。

第三十九条

(1) 买方对货物不符合同，必须在发现或理应发现不符情形后一段合理时间内通知卖方，说明不符合同情形的性质，否则就丧失声称货物不符合同的权利。

(2) 无论如何，如果买方不在实际收到货物之日起两年内将货物不符合同情形通知卖方，他就丧失声称货物不符合同的权利，除非这一时限与合同规定的保证期限不符。

第四十条

如果货物不符合同规定指的是卖方已知道或不可能不知道而又没有告知买方的一些事实，则卖方无权援引第三十八条和第三十九条的规定。

第四十一条

卖方所交付的货物，必须是第三方不能提出任何权利或要求的货物，除非买方同意在这种权利或要求的条件下，收取货物。但是，如果这种权利或要求是以工业产权或其他知识产权为基础的，卖方的义务应依照第四十二条的规定。

第四十二条

(1) 卖方所交付的货物，必须是第三方不能根据工业产权或其他知识产权主张任何权利或要求的货物，但以卖方在订立合同时已知道或不可能不知道的权利或要求为限，而且这种权利或要求根据以下国家的法律规定是以工业产权或其他知识产权为基础的：

(a) 如果双方当事人在订立合同时预期货物将在某一国境内转售或做其他使用，则根据货物将在其境内转售或做其他使用的国家的法律；或者

(b) 在任何其他情况下，根据买方营业地所在国家的法律。

(2) 卖方在上一款中的义务不适用于以下情况：

(a) 买方在订立合同时已知道或不可能不知道此项权利或要求；或者

(b) 此项权利或要求的发生，是由于卖方要遵照买方所提供的技术图样、图案、程式或其他规格。

第四十三条

(1) 买方如果不在已知道或理应知道第三方的权利或要求后一段合理时间内，将此一权利或要求的性质通知卖方，就丧失援引第四十一条或第四十二条规定的权利。

(2) 卖方如果知道第三方的权利或要求以及此一权利或要求的性质，就无权援引上一款的规定。

第四十四条

尽管有第三十九条第(1)款和第四十三条第(1)款的规定，买方如果对他未发出所需的通知具备合理的理由，仍可按照第五十条的规定减低价格，或要求利润损失以外的损害赔偿。

第三节 卖方违反合同的补救办法

第四十五条

(1) 如果卖方不履行他在合同和本公约中的任何义务，买方可以：

(a) 行使第四十六条至第五十二条所规定的权利；

(b) 按照第七十四条至第七十七条的规定，要求损害赔偿。

(2) 买方可能享有的要求损害赔偿的任何权利，不因他行使采取其他补救办法的权利而丧失。

(3) 如果买方对违反合同采取某种补救办法，法院或仲裁庭不得给予卖方宽限期。

第四十六条

(1) 买方可以要求卖方履行义务，除非买方已采取与此一要求相抵触的某种补救办法。

(2) 如果货物不符合同，买方只有在此种不符合同情形构成根本违反合同时，才可以要求交付替代货物，而且关于替代货物的要求，必须与依照第三十九条发出的通知同时提出，或者在该项通知发出后一段合理时间内提出。

(3) 如果货物不符合同，买方可以要求卖方通过修理对不符合同之处做出补救，除非他考虑了所有情况之后，认为这样做是不合理的。修理的要求必须与依照第三十九条发出的通知同时提出，或者在该项通知发出后一段合理时间内提出。

第四十七条

(1) 买方可以规定一段合理时限的额外时间，让卖方履行其义务。

(2) 除非买方收到卖方的通知，声称他将不在所规定的时间内履行义务，买方在这段时间内不得对违反合同采取任何补救办法。但是，买方并不因此丧失他对迟延履行义务可能享有的要求损害赔偿的任何权利。

第四十八条

(1) 在第四十九条的条件下，卖方即使在交货日期之后仍可自付费用，对任何不履行义务做出补救，但这种补救不得造成不合理的迟延，也不得使买方遭受不合理的不便，或无法确定卖方是否将偿付买方预付的费用。但是，买方保留本公约所规定的要求损害赔偿的任何权利。

(2) 如果卖方要求买方表明他是否接受卖方履行义务，而买方不在一段合理时间内对此一要求做出答复，则卖方可以按其要求中所指明的时间履行义务。买方不得在该段时间内采取与卖方履行义务相抵触的任何补救办法。

(3) 卖方表明他将在某一特定时间内履行义务的通知，应视为包括根据上一款规定要买方表明决定的要求在内。

(4) 卖方按照本条第(2)和第(3)款做出的要求或通知，必须在买方收到后，始生效力。

第四十九条

(1) 买方在以下情况下可以宣告合同无效：

(a) 卖方不履行其在合同或本公约中的任何义务，等于根本违反合同；或

(b) 如果发生不交货的情况，卖方不在买方按照第四十七条第(1)款规定的额外时间内交付货物，或卖方声明他将不在所规定的时间内交付货物。

(2) 但是，如果卖方已交付货物，买方就丧失宣告合同无效的权利，除非：

(a) 对于迟延交货，他在知道交货后一段合理时间内这样做；

(b) 对于迟延交货以外的任何违反合同的事情：

① 他在已知道或理应知道这种违反合同后一段合理时间内这样做；或

② 他在买方按照第四十七条第(1)款规定的任何额外时间满期后，或在卖方声明他将不在这一额外时间履行义务后一段合理时间内这样做；或

③ 他在卖方按照第四十八条第(2)款指明的任何额外时间满期后，或在买方声明他将不接受卖方履行义务后一段合理时间内这样做。

第五十条

如果货物不符合同，不论货款是否已付，买方都可以减低价格，减价按实际交付的货物在交货时的价值与符合合同的货物在当时的价值两者之间的比例计算。但是，如果卖方按照第三十七条或第四十八条的规定对任何不履行义务做出补救，或者买方拒绝接受卖方按照该两条规定履行义务，则买方不得减低价格。

第五十一条

(1) 如果卖方只交付一部分货物，或者交付的货物中只有一部分符合合同规定，第四十六条至第五十条的规定适用于缺漏部分及不符合同规定部分的货物。

(2) 买方只有在卖方完全不交付货物或不按照合同规定交付货物等于根本违反合同时，才可以宣告整个合同无效。

第五十二条

(1) 如果卖方在规定的日期前交付货物，买方可以收取货物，也可以拒绝收取货物。

(2)   如果卖方交付的货物数量大于合同规定的数量，买方可以收取也可以拒绝收取多交部分的货物。如果买方收取多交部分货物的全部或一部分，他必须按合同价格付款。

第三章   买方的义务

第五十三条

买方必须按照合同和本公约规定支付货物价款和收取货物。

第一节   支付价款

第五十四条

买方支付价款的义务包括根据合同或任何有关法律和规章规定的步骤和手续，以便支付价款。

第五十五条

如果合同已有效地订立，但没有明示或暗示地规定价格或规定如何确定价格，在没有任何相反表示的情况下，双方当事人应视为已默示地引用订立合同时此种货物在有关贸易的类似情况下销售的通常价格。

第五十六条

如果价格是按货物的重量规定的，如有疑问，应按净重确定。

第五十七条

(1)   如果买方没有义务在任何其他特定地点支付价款，他必须在以下地点向卖方支付价款：

(a)   卖方的营业地；或者

(b)   如凭移交货物或单据支付价款，则为移交货物或单据的地点。

(2)   卖方必须承担因其营业地在订立合同后发生变动而增加的支付方面的有关费用。

第五十八条

(1)   如果买方没有义务在任何其他特定时间内支付价款，他必须于卖方按照合同和本公约规定将货物或控制货物处置权的单据交给买方处置时支付价款。卖方可以支付价款作为移交货物或单据的条件。

(2)   如果合同涉及到货物的运输，卖方可以在支付价款后方可把货物或控制货物处置权的单据移交给买方作为发运货物的条件。

(3)   买方在未有机会检验货物前，无义务支付价款，除非这种机会与双方当事人议定的交货或支付程序相抵触。

第五十九条

买方必须按合同和本公约规定的日期或从合同和本公约可以确定的日期支付价款，而无须卖方提出任何要求或办理任何手续。

第二节　收取货物

第六十条

买方收取货物的义务如下:

(a)　采取一切理应采取的行动,以期卖方能交付货物;和

(b)　接收货物。

第三节　买方违反合同的补救办法

第六十一条

(1)　如果买方不履行他在合同和本公约中的任何义务,卖方可以:

(a)　行使第六十二条至第六十五条所规定的权利;

(b)　按照第七十四条至第七十七条的规定,要求损害赔偿。

(2)　卖方可能享有的要求损害赔偿的任何权利,不因他行使采取其他补救办法的权利而丧失。

(3)　如果卖方对违反合同采取某种补救办法,法院或仲裁庭不得给予买方宽限期。

第六十二条

卖方可以要求买方支付价款、收取货物或履行他的其他义务,除非卖方已采取与此一要求相抵触的某种补救办法。

第六十三条

(1)　卖方可以规定一段合理时限的额外时间,让买方履行义务。

(2)　除非卖方收到买方的通知,声称他将不在所规定的时间内履行义务,卖方不得在这段时间内对违反合同采取任何补救办法。但是,卖方并不因此丧失他对迟延履行义务可能享有的要求损害赔偿的任何权利。

第六十四条

(1)　卖方在以下情况下可以宣告合同无效:

(a)　买方不履行其在合同或本公约中的任何义务,等于根本违反合同;或

(b)　买方不在卖方按照第六十三条第(1)款规定的额外时间内履行支付价款的义务或收取货物,或买方声明他将不在所规定的时间内这样做。

(2)　但是,如果买方已支付价款,卖方就丧失宣告合同无效的权利,除非:

(a)　对于买方迟延履行义务,他在知道买方履行义务前这样做;或者

(b)　对于买方迟延履行义务以外的任何违反合同的事情:

①　他在已知道或理应知道这种违反合同后一段合理时间内这样做;或

② 他在卖方按照第六十三条第(1)款规定的任何额外时间满期后或在买方声明他将不在这一额外时间内履行义务后一段合理时间内这样做。

第六十五条

(1) 如果买方应根据合同规定订明货物的形状、大小或其他特征，而他在议定的日期或在收到卖方的要求后一段合理时间内没有订明这些规格，则卖方在不损害其可能享有的任何其他权利的情况下，可以依照他所知的买方的要求，自己订明规格。

(2) 如果卖方自己订明规格，他必须把订明规格的细节通知买方，而且必须规定一段合理时间，让买方可以在该段时间内订出不同的规格。如果买方在收到这种通知后没有在该段时间内这样做，卖方所订的规格就具有约束力。

第四章 风险移转

第六十六条

货物在风险移转到买方承担后遗失或损坏，买方支付价款的义务并不因此解除，除非这种遗失或损坏是由于卖方的行为或不行为所造成。

第六十七条

(1) 如果销售合同涉及到货物的运输，但卖方没有义务在某一特定地点交付货物，自货物按照销售合同交付给第一承运人以转交给买方时起，风险就移转到买方承担。如果卖方有义务在某一特定地点把货物交付给承运人，在货物于该地点交付给承运人以前，风险不移转到买方承担。卖方受权保留控制货物处置权的单据，并不影响风险的移转。

(2) 但是，在货物以货物上加标记，或以装运单据，或向买方发出通知或其他方式清楚地注明有关合同以前，风险不移转到买方承担。

第六十八条

对于在运输途中销售的货物，从订立合同时起，风险就移转到买方承担。但是，如果情况表明有此需要，从交货付给签发载有运输合同单据的承运人时起，风险就由买方承担。尽管如此，如果卖方在订立合同时已知道或理应知道货物已经遗失或损坏，而他又不将这一事实告之买方，则这种遗失或损坏应由卖方负责。

第六十九条

(1) 在不属于第六十七条和第六十八条规定的情况下，从买方接收货物时起，或如果买方不在适当时间内这样做，则从货物交给他处置但他不收取货物从而违反合同时起，风险移转到买方承担。

(2) 但是，如果买方有义务在卖方营业地以外的某一地点接收货物，当交货时间已到而买方知道货物已在该地点交给他处置时，风险方始移转。

(3) 如果合同指的是当时未加识别的货物，则这些货物在未清楚注明有关合同以前，不得视为已交给买方处置。

第七十条

如果卖方已根本违反合同，第六十七条、第六十八条和第六十九条的规定，不损害买方因此种违反合同而可以采取的各种补救办法。

第五章 卖方和买方义务的一般规定

第一节 预期违反合同和分批交货合同

第七十一条

(1) 如果订立合同后，另一方当事人由于下列原因显然将不履行其大部分重要义务，一方当事人可以中止履行义务：

(a) 他履行义务的能力或他的信用有严重缺陷；或

(b) 他在准备履行合同或履行合同中的行为。

(2) 如果卖方在上一款所述的理由明显化以前已将货物发运，他可以阻止将货物交给买方，即使买方持有其有权获得货物的单据。本款规定只与买方和卖方间对货物的权利有关。

(3) 中止履行义务的一方当事人不论是在货物发运前还是发运后，都必须立即通知另一方当事人，如经另一方当事人对履行义务提供充分保证，则他必须继续履行义务。

第七十二条

(1) 如果在履行合同日期之前，明显看出一方当事人将根本违反合同，另一方当事人可以宣告合同无效。

(2) 如果时间许可，打算宣告合同无效的一方当事人必须向另一方当事人发出合理的通知，使他可以对履行义务提供充分保证。

(3) 如果另一方当事人已声明他将不履行其义务，则上一款的规定不适用。

第七十三条

(1) 对于分批交付货物的合同，如果一方当事人不履行对任何一批货物的义务，便对该批货物构成根本违反合同，则另一方当事人可以宣告合同对该批货物无效。

(2) 如果一方当事人不履行对任何一批货物的义务，使另一方当事人有充分理由断定对今后各批货物将会发生根本违反合同，该另一方当事人可以在一段合理时间内宣告合同今后无效。

(3) 买方宣告合同对任何一批货物的交付为无效时，可以同时宣告合同对已交付的或今后交付的各批货物均为无效，如果各批货物是互相依存的，不能单独用于双方当事人在订立合同时所设想的目的。

第二节 损害赔偿

第七十四条

一方当事人违反合同应负的损害赔偿额，应与另一方当事人因他违反合同而遭受的包括利润在内的损失额相等。这种损害赔偿不得超过违反合同一方在订立合同时，依照他当时已知道或理应知道的事实和情况，对违反合同预料到或理应预料到的可能损失。

第七十五条

如果合同被宣告无效，而在宣告无效后一段合理时间内，买方已以合理方式购买替代货物，或者卖方已以合理方式把货物转卖，则要求损害赔偿的一方可以取得合同价格和替代货物交易价格之间的差额以及按照第七十四条规定可以取得的任何其他损害赔偿。

第七十六条

(1) 如果合同被宣告无效，而货物又有时价，要求损害赔偿的一方，如果没有根据第七十五条规定进行购买或转卖，则可以取得合同规定的价格和宣告合同无效时的时价之间的差额以及按照第七十四条规定可以取得的任何其他损害赔偿。但是，如果要求损害赔偿的一方在接收货物之后宣告合同无效，则应适用接收货物时的时价，而不适用宣告合同无效时的时价。

(2) 为上一款的目的，时价指原应交付货物地点的现行价格，如果该地点没有时价，则指另一合理替代地点的价格，但应适当地考虑货物运费的差额。

第七十七条

声称另一方违反合同的一方，必须按情况采取合理措施，减轻由于该另一方违反合同而引起的损失，包括利润方面的损失。如果他不采取这种措施，违反合同一方可以要求从损失赔偿中扣除原可以减轻的损失数额。

第三节 利息

第七十八条

如果一方当事人没有支付价款或任何其他拖欠金额，另一方当事人有权对这些款额收取利息，但不妨碍要求按照第七十四条规定可以取得的损害赔偿。

第四节 免责

第七十九条

(1) 当事人对不履行义务不负责任，如果他能证明此种不履行义务是由于某种非他所能控制的障碍，而且对于这种障碍，没有理由预期他在订立合同时能考虑到或能避免或克服它或它的后果。

(2) 如果当事人不履行义务是由于他所雇用履行合同的全部或一部分规定的第三方不履行义务所致，该当事人只有在以下情况下才能免除责任：

(a) 他按照上一款的规定应免除责任，和

(b) 假如该款的规定也适用于他所雇用的人，这个人也同样会免除责任。

(3) 本条所规定的免责对障碍存在的期间有效。

(4) 不履行义务的一方必须将障碍及其对他履行义务能力的影响通知另一方。如果该项通知在不履行义务的一方已知道或理应知道此一障碍后一段合理时间内仍未为另一方收到，则他对由于另一方未收到通知而造成的损害应负赔偿责任。

(5) 本条规定不妨碍任一方行使本公约规定的要求损害赔偿以外的任何权利。

第八十条

一方当事人因其行为或不行为而使得另一方当事人不履行义务时，不得声称该另一方当事人不履行义务。

第五节　宣告合同无效的效果

第八十一条

(1) 宣告合同无效解除了双方在合同中的义务，但应负责的任何损害赔偿仍应负责。宣告合同无效不影响合同中关于解决争端的任何规定，也不影响合同中关于双方在宣告合同无效后权利和义务的任何其他规定。

(2) 已全部或局部履行合同的一方，可以要求另一方归还他按照合同供应的货物或支付的价款，如果双方都须归还，他们必须同时这样做。

第八十二条

(1) 买方如果不可能按实际收到货物的原状归还货物，他就丧失宣告合同无效或要求卖方交付替代货物的权利。

(2) 上一款的规定不适用于以下情况：

(a) 如果不可能归还货物或不可能按实际收到货物的原状归还货物，并非由于买方的行为或不行为所造成；或者

(b) 如果货物或其中一部分的毁灭或变坏，是由于按照第三十八条规定进行检验所致；或者

(c) 如果货物或其中一部分，在买方发现或理应发现与合同不符以前，已为买方在正常营业过程中售出，或在正常使用过程中消费或改变。

第八十三条

买方虽然依第八十二条规定丧失宣告合同无效或要求卖方交付替代货物的权利，但是根据合同和本公约规定，他仍保有采取一切其他补救办法的权利。

第八十四条

(1) 如果卖方有义务归还价款，他必须同时从支付价款之日起支付价款利息。

(2) 在以下情况下，买方必须向卖方说明他从货物或其中一部分得到的一切利益：

(a) 如果他必须归还货物或其中一部分；或者

(b) 如果他不可能归还全部或一部分货物，或不可能按实际收到货物的原状归还全部或一部分货物，但他已宣告合同无效或已要求卖方交付替代货物。

第六节　保全货物

第八十五条

如果买方推迟收取货物，或在支付价款和交付货物应同时履行时，买方没有支付价款，而卖方仍拥有这些货物或仍能控制这些货物的处置权，卖方必须按情况采取合理措施，以保全货物。他有权保有这些货物，直至买方把他所付的合理费用偿还他为止。

第八十六条

(1) 如果买方已收到货物，但打算行使合同或本公约规定的任何权利，把货物退回，他必须按情况采取合理措施，以保全货物。他有权保有这些货物，直至卖方把他所付的合理费用偿还给他为止。

(2) 如果发运给买方的货物已到达目的地，并交给买方处置，而买方行使退货权利，则买方必须代表卖方收取货物，除非他这样做需要支付价款而且会使他遭受不合理的不便或需承担不合理的费用。如果卖方或受权代表他掌管货物的人也在目的地，则此一规定不适用。如果买方根据本款规定收取货物，他的权利和义务与上一款所规定的相同。

第八十七条

有义务采取措施以保全货物的一方当事人，可以把货物寄放在第三方的仓库，由另一方当事人担负费用，但该项费用必须合理。

第八十八条

(1) 如果另一方当事人在收取货物或收回货物或支付价款或保全货物费用方面有不合理的迟延，按照第八十五条或第八十六条规定有义务保全货物的一方当事人，可以采取任何适当办法把货物出售，但必须事前向另一方当事人发出合理的意向通知。

(2) 如果货物易于迅速变坏，或者货物的保全牵涉到不合理的费用，则按照第八十五条或第八十六条规定有义务保全货物的一方当事人，必须采取合理措施把货物出售，在可能的范围内，他必须把出售货物的打算通知另一方当事人。

(3) 出售货物的一方当事人，有权从销售所得收入中扣回为保全货物和销售货物而付的合理费用。他必须向另一方当事人说明所余款项。

第四部分 最后条款

第八十九条

兹指定联合国秘书长为本公约保管人。

第九十条

本公约不优于业已缔结或可能缔结并载有与属于本公约范围内事项有关的条款的任何国际协定,但以双方当事人的营业地均在这种协定的缔约国内为限。

第九十一条

(1) 本公约在联合国国际货物销售合同会议闭幕会议上开放签字,并在纽约联合国总部继续开放签字,直至 1981 年 9 月 30 日为止。

(2) 本公约须经签字国批准、接受或核准。

(3) 本公约从开放签字之日起开放给所有非签字国加入。

(4) 批准书、接受书、核准书和加入书应送交联合国秘书长存放。

第九十二条

(1) 缔约国可在签字、批准、接受、核准或加入时声明它不受本公约第二部分的约束或不受本公约第三部分的约束。

(2) 按照上一款规定就本公约第二部分或第三部分做出声明的缔约国,在该声明适用的部分所规定事项上,不得视为本公约第一条第(1)款范围内的缔约国。

第九十三条

(1) 如果缔约国具有两个或两个以上的领土单位,而依照该国宪法规定,各领土单位对本公约所规定的事项适用不同的法律制度,则该国得在签字、批准、接受、核准或加入时声明本公约适用于该国全部领土单位或仅适用于其中的一个或数个领土单位,并且可以随时提出另一声明来修改其所作的声明。

(2) 此种声明应通知保管人,并且明确地说明适用本公约的领土单位。

(3) 如果根据本条做出的声明,本公约适用于缔约国的一个或数个但不是全部领土单位,而且一方当事人的营业地位于该缔约国内,则为本公约的目的,该营业地除非位于本公约适用的领土单位内,否则视为不在缔约国内。

(4) 如果缔约国没有按照本条第(1)款做出声明,则本公约适用于该国所有领土单位。

第九十四条

(1) 对属于本公约范围的事项具有相同或非常近似的法律规则的两个或两个以上的缔约国,可随时声明本公约不适用于营业地在这些缔约国内的当事人之间的销售合同,也不适用于这些合同的订立。此种声明可联合做出，也可以相互单方面声明的方式做出。

(2)　对属于本公约范围的事项具有与一个或一个以上非缔约国相同或非常近似的法律规则的缔约国，可随时声明本公约不适用于营业地在这些非缔约国内的当事人之间的销售合同，也不适用于这些合同的订立。

(3)　作为根据上一款所作声明对象的国家如果后来成为缔约国，这项声明从本公约对该新缔约国生效之日起，具有根据第(1)款所作声明的效力，但以该新缔约国加入这项声明，或做出相互单方面声明为限。

第九十五条

任何国家在交存其批准书、接受书、核准书或加入书时，可声明它不受本公约第一条第(1)款(b)项的约束。

第九十六条

本国法律规定销售合同必须以书面订立或书面证明的缔约国，可以随时按照第十二条的规定，声明本公约第十一条、第二十九条或第二部分准许销售合同或其更改或根据协议终止，或者任何发价、接受或其他意旨表示得以书面以外任何形式做出的任何规定不适用，如果任何一方当事人的营业地是在该缔约国内。

第九十七条

(1)　根据本公约规定在签字时做出的声明，须在批准、接受或核准时加以确认。

(2)　声明和声明的确认，应以书面提出，并应正式通知保管人。

(3)　声明在本公约对有关国家开始生效时同时生效。但是，保管人于此种生效后收到正式通知的声明，应于保管人收到声明之日起六个月后的第一个月第一天生效。根据第九十四条规定做出的相互单方面声明，应于保管人收到最后一份声明之日起六个月后的第一个月第一天生效。

(4)　根据本公约规定做出声明的任何国家可以随时用书面正式通知保管人撤回该项声明。此种撤回于保管人收到通知之日起六个月后的第一个月第一天生效。

(5)　撤回根据第九十四条做出的声明，自撤回生效之日起，就会使另一个国家根据该条所作的任何相互声明失效。

第九十八条

除本公约明文许可的保留外，不得作任何保留。

第九十九条

(1)　在本条第(6)款规定的条件下，本公约在第十件批准书、接受书、核准书或加入书，包括载有根据第九十二条规定做出的声明的文书交存之日起十二个月后的第一个月第一天生效。

(2)　在本条第(6)款规定的条件下，对于在第十件批准书、接受书、核准书或加入书交存后才批准、接受、核准或加入本公约的国家，本公约在该国交存其批准书、接受书、核准书或加入书之日起十二个月后的第一个月第一天对该国生效，但不适用的部分除外。

(3) 批准、接受、核准或加入本公约的国家，如果是1964年7月1日在海牙签订的《关于国际货物销售合同的订立统一法公约》(《1964年海牙订立合同公约》)和1964年7月1日在海牙签订的《关于国际货物销售统一法的公约》(《1964年海牙货物销售公约》)中一项或两项公约的缔约国，应按情况同时通知荷兰政府声明退出《1964年海牙货物销售公约》或《1964年海牙订立合同公约》或退出该两公约。

(4) 凡为《1964年海牙货物销售公约》缔约国并批准、接受、核准或加入本公约和根据第九十二条规定声明或业已声明不受本公约第二部分约束的国家，应于批准、接受、核准或加入时通知荷兰政府声明退出《1964年海牙货物销售公约》。

(5) 凡为《1964年海牙订立合同公约》缔约国并批准、接受、核准或加入本公约和根据第九十二条规定声明或业已声明不受本公约第三部分约束的国家，应于批准、接受、核准或加入时通知荷兰政府声明退出《1964年海牙订立合同公约》。

(6) 为本条的目的，《1964年海牙订立合同公约》或《1964年海牙货物销售公约》的缔约国的批准、接受、核准或加入本公约，应在这些国家按照规定退出该两公约生效后方始生效。本公约保管人应与1964年两公约的保管人荷兰政府进行协商，以确保在这方面进行必要的协调。

第一百条

(1) 本公约适用于合同的订立，只要订立该合同的建议是在本公约对第一条第(1)款(a)项所指缔约国或第一条第(1)款(b)项所指缔约国生效之日或其后做出的。

(2) 本公约只适用于在它对第一条第(1)款(a)项所指缔约国或第一条第(1)款(b)项所指缔约国生效之日或其后订立的合同。

第一百零一条

(1) 缔约国可以用书面正式通知保管人声明退出本公约，或本公约第二部分或第三部分。

(2) 退出于保管人收到通知十二个月后的第一个月第一天起生效。凡通知内订明一段退出生效的更长时间，则退出于保管人收到通知后该段更长时间满时起生效。

1980年4月11日订于维也纳，正本一份，其阿拉伯文本、中文本、英文本、法文本、俄文本和西班牙文本都具有同等效力。

参 考 文 献

【1】 吴百福. 进出口贸易实务教程. 第 3 版. 上海：上海人民出版社，2001

【2】 丁梅生. 国际贸易实务. 北京：中国财政经济出版社，2002

【3】 黎孝先. 国际贸易实务. 第 3 版. 北京：对外经济贸易大学出版社，2000

【4】 宫焕久，许源. 进出口业务教程. 上海：上海人民出版社，2004

【5】 余世明. 国际贸易实务练习题及分析解答. 广州：暨南大学出版社，2004

【6】 梅清豪. 新国际贸易实务. 上海：上海人民出版社，1995

【7】 徐景霖. 国际贸易实务. 第 5 版. 大连：东北财经大学出版社，1999

【8】 阙澄宇. 国际金融. 大连：东北财经大学出版社，1996

【9】 张庆江. 国际贸易实务. 北京：电子工业出版社，2005

【10】 韩常青. 新编进出口贸易实务. 北京：电子工业出版社，2005

【11】 孙恒有. 国际贸易理论与实务. 郑州：郑州大学出版社，2002

【12】 石玉川. 国际贸易实务. 第 2 版. 北京：中国对外经济贸易出版社，2000

【13】 严思忆. 国际贸易实务. 北京：对外经济贸易大学出版社，2004

【14】 吕红军. 国际货物贸易实务. 北京：中国对外经济贸易出版社，2002

【15】 俞泋，朱春兰. 外贸单证. 杭州：浙江大学出版社，2004

【16】 张圣翠. 国际商法. 第 2 版. 上海：上海财经大学出版社，1997

【17】 郭建军. 国际贸易实务教程. 北京：科学出版社，2005

【18】 严云鸿. 国际贸易理论与实务. 北京：清华大学出版社，2004

【19】 尚玉芳，阎寒梅. 新编国际贸易实务习题与解答. 大连：东北财经大学出版社，2005

【20】 孙庆立. 国际贸易实务——全国高等教育自学考试同步训练、同步过关. 第 2 版. 北京：学苑出版
社，2004

【21】 周厚才. 国际贸易理论与实务. 北京：中国财政经济出版社，2001

【22】 国际商会(ICC). 中国国际商会/国际商会中国国家委员会组织翻译. 国际贸易术语解释通则 2010.
北京：中国民主法制出版社，2011

【23】 中国国际贸易学会商务培训认证考试办公室.外贸业务理论与实务. 北京：中国商务出版社，2007

【24】 张晓辉，陈勇. 国际贸易实务教程. 杭州：浙江大学出版社，2010

【25】 周桂荣. 国际贸易实务. 厦门：厦门大学出版社，2010

【26】 吴百福. 进出口贸易实务教程. 第 3 版. 上海：上海人民出版社，2001

【27】 严国辉. 国际贸易理论与实务. 第 2 版. 北京：对外经济贸易大学出版社，2009

【28】 周学明. 国际贸易实务. 北京：清华大学出版社，2009

【29】 王双平. 国际贸易实务. 上海：立信会计出版社，2008

【30】 陈建华，戴海珊. 国际贸易实务. 第 2 版. 大连：大连理工大学出版社，2008

读者回执卡

QING HUA WEN YUAN
清源

欢迎您立即填妥回函

您好！感谢您购买本书，请您抽出宝贵的时间填写这份回执卡，并将此页剪下寄回我公司读者服务部。我们会在以后的工作中充分考虑您的意见和建议，并将您的信息加入公司的客户档案中，以便向您提供全程的一体化服务。您享有的权益：

★ 免费获得我公司的新书资料；   ★ 免费参加我公司组织的技术交流会及讲座；

★ 寻求解答阅读中遇到的问题；   ★ 可参加不定期的促销活动，免费获取赠品；

读者基本资料

姓　　名 _____　性　　别 □男　　□女　年　　龄 _____

电　　话 _____　职　　业 _____　文化程度 _____

E-mail _____　邮　　编 _____

通讯地址 _____

请在您认可处打✓（6至10题可多选）

1、您购买的图书名称是什么：_____

2、您在何处购买的此书：_____

3、您对电脑的掌握程度：　□不懂　　　　　　□基本掌握　　　　□熟练应用　　　　□精通某一领域

4、您学习此书的主要目的是：□工作需要　　　□个人爱好　　　　□获得证书

5、您希望通过学习达到何种程度：□基本掌握　　□熟练应用　　　　□专业水平

6、您想学习的其他电脑知识有：□电脑入门　　　□操作系统　　　　□办公软件　　　　□多媒体设计
　　　　　　　　　　　　　　　□编程知识　　　□图像设计　　　　□网页设计　　　　□互联网知识

7、影响您购买图书的因素：　□书名　　　　　□作者　　　　　　□出版机构　　　　□印刷、装帧质量
　　　　　　　　　　　　　　□内容简介　　　□网络宣传　　　　□图书定价　　　　□书店宣传
　　　　　　　　　　　　　　□封面，插图及版式　　□知名作家（学者）的推荐或书评　　□其他

8、您比较喜欢哪些形式的学习方式：□看图书　　□上网学习　　　　□用教学光盘　　　□参加培训班

9、您可以接受的图书的价格是：□ 20 元以内　□ 30 元以内　　□ 50 元以内　　　□ 100 元以内

10、您从何处获知本公司产品信息：□报纸、杂志　□广播、电视　　□同事或朋友推荐　□网站

11、您对本书的满意度：　□很满意　　　　□较满意　　　　　□一般　　　　　　□不满意

12、您对我们的建议：_____

请剪下本页填写清楚，放入信封寄回，谢谢！

```
1 0 0 0 8 4
```

北京100084—157信箱

读者服务部　　　　　　收

贴邮票处

邮政编码：□□□□□□

技术支持与资源下载：http://www.tup.com.cn http://www.wenyuan.com.cn

读者服务邮箱：service@wenyuan.com.cn

邮　购　电　话：(010)62791865　(010)62791863　(010)62792097-220

组　稿　编　辑：彭 欣

投　稿　电　话：(010)62792097-316　13261692311

投　稿　邮　箱：pengxin_bj@126.com　pengxin_bj@sina.com